新・社会調査へのアプローチ

―― 論理と方法 ――

大谷信介/木下栄二/後藤範章/小松 洋

[編著]

ミネルヴァ書房

新版の刊行にあたって

　本書は,『社会調査へのアプローチ——論理と方法』初版(1刷:1999年11月20日,13刷:2003年9月30日)・第2版(1刷:2005年2月20日,9刷:2012年3月30日)の改訂新版である。改訂新版といっても,第2版の改訂作業を進めていくなかで,結果として新版『新・社会調査へのアプローチ』となったのであり,社会調査への考え方,編集方針,編集方法は,旧版を基本的に踏襲している。
　本書の編集方針は,「初版はじめに」の以下の記述をまったく受け継いでいる。

　「本書の構成は,基本的に次の2つの側面を重視して編集されている。それは,①「講義(「社会調査論」等)のテキストとして実際に使いやすい本」という側面と,②「学生が実証的な調査(卒論)研究を独学で進めていける本」という側面である。前者の側面としては,「ワーディングの実例」や「コラム」を多用するなど,社会調査に関する情報を満載すること」を特に重視した。採用する事例や素材としては「学生にとって身近で,興味を持つような素材」「世間やマスコミ等の社会調査の実状が理解できる素材」「社会調査実習等で実際に学生が実践してきた素材」等を積極的に活用するように心がけた。
　後者の側面で考慮したのは,「調査の重要ポイントとなる,問題意識から仮説構成をする調査企画・設計段階をできるだけわかりやすく,かつ量的・質的どちらの調査の場合も具体例を挙げて説明していくこと」「実際調査を進めていく上での,作業やそこでの実践的ノウハウについても積極的に言及していくこと」等の点であった。」

第2版に向けた改訂作業では,「本書執筆グループが2000〜2003年度に受給した文科省科学研究費の研究成果（大谷信介編『実践的社会調査教育方法構築のための実証的研究：[基盤研究(B)(1)]研究成果報告書』,2004年）をテキストに反映させること」,「社会調査士資格認定機構の標準カリキュラムに掲げられている教育内容を網羅すること（第2版ではE科目を除いていた)）」を中心課題として改訂作業が進められた。

　今回の新版に向けた改訂作業では,「本書執筆グループが2005〜2008年度に受給した学術振興会科研費の研究成果（大谷信介編著『危機的調査環境下における新たな社会調査手法の開発：[基盤研究(A)]研究成果報告書』,2009年）をテキストに反映させること」「社会調査協会が社会調査士標準カリキュラムの科目認定の際に提示している確認項目に,テキストの内容を対応させること」を中心として改訂作業を展開した。

　編集方法は,1994年10月24日に開催された第1回「社会調査法研究会」以来,初版・第2版と踏襲してきた研究会の議論に基づく「担当執筆制」を今回も採用した。担当執筆制については,本書の最もこだわっているプリンシプルでもあるので,少々長い引用になるが「初版はじめに」の記述を再録しておきたい。

　　「この研究会が最もこだわった点は,テキスト作成にあたって「分担執筆制」をとらないという合意であった。分担執筆制は,多くの分野のテキストや専門書（えらい先生の退官記念・還暦記念論文集等）で使われてきた手法である。この手法では,編者が章別構成・執筆者・締切りを決め,おのおのの原稿をまとめて出版するという形が多くとられてきた。それぞれの章は,基本的に分担執筆者の責任という形で処理され,議論をして全体的調整を図るということはあまりされないため,統一性に欠けたり,章ごとに出来・不出来がはっきりした出版物になる場合が多かったといえる。分担執筆制のいいところは,おそらく「出版までの時間や労力があまりかからないこと」,「多くの執筆者がテキストとして使用することによって出版社の営業面で利点があること」等,著者サイドのメリットばかりで,テキストを買わされる学生側

の立場から考えると多くの問題を抱えていたと言わざるを得なかった。実際本研究会のメンバーのほとんどがこうした分担執筆制で本を出版してきた経験を持っており，日本の出版界では決して珍しいことではないことも事実である。

　しかし本書に関しては，あえて分担執筆制とは異なる方式（われわれは「担当執筆制」と命名している）でテキストを創っていこうと挑戦したのである。担当執筆制とは，執筆者それぞれに担当する章は決めるが，担当執筆者が書いた原稿は，研究会メンバー全員が議論をして修正し，内容についてはメンバー全員が責任を負うという方式である。

　具体的には，①各人が講義でどのようにそのテーマを教えているかを発表し合う。②担当執筆者を中心として，既存の「社会調査テキスト」がそのテーマをどのように取り扱ってきたかを報告し，その問題点をメンバー全員で議論する。③それらの議論を踏まえて，担当執筆者が原稿を執筆する。④その原稿をもとに，議論をしながら修正を繰り返していく，といった一連の手順によって各章を執筆していったのである。

　研究会メンバーが松山・関西・関東と地理的に分散していたため，日常的議論は電子メールを使っておこない，ある程度議論を煮詰めた上で，メンバー全員が直接会って議論するという形で研究会が進められた。電子メールは大変便利な道具であり，地理的距離を克服し，メンバー相互の議論を可能にしてくれた。こうしたインターネットの普及が無かったら，今回の担当執筆制の試みは，おそらく実現していなかったであろう。」

　新版に向けた研究会がスタートしたのは，科研費研究が終了した2009年12月27日からであった。新版に向けた第3回研究会（2010年6月5日）において，旧版執筆者であった永野武氏から，個人的事情により研究会に参加できないため執筆者を辞退したいという申し出があった。やむを得ずその後は，4人の執筆者によって8章・9章も含めた改訂作業を進めていくこととなった。改訂新版となったひとつの大きな原因は，この執筆者構成の変化でもあった。改訂作業

の完了の目標としたのは，大谷がベルギーのルーヴェン大学へ1年間の在外研究へ出発する2012年3月末であった。その間，京都のミネルヴァ書房会議室での10回の研究会，日本大学・松山大学での各1回，計12回の研究会を実施したが，各執筆者が学内外の多くの仕事を抱える状況もあって，結局完成しなかった。その後は，Skype での12回の研究会を経て，やっと2013年の春学期に何とか間に合うように原稿執筆が終了したのが実情であった。出版社の皆様にはまったく迷惑な状況であったと思われるが，本書執筆メンバーが妥協を許さず「いい本」を作ろうとしてきたことは確かな事実である。

　今回の改訂新版が，初版（13刷）第2版（9刷）と同様多くの読者に読んでいただき，わが国の社会調査の質的向上に役立っていくことができるとしたら執筆者一同幸いである。

　この本が，初版以来多くの研究会と議論を展開して作成することができたのは，ミネルヴァ書房杉田啓三社長の全面的な理解と支援のおかげである。遅々とした研究会に最後まで参加し，編集作業を忍耐強く進めていただいた編集部戸田隆之氏とともにこの場をお借りしてお礼を申し上げたいと思う。

　2013年2月3日　ルーヴェン大学世界遺産ベギンホフ訪問教授宿舎にて

執筆者を代表して
大谷　信介

新・社会調査へのアプローチ
―― 論理と方法 ――

目 次

新版の刊行にあたって

| 第 I 部　社会調査の論理 |

第 1 章　社会調査へようこそ ……… 2
1 社会調査の時代 ……… 2
2 社会調査って何？ ……… 5
3 社会調査の歴史 ……… 8
4 社会調査の注意書き ……… 12
5 社会調査を学ぶ真の意義 ……… 17

第 2 章　社会調査のファースト・ステップ──情報資源の発掘調査 ……… 21
1 社会調査を企画・設計するために ……… 21
2 "不思議"発見，センス・オブ・ワンダー ……… 24
3 図書館とインターネットを使いこなすために ……… 29
4 先行する研究成果に関する情報へのアクセス法 ……… 40
5 既存の統計データへのアクセス法と活用法 ……… 45
6 過去の調査データへのアクセス法と活用法 ……… 55
7 まとめ ……… 61

第 3 章　社会調査の基本ルールと基本の道具 ……… 65
1 社会調査の基本ルール ……… 65
2 考えるとは──記述と説明 ……… 67
3 問題が問題だ──社会的な問題構成へ ……… 70
4 「概念」なんか怖くない ……… 73
5 変数は変な数ではない ……… 78
6 仮説は花形 ……… 80
7 仮説を使いこなすために ……… 82

目　次

第Ⅱ部　調査票調査の方法

第4章　調査票を作ってみよう……………………………………88
　1　調査の企画・設計と調査票作成プロセス……………………88
　2　質問文を作ってみよう………………………………………99
　3　選択肢を作ってみよう………………………………………118
　4　調査票全体へのこだわりをもちたい…………………………131

第5章　サンプリングという発想…………………………………136
　1　サンプリングという考え方…………………………………136
　2　サンプリングの原理…………………………………………143
　　――なぜ「無作為に」抽出することが最も科学的で優れた方法なのか？
　3　サンプリングの実際…………………………………………156

第6章　調査票調査のプロセスとデータ化作業…………………176
　1　調査票調査の種類とプロセス………………………………176
　2　データを分析する前に必要な作業…………………………193

第7章　調査結果を分析しよう……………………………………208
　1　データ整理のための基礎知識………………………………208
　　――単純集計・クロス集計・基礎統計量
　2　データを分析するための基礎知識――統計的検定…………218
　3　より深い分析のために――回帰分析を中心に………………235
　4　結果のまとめかた――報告書には何を書くのか？…………242

第Ⅲ部　質的調査の方法

第8章　質的調査の基本……………………………………………248
　1　質的調査とは…………………………………………………248
　2　質的調査の働き………………………………………………252

	3 社会調査としての質的調査	256
	4 質的調査の留意点	263

第9章 質的調査の実際 … 268

1 聞き取り調査の実際 … 268
2 参与観察法の実際 … 282
3 ドキュメント分析の実際 … 294

第Ⅳ部　実習と実践

1　写真観察法——ビジュアル調査をやってみよう … 317

　1　はじめに——ビジュアル調査法とは … 317
　2　集合的写真観察法——社会のプロセスと構造の可視化と可知化 … 319
　3　写真観察法のススメ——手順と実際 … 322
　4　Let's try——写真観察をやってみよう … 327

2　非参与観察法——まわりを見よう … 332

　1　はじめに——非参与観察法とは … 332
　2　非参与観察法を始める前に！ … 332
　3　Let's try——非参与観察法の実習をやってみよう … 336
　4　リポートを書く … 340

3　Kさんの卒論はじめて物語 … 348

　1　はじめての卒業論文——卒論に向き合う … 348
　2　研究の着想——センス・オブ・ワンダーを働かせて，ネタを探る … 349
　3　研究の構想——文献を読み進め，問題意識を深める … 355
　4　研究テーマの明確化 … 360
　　　　——問いを立て，調査を企画し，学術研究の土俵にのせる
　5　はじめての研究計画書——卒業研究を本格的に始動する … 363

目　次

APPENDIX

1　参照してほしい209冊の文献セレクション ……………………… 368
　　　——社会調査をもっと深く学びたいあなたのために

2　社会調査士・専門社会調査士の資格制度と標準カリキュラム …… 379

索　引　382

【担当執筆者一覧】

新版の刊行にあたって……………………………………………………… 大谷信介

第Ⅰ部　社会調査の論理

 第1章　社会調査へようこそ……………………………………………… 木下栄二
 第2章　社会調査のファースト・ステップ…………………………… 後藤範章
 第3章　社会調査の基本ルールと基本の道具………………………… 木下栄二

第Ⅱ部　調査票調査の方法

 第4章　調査票を作ってみよう
  1. 調査の企画・設計と調査票作成プロセス…………………… 木下栄二
  2. 質問文を作ってみよう……………………………………………… 小松　洋
  3. 選択肢を作ってみよう……………………………………………… 小松　洋
  4. 調査票全体へのこだわりをもちたい………………………… 小松　洋
 第5章　サンプリングという発想………………………………………… 大谷信介
 第6章　調査票調査のプロセスとデータ化作業
  1. 調査票調査の種類とプロセス………………………………… 大谷信介
  2. データを分析する前に必要な作業…………………………… 小松　洋
 第7章　調査結果を分析しよう…………………………………………… 小松　洋

第Ⅲ部　質的調査の方法

 第8章　質的調査の基本…………………………………………………… 木下栄二
 第9章　質的調査の実際…………………………………………………… 木下栄二

第Ⅳ部　実習と実践

  1. 写真観察法……………………………………………………………… 後藤範章
  2. 非参与観察法………………………………………………………… 木下栄二
  3. Kさんの卒論はじめて物語………………………………………… 後藤範章

APPENDIX

  1. 参照してほしい209冊の文献セレクション ………………… 後藤範章
  2. 社会調査士・専門社会調査士の資格制度と標準カリキュラム

◉コラムの執筆担当者　S. O.＝大谷信介　　E. K.＝木下栄二
　　　　　　　　　　　N. G.＝後藤範章　　H. K.＝小松　洋

第 I 部
社会調査の論理

第1章
社会調査へようこそ

要点 社会調査へようこそ。世はまさに社会調査花盛り。社会調査は特別な人の特殊な知識ではない。われわれすべてが「する人」「読む人」そして「協力する人」として、日常的に社会調査にかかわりを持っている。社会調査の基礎知識は、現代を生きるための必須アイテムである。

本章では、社会調査の概要、歴史、そして抱えている問題点を整理して、社会調査とは何であって、それを学ぶ意義が何であるのかを考えてみよう。

▶ キーワード
社会調査，アンケート，プライバシー，誤差，ステレオタイプ，予言の自己成就，アナウンスメント効果

① 社会調査の時代

(1) 調査！ 調査！ 調査！

「社会調査なんて俺には関係ないよ」と思っているそこの人、そんなことでは現代を生きる立派な市民になれないよ。手始めにちょっと新聞を見てみよう。「ソーシャルゲーム利用者　6割が『無駄遣い自覚』」(ジャストシステム)、「社会保障　若者に不公平感」(厚生労働省)、「老後『年金では賄えず』8割」(金融広報中央委員会)、「被災者『戻りたい』最低に　震災1年半　本社3県調査」(読売新聞)(いずれも、2012年9月『読売新聞』の見出し)など、ちょっと見ただけでも、さまざまな問題に対する、さまざまな調査主体による調査結果が紹介されている。

また、人生を振り返ってみれば、一度くらいは調査に協力したことを思い出すだろう。例えば、街角でいきなりアンケートへの協力を求められたり、鳴り

出した電話をとってみれば「突然で失礼ですが，実はアンケートにご協力をお願いしたくて……」などと調査の依頼でがっかりした経験はないだろうか。あるいは教室で，授業評価だの学校評価だの，その他諸々の名目で調査票を配られた記憶があるかもしれない。長い人生，これからも調査はいろいろな形できみにまとわりつくことだろう。

　逆に言えば，それだけ多くの調査があれば，きみが調査をする立場になる可能性だって高い。実際，公務員だろうが会社員だろうが，いつ調査の担当にさせられるかしれたものではない。さらに，調査データも使いこなせないようでは，企画立案も政策決定もおぼつかなければ，プレゼンテーションで他企業に勝てるわけもない。

■**Words**
　アンケート（*enquête*）：フランス語に起源を持つアンケートという言葉は，日本では様々な意味で用いられている。「ある特定分野によく通じた専門家を対象としておこなう調査法」と限定的に用いる立場もあれば，「実査をともなう調査」すべてを指して使う立場もある。実際には，これらの中間の立場にたって「調査票を用いる調査」すべてをアンケートと呼ぶことが多いようであるが，本書では混乱している言葉の使用をさけて，「調査票を用いる調査」のことを調査票調査と呼んで，アンケートという言葉は使わないことにする。
　また，調査票そのものを指してアンケートと呼ぶ人もいるが，調査票は英語もフランス語も"questionnaire"であるので，それは間違いである。調査票を指してアンケートという言葉を使う場合は，せめてアンケート用紙，アンケート票などと呼ぶべきである。

（2）社会調査は現代人の必須アイテム

　まさに現代は調査の時代，社会調査は社会学の単なる一技法ではない。地方自治体から国家までのさまざまなレベルでの政策決定にも，企業の営業方針の作成にも，そしてわれわれの生活のあらゆる局面において，もはや無視することのできない重要な社会現象である。

　「どうして社会調査がそんなに盛んなのよ？　面倒くさいし迷惑だ！」とお怒りの人もいるかもしれないが，そんなことでは現代社会を生きる資格がない。現代は民主主義の時代，すべての人が平等に社会に参加しなければならない。参加する以上は，「社会はどうなっておるのか」という社会的現実も知らねば

◈社会調査がどのくらいあるか

　新聞や雑誌を見ても，さまざまな調査結果が紹介されているが，それらをまとめた年鑑類も刊行されている。1989年から刊行されている『アンケート調査年鑑』（並木書房）は，企業などが実施している様々な調査を紹介しており，2011年版では118件の調査結果が掲載されている。また，教育に関連した調査を集めたものとして『教育アンケート調査年鑑』（創育社）が1994年から刊行されている。教育に関する調査だけでも179件（2011年版）もの調査が紹介されている。

　より広い範囲で，国・地方自治体・研究機関・マスコミなどがおこなった調査を内閣府大臣官房政府広報室が『世論調査年鑑』（国立印刷局）として毎年刊行してきた。冊子体としての同書は2006年版を最後に発行されていない。しかし，内閣府のサイトで「全国世論調査の現況」として，直近の数年分は冊子体と同じ内容の情報を見ることができる。この「現況」で紹介されている調査は，標本数が1,000人以上で回収率が50％以上のものに限定されるが，2010年度で857件掲載されている。そのうち，132件は質問文と単純集計結果を閲覧でき，CSV形式でダウンロードもできる。

　また，公益財団法人日本世論調査協会のサイトでは「世論調査インデックス」として，マスコミや内閣府などの公的機関がおこなった調査の実施動向（調査対象や調査方法，サンプル数と回収率など）を閲覧することができる。本コラム執筆時点（2012年6月末）で2001年2月3日以降に実施された2,390件が掲載されている。なお，同サイトは調査主体・調査期間・調査方法・キーワードによる絞り込みが可能で，2011年1月から同年12月で検索すると，192件がヒットした。

　年鑑類や専門機関のサイトだけでもこれだけの数の調査が紹介されているのだから，実際には数倍か，ひょっとしたら数十倍の調査がおこなわれているかもしれない。もっとも，その中には「お座敷芸」（マン，1982：まえがき）と呼ばれるような，とても社会調査とはいえないようなヒドイものも多いだろうが。

　しかし，とにかくも本コラムで紹介した情報源には，調査の数以上に，どのような調査がどのような調査主体によって実施されているかなど，多くの情報が詰まっている。良い調査と悪い調査を見分ける目を養うためにも，これらの情報源を積極的に活用することをお勧めする。
　　　　　　　　　　　　　　　　　　　　　　　　　　　　　　（E. K.）／（H. K.）

ならない。社会的現実を知ろうともしないで，あなた一人の思いこみで生きていけるほど世の中甘くはない。では，どうやって社会的現実を知るか？ 現代は人間も多いし，社会のありようもとても複雑だ。複雑怪奇な現代社会の現実を描き出すために，社会調査は有力な武器となる。

　だからこそ，社会調査についての正しい理解が絶対に必要となる。間違ったやり方，いい加減なやり方では社会的現実を正しく捉えることはできない。また，調査結果を読み間違えて社会的現実をわかったつもりになっていたら大馬鹿者だ。社会調査とは特別な人のための特殊な知識ではない。すべての人が，「する人」，「読む人」そして「協力する人」として社会調査にかかわっている。社会調査に関する基礎知識は，まさに現代人の必須アイテムなのだ。

② 社会調査って何？

（1）社会調査とは

　それでは社会調査とは何だろう。社会調査のほかにも，水質調査とか地質調査など理系の人が実施する調査もあれば，浮気調査やドラ息子の素行調査など探偵さんが登場する個人的な調査もある。水の汚れを調べたり，尾行によって誰かの素行を調べたりすることを社会調査と思う人は少ないだろうが，実はもう少しややこしい。日本における社会調査の巨人，福武直は，次のように社会調査の本質を捉えている。

　　いかに社会事象の調査とはいえ，単に工場や設備などを漫然と調査したり，交通機関の性能を調べたり，一地域の人口や建造物などを何とはなしに数えあげたりするのでは，社会調査とは言えない。それらは，社会生活との関連においてその意味が求められるときにのみ社会調査となりうる。また，個人の身上調査やメンタル・テストなども，それだけでは社会調査とは考えられないが，それが社会との関連を求めて調査されるなら，対象

が個人であっても社会調査に含められる。したがって，社会事象を人間の社会的生活関連における意味に即して調査すれば，それがどのような目的をもち，またいかなる主体によって行われようとも，すべて社会調査と呼んでよいわけである。
(福武，1954：4頁)

人間が社会の中で生きている限り，その生活は何らかの形で社会とかかわりを持たざるを得ないし，たいていのことは社会事象ともなる。要するに，社会調査を社会調査たらしめるのは，その対象や方法ではなく，その調査から「社会について考える」かどうかという姿勢の問題なのである。水の汚れだって，環境問題という社会的問題として捉えるならば，水質調査も社会調査の一環に含まれるし，青少年問題を考えるためには，ドラ息子の素行も大切なデータとなる。第3章でも述べるように，社会調査の本質は「社会について考える」こと。そのためにデータを収集するならば，あらゆる調査を社会調査と呼べるのである。

（2）問題意識と公表

「データを集めて社会について考えること」を社会調査と呼ぶ時，われわれが見知らぬ人と話したり，新聞や雑誌を読んだり，あるいは道行く人を数えたりして，そこから社会について少しでも考える時，われわれは社会調査を実践しているともいえる。それはそれでとても大事な営みなのだが，さすがに社会調査としては漠然としすぎている。ここでは2つほど社会調査を社会調査たらしめる条件を付け加えておこう。

第1の条件は，何のためにデータを集めるのかという，問題意識が明確に設定されていなければならないことだ。そして当然ながら，この場合の問題意識とは，「社会について考える」ための社会的な問題意識でなければならない。

第2の条件は，調査結果は必ず公表されなければならないということだ。調査をした本人だけが悦に入っているのでは，調査をした意味がない。

まとめてみよう。つまり，社会調査とは次のように定義される。

> 社会的な問題意識に基づいてデータを収集し，収集したデータを使って，社会について考え，その結果を公表する一連の過程

（3）社会調査の多様性

「ふう～ん，そうなの。でも結局データは収集しなきゃいけないのね。ところでデータって何で，どうやって集めるの？」と考えた諸君，きみたちは正しい社会調査の理解へと一歩前進した。先に紹介したアンケート（本書では，調査票調査と呼ぶが）は社会調査の1つの技法にすぎない。社会が複雑で多様であるように，社会調査のデータも多様であり，データ収集の方法も多様である。データを数字に限定して扱うタイプもあれば，数字にできない諸々の現象をそのままデータとして扱うタイプもある。細かいことは本書を読み進めてもらうとして，最も大雑把な区分である量的データと質的データ，そしてそれらのデータを収集する量的調査と質的調査とを簡単に紹介しておこう。

　量的調査とは，まさに数字をもって世の中の現実を語ろうとする方法だ。多数決という言葉が民主主義の基本概念の1つであるように，数というのも大切な社会の現実である。みんなが嫌っていることを，わがままな思いこみで押しつけようとしてもうまくいくはずがない。さまざまな統計データという形で，社会的現実を数字で示すこと，そしてその数字の意味を理解することも現代人にとっては必要な作業である。本書では，第2章で種々様々なデータの活用術やアクセス法を解説するほか，量的調査の方法として非参与観察法（第Ⅳ部2）と調査票調査について説明している。特に調査票調査は，社会調査の主力中の主力である。第Ⅲ部のほとんどを調査票調査の説明に割いているぐらいだ。

　しかし世の中すべてが数字で語れるはずもない。社会を作っているのはわれわれ人間である。われわれの行為や想いのすべてを，数字で語ろうとするのは不可能だ。僕の涙，僕の笑い，僕の怒り，数字という均等な世界に押し込められるだけでは可哀想だ。そこで質的調査も社会的現実を知るために重要な役割

を演じる。聞き取り調査と呼ばれる方法では，個々の人間の発する言葉をもとに社会について考える。参与観察法と呼ばれる方法では，五感をフル動員して社会的現実に迫ろうとする。さらにドキュメント分析では，文章，絵画，写真など，さまざまな記録を分析対象にして，社会的現実を再構成しようと試みる。本書では，特に第Ⅲ部で質的調査の方法について解説するから，ここもしっかり勉強しよう。

＊上記の量的調査・質的調査と各調査方法の対応は，必ずしも固定的なものではない。非参与観察法は質的データの収集にも用いられる。また，ドキュメント分析は量的データの分析として使われることもあるし，調査票調査の自由回答を質的データとして扱う場合もある。

③ 社会調査の歴史

（1）社会調査のルーツ

人に歴史があるように社会調査にも歴史がある。クリスマスを思い出してみよう。一度くらいは，赤ん坊のキリストが馬小屋で寝ている絵を見たことがあるだろう。ところで，キリストはなぜ馬小屋で生まれたのか？ 彼の両親はいつも馬小屋で暮らしていたわけではない。「その頃，全世界の人口調査をせよとの勅令が皇帝アウグストからでた」，「人びとはみな登録のために，それぞれの町へ帰って行った」（ルカ書 2—1, 3）と聖書にあるように，皇帝の人口調査の命令によって，普段住んでいるナザレの町を離れて，本籍地であるベツレヘムへと旅をしていたのである。皇帝の命令じゃ仕方ない。マリア様ですら，身重の身体にかかわらず協力する（従う？）しかなかったのである。

社会調査のルーツは，皇帝や王様がおこなった人口調査に求められる。つまり，権力者が「俺の子分は何人だ」と数え始めたのである。権力者が子分の数を数えるのだから，勝手気まま。身重だろうが病気だろうが，命令通りに調査に協力（！）しなければならない。社会調査とは，そのルーツにおいて，権力の道具であり，調査される側にとっては，かなり乱暴で迷惑なものであったこ

とも忘れてはならない事実である。

（2）近代的社会調査の曙

「火縄くすぶるバスティーユ」，1789年のフランス革命勃発をこのように暗記した方もいるだろう。フランス革命に代表される市民革命は，社会調査にとっても重大な意義を持つ。なぜなら，かつては皇帝や王様など一部の権力者の道具にすぎなかった社会調査が，革命によって初めてわれわれすべてに解放されたのである。革命が，すべての人間は平等な権利と責任を持つと宣言したことは，同時にわれわれすべてに社会について考える権利と責任を付与した。これこそが，近代的社会調査が誕生する契機であった。

さて，生まれようとする社会調査が目にした現実は，平等とは名ばかりの大きな貧富の差であった。多くの人々が貧困に喘ぐ状態をいかにしたら改善できるか。そのためにはまず，貧困を客観的に誰にも理解できる形で示すことが必要となる。近代的社会調査は，まず都市貧民の窮状を客観的に明らかにしようとする「貧困調査」から出発した。1つの地域を精密に調べる「社会踏査」という方法を編み出したブース（Booth, C. J., 第3章コラム参照）や，労働者の一生の経済的浮沈を「貧困曲線」に示したロウントリー（Rowntree, B. S.）らの調査は，あらゆる点で現代の社会調査の雛形となっている。

■**Words**
　社会踏査（*social survey*）：特定のコミュニティの状況を，さまざまな側面から包括的に探求するものであって，地域社会の問題解決という実践的志向の強い調査を指して用いられる。調査票調査のみならず各種の観察法や聞き取り調査なども併用して，量的・質的双方の多様なデータを収集するところに方法的特質がある。
　　なお，社会踏査は social survey の訳語であるが，social survey 自身は，広い意味での社会調査（social research）と同義で用いられる場合もある。

（3）社会調査の発展

20世紀に入ると，大衆社会，消費社会という新しい時代の流れとともに，社会調査は飛躍的な前進を始める。発展する資本主義の中で，主にアメリカを中

第Ⅰ部 社会調査の論理

心に，消費者の動向を知ろうとする市場調査（マーケティング・リサーチ）が成立した。また，大衆社会の成立とマス・メディアの発達は，世論調査を作り出した。特に，大統領選挙の結果を予測しようとする試みは，調査のすぐ後に結果が判明することもあって，サンプリング法をはじめ調査技法を大きく発展させた（第5章参照）。現在，新聞で見ることのできる社会調査のほとんどは，20世紀前半のアメリカに源流を求められる。

■Words
市場調査（*marketing research*）：商品（財，サービス，金融商品）の生産者あるいは提供者が，市場，製品，販売，流通，広告，消費者などに関するデータを収集・分析し，大量販売を成功に導くために必要な情報を洗い出す方法を指す。これには心理学的方法など各種の方法があるが，調査票を用いて販売・消費市場についてのデータを収集・分析する方法（市場実査とも呼ぶ）だけを指して市場調査と呼ぶことも多い。この場合，市場調査には，ある製品の普及率などを調べる事実調査と，消費者個人の意見や態度などを測定する意見調査の2つを含んでいる。

世論調査（*public opinion poll*）：1930年代のアメリカで成立した，人々の意見を量的データとして統計的に扱う方法である。広義・狭義さまざまな定義があるが，おおよそ，①社会的に重要とされている問題に関する意見・態度を調査していること，②社会調査の統計的手法を用いていること，③一般個人を対象としていること，の3点が世論調査の要件とされているようだ。
　世論調査は，人びとのある問題に対する意見や態度の分布，構造，変化を計量的に一般化した形で測定できるという利点を持つが，世論の表層的把握にとどまるという欠点もある。

　アカデミズムの世界でも，社会調査は洗練され始める。その第1は，実験的方法の登場である。ホーソン実験（第Ⅳ部2コラム参照）で有名なメーヨー（Mayo, G. E.），小集団研究を発展させたシェリフ（Sherif, M.）やレヴィン（Lewin, K.）らは社会心理学に多大の貢献をなした。第2に，急激に発展する「風の街シカゴ」の社会的現実に挑んだシカゴ大学の研究者たちの努力も忘れられない。参与観察法を用いて大量の調査モノグラフを描いたパーク（Park, R. E.）らは都市社会学に多大の影響を与えた。また，トマス（Thomas, W. I.）とズナニエツキ（Znaniecki, F. W.）の『欧米におけるポーランド農民』は，ドキュメント分析という方法を用いて移民とその周辺の社会的現実を描いた古典である（なお，参与観察法やドキュメント分析については第Ⅳ部で詳述する）。そして第3に，市場調査，世論調査等の調査票調査によって得られる量的なデータを

第1章 社会調査へようこそ

◆日本の社会調査史

　日本における近代的社会調査も，チャールズ・ブースの影響を受けた横山源之助（1871〜1915）による『日本の下層社会』（1899）など，近代化・資本主義体制の確立を急ぐ中での多くの矛盾を解明しようとする貧困調査から始まった。

　しかし，第2次世界大戦以前の社会学においては，戸田貞三（1887〜1955）による『社会調査』（1933）の刊行などはあったものの，理論研究が中心であり，社会的現実を実証的に捉えようとする社会調査の体系的発展はほとんどなかったといってよい。

　むしろわが国に特徴的なことは，民俗学や農業経済学を基盤とした研究者たちによる，質的な研究法を用いた農村社会のモノグラフ（主に質的な研究法による報告書）が多くあることである。日本民俗学の基礎を築いた柳田国男（1875〜1962）や，有賀喜左衛門（1897〜1979），鈴木栄太郎（1894〜1966），喜多野清一（1900〜1982）らの諸業績は，われわれの貴重な財産と言える。

　戦後は，一転してアメリカ社会学の影響が強まる中，調査票を用いた量的な研究法が急速に発展・浸透した。日本全国を対象とした調査もおこなわれるようになり，政府や新聞社による多くの世論調査がおこなわれているほか，研究者の手によるものとしては，統計数理研究所によって1953年から5年ごとに実施されている「日本人の国民性」調査，多くの社会学者が参加して，1955年から10年ごとに実施されている「社会階層と社会移動全国調査」（いわゆる SSM 調査）などが有名である。

　また，戦前からの伝統を引き継いだ研究も多くあることも忘れてはならない。福武直（1917〜1989），島崎稔（1924〜1989）らの農村調査のほか，中野卓（1920〜）による商家同族団の研究や岩井弘融（1919〜）の反社会的集団の研究などをはじめ，戦後も多くのモノグラフが刊行されている。

　なお近年，日本における社会調査の歴史を見直そうとする作業もおこなわれている。川合隆男らによる『近代日本社会調査史（I，II，III）』（慶應通信）や，石川淳志らの『社会調査——歴史と視点』（ミネルヴァ書房，1994），佐藤健二『社会調査史のリテラシー——方法を読む社会学的想像力』（新曜社，2011）などは，その貴重な研究成果である。

　　　　　　　　　　　　　　　　　　　　　　　　　　　　　　　（E. K.）

もとに，因果関係や潜在的な構造を解き明かす多変量解析を編み出したラザースフェルド（Lazasfeld, P. F.）の名も欠かせない。量的データを数学的に処理する彼の方法は，大衆社会の進展，マス（多数であること）の意味の増大，そして

コンピュータの発展もあって，いまや社会調査の主力中の主力である。

④ 社会調査の注意書き

（1）両刃の剣

　20世紀の科学の発展は，われわれの生活に大きな豊かさをもたらした。自動車や飛行機など交通機関の発達は，先人たちが一生かかって旅した道程を，一日で移動することを可能とした。また，原子力の発見と利用は，無限に近いエネルギーをわれわれにもたらした。しかし，光あるところ必ず影がある。環境破壊，放射能汚染，核戦争の恐怖など，科学の発達は一方においてわれわれの生活を脅かす大変な脅威でもある。

　社会調査の発展でも同じことが言える。社会調査の発展は，われわれの認識の幅を広げ，時には慣習だの常識だのを打ち破る力となり，適切な施策を策定する大きな力となる。しかし，同時に現代の社会調査は，無駄で不適切な調査の山を作るだけだったり，個々人のプライバシーを脅かすだけの場合もある。あるいは，世論を権力者に都合良く誘導する機能をも持っている。科学と同じく，社会調査も，使い方に注意しないとわれわれの生活に災いをもたらす両刃の剣である。どんなに良い薬でも，注意書きをよく読んで正しく使うことが大切だ。社会調査が現代社会にとってどんなに重要なものであっても，まずは正しく使うための注意書きを考えなければならない。注意すべき点は山ほどあるが，ここでは，プライバシー（より大きくは人権）とのかかわり，現実誤認の危険，そして調査が現実を操作してしまう危険の3点について述べておきたい。

（2）調査とプライバシー

　注意書きの第1は，社会調査は「社会について考える」ためのものだが，そのためのデータは，結局のところ個々人に求められるというパラドックスに関するものだ。個々人を相手にする以上，プライバシーという問題は避けて通れない。

◆『調査と人権』

　広田伊蘇夫と暉峻淑子の編による『調査と人権』(現代書館, 1987) は, 社会調査とプライバシーとの関連を正面から捉え直そうとする意欲的な試みである。彼らは「調査の本来的な意義は充分認めつつも, だからといってそのために人権が侵されてはならない」という認識のもと, 日本における様々な社会調査による人権侵害を告発している。

　この本では, まず旧西ドイツにおいて国勢調査が中止に追い込まれた事例を紹介して, 数字に還元されコンピューターでデータ処理されるにしても, それをもって人権が守られる保証とはならないことを告発する。そのうえで, 精神障害や身体障害をはじめとするさまざまな障害を持つ人たちに対する調査が, たとえ調査の出発点は善意であろうとも, 調査を受ける方々のプライバシーを侵し, 時には生活を破壊する姿を描きだして, 調査に対する安易な態度がいかに人びとに災いをもたらすことがあるかを厳しく追及している。

　これからの社会調査の発展, そして社会調査が真に社会の発展に貢献するために, 社会調査にかかわるすべての人に一読を推薦したい書である。

　また, 宮本常一と安渓遊地による『調査されるという迷惑——フィールドに出る前に読んでおく本』(みずのわ出版, 2008) は, フィールドワーカーの視点から, 被調査者のことを考えない一部の調査者のやり方に警鐘をならしている。資料を借りる際に借用書を渡さないとか, そもそも借りた資料を返却しないといった「略奪調査」や, 自分の理論に則した内容の話しか対象者に話させない調査者の態度や, また,「調査してやる」といった傲慢な態度の調査者の例が示されている。さらに, 対象地域の人々と深くかかわりすぎることで, 地域の人々の間に軋轢を生じさせる危険性についても触れている。

　本書は人類学者の安渓が1991年から2006年にかけて発表した論考と, 安渓が師事した民俗学者宮本常一の1972年の論考をまとめたものであるが, 質的社会調査の実践にも大いに参考となろう。

(E. K.)／(H. K.)

　例えば, 近代的社会調査の出発点が貧困調査であったように, 社会の階層性や貧困という重大な社会問題を探求するには, 個々人の「収入」は不可欠なデータである。しかし, 調査に協力する個々人から見れば, 自分の「収入」はプライバシーの最たるものだ。税務署の調査や, 昔の王様の人口調査じゃある

まいし，社会調査だからといって，自分のプライバシーをさらけださねばならない理由はない。しかし，プライバシーをあまり強調しすぎて，すべての人の収入が謎に包まれていたのでは，貧富の差異や階層の持つ問題点など社会的な解決を必要とする矛盾を客観的に明らかにすることができなくなる。

　社会調査と個々人のプライバシーというパラドキシカルな問題には，残念ながら決定的な解決策はない。しかし，決定的ではなくとも，意識しておかねばならない注意点はある。第1に，時として「調査する側」に，「調査される側」を対等な人間として見ないで，目的を隠して調査したり，強引に回答を引きだそうとするなどの態度が見られるが，これは絶対に許されない。調査の目的を明示し，なぜその質問が必要なのか説明する，そして社会調査のあらゆる局面で他者のプライバシーを最大限に尊重する態度が，調査をするすべての人間に要請される。第2に，調査される側にとっても，自らのプライバシーを尊重するとともに，当該の社会調査の必要性を理解しようとする態度が必要である。いたずらに調査を拒否するだけでは，現代社会の諸問題の隠蔽に力を貸していることになりかねない。社会調査とは調査者と被調査者との対等なコミュニケーションであるという認識こそが，すべての人に必要なのである。

（3）調査で現実を見誤る

　社会的現実を知ること，それこそが社会調査に求められる第1の効能である。しかし，社会調査によって得られた事実が，常に現実そのものとは限らない。例えば，偏ったデータばかり集めたり，質問の仕方が不適切だったりしたら，調査の示す事実は現実とは異なってくる。

　さらに，調査結果がせっかく高い精度で社会的現実を示していても，それを読み解く過程で間違えることもある。例えば，問題意識が強すぎると，調査結果の示す多様性を無視して，自分に都合のよい部分ばかりに目を向けてしまうことがある。あるいは，ステレオタイプの発想しかできなければ，やはり調査結果の示す多様性についていけない。いずれにしても，せっかくの調査の豊かな知見を台無しにして，現実を見誤ることとなってしまう。

第1章 社会調査へようこそ

　調査結果を読むためには，社会調査の結果と現実との間にズレ（誤差）のある可能性のあることを認識しておくこと，そして冷静で柔らかな頭が必要なのだ。社会的現実を知ろうとするつもりが，現実から遊離した勝手な思い込みを作るだけだったら，せっかくの社会調査も何の効き目もなかったことになってしまう。

■**Words**

　ステレオタイプ（*stereotype*）：活版印刷工程において鋳型から鋳造される鉛版（ステロ版）のこと。同じ刻印の鉛版が多数鋳造されることにたとえて，単純化され固定した紋切り型の態度，意見，イメージなどを指す用語として使われる。人は，未知の状況に直面すると，その人の所属する社会で定型化された観念に頼って，その状況の意味を確定しようとする傾向がある。しかし，未知の状況に既存の観念を当てはめるだけでは，その状況の本当の意味を知ることはできず，既存の観念を強化して，偏見につながりやすい。ここでの定型化された観念を指してステレオタイプと呼ぶ。マス・コミュニケーション論の古典である『世論』の著者リップマン（Lippman, W.）は，ステレオタイプをこの意味ではじめて用いた。彼はこの言葉を使うことで，ジャーナリズムが人々の「頭脳のなかの映像」を容易に造成し，偏見を醸成する危険性を強調している。

　ステレオタイプの具体例としては，例えば「イギリス人は紳士的で，イタリア人は情熱的，アメリカ人は社交的」などという外国人に対する評価が挙げられる。このような単純化，歪曲化，画一化された考えが偏見と結びつきやすいことは容易に想像できよう。

　誤差（*error*），標本誤差（*sampling error*），非標本誤差（*non-sampling error*）：社会的現実と調査結果とのズレそのもの，あるいはズレを大きくする要因を指して誤差もしくは調査誤差と呼ぶ。誤差の原因は大きくは標本誤差と非標本誤差に分けられる。

　標本誤差とは，調査対象を選ぶ，すなわちサンプリングに起因する誤差である。サンプリングに関しては第5章を参照されたい。

　非標本誤差とは，サンプリングに起因しないすべての誤差を総称して呼ぶ言葉である。この誤差は，社会調査のすべてのプロセスにおいて発生する危険があるが，特に実査の段階では，調査者と被調査者の信頼関係（ラポール）が不完全であるため，被調査者が嘘をつく場合や回答を拒否する場合，あるいは調査者の聞き違いや記録・記入のミスなどがある。また，調査票調査の場合，不適切な質問文を使うと信頼できる回答を得ることができないため，社会的現実と調査結果とのズレが拡大する。

　いずれの誤差も完全になくすことはできないが，サンプリングを厳密におこなうこと，他の調査データとも照合するなど，誤差を小さくする努力と，誤差の大きさを考慮する姿勢は失ってはならない。

（4）調査が現実を作る

　社会調査には副作用もある。社会的現実を知ろうと思っておこなった社会調

第I部　社会調査の論理

査が，逆に社会的現実を作ってしまう。なぜなら，社会調査の結果は公表されなければならないが，公表された結果は，その真偽はともかく事実として人びとの意識に作用する。新聞や権威のある人に「社会調査の結果では世の中こうなっているのだ」と言われ続ければ，たいていの人は「そうか，世の中そうなっているのか」と思ってしまう。たいていの人が思ってしまえば，嘘でもホントになってしまう。予言の自己成就と呼ばれる恐ろしい事態である。

　また，選挙の予測調査を考えてみよう。マス・メディアによる予測報道を見て，「あの候補（政党）が圧勝するのなら，俺があの候補（政党）に投票しなくてもいいや」とか，あるいは逆に「みんながあの人に投票するのなら，私もそうしよう」とか思ったことはないだろうか。これをアナウンスメント効果と呼び，社会調査の結果を公表することが，社会的現実を左右してしまう可能性を示している。政治家が，選挙報道に神経質になることにも一理はある。

　効き目のある薬には，思いがけない副作用があるように，社会調査にも恐ろしい副作用があることを覚えておこう。

■Words
　予言の自己成就（*self-fulfilling prophecy*）：自己成就的予言ともいう。マートン（Merton, R. K.）がその著書『社会理論と社会構造』の中で用いた用語で，ある予測が，その予測をしたことによって，予測通りの状況が起こることを指す概念である。例えば，ある銀行が倒産するとの予測があった場合，その予測に基づいて多くの預金者が預金を引き出せば，その銀行は実際に倒産してしまう。あるいは，受験に失敗すると思いこんだ場合，その思い込みによって勉強がはかどらず，実際に受験に失敗することなどが想定される。

　アナウンスメント効果（*announcement effect*）：選挙の当落予想などの予測調査において，その予測結果を公表することそれ自体が，社会的現実を変化させる要因となることを言う。アナウンスメント効果は，変化の方向によってバンドワゴン効果（bandwagon effect）とアンダードッグ効果（underdog effect）に区分されている。
　　バンドワゴン効果とは，いわば「勝ち馬に乗ろう」とする人間心理による動きであり，選挙の場合，ある候補者が優勢との報道によって，個々人が自分の意見をその報道にあわせて優勢な方に投票することをいう。選挙における「なだれ現象」などが例として挙げられる。アンダードッグ効果とは，逆に「判官びいき」の心理による動きであり，劣勢と伝えられる候補者に人々の支持が集まることを指す。
　　しかし，アナウンスメント効果が実際にどの程度あるのかについては，効果が大きいとする立場と，ほとんどないとする立場に分かれており，今なお結論はでていない。

⑤ 社会調査を学ぶ真の意義

　さて，社会調査に関する注意書きを述べてきたが，逆に考えれば，これらの注意をよく守って正しく使えば，社会調査は現実認識の有力な武器であり，まさに「自由で民主的な社会の維持と発展のために，不可欠な要素」(盛山ほか，1992)なのだ。第3節でも述べたように社会調査の発展の歴史は，現代社会の発展の歴史そのものである。

　これから本書で学んでもらうことは多いが，もっとも学んでほしいことは，われわれ一人ひとりが社会の一員として，これから社会調査とどうかかわっていくか，それを考えるセンスである。新聞や雑誌，あるいは各種調査年鑑等に載っている社会調査を見たら，それが正しくおこなわれているのか，社会の現実を的確に押さえているのか考えるセンス，社会調査に協力を求められたら，何のための調査であり，何の役にたち，果たして自分のプライバシーの情報を提供してもよいものか考えるセンス，そして社会調査を実施するにあたっては，傲慢な気持ちを捨てて，謙虚にその調査の意義と方法を考えるセンス，そういったセンスこそを身につけてほしい。

　現代社会は多様な人びとから成り立っており，そしてその多様性は素晴らしいものだ。あなたひとりの思い込みを捨てて，多様な現実にチャレンジしよう。社会調査は，多様な生きざま，世界観がぶつかりあう場でもある。

　真の市民へのステップとして，社会調査へようこそ。

　　＊本章での用語の解説にあたっては，主として NHK 放送文化研究所編『世論調査辞典』(大空社，1996)，森岡・塩原・本間編著『新社会学辞典』(有斐閣，1993)を参考とした。ただし，この2冊の間でも，同じ用語に対する説明が異なる場合もある。そのため，筆者の責任で，どちらかを採用したり，一部を書き直した場合もあることをご了承願いたい。

〈参考文献〉
石川淳志・佐藤健二・山田一成編　1998『見えないものを見る力』八千代出版．

NHK 放送文化研究所編 1996『世論調査辞典』大空社。
広田伊蘇夫・暉峻淑子編 1987『調査と人権』現代書館。
福武直編著 1954『社会調査の方法』有斐閣。
P. H. マン（中野正大訳）1982『社会調査を学ぶ人のために』世界思想社。
森岡清美・塩原勉・本間康平編著 1993『新社会学辞典』有斐閣。
盛山和夫・近藤博之・岩永雅也 1992『社会調査法』放送大学出版会。

(木下栄二)

◈社会調査倫理綱領

　学問には，いかなる研究活動も基本的人権を侵害するものであってはならないという大原則がある。この大原則を守るために，医師や心理学者，ソーシャルワーカーの諸団体では早くから倫理綱領やガイドラインが作成されている。

　社会調査においても同様である。さきの『調査と人権』のコラムにも示したように，社会調査という行為が，他者の人権を踏みにじってしまう場合のあることに常に注意していなければならない。そのため2003年に発足した社会調査士資格認定機構でも，社会調査倫理綱領を定めた。この認定機構を引き継いで一般社団法人化された社会調査協会でも，以下のような倫理規定を定めている。社会調査の倫理は，調査の技術的側面や実践の手法と同様に，すべての調査者が熟知し，そして考えていかねばならない事柄なのである。

(E. K.)

一般社団法人社会調査協会・倫理規程

〔策定の趣旨と目的〕

　一般社団法人社会調査協会は発足にあたって，会員が依拠すべき倫理規程を定め，これを「社会調査協会倫理規程」として社会的に宣言する。

　会員は，質の高い社会調査の普及と発展のために，調査対象者および社会の信頼に応えるために，本規程を十分に認識し，遵守しなければならない。社会調査の実施にあたっては，調査対象者の協力があってはじめて社会調査が成立することを自覚し，調査対象者の立場を尊重しなければならない。また社会調査について教育・指導する際には，本規程にもとづいて，社会調査における倫理的な問題について十分配慮し，調査員や学習者に注意を促さなければならない。

第1章 社会調査へようこそ

　プライバシーや権利の意識の変化などにともなって，近年，社会調査に対する社会の側の受け止め方には，大きな変化がある。調査者の社会的責任と倫理，対象者の人権の尊重やプライバシーの保護，被りうる不利益への十二分な配慮などの基本的原則を忘れては，対象者の信頼および社会的理解を得ることはできない。会員は，研究の目的や手法，その必要性，起こりうる社会的影響について何よりも自覚的でなければならない。

　社会調査の発展と質的向上，創造的な調査・研究の一層の進展のためにも，本規程は社会的に要請され，必要とされている。本規程は，社会調査協会会員に対し，社会調査の企画から実施，成果の発表に至る全プロセスにおいて，社会調査の教育において，倫理的な問題への自覚を強く促すものである。

第1条　社会調査は，常に科学的な手続きにのっとり，客観的に実施されなければならない。会員は，絶えず調査技術や作業の水準の向上に努めなければならない。

第2条　社会調査は，実施する国々の国内法規及び国際的諸法規を遵守して実施されなければならない。会員は，故意，不注意にかかわらず社会調査に対する社会の信頼を損なうようないかなる行為もしてはならない。

第3条　調査対象者の協力は，自由意志によるものでなければならない。会員は，調査対象者に協力を求める際，この点について誤解を招くようなことがあってはならない。

第4条　会員は，調査対象者から求められた場合，調査データの提供先と使用目的を知らせなければならない。会員は，当初の調査目的の趣旨に合致した二次分析や社会調査のアーカイブ・データとして利用される場合および教育研究機関で教育的な目的で利用される場合を除いて，調査データが当該社会調査以外の目的には使用されないことを保証しなければならない。

第5条　会員は，調査対象者のプライバシーの保護を最大限尊重し，調査対象者との信頼関係の構築・維持に努めなければならない。社会調査に協力したことによって調査対象者が不利益を被ることがないよう，適切な予防策を講じなければならない。

第6条　会員は，調査対象者をその性別・年齢・出自・人種・エスニシティ・障害の有無などによって差別的に取り扱ってはならない。調査票や報告書などに差別的な表現が含まれないよう注意しなければならない。会員は，調査の過程において，調査対象者および調査員を不快にするような性的な言動や行動がなされないよう十分配慮しなければならない。

第7条　調査対象者が年少者である場合には，会員は特にその人権について配慮しなければならない。調査対象者が満15歳以下である場合には，まず保護者もしくは学校長などの責任ある成人の承諾を得なければならない。

第8条　会員は，記録機材を用いる場合には，原則として調査対象者に調査の前または後に，調査の目的および記録機材を使用することを知らせなければならない。調

第Ⅰ部　社会調査の論理

査対象者から要請があった場合には，当該部分の記録を破棄または削除しなければならない。

第9条　会員は，調査記録を安全に管理しなければならない。とくに調査票原票・標本リスト・記録媒体は厳重に管理しなければならない。

付　則

1　社会調査協会は，社会調査における倫理的な問題に関する質問・相談，普及・啓発などに応じるため，「社会調査協会倫理委員会」をおく。

2　本規程は2009年5月16日より施行する。

3　本規程の変更は，社会調査協会社員総会の議を経ることを要する。

第2章

社会調査のファースト・ステップ
——情報資源の発掘調査——

> **要点** この章では，社会調査（調査票調査）を企画・設計する第一段階として取り組んでおかなければならない諸々の準備・作業について解説する。調査すべきテーマを見出し，なおかつ「無駄な調査」と「調査の無駄」を最小限に押さえ込むために身につけるべき，「既存資料へのアクセス法と活用術について」，と言い換えてもよい。要は，"センス・オブ・ワンダー"を磨き，コンピュータ・ネットワークや図書館ネットワークを使いこなして"情報資源の発掘調査"を積み重ね，調査研究のステップ・アップをはかっていくという，当たり前のことを当たり前にやっていくことの大切さと手順についてのガイドである。

> **▶キーワード**
> センス・オブ・ワンダー，情報資源，所在源（書誌）情報と所在情報，インターネット（WWW），ポータルサイト，図書館ネットワーキング，センサス，二次分析，社会調査データ・アーカイブ

① 社会調査を企画・設計するために

(1)「調査環境の悪化」問題——調査者のアカウンタビリティ

　社会調査は，研究者や専門機関の専売特許ではない。パーソナル・コンピュータや各種アプリケーション・ソフトなど，調査活動を支援するツールの発達と普及は，社会調査を，かつてのように多くの費用と手間を要し，高度な専門知識や技能・経験を不可欠とする代物ではなくした。ある程度の知識と労力と意欲さえあれば，どこででも，誰でも，お手軽にできるようになった。その結果，同じような調査が次から次へと行われ，膨大な調査データが日々吐き出されている。しかも，そうしたデータが共有され有効に活用されているのな

らまだ良いが,「私蔵／死蔵」されたままになっているものも多い。被調査者への成果のフィードバックも,相変わらずお寒い限りだ。

かくして,今日にあっては,人びとのプライバシー意識の高まりも手伝って,「調査環境の悪化」という深刻な事態がもたらされている。人々の調査への協力の度合いが薄れ,調査が拒否されるケースが確実に増大している（有効回収率／回答率の低下）。当然,得られるデータの信頼性も揺らがざるを得ない。

こうした状況下にあって,より一層強く問われるべきは,その調査が行われる必要性なり必然性を十分な説得力を持って説明できるかどうか,ということである。その点を厳しく吟味して,なおもその調査が実施されなければならない理由(わけ)を明示できるかどうか。アカウンタビリティ（説明責任）が,調査を実施する側に強く求められるようになっているのである。調査の企画・設計にあたって,何よりもまして重要なポイントとなるのはまさにこの点である。

（2）まず初めにすべきこと——4つの課題

社会調査を企画・設計して（a. 調査テーマの確定,b. 調査の主旨と目的の明文化,c. 調査の範囲／調査対象の決定,d. 予算とスケジュールの大枠の決定,e. 調査研究法＝量的調査か質的調査の選択,f. 現地調査の方法の決定など），実施に移すには,問題意識や課題が鮮明であり,研究テーマが定まっていて,なおかつこれまでの調査研究成果ではわからない点がはっきりしていることが欠かせない。問題意識が不鮮明であったり,テーマが明確になっていない場合は,研究のネタを探したりアイディアを練ったりという「調査のスタートラインに立つ手前」にまで戻らねばならない。

そこでこの章では,調査票（質問紙）を用いた調査を実施したいと思ってはいるけれど,テーマすら決められない多くの学生を念頭に置いて,調査研究の着想の段階から,既存の資料や調査研究成果の確認と検討を経て,調査を企画・設計し実施するに至るまでのプロセスを追って行く。

あらかじめクリアしなければならないことをはっきりさせておくと,ポイントは以下の4点である。

第2章　社会調査のファースト・ステップ

> ● ポイント・・・・・・・・・・・・・・・・・・・・・・・・・・・・・・・・・・・・・
> 1. 調査研究の着想――問題意識をしっかり持ち，取り組みたいと考える研究のテーマを見出していること。
> 2. 先行研究のフォローと課題の明確化――掲げたテーマに関連する先行研究の成果によって，何がどの程度明らかにされていて，逆に明らかになっていない点は何なのかがはっきりしていること。
> 3. 既存の統計データの加工・分析――研究課題へのアプローチを，既存の統計データの分析によって行うことができないかどうかを探ること。
> 4. 過去の調査のフォローと結果の検討――過去に同じようなテーマで実施されている調査がないかどうか，社会調査データ・アーカイブを用いた二次分析を行うことができないかどうかを探り，改めて調査を実施しなければならない必要性・必然性を最終的に見定めること。

（3）社会調査の実施（実査）は最後の最後！

　これらのハードルを乗り越えて，これまでの調査・研究成果の批判的検討によって明確化した「まだ明らかにされていない点」を実証すべき必要性が高い場合以外，私たちは社会調査を"安易に"実施すべきではない。

　「研究する」ということは，「調査を行う」こととイコールではない。社会調査は，「実証／経験科学としての社会学」にとって，社会現象を解明する上での最も有力な武器であり，研究のための重要な手段ではあるけれど，社会調査を行わなければ社会学の研究ができないことには決してならない。

　繰り返そう。問われるのは，「なぜその社会調査を行わなければならないのか」に関するアカウンタビリティ。この基本的な責務を果たすためには，テーマに関連する先行研究の成果や既存のデータ（調査結果を含む）といった研究情報を，広く集め深く検討することが何よりも大切だ。そうした情報（資源）は，確かな方法でアクセスしない限りあなたの前に浮かび上がってはこない。地下に埋まった「埋蔵文化財」は，「発掘（発見）」されない限り眠ったままであるのと同じように……。

　だから，社会調査を企画・設計する第一段階として「情報資源の発掘調査」を行うのである。実査までの道のりは，まだまだ遠い。

② "不思議"発見，センス・オブ・ワンダー

(1) 調査研究のネタ探し——"不思議"との出会い

　多くの学生が真っ先にぶち当たる大きな壁。それは，一体，何を調査し研究すればいいのか？　どうすればテーマが見つけられるのか？　どうすれば問題意識を持つことができるのか？　ということ。

　時間に追われ，効率性や目先の効用を求めると，ついついインターネットで検索をかけてひっかかってくるデジタル情報（離散量）を収集・整理しただけで分かったつもりになってしまいがちだが，問題意識は五感を駆使したアナログ情報（連続量）との対話なくしては醸成されない。社会現象（人と社会）に対する興味・関心を高め，アンテナをいろんなところに張り巡らせて，"センス・オブ・ワンダー"を磨くことが何よりの土台となる。回りくどくて即効的ではないが，これを抜きにしては調査研究など成り立たない。

　図書館にこもって雑多な本と「対話」したり，ゆったりした気分で思索に耽ることで，調査研究のアイディアがわき上がってくることもあるだろう。社会学の著作や論文のタイトルを追ったり，文献を書店や図書館で手当たり次第（"ランダム・アクセス式に"）手にとってパラパラとページをめくりながら斜め読みしたり，その中で使われている引用・参考文献を頼りに"芋づる式に"あたっていくうちに，テーマがはっきり見えてくることもあるだろう。大学の授業やゼミで人の話を聞いたり議論している中で，また，フィールド／現場／現地に入ってぶらぶらと彷徨ってあれやこれやを見たり（観察）聞いたり（インタビュー）しているうちにビビッと着想することだってあるに違いない。人や状況によってきっかけは様々であるが，調査研究のネタはいろんなところに転がっている。思いもよらない出会いや発見があったり，奇抜な発想が導かれたり，急転直下の展開が図られたりと，絶えず行きつ戻りつしながら感性が磨かれ，漠然としていた興味・関心に「形」を与え，物語が紡がれていくのである。

　肝心なことは，〈読むこと〉〈見ること〉〈聞くこと〉〈考えること〉〈語るこ

と〉〈交わすこと〉などを通じて，調査研究の課題や仮説をどう発見し，発想を膨らませていくか，である。"不思議との出会いと探求をいざなうセンス"，すなわち"センス・オブ・ワンダー"，が鍵を握る。〈感じること〉が求められるのだ。

（2）センス・オブ・ワンダー——知性の源としての豊かな感性

"センス・オブ・ワンダー（Sense of Wonder）"という言葉は，殺虫・殺菌・除草を目的とする農薬（有害・有益の区別なくありとあらゆる生き物に害を与える「殺生剤」でもある）その他の化学物質による環境／生態系破壊の実態と恐ろしさを世に先駆けて告発した『沈黙の春』（*Silent Spring*，1962＝新潮文庫版，青樹簗一訳，1974年）を著したレイチェル・カーソン（Carson, R. L., 作家・海洋生物学者）が，ガンにおかされ56歳の若さで生涯を閉じた翌年に出版された本のタイトル（*The Sense of Wonder*，1965，Harper & Row Publishers，新版 1998，Harper Collins Publishers＝上遠恵子訳『センス・オブ・ワンダー』佑学社版，1991年，新潮社版，1996年）として，広く知られている。

彼女はこの中で，「センス・オブ・ワンダー（神秘さや不思議さに目を見はる感性）」を小さい頃から育んでいくことがいかに大切なのかを説き，地球環境の回復を次世代に託している。この本を読むと，知性（intelligence）の源泉としての感性（sensitivity）の重要性を再認識させられる。彼女はいう。「『知る』ことは『感じる』ことの半分も重要ではないと固く信じています。子どもたちがであう事実のひとつひとつが，やがて知識や知恵を生み出す種子だとしたら，さまざまな情緒やゆたかな感受性は，この種子をはぐくむ肥沃な土壌です。……美しいものを美しいと感じる感覚，新しいものや未知なものにふれたときの感激，思いやり，憐れみ，賛嘆や愛情などのさまざまな形の感情がひとたびよびさまされると，次はその対象となるものについてもっと知りたいと思うようになります」，と（新潮社版訳書，24〜26頁）。

＊R. カーソンやセンス・オブ・ワンダーに関しては，レイチェル・カーソン日本協会のウェブサイト（ホームページ）も参照しよう。

第Ⅰ部　社会調査の論理

図2-1　レイチェル・カーソン日本協会のトップページ（一部略）

（3）社会調査の出発点

　私たちの身の回りに日常的に引き起こされている様々な社会現象からも「不思議」や「驚き」を発見し，じっくりと観察して，それを自らの身体でしっかりと受け止めてみよう。今まで見落としていたこと，見えていなかったものが見えるようになってきて，内発的な好奇心とあれこれ調べてみたいという欲求が膨らんでいくはずだ。センス・オブ・ワンダーが研ぎ澄まされると，問題意識が鮮明になっていく……。そう，社会調査はここから出発するのだ。

コラム

●社会学系人間の強み——見えなかったものが見えてくる！

　以下に，2011年11月5日（土）付『朝日新聞』b10面「悩みのるつぼ」に掲載された，22歳の女子大学生からの相談と，それに対する社会学者・上野千鶴子の回答の全文を掲載する。「社会学を専門にすると，確実に性格が悪くなります。……世間があたりまえと思っていることを疑い，他人が信じていることを相対化し，タテマエのウラをかくのが，社会学者の習い性だからです」などと，聞き捨てならない，しかし多くの社会学の研究者にとっては合点のいくことが述べられている。社会学を学ぶ学生も，研究すればするほど，「物事を深く考え」「分析する癖」が身につき，「理屈っぽく」なり，「異議があれば反論」するようになっていく。その結果として，社会学的想像力（315頁のコラムを参照）の働きとも相まって，それまで見えなかったものが見えるようになっていく。社会学系人間の醍醐味と言えるだろう。「新しい生き方」が求められている今日にあって，混迷する現代社会を切り開いていく人材の有力なモデルになる（と，期待したい）。

　相談者　女子学生22歳／「感じが悪い」と指摘され
　22歳の大学生女子です。
　最近，母に「あなた，性格が変わったわね。感じ悪いわよ」と言われてしまいました。
　自分ではそんなに変わったつもりはありませんでした。むしろ，性格面で人から注意されたことは出来るだけ直そうと努力してきたつもりでしたので，余計にショックを受けました。
　来春，私はある大学院の社会学部に進学する予定です。昔からよく物事を深く考えたり，分析したりするのが癖なのですが，それが日常生活に悪影響を及ぼしたようです。
　母が言うには，もともとは細かいことは気にせず，さっぱりした性格だったようなのですが，最近は何かにつけて理屈っぽく面倒くさい性格になってしまったのだそうです。
　たしかに，母と言い争うことも多くなり，以前なら黙って謝っていた状況でも，反論してしまうようになったと思います。
　この先，進学した大学院で，より論理的に物事を考えたり，激しい討論などを重ねたりするうち，理屈っぽさがエスカレートしてしまうのではないか……と不安でたまりません。
　尊敬する人物は松下幸之助さんのような方で，人生の目標は「感じが良い」「利他愛に富んだ」精神を持つ人になることです。どうしたらこの「感じの悪い」理屈っぽさから抜け出し，目標へ少し近づくことができるでしょうか。

第Ⅰ部　社会調査の論理

回答者　社会学者・上野千鶴子／「感じが良い」は利他愛とは違います

職業や専門は，性格をつくります。はい，社会学を専門にすると，確実に性格が悪くなります。わたしを見てください（笑）。世間があたりまえと思っていることを疑い，他人が信じていることを相対化し，タテマエのウラをかくのが，社会学者の習い性だからです。信じやすく素直なひとは，性格がよくて好かれるかもしれませんが，社会学者には向きません。

「物事を深く考え」「分析する癖」があり，「理屈っぽく面倒くさい」性格で，異議があれば「反論してしまう」あなたは社会学向きです。「細かいことは気に」したほうが緻密な議論ができますし，「さっぱりした」というより，ねばりづよくひとつの主題を追いかけるこだわりやしつこさも必要です。

「理屈っぽさがエスカレートして」何がお困りなのでしょう。女が理屈っぽくなると男に愛されなくなる，というご心配？　だいじょうぶ，たで食う虫も好きずき。世の中には理屈っぽい女を好きになる男もいます。それに恋愛って，してみたらあっけなく理屈を超えますから，ご心配にはおよびません。

人生の目標は「感じが良い」人になること？　だれからみて「感じが良い」と思われたいのでしょう？　万人から「感じ良」く思われるなんてことはありえません。あなたが「感じ悪い」と思っているひとにまで，「感じ良」く思われる必要はありません。「感じが良い」かどうかは，キャラの問題ではなく，関係の問題。感じのよい関係と感じの悪い関係があるだけ。生きていれば感じの悪い関係は避けられません。

あなたの「利他愛」は，ほんとの利他愛ではありませんね。自分がだれからも感じよく思われたい，というのはたんなる自己愛。こんな低レベルの自己愛を捨てなければ，ほんとうの利他にはたどりつけません。他人の集合である社会の利益のために働きたいと思うなら，時には相手がいやがることもやらなければなりません。感じがよいだけでは利他愛など実現できないことは，知っておいてください。周囲から変人扱いされ，嫌われたり不利益をこうむったりしながらも屈せずに，原発の危険を唱えつづけた人たちのような行為を，利他愛と呼ぶのです。

こう見ていくとあなたはとっても社会学向きのようですね。10年後に新進気鋭の社会学者としてデビューしたあなたに，お目にかかるのが楽しみです。

（うえの・ちづこ）東京大学大学院教授。1948年，富山県生まれ。京都精華大教授を経て93年，東大助教授，1995年に教授。家族，介護，福祉問題を女性学の視点から研究。著書に『老いる準備』など。

2011年11月5日（土）付『朝日新聞』b10面「悩みのるつぼ」

（N. G.）

＊本書第Ⅳ部「実習と実践」の「3　Kさんの卒論はじめて物語」を，じっくりと読み込んでほしい。

第2章 社会調査のファースト・ステップ

③ 図書館とインターネットを使いこなすために

(1) 主要なツール——2つのネット

　調査研究のアイディアが固まってきたら，次はいよいよ本格的な情報資源の発掘調査に取りかかることになる。主要なツールとなるのは，図書館とインターネットだ。まず，これらを使いこなすための基礎知識を押さえておきたい。

　その前に，1つだけ注意を喚起しておこう。あなたの大学や地域の図書館1館だけでことが足りると考えていたら，それは大きな間違い。たとえ膨大な蔵書数を誇る大図書館であっても，関連情報を広く深く発掘するには1館では到底不十分であり，ネットワーキング（点と点をつなぎ合わせ，利用網を広げていくこと）が求められる。同じことはインターネットにも当てはまる。インターネットだけで作業が完結することは，まずあり得ない。コンピュータ・ネットワーク（インターネット）と図書館ネットワークの2つのネットを，身体を介して有機的につなぐフットワークの良さ（情報資源のネットワーキング）が求められるのである。

(2) 情報の在りか——所在源情報と所在情報

　ある研究テーマに関する先行研究（調査を含む）の成果や既存の統計データの「在りか」を知るには，その研究資料が何という文献に掲載されているかという「所在源情報（書誌情報）」と，その文献がどこの図書館に所蔵されているかという「所在情報」がわからなければならない。これらの情報を入手するには，図書館そのものとインターネットを使ってのオンライン検索の仕方を知っておかねばならない。そこでまず，図書館とインターネットに関する基本的な事柄について説明しておこう。

(3) 図書館

　図書館と一口にいっても，国立国会図書館から，大学図書館，公共（都道府

県立／市区町村立の）図書館，専門図書館（後述のコラムで紹介する大半が専門図書館にあたる），学校（小・中・高校）図書館や児童図書館まで，いろいろある。

　国立国会図書館（東京本館：東京都千代田区永田町／最寄り駅は，地下鉄有楽町線・半蔵門線・南北線「永田町」および地下鉄千代田線・丸の内線「国会議事堂前」。関西館：京都府相楽郡精華町／最寄り駅は，JR 学研都市線「JR 祝園」および近鉄京都線「近鉄新祝園」）は，わが国最大の図書館であり，国内で出版・発行された出版物のすべてが納本・収蔵されている（国立国会図書館法に基づく。ただし，実際には漏れもある）。しかし，一部（専門図書室）を除いてほとんどが閉架式で，図書を請求してから貸出されるまでの時間もかかるし，閲覧は館内だけに限られるので，使い勝手は必ずしも良くない。国会図書館は，日本の中央図書館（図書館の図書館），また唯一の国立図書館として，図書資料の収集・保存に力を注いでいるので，他の図書館と同列に考えるわけにはいかない。とはいえ，近年，インターネットを利用したサービスの強化が進んでおり，図書資料を閲覧できる電子図書館を開設したり，国立国会図書館が所蔵する図書や逐次刊行物などを検索できるシステムとして NDL-OPAC（国立国会図書館蔵書検索・申込システム）を提供するなど，目を見張るものがある。NDL-OPAC で利用者登録して ID とパスワードを取得すれば，インターネットで資料の複写を申し込み，郵送で受け取ることができる（検索結果から，郵送複写サービスを選択して資料名・巻号・複写箇所等を指定すれば OK）。くわしくは，国立国会図書館のウェブサイトを見てほしい。

　ただ，だからといって，国会図書館の敷居が一挙に低くなり，実際に出向く回数が大幅に増えることにはならないだろう。となれば，あなたが日頃実際に利用する図書館は，大学図書館や専門図書館，それに公共図書館ということになるだろうか。まず，ホームグラウンドとなる身近な図書館を1館選んで，徹底的に調べ尽くそう。館内がどうなっているのか，どのような所蔵図書がどれくらいあるのか，参考資料室にどのようなリファレンスブックが置かれているのか，参考係（リファレンサー）はどの程度頼りがいがあるか，どのようなサービスが用意されているのか，他館とどのような相互協定を結んでいるのか，館

の職員（司書）の人柄や質（専門職としての力量）はどうか，等々。その図書館の特色（欠点を含む）をしっかりと認識しておけば，何が足りて，何が足りないのかがわかってくるはず。図書館を使いこなすには，図書館自身をくわしくしかも良く知ることが第一歩となる。

（4）新刊書店と古書店——出版物のフローとストック

　本を探すのに，身近な図書館より大きな書店の方が頼りになると思っている人も少なくないかも知れない。確かに，新刊書に関していえば，図書館より大型書店へ行った方が手っ取り早いことも多い。しかしながら，我が国の場合，出版物の大半が委託販売制と再販制に基づいて取引されているために，返本率が高く市場に流通する期間が非常に短い上に再販売価格が（売れない本でも全国一律の定価販売がずっと）維持されるという点に留意しておかなければならない。出版社（版元）⇔取次（卸）⇔書店（小売）→消費者（読者）が出版流通のメインルートとなっているが，出版社と取次と書店間の矢印の向きは一方向でなく双方向になっている。「委託（販売）制」というのは，書店に一定期間を条件に販売を委託し，売れ残った場合は返本を認める制度であり，これがこうした逆方向の大きな流れを作り出す原因となっている。

　岩波書店や未來社，創文社などのように，返本ができない「買い切り制（注文制）」を採る出版社がないわけではないが，多くの出版社の出版物が委託制に依拠しているため，限られた「売れ筋」の本でない限り，わずかな期間で次々に店頭から姿を消していく。取次店も出版社も在庫を大量に抱えるわけにはいかないから，結果的に大多数の出版物は短命に終わる（「絶版」とか，「品切れ・重版の予定なし」！）。つまり，出版社にも書店にも，本はストックされないのである。

　とは言え，最新の研究成果が新刊書となって次々に刊行され，全国の書店で直に見ることもできるので，新刊書を入手する道ももちろん探る必要がある。新刊・既刊を合わせて入手可能な本を検索するには，日本書籍協会の「books.or.jp」，大手卸売会社が運営する「e-hon」や「Honya Club.com」，紀

伊國屋書店や丸善や amazon のサイトなどを活用しよう。

　しかしながら，上記のような日本独特の書籍の流通の仕組みを踏まえると，社会学の研究に使う本を探す上で図書館の果たす役割がより一層高くなると言って良いだろう。

　あなたの身近な所にある公共（市区町村立）図書館で探している本がないからといって，「ああ，やっぱりここじゃあダメだ」と嘆いたり，すぐに諦めるのも早計だ。国会図書館（日本の中央図書館）や都道府県立図書館（都道府県の中央図書館）が行っている対図書館サービスを利用して，その図書館を通して中央図書館が所蔵する本を借りてもらうことが可能である（もちろん，大学図書館でも他大学の図書館をはじめ多くの図書館との間で相互貸借や複写サービスをおこなっている）。

　どうしても，その本がほしければ（所有したければ），古書店で探してみる手も残されている。全国には数千軒の古書店があるし，世界一と言われる東京・神田神保町界隈の古本屋街で探せば，お目当ての本に出会う可能性も高いに違いない。ついでに，神田古書店連盟のウェブサイト「BOOK TOWN じんぼう」にも訪れてみたい。古書店や古書のオンライン検索ができるので，事前に調べておくとよいだろう。また，全国古書籍商組合連合会のウェブサイト「日本の古本屋」も使える。

　本を探すには，参考図書室のリファレンスブックや各種文献目録を使いこなす術を身につけたり，図書館の分類・配列の仕方を覚えたりすること（最も代表的な「日本十進分類法」の分類番号にしたがえば，300番台の「社会科学」の中に，350：統計，360：社会，380：風俗習慣・民俗などが含まれている）ももちろん必要だが，今日にあってはコンピュータを使った文献検索の仕方を身につけることが不可欠になっている。

　電子（デジタル化された）情報は何といっても検索に強みがあり，館内に設置した専用端末から図書資料を検索できるサービスが提供されている。また，オンライン検索用目録（OPAC；On-line Public Access Catalog）と呼ばれるウェブ上から資料を検索できるシステムの整備も格段に進んでいる。ちなみに，日本

国内の OPAC をほぼ網羅した非常に充実したリンク集を作成・公開している農林水産省の農林水産研究情報センターによる「日本国内図書館 OPAC リスト」には，2010年1月現在，約650もの図書館（先に触れた国立国会図書館の NDL-OPAC をはじめ，大学図書館や公共図書館，専門図書館など）の OPAC にリンクが張られている。OPAC を利用すれば，これらの図書館で所蔵する資料に関しては，自宅や研究室に居ながらにして（インターネットにつながった PC から）検索できてしまう，というわけである。

（5）インターネットとポータルサイト

　もはや多言を要しないであろうが，インターネットとは，大中小様々のネットワークを相互に連結させた世界規模（world wide）のコンピュータ・ネットワークであり，1990年代中頃から，文字や画像・音声などによるマルチメディア情報の提供システムであるワールド・ワイド・ウェブ（WWW）の普及と共に，規模が急激に巨大化しユーザーが爆発的に増加した。インターネットの生み出すサイバースペース（電脳空間）は無限大に増殖し続けている。

　WWW は，WWW サーバーに蓄積された情報（ホームページとかウェブページなどと呼ばれる。URL〈Uniform Resource Locator〉が各ページの所在地を表す）を，ウェブブラウザと呼ばれる情報閲覧ソフト（代表的なものに，Internet Explorer, Firefox, Safari, Opera, Google Chrome などがある）を使って，見たり，読んだり，聞いたりすることができるシステムであり，利用者は世界大に張り巡らせたくもの巣（Web）を渡り歩くこと（ネットサーフィン）で，関連情報を世界中からたぐり寄せることができる。

　これをうまく使いこなすには，膨大なウェブサイト（ウェブページが所在する場所）から有用な情報を的確に集めることを可能とする確かな「窓口／入口／玄関」を持つことが大切だ。インターネットへの入り口となるウェブサイトを「ポータルサイト」というが，情報源となるページを検索してそこにアクセスできるように導いてくれる検索エンジン（Google, Yahoo! JAPAN, goo など）や各種のリンク集などがそれにあたる。これらによって研究に使えるサイトが見

つかったら，URL を「ブックマーク」(Firefox, Safari, Opera, Google Chrome) や「お気に入り」(Internet Explorer) に登録・整理していくことも必要だ。

（6）インターネットは万能ではない

インターネットを使えば，どんな情報もたちどころに収集できると感じている向きも決して少なくはないだろうが，ここで声を大にして伝えておきたい。インターネットは決して万能薬ではない，ということを。

刻一刻と膨大なウェブページが加えられたり，消えていっている。お気に入りのページがなくなっていたり，URL が変わっていたということも頻繁に起こる。それ以上に問題なのは，インターネット上に流通している情報量の総量は確かにとてつもなく大きいが，ある問題，テーマに関して得られる情報はかなり限定的である上，間違っていたり，流言・デマゴーグ的な情報も決して少なくない，ということ。調査研究を進めるには正確で詳細な情報が不可欠だが，インターネットでは広く浅い情報しか得られない分野が多いのだ。

出版されている書籍や雑誌，既発表論文などがすべてオンラインで提供されているわけではもちろんなく（電子図書館や電子ジャーナルや電子書籍出版も充実してきてはいるが），現時点では一部にしか過ぎないことも銘記しておきたい。インターネットが研究のツールとして威力を発揮するのは，ほしい情報がどこにあるのか（所在源情報および所在情報）を検索することであって，ほしい情報そのものが得られるわけでは必ずしもない。つまり，あるテーマに関連した書籍や論文にはどのようなものがあり，それがどこに所蔵されているのかを教えてはくれるが，書籍や論文そのものを手に入れることは，多くの場合そのままではできないのである（ただし，5で扱う公的統計に関しては，それまでのあり方が一変し，データをネットで入手する時代になっている）。

インターネットを使っただけで，わかったつもりになってはいけない。インターネットを過小評価するのは明らかに誤りであるが，過度に期待するのも控えるべきだろう。

第 2 章　社会調査のファースト・ステップ

コラム

◈ 社会学系の学術団体と電子ジャーナル

　日本には、一体どれくらいの学会（学術団体）が存在しているのだろう。

　日本学術会議、財団法人日本学術協力財団、独立行政法人科学技術振興機構が連携して管理・運営している「学会名鑑」というデータベースを見ると、2011年12月現在、実に1,911もの学会が登録されている。このうち、組織名に「社会学」が含まれていたり社会学研究者が会員や学会役員の多くを占めていたりといった「社会学系」の学会は50～60程度はあると思われる。約3,700名もの会員を擁する日本最大の社会学系学会である「日本社会学会」をはじめ、地域別に組織されている「北海道社会学会」「東北社会学会」「関東社会学会」「関西社会学会」「西日本社会学会」、専門分野別に組織されている「環境社会学会」「経済社会学会」「情報社会学会」「数理社会学会」「地域社会学会」「日本家族社会学会」「日本教育社会学会」「日本子ども社会学会」「日本社会学史学会」「日本社会学理論学会」「日本社会情報学会」「日本スポーツ社会学会」「日本精神保健社会学会」「日本都市社会学会」「日本犯罪社会学会」「日本保健医療社会学会」「日本労働社会学会」「福祉社会学会」、社会学との関連性が強い「移民政策学会」「国際ジェンダー学会」「『宗教と社会』学会」「社会事業史学会」「日本映像学会」「日本オーラル・ヒストリー学会」「日本解放社会学会」「日本看護福祉学会」「日本行動計量学会」「日本社会福祉学会」「日本社会分析学会」「日本生活学会」「日本ソーシャルワーク学会」「日本村落研究学会」「日本都市学会」「日本文化人類学会」「日本マス・コミュニケーション学会」「日本民俗学会」等々、多種多彩である。

　学会は、会員による研究成果の発表・討論の場となる大会や研究例会を開催する他に、学会雑誌を編集・発行し、第一線の学術論文が掲載される。これらをネット（ブラウザ）上で検索したり、読むことができればどんなに良いことか。

　独立行政法人科学技術振興機構（JST）は、学会の電子ジャーナルの発行を支援しそれらを公開する事業と共に、国内で発行されている紙媒体の学会雑誌のバックナンバーを創刊号から電子アーカイブ化して公開する事業も進めている。「科学技術情報発信・流通総合システム（J-STAGE）」というサイトで、こうした学術誌の論文を検索（横断検索や組み合わせ検索などもできる）・閲覧したり、引用文献リンク機能を使って引用文献を参照したりできる。公開されている学術雑誌は、2012年8月14日現在で1,511誌（他に予稿集等が128誌）を数える。

　分野別に見ると、生物学・生命科学・基礎医学438誌、学際科学331誌、一般医学・社会医学・看護学308誌、臨床医学299誌、一般工学・総合工学298誌、農学・食品科学290誌の順になっており、人文・社会科学は230誌となっている。

第Ⅰ部　社会調査の論理

図2-2　J-STAGEの分野別資料一覧ページ（一部略）

2012年8月現在，J-STAGE上で閲覧できる社会学系の学術誌には，以下のものがある。最新号については冊子体の雑誌が刊行された後にしばらく経ってから公開され遅れが生じるが，いずれも創刊号から読むことができるので，利用価値は非常に高い。

①社会学評論（1950年創刊／日本社会学会），②教育社会学研究（1951年創刊／日本教育社会学会），③行動計量学（1974年創刊／日本行動計量学会），④日本都市社会学会年報（1983年創刊／日本都市社会学会），⑤理論と方法（1986年創刊／数理社会学会），⑥家族社会学研究（1989年創刊／日本家族社会学会），⑦現代社会学研究（1988年創刊／北海道社会学会），⑧年報社会学論集（1988年創刊／関東社会学会），⑨スポーツ社会学研究（1993年創刊／日本スポーツ社会学会）

10誌に満たない現状ではあるが，今後少しずつ充実していくだろう。

(N. G.)

(7) 図書館ネットワーキング

　インターネットがどんなに普及・発達していっても，図書館を使いこなす術を身につける重要性は少しも減じない。それどころか，インターネットを使って図書資料の所在源・所在情報を広く集めれば集めるほど，現物にあたりたければ1館では到底足りなくなるので，むしろ使える図書館をたくさん持つことが必要となる。そこでここでは，インターネット時代の図書館活用術として，オンライン検索を活用しつつ自分の足を使って張り巡らせていく「図書館ネットワーキング」の手法を推奨したい。

　本拠地とする図書館とオンライン検索を徹底的に使いこなす一方，いろんな図書館へ出向いて実際に利用しながら，図書館のネットワークを少しずつ広げていこう。そこにはどんな資料があるのかといった情報や各図書館の特色も身をもってわかっていくだろうから，この分野ならこの図書館，あの分野ならあの図書館へ行けばよいという，独自の図書館利用網が出来上がっていくという寸法だ。

(8) 灯台もと暗し

　東京や大阪のような大都市では専門図書館や博物館，資料館などの施設が充実しているので，大都市圏に住んでいる人ならそれらを日頃から使わない手はない（むしろ利用しないと大損！）。非大都市圏に住んでいる人も，探さないうちからあきらめるのは早い。灯台もと暗しで，知られていない資源が眠っていることだってあるはずだ。図書館間相互貸借サービスや複写サービスを最大限に活用したり，リクエスト制度を使って図書館に図書を新規に購入してもらったり，時には東京や大阪に出向いて調べてみるのもよいだろう。いずれにしても，最後は何といっても確かな情報収集と自分の足が勝負だ。まず第一歩として，身近な圏域に一体どんな図書館があるのか，きちんとリサーチし掌握しておこう。

第Ⅰ部　社会調査の論理

コラム

◉東京のお薦め専門図書館

　社会学の研究に役立つ特色ある東京圏（主に東京23区）内の専門図書館をざっと紹介しておこう（カッコ内に所在地と最寄り駅からの徒歩による所用時間を示す）。より詳しい情報に関しては，各図書館のウェブサイトをご参照いただきたい。

　①**統計資料**──「総務省統計図書館」（新宿区若松町／都営地下鉄大江戸線「若松河田」および東京メトロ副都心線「東新宿」より約10分）や「情報・システム研究機構　統計数理研究所〈図書室〉」（立川市緑町／多摩都市モノレール「高松」より約10分），②**史誌料**──「国立公文書館」（千代田区北の丸公園／東京メトロ東西線「竹橋」より約5分）や「東京都公文書館」（港区海岸／JR山手線「浜松町」および都営地下鉄大江戸線「大門」より約10分。ただし，2018年3月までは，仮移転先の世田谷区玉川／東急田園都市線・東急大井町線「二子玉川」より約10分），③**新聞**──「国会図書館東京本館〈新聞資料室〉」（千代田区永田町／東京メトロ有楽町線「永田町」より約5分）や「都立中央図書館〈新聞雑誌室〉」（港区南麻布／東京メトロ日比谷線「広尾」より約8分），④**雑誌**──「大宅壮一文庫東京本館」（世田谷区八幡山／京王線「八幡山」より約8分）や「都立多摩図書館〈東京マガジンバンク〉」（立川市錦町／JR武蔵野線「西国立」より約10分），⑤**絵画・美術**──「東京国立博物館〈資料館〉」（台東区上野公園／JR山手線「上野」および「鶯谷」より約10分）や「東京都現代美術館〈美術図書室〉」（江東区三好／東京メトロ半蔵門線「清澄白河」より約9分），⑥**映画・演劇**──「東京国立近代美術館フィルムセンター〈映画専門図書室〉」（中央区京橋／東京メトロ銀座線「京橋」および都営地下鉄浅草線「宝町」より約1分）や「早稲田大学坪内博士記念演劇博物館〈図書室〉」（新宿区西早稲田／東京メトロ東西線「早稲田」より約7分）や「松竹大谷図書館」（中央区築地／東京メトロ日比谷線および都営地下鉄浅草線「東銀座」より約1分），⑦**文芸作品**──「日本近代文学館」（目黒区駒場／京王井の頭線「駒場東大前」より約7分）や「人間文化研究機構　国文学研究資料館」（立川市緑町／多摩都市モノレール「高松」より約7分）や「光文文化財団　ミステリー文学資料館」（豊島区池袋／東京メトロ有楽町線「要町」より約3分），⑧**音楽・流行歌**──「国立国会図書館東京本館〈音楽・映像資料室〉」（前出）や「国立音楽大学附属図書館」（東京都立川市柏町／西武新宿線および多摩都市モノレール「玉川上水」より約8分），⑨**写真**──「東京都写真美術館〈図書室〉」（目黒区三田／JR山手線・埼京線および東京メトロ日比谷線「恵比寿」より約10分）や「JCIIライブラリー」（千代田区一番町／東京メトロ半蔵門線「半蔵門」より約1分），⑩**地図**──「日本地図センター」（目黒区青葉台／東急田園都市線「池尻大橋」および京王井の頭線「神泉」より約7分）や「国立国会図書館東

京本館〈地図室〉」(前出)，⑪東京──「東京都立中央図書館〈都市・東京情報コーナー〉」(前出) や東京都庁第一本庁舎内の「都民情報ルーム」(新宿区西新宿／都営地下鉄大江戸線「都庁前」より約2分) や「東京都江戸東京博物館〈図書室〉」(墨田区横綱／都営地下鉄大江戸線および JR 総武線「両国」より約3分)，⑫都市──「東京市政調査会 市政専門図書館」(千代田区日比谷公園／都営地下鉄三田線「内幸町」および東京メトロ千代田線・日比谷線「日比谷」より約3分) や「東京都立中央図書館〈都市・東京情報コーナー〉」(前出)，⑬交通・運輸──「運輸政策研究機構〈情報資料室〉」(港区虎ノ門／東京メトロ日比谷線「神谷町」より約1分) や「地下鉄博物館〈図書室〉」(江戸川区東葛西／東京メトロ東西線「葛西」より約2分) や「日本自動車工業会 自動車図書館」(港区芝大門／都営地下鉄三田線「御成門」および都営地下鉄浅草線・大江戸線「大門」より約3分)，⑭放送──「NHK 放送博物館〈図書室〉」(港区愛宕／東京メトロ日比谷線「神谷町」より約8分) や「放送ライブラリー〈図書室〉」(神奈川県横浜市中区／横浜高速鉄道みなとみらい線「日本大通り」より約1分) や「NHK アーカイブス」(埼玉県川口市上青木／JR 京浜東北線「西川口」または埼玉高速鉄道「鳩ヶ谷」よりバスで約10分)，⑮労働──「労働政策研究・研修機構〈労働図書館〉」(練馬区上石神井／西武新宿線「上石神井」より約10分)，「東京都立労働資料センター」(千代田区飯田橋／JR 総武線および東京メトロ有楽町線・東西線・南北線および都営地下鉄大江戸線「飯田橋」より約7分) や「法政大学大原社会問題研究所」(東京都町田市／京王高尾線「めじろ台」よりバスで約10分)，⑯女性・ジェンダー──「東京ウィメンズプラザ〈図書資料室〉」(渋谷区神宮前／東京メトロ銀座線・半蔵門線・千代田線「表参道」より約7分) や「女性労働協会 女性就業支援センター〈ライブラリー〉」(港区芝／都営地下鉄浅草線・三田線「三田」より約1分) や「国立女性教育会館〈女性教育情報センター〉」(埼玉県比企郡嵐山町／東武東上線「武蔵嵐山」より約12分)，⑰食物・食文化──「味の素 食の文化センター 食の文化ライブラリー」(港区高輪／都営地下鉄浅草線「高輪台」より約3分) や「農文協図書館」(練馬区立野町／JR 中央線・京王線「吉祥寺」よりバスで約10分)，⑱スポーツ──「秩父宮記念スポーツ図書館」(新宿区霞ヶ丘町／都営地下鉄大江戸線「国立競技場」より約1分) や「野球体育博物館〈図書室〉」(文京区後楽／東京メトロ丸の内線・南北線「後楽園」および都営地下鉄三田線・JR 総武線「水道橋」より約5分)，⑲マンガ──「現代マンガ図書館」(新宿区早稲田鶴巻町／東京メトロ有楽町線「江戸川橋」より約5分)，⑳災害──「全国市有物件災害共済会 防災専門図書館」(千代田区平河町／東京メトロ有楽町線・半蔵門線・南北線「永田町」および有楽町線「麹町」より約4分)。

この他にも，「国民生活センター〈情報資料室〉」(港区高輪／JR 山手線および京浜急行本線「品川」より約5分)，「日本離島センター」(千代田区永田町／東京メトロ有楽町線・半蔵門線・南北線「永田町」より約1分)，「日本酒造組合中央会 日本酒造会館〈日本の酒情報ライブラリー〉」(港区西新橋／東京メトロ銀座線「虎ノ門」

第I部　社会調査の論理

および同左千代田線「霞ヶ関」および都営地下鉄三田線「内幸町」より約5分)，「東京商工会議所〈経済資料センター〉」(千代田区丸の内／東京メトロ千代田線「二重橋前」および同左有楽町線「有楽町」および同左日比谷線・都営地下鉄三田線「日比谷」より約3分)，「米国大使館〈レファレンス資料室〉」(港区赤坂／東京メトロ銀座線・南北線「溜池山王」より約5分)，「東洋文庫」(文京区本駒込／都営地下鉄三田線「千石」および JR 山手線および東京メトロ南北線「駒込」より約8分) などなど，あげればきりがない。なお，これらの専門図書館は，研究目的で利用する専門家を主たる対象にしている所も多いので，利用にあたっては騒がしくならないように特に注意したい。

(N. G.)

④ 先行する研究成果に関する情報へのアクセス法

　ここからは，「情報資源の発掘調査」の具体的な方法に話を進めていこう。
　第一は，先行研究を洗い出すには何をどのように使ったらいいか，である。以下に紹介する「GeNii 学術コンテンツ・ポータル」「社会学文献情報データベース」「NDL-OPAC」「Google Scholar」などをポータルサイトとして検索し，テーマに関連する文献を実際にリストアップしてみよう。その際には，自前のデータベース（掲げた研究テーマに関する文献・研究情報のファイル）をこしらえることを忘れないでほしい。情報や現物に接する度に，データベースをバージョンアップするよう心がけることも必要だ。そして次には，文献を漁り，それらを実際に読み込んでレビューしよう。そうすることで，使える文献とそうでない文献とが選りわけられる。こうした地道な作業の積み重ねによって，そのテーマに関する先行研究の到達点がはっきりしてくる。つまり，何がどのように究明されているのか（されていないのか）がわかり，研究の課題がより一層鮮明になっていくのである。

（1）国立情報学研究所「GeNii」

　国立情報学研究所 (Nii) は，統計数理研究所などと共に大学共同利用機関法

人情報・システム研究機構を構成する研究機関の1つであり、最先端学術情報基盤の構築を進め、大学などの研究機関や研究者、一般向けのサービスを提供している。GeNii（Nii 学術コンテンツ・ポータル）はその1つであるが、全ての大学生にこの徹底活用法を身に付けることを強く望みたい。

Nii は、①学術論文情報を検索するだけでなく、電子版の論文であれば本文を閲覧するところまでナビゲートしてくれる「CiNii [サイニイ；論文情報ナビゲータ]」（一部有料，有料論文の閲覧には利用登録が必要），②図書や雑誌を（CDや DVD も）検索し（「連想検索」や「一致検索」ができる）目次・内容情報や所蔵している大学図書館を教えてくれる「Webcat Plus [ウェブキャット・プラス；図書情報ナビゲータ]」（無料），③文部科学省および日本学術振興会が交付する科学研究費補助金を受けて全国の研究者が行った研究プロジェクトに関する基礎情報や成果を教えてくれる「KAKEN [カケン；科学研究費補助金データベース]」（無料），④国内の学会や研究者等が作成している学術的なデータベースを個別にも横断的にも検索できる「NII-DBR [ニイ DBR；学術研究データベース・リポジトリ]」（無料），⑤大学等の研究機関が構築し無料で公開する電子アーカイブ（学術機関リポジトリ）に蓄積された学術情報（雑誌論文，学位論文，研究紀要，研究報告書等）を横断的に検索できる「JAIRO [ジャイロ；学術機関リポジトリポータル]」（無料）の5つの情報検索用サイトによるサービスを提供しており、GeNii はそれらを個別にも横断的にも検索できる窓口（ポータルサイト）である。

この中でも特にお勧めなのは、CiNii（論文情報ナビゲータ）である。学術雑誌に掲載された論文に関する情報（論文名や執筆者名，論文抄録や引用情報，論文掲載誌の所在情報など）を検索・閲覧できる。刊行物の刊行者名や刊行物名から、巻号一覧，目次，本文とたどって見ることもできるし，探している資料が全国のどの大学図書館等にあるか、該当する図書館の利用案内や図書館間の複写・現物貸借サービスの可否等といった情報まで表示されるし、特定の地域や図書館に絞り込んだ検索も可能である。図書館間複写や図書館間貸出ができる館を探すこともできるので、自分が所属する大学図書館に所蔵されていなくても、

第Ⅰ部　社会調査の論理

図 2 - 3　GeNii のトップページ（一部略）

図書館間相互貸借サービスを使って書籍や論文を取り寄せるところまで案内してくれる。電子化して公開されている論文（論文本文がある／連携サービスへのリンクがある場合は表示されるアイコンをクリックすることで，本文全文を閲覧することができる）であれば，キーワードで全文（を対象とした）検索も可能である。

　ベイシックなサービスは無料であり，手続きせずに誰でも利用できるが，す

べての機能を利用するには利用者登録が必要となる。Nii と定額制の契約を結んでいる大学等に所属する学生の場合，学内の端末から「サイトライセンス個人 ID」取得の手続きを取って利用者登録すれば，無料で全ての機能が利用可能となる (ID を所持すれば学外利用も可)。

　CiNii は論文を探すことを主たるサービスとしているが (CiNii Articles)，大学図書館に所蔵されている本 (図書・雑誌) を探すこともできる (CiNii Books)。Webcat Plus や Webcat と同様，書誌情報も所在情報も，図書館利用情報も教えてくれる。

　Nii にはさらに，海外出版社の電子ジャーナルを統合して収録する「NII-REO [Nii 電子ジャーナルリポジトリ]」，大学図書館等が所蔵する図書・雑誌の目録である「Webcat [総合目録データベース WWW 検索サービス]」，研究機関・研究者・研究課題・研究資源情報のデータベースである「ReaD [研究開発支援総合ディレクトリ]」，日本の学協会のリンク集である「Academic Society HomeVillage [学協会情報発信サービス]」等々，学術研究情報を検索し閲覧する上で有益なサイトが他にもいくつも用意されている。GeNii 以外は，登録手続き不要で，いつでもどこででも無料で利用できるので，積極的に使って欲しい。

（2）日本社会学会「社会学文献情報データベース」

　「社会学文献情報データベース」は，日本において発表された／日本の研究者が発表した社会学関連の約10万件もの文献 (著書・訳書・雑誌論文・編著論文・調査報告書・科研費報告書・学位論文等々) の書誌情報 (著者名，刊行年，標題名，掲載誌名，巻・号，ページ，キーワード，分類番号など) を収録する，社会学の分野では最も網羅的で詳細なデータベースである。日本社会学会会員および日本家族社会学会会員・日本教育社会学会会員に対して毎年行っている執筆文献の調査に基づきデータを継続的に収録しているほか，日本社会学会の作成した既存の文献目録，日本の社会学関連の雑誌・研究紀要に掲載された文献の書誌情報などを収録している。

データベースの拡充・更新は同学会データベース委員会によって担われているが，社会学関連文献の書誌情報を網羅的に収録する活動を精力的に行っている他に，2007年度には論文等の抄録情報の収録・公開にも手をつけ始めている。本データベースは，データベース委員会の直轄サイト（東北大学と早稲田大学）に加えて，GeNii の上掲④学術研究データベース・リポジトリにおいても公開されている。

（3）国立国会図書館の蔵書検索・申込システム「**NDL-OPAC**」

先に紹介した国会図書館の「NDL-OPAC」も使える。国会図書館に収蔵されている和図書，洋図書，和雑誌・新聞，洋雑誌・新聞，電子資料，博士論文，地図，音楽録音・映像などの一般資料の横断検索ができる（「一般資料の検索」）他，同図書館が採録した雑誌に掲載された記事や論文情報の検索（「雑誌記事の検索」）や「点字・録音図書全国目録の検索」などが用意されている。特に，雑誌記事の検索では，詳細な書誌情報の入手，所在情報を調べる窓口（NDL-OPAC 一般資料検索，GeNii の Webcat Plus や CiNii Book）へのリンク，そして，JST の J-STAGE や CiNii を含む国会図書館がリンクしているデータベース上で公開されている論文の場合には本文にダイレクトに飛ぶことができようになっており，GeNii でこの著者の他の文献を検索するための窓口も用意されているので，使い勝手が良い。ついでに，国立国会図書館職員が特定テーマ（トピック）の調べものに役立つと判断した情報資源（図書館資料，各種のデータベースやウェブサイトなど）や調べ方のノウハウを提供している「国会図書館リサーチ・ナビ」（特に「調べ方案内」）も，参照しよう。

（4）Google「Google Scholar」

「Google Scholar」は，Google が提供する学術情報に特化した検索エンジンのサイトであり，日本のみならず世界中の膨大な学術情報（論文の要約や引用情報を含む）を無料で瞬時に効率よく検索することができる。また Google と同様，公開されているウェブの全文を検索するので，大学等の研究機関のウェブ

で公開されている論文が多数引っかかってくる。また，検索結果は，Googleのランキング技術に基づいて関連性の高い情報ほど上部に表示されるので，重要度を色づけした情報が提示される点で他と異なっている。GoogleやYahoo! JAPANなどの検索エンジンで論文等の学術情報を適切・的確に収集することは全く期待できないが，Google Scholarは実用に耐えるし，指定したキーワードに関連する新着情報を随時メールで配信する「Google Scholarアラート」というサービスもあので，活用しない手はないだろう。

⑤ 既存の統計データへのアクセス法と活用法

調査研究活動は，文献研究だけに留まるものではもちろんない。むしろこの先が大切だ。そこで第2に，課題へのアプローチを既存の統計データ（主に公的統計）の加工・分析によって行うことができないかどうかを探る必要がでてくる。わが国の統計制度について理解した上で，以下に紹介する総務省統計局の「e-Stat（政府統計の総合窓口）」を徹底活用して，必要な統計データを入手し，それに手を加えてみることで，研究目的を達成できることが往々にあるからだ。そうなれば，改めて調査を行う必要がなくなるのはいうまでもない。

　＊既存の統計データの加工・分析によるすぐれた社会学的研究の代表例として，E. デュルケーム（宮島喬訳）『自殺論』（中公文庫，1985；原著，1897），戸田貞三『家族構成』（新泉社，2001；原著，1937），倉沢進編『東京の社会地図』（東京大学出版会，1986），および，倉沢進・浅川達人編『新編 東京圏の社会地図1975-90』（東京大学出版会，2004）をあげておきたい。

（1）主な公的統計と日本の統計制度

国や地方自治体等の公的機関が作成する統計を公的統計または官庁統計と言い，統計調査によって作成される「調査統計」，業務データを集計することによって作成される「業務統計」，他の統計の結果を加工することによって作成される「加工統計」を包含する。統計調査には，母集団を構成する要素の全てを対象とする全数調査（悉皆調査）と母集団の一部（ランダムに抽出した標本）を

対象とする標本調査に分かれるが，国が行う全数調査を特に「センサス」と言い，国勢調査（人口センサス），経済センサス，農林業センサス，漁業センサス等が代表する。

　公的統計を柱とするわが国の統計制度のあり方や仕組みについては，統計の基本法である「統計法」という法律によって規定されているが，1947年3月に公布された統計法（旧法）が2007年5月に全面改正され，新法が公布された。その中で，社会の情報基盤としての公的統計の体系的・計画的な整備，統計データの有効活用の推進（学術研究目的への対応として，オーダーメードによる集計や，調査表情報を特定の固体が識別できないようにした匿名データの作成・提供を含んでいる），統計の公表，統計調査の対象者の秘密の保護，統計委員会の設置（統計審議会は廃止）などが，具体的に規定されている。実際，オーダーメード集計と匿名データの提供は，利用目的が学術研究の発展に資する／高等教育の発展に資する／国際社会における我が国の利益の増進および国際経済社会の健全な発展に資する場合に限られるが，既に2009年から開始されており，公的統計の「二次的利用」が従来では考えられなかったほど格段に進展している。これは，政府統計においても後述する「二次分析」の道が開かれたことを意味しており，画期的なことと言って良い。

　また，新法では，特に重要な公的統計を「基幹統計」と位置づけ（旧法における「指定統計」に相当），統計体系の根幹をなすものとして整備することが必要であるとしている。さらに，新法が2009年4月に全面施行される前月には，第4条の規定に基づき「公的統計の整備に関する基本的な計画」が閣議決定された（基本計画は概ね5年ごとに見直される）。公的統計を整備する上での「基本的な方針」並びにそのために「講ずべき施策」が提示されており，さらに「公的統計の整備を推進するために必要な事項」で言及している内容で，特に次の2点は注目に値する。すなわち，1)「我が国の統計作成組織全体として，専門性の高い人材を育成し，確保する……ことが必要」であると指摘している点，2) 将来的な課題として，学会や大学等と連携して，学術研究目的に供する統計データ・アーカイブの構築を目指しての検討を明示している点，である。1)

は一般社団法人社会調査協会の社会調査士や専門社会調査士の資格制度との関連，2）は後述の社会調査データ・アーカイブとの関連で今後の推移を注視していく必要がありそうだ。

コラム

◉社会学の研究でよく使う基幹統計

　2011年3月現在で基幹統計に指定されているのは，56統計を数える。このうち，社会学の研究でよく使われる主要なものを，主管府省庁別にピックアップしておこう。（　）内は統計の作成周期。

　　総務省：国勢調査（5年），住宅・土地統計調査（5年），労働力調査（月），就業構造基本調査（5年），社会生活基本調査（5年），経済センサス（5年）
　　財務省：法人企業統計調査（1年）
　　国税庁：民間給与実態統計調査（1年）
　　文部科学省：学校基本調査（1年），学校教員統計調査（3年），社会教育調査（3年）
　　厚生労働省：人口動態調査（月），毎月勤労統計調査（月），患者調査（3年），賃金構造基本統計調査（1年），国民生活基礎調査（3年）
　　農林水産省：農林業センサス（5年），漁業センサス（5年），農業経営統計調査（月）
　　経済産業省：工業統計調査（1年），商業統計調査（5年），特定サービス産業実態調査（1年），商業動態統計調査（月）

　基幹統計ではないが，社会学の研究でよく使われる公的統計としては，住民基本台帳人口移動報告（総務省／月），人口推計（総務省／月），家計調査（総務省／月），出入国管理統計（法務省／月），社会福祉施設等調査（厚生労働省／1年），社会保障・人口問題基本調査（厚生労働省／社会保障，出生動向，人口移動，世帯動態，家庭動向などについて，随時），身体障害児・者実態調査（厚生労働省／5年），地域児童福祉事業等調査（厚生労働省／1年），福祉事務所現況調査（厚生労働省／5年），労働争議統計調査（厚生労働省／1年），大都市交通センサス（国土交通省／5年），犯罪統計（警察庁／月），宗教統計調査（文化庁／1年），その他沢山ある。

（N. G.）

第Ⅰ部　社会調査の論理

コラム

◆国勢調査の調査項目一覧

「国勢調査報告」は，1920年に第1回が実施されて以降，原則的に5年に1度ずつ国が実施する最も重要な統計調査であり，社会学の分野で最も利用頻度の高い統計データである。

1955年以降の国勢調査の調査事項を一覧表にまとめてみたので，以下に掲載しておこう。この調査事項を基にしてデータの集計がなされ，冊子体としては，虫眼鏡が必要なほど小さな統計数字が各頁にびっしりと詰まった冊数にして300冊を超えるほど膨大な報告書が毎回編集・発行される。表章（集計）の単位は，都道府県・市区町村・町丁目・国勢調査区・メッシュなどである。これによって，どのような加工・分析が可能になるのかおおよその見当がつくであろう。その上で，興味や関心にしたがって自分なりの指標（物差し）を編み出して，データを加工・分析してみるとよいだろう。

	第8 1955	9 60	10 65	11 70	12 75	13 80	14 85	15 90	16 95	17 00	18 05	19回 10年
氏　名	○	○	○	○	○	○	○	○	○	○	○	○
男女の別	○	○	○	○	○	○	○	○	○	○	○	○
出生の年月日	○	○	○	○	○	○	○	○	○	○	○	○
世帯主との続き柄	○	○	○	○	○	○	○	○	○	○	○	○
配偶の関係	○	○	○	○	○	○	○	○	○	○	○	○
国　籍	○	○	○	○	○	○	○	○	○	○	○	○
現住居への入居時期				○		○						
現住居での居住期間										○	○	
従前の常住地				○		○						
1年前の常住地		○										
5年前の住居の所在地								○		○		○
教育の状況			○		○			○		○		○
結婚年数												
出生児数												
就業状態	○			○		○						
就業時間			○							○		
所属の事業所の名称および事業の種類	○	○	○	○	○	○	○	○	○	○	○	○
仕事の種類		○	○	○	○	○	○	○	○	○	○	○
従業上の地位		○	○	○	○	○	○	○	○	○	○	○
事業所の所在地	○											
従業地または通学地			○	○	○	○	○	○	○	○	○	○

項目	1	2	3	4	5	6	7	8	9	10
従業地または通学地までの利用交通手段			○		○		○		○	○
通勤時間または通学時間						○				
世帯の種別	○	○								
世帯の種類			○	○	○	○	○	○	○	○
準世帯の種類		○								
世帯員の数			○	○	○	○	○	○	○	○
家計の収入の種類		○		○				○		
住居の種別	○	○								
住居の種類			○	○	○	○	○	○	○	○
住宅の所有の関係	○									
居住室数			○	○	○	○				
居住室の畳数	○	○								
住宅の床面積							○	○	○	○
住宅の建て方						○	○	○	○	○

　ただし，この一覧表からも明らかなように，同じ概念による統計が継続的・時系列的に取られているわけでは決してない，ということには注意を払っておきたい。ここには掲げていないが，以前の国勢調査では，「出生地」（1920, 30, 40年），「初婚か否かの別」（1950年），「引揚者か否かの別」（1947, 50年）などが調査されたこともあった。統計にはその時々の「社会的関心（social concern）」が直接的または間接的に反映されるので，一貫性が保証されるものでは必ずしもない。しかしながら，その点を差し引いてもなお，国勢調査の調査項目や概念が，どのような基準にしたがって，またどのようなプロセスを経て意志決定されるのかに疑念を感じてしまう部分もある。たとえば，1950・60・70年と3回にわたって調査された「結婚年数」や「出生児数」を項目から外してしまったり，居住歴を取るのに「現住居への入居時期」「現住居での居住期間」「従前の常住地」「1年前の常住地」「5年前の住居の所在地」と概念を頻繁に変えたり，1990年に「通勤時間または通学時間」を初めて調査したのに，それ以降に外してしまったなどといったことである。新統計法が施行され，「公的統計の整備に関する基本的な計画」に基づき，場当たり的な対応にならないように軸足をしっかりと定めていただきたいものである。

　なお，国勢調査の活用に関しては，総務省統計局が編集・発行している『国勢調査調査結果の利用の手引―ユーザーズ・ガイド』が参考になる。また，第1回国勢調査（1920年）以降の調査項目の変遷や各回の調査報告書の構成，ユーザーズ・ガイドや実際に使われている調査票，さらに主な集計結果（統計表）などは，総務省統計局ウェブの「国勢調査」のページで閲覧することができる。　　　　　　　　（N. G.）

第 I 部　社会調査の論理

コラム

◆国勢調査人口と住民基本台帳人口

　国勢調査は，日本国内に常住するすべての人口（したがって外国人も含まれる）を対象として，5年毎に調査が実施される。「常住人口」というのは，当該地域に3か月以上にわたって居住しているか，居住することになっている人を指しているので，その事実が確認されれば，当該市区町村に住民登録していなくても，また外国人であっても調査対象となる。これに対して，「住民基本台帳」に基づく人口は，日本国内に居住し住民登録している日本人だけをカウントするものであり，常住する外国人は数に含まれず，常住していなくても住民登録している者は含まれることになる。

　基礎自治体（市町村）レベルでこの2種類の人口を比べてみると，多くの大学生や出稼ぎ者，外国人が集まる大都市部では，住民登録をせずに一定程度以上の期間を暮らす人が多い分だけ，国勢調査人口の方が多くなり，逆に，大学生や出稼ぎ者を送り出す側の特に地方の農漁山村地域では，実際の常住人口（国勢調査人口）よりは住民基本台帳人口の方が多くなる傾向がある。5年に1度しか調査・公表されない「国勢調査人口」と，自治体（市区町村／都道府県）によって毎月のように公表される「住民基本台帳人口」とはまったく別物であって，これらをつなげて人口の推移を捉えるようなことのないように心すべきであろう。

国勢調査人口の方が住民基本台帳人口より多い市町村ベスト5　（2000年）

	国勢調査人口	住民基本台帳人口	差
1位　福岡県福岡市	1,329,874人	1,279,671人	50,203人
2位　京都府京都市	1,433,048	1,388,267	44,781
3位　東京都特別区部	7,961,073	7,919,771	41,302
4位　愛知県名古屋市	2,133,158	2,101,877	31,281
5位　大阪府大阪市	2,502,083	2,471,100	30,983

出所：関西学院大学社会学部・大谷研究室 2004『国勢調査の多角的分析』150頁。

(N. G.)

（2）総務省統計局「e-Stat」の徹底活用法 I——統計データの入手法

　総務省統計局が各府省庁等と連携して構築し，独立行政法人統計センターが運用・管理している「e-Stat（政府統計の総合窓口）」は，最強の公的統計ポータルサイトである。

第2章　社会調査のファースト・ステップ

図 2 - 4　e-Stat のトップページ

①「統計データを探す」，②「地図や図表で見る」，③「調査項目を調べる」，④「統計制度を知る」，⑤「統計を学ぶ」，⑥「統計サイトの検索・リンク集」という6つの柱が立てられている。ここでは，有用性の高い①と②を中心にして活用法を述べる。

　必要とする統計データを検索しかつ入手するには，①にある〈A〉「主要な統計から探す」，〈B〉「政府統計全体から探す」，〈C〉「キーワードで探す（検索オプション）」が使える。〈A〉は，「基幹統計」に限定して統計分野別と五十音順の統計名一覧が表示されており，例えば「国勢調査」をクリックすると「提供統計一覧」のページが現れ，その中から「平成22年国勢調査」をクリッ

51

クすると「最新結果一覧」が現れ，その中から「産業等基本集計」＞「都道府県結果」＞「04宮城県」をクリックすると関連する「統計表」がズラーッと表示され，その中から「在学か否かの別・最終卒業学校の種類（6区分），労働力状態（3区分），産業（大分類），年齢（5歳階級），男女別15歳以上人口（雇用者）」をクリックするとその統計表が表示され，ファイルをダウンロードすることができるようになっている。〈B〉は府省別，統計分野別，五十音別に窓口が用意されているが，〈A〉と違って基幹統計だけでなくe-Statに登録されたすべての統計（ゆえの「政府統計全体」）まで範囲を広げている。そのためか，中には統計表ファイルが未登録で省庁の関連ページにリンクされているものや，統計表ではなく報告書が掲載されているケースも見受けられる。

　一番のお勧めは，何と言っても〈C〉だ。「キーワードで探す」の検索対象は，統計調査名，分類名，統計表名のみとなっているが（AND検索のみ），「検索条件を指定して探す（検索オプション）」の方は，統計表ファイル内の全ての文字列が検索対象となっているので，欲しい統計表により確実に到達できる。キーワードを指定することもできるが，AND検索（指定したキーワードのすべてを含むページが検索できる）もOR検索（指定したキーワードのいずれかを含むページが検索できる）もNOT検索（指定したキーワードを含むページが検索対象から除外される）もできる。調査年月や統計分野，統計名，府省名，統計の種類の指定もできる。検索条件を指定して「検索」ボタンを押せば，後は各ページの表題一覧表示に従って操作していけば，統計表かデータベースに確実にたどり着く。

　統計表ファイルは，Excel形式，CSV形式（カンマで区切られたテキストファイルであり，エクセルでもエクセル以外の幅広いソフトで読み込みができる），PDF形式のファイルで提供され，ExcelやCSV形式のファイルであればダウンロードしたファイルを基に整理・加工したり統計分析を施したりグラフを作成したり等といったことがもちろん出来る。また，統計表ファイルの形式に加えてデータベース形式で提供されているものも少なくなく，その場合はそのままブラウザ上でデータの抽出や演算（四則演算，増減率・構成比の計算処理），レイ

アウトの設定や変更，表・グラフの作成や変更，印刷やダウンロード等が瞬時にできるので，利用しない手はない。

統計表は，冊子体の報告書を図書館などで見つけ出して閲覧し，必要とするデータを Excel などの表計算ソフトを使って PC に手入力して，点検し間違いを修正した上で加工・分析するといった時代から，ネット上で検索しファイルをダウンロードして加工・分析するかブラウザでそのまま加工・分析するといった時代（＝インターネット上で統計データを高次に利活用できる仕組みが整った時代）に，ここ数年の間で大転換した。データを入力する手間，ミスを発見して修正する手間を省くことができるだけでも，作業効率は雲泥の差だ。メールによる新着情報配信サービスも行っている。サービスを受けたい場合は，ユーザ（メールアドレスとパスワード）登録をしておこう。

（3）総務省統計局「e-Stat」の徹底活用法Ⅱ──統計データを地図化する方法

もう1つ重要な「転換」が起こっている。統計データをグラフ化するだけに留まらず，②「地図や図表で見る」を使うことで，地図に表すことができるようになった。「地図で見る統計（統計 GIS）」というページが用意され，地図・空間データと統計データを有機的に結びつけて視覚的に表示する「地理情報システム（GIS）」の仕組みを活用して，統計地図を作成（＝統計情報を地図化）することができるようになっている。

この中には，1)「地図に表す統計データ」，2)「データダウンロード」，3)「市町村合併情報」，4)「操作解説」の4つの下位ページが用意されている。

1) は統計地図を作成することができ，2012年8月15日現在で提供されている統計は，地域メッシュ統計（総務省），国勢調査（総務省），事業所・企業統計調査（総務省），人口動態調査（厚生労働省），医療施設調査（厚生労働省），地域保健・老人保健事業報告（厚生労働省），医師・歯科医師・薬剤師調査（厚生労働省），介護サービス施設・事業所調査（厚生労働省），社会福祉施設等調査（厚生労働省），農林業センサス（農林水産省），漁業センサス（農林水産省）となっている。実際に提供されるのはこれらに関するすべての統計表ではなく，ごくご

く基本的なものに限定されている。表章単位は，都道府県，市区町村，町丁・字等別の小地域，農林業センサスでは農業集落，地域メッシュ統計では1kmメッシュと500mメッシュとなっている。つまり，ある統計データに関する都道府県別，市区町村別，町丁・字別，地域メッシュ別の地図（絶対地図と相対地図）を作成することができるわけだ。

　2）では，このシステムに収録されている統計データと境界データでダウンロードできるものを検索し無料でダウンロードすることができる。統計データはCSV形式，境界（都道府県，市区町村，町丁・字，メッシュの平面直角座標系もしくは緯度経度）データは日本測地系もしくは世界測地系のShape形式もしくはG-XML形式となっている。統計データと境界データを統合して地図化するには，別途GISソフトが必要となる（このサイトのヘルプページでは「ArcExplorer」が紹介されている）。

（4）統計データを地図化する方法〈番外編〉

　e-Statの「地図で見る統計（統計GIS）」は，統計データの地図化がどのようなものであるのかを広く知らしめ，敷居を下げた点で評価できる。だが，社会学の研究で有益な統計データの利用範囲が狭いのが難点で，現状では強力な武器にはなりそうにない。要は統計データと位置・空間（境界）データをマッチングさせるGISソフトを使いこなせるようになれば，活用範囲が格段に広がる。そこで，埼玉大学教育学部の人文地理学者である谷謙二氏が「エクセル等の表計算ソフト上の地域統計データを地図化することに適した無料のGISソフト」として開発し公開している地理情報分析支援システム「MANDARA」を推奨したい。谷氏のウェブサイトからこのソフト，付属地図データやマニュアルなどをダウンロードし，自学自習して使い方をマスターしよう。「地図で見る統計（統計GIS）」で体験しておけば，怖がる必要はない。統計データはいわば無尽蔵に使えるので，「MANDARA」によって社会学の研究でよく使う指標を地図化して研究に有効活用する道を切り開いていこう。

第 2 章　社会調査のファースト・ステップ

図 2-5　MANDARA のトップページ（一部略）

⑥ 過去の調査データへのアクセス法と活用法

　既存の統計データの加工・分析で解決しない場合は，第三に，過去に実施された社会調査を調べることが求められる。なぜなら，すでに誰かがどこかで同じような調査をやっている可能性が大いにあるから。以下に紹介する社会調査

データ・アーカイブを使って調べてみればよい。同じテーマで調査が実施されていることが判明したら、その調査データの有効活用を図ることを検討しよう。「二次分析」を行うことが可能かも知れない。「無駄な調査」を実施しないで済む可能性が高くなる。

（1）二次分析とは——実査を伴わない社会調査

　前節の（1）「主な公的統計と日本の統計制度」で触れた公的統計の「二次的利用」には、公表されている統計データを二次的に加工・分析するだけでなく、統計の基になった調査の個票データを用いて再集計・再分析を施すことも含まれる。後者を特に「二次分析（secondary analysis）」と呼ぶ。もう少しくわしく説明すると、他の調査者ないし組織が実施し収集した既存調査の個票（マイクロ）データを、分析者自身の目的のために再集計・再分析することを言う。個票データと言っても回収された調査票原票そのものが提供されるわけではなく、個人情報を取り除いて個々の調査票の記入内容を電子化した「匿名データ」を意味する。二次分析は「実査（現地調査）を伴わない社会調査」と言い得るが、欧米では既に数十年以上の蓄積があり、これによる研究成果の発表も非常に活発に行われている。日本では佐藤博樹・石田浩・池田謙一編『社会調査の公開データ——二次分析への招待』（東京大学出版会）が出版された2000年以降、後述するSSJDAの拡充に歩を合わせて急速に広がるようになった。二次分析が広く行われるためには、個票データを組織的に収集・保管・提供（公開）する社会調査データ・アーカイブの構築・整備が大前提となる。以下に紹介する「SORD」（札幌学院大学, 1998年），「SSJデータ・アーカイブ」（東京大学, 1998年），「SRDQ」（大阪大学, 2004年），「JEDI」（兵庫教育大学, 2008年），「RUDA」（立教大学, 2011年）といった社会調査データベースないしデータ・アーカイブの相次ぐ誕生は、わが国も本格的な「二次分析の時代」に突入したことを物語っている。

（2）社会・意識調査データベース（SORD）

「社会・意識調査データベース（SORD）」は，「社会・意識調査データベース作成プロジェクト（Social and Opinion Research Database Project）」（事務局；札幌学院大学社会情報学部）により構築され，1998年に公開された「日本最初の社会調査データベース」と言われる。主に日本社会学会会員によって実施された1,000件以上の社会調査に関する情報（テーマ，代表者，領域，主要項目，実施時期，抽出方法，現地調査の方法，サンプルサイズ，回収率，単純集計結果など）をオンラインで提供している。その調査の成果をまとめた論文・報告書に関する書誌情報までわかるので，論文・報告書を取り寄せて詳細に検討するとよいだろう。ただし，個票データも提供してはいるが，1980年代と90年代に実施された16件の調査に留まっている。

（3）SSJ データ・アーカイブ（SSJDA）

「SSJ データ・アーカイブ（Social Science Japan Data Archive）」は，東京大学社会科学研究所附属社会調査・データアーカイブ研究センターが，「我が国で実施された統計調査，社会調査の個票データと調査方法等に関する情報を収集・保管し，学術目的での二次分析のために提供することを目的」に1998年に構築・公開されたもので，わが国における個票データの利用ないし二次分析の推進は SSJDA が牽引し，また政府統計の二次的利用を促す背景にもなっている（間接的な影響を与えた）と言って良いだろう。利用可能なデータセットも年々増加し，SSJDA の業務統計によれば，累積公開データセット数は2012年3月末現在で1,423件となっている。2011年度の1年間の利用申請数774件，利用申請研究者数2,093人，提供データセット数1,812，発表論文数169，収録調査データベース検索件数40,984，公開データリストアクセス件数16,190を数えるまでになっている。個票データを利用できるのは，原則として大学や公的研究機関の研究者（大学院生を含む）の学術目的に限定されているが，一部のデータについては，教員の指導を受けた学部学生による研究目的の利用（卒論に限定），並びに教員の指導による教育目的（授業などで）の利用ができるように

なっている。利用にあたっては、「個票データ利用申請書」の提出（「誓約事項」への同意）と許可が下りることが必要であり、また利用期限終了後には利用報告書を提出しなければならない。学部生が個票データを利用することは、上記を除くと基本的にできないが、以下のような情報に関してはインターネットを通じて一般に公開されているので、これだけでも有効に活用すべきであろう。調査番号・調査名・寄託者・利用方法・調査の概要・調査対象・データ数（サンプルサイズ・有効回収票数・回収率など）・調査時点・調査地域・標本抽出・調査方法・調査実施者・委託者（経費）・報告書（論文）・関連論文等・主要調査事項・調査データ区分・利用上の注意，調査票と単純集計結果，など。もちろん，検索もできる。また，収録している調査の報告書は，東京大学社会科学研究所図書室で閲覧できるようにもなっている。

　SSJDA の運営を行っている社会調査・データアーカイブ研究センターでは，時系列の調査プロジェクトにも力を注いでおり，全国の若年・壮年・高卒パネルを対象とするパネル調査（同一の対象者に異なる時点で繰り返し行う調査）を実施している。また，大阪商業大学 JGSS 研究センターと共同で「日本版総合的社会調査（Japanese General Social Surveys；JGSS）」を1999年より毎年ないし隔年で継続的に実施している。JGSS プロジェクトは，アメリカのシカゴ大学全国世論調査センター（National Opinion Research Center；NORC）が1972年より毎年ないし隔年で継続的に実施している General Social Survey（GSS）をモデルに，「時系列分析が可能な継続的かつ総合的社会調査のデータを蓄積し，データの二次的利用を希望している幅広い分野の研究者を対象としてデータを公開すること」が目指されている。また，同様の調査は，アメリカ以外でも，アイルランド，イギリス，オーストラリア，カナダ，ドイツ，台湾などでも重ねられているので，二次分析による国際比較研究も活発になっていくことが予想できる。なお，パネル調査や JGSS のデータセットも SSJDA に収録されていることは言うまでもない。

（4）質問紙法にもとづく社会調査データベース（SRDQ）

「質問紙法にもとづく社会調査データベース（Social Research Database on Questionnaires）」は，大阪大学大学院人間科学研究科 SRDQ 事務局が2004年3月に構築し運営する，SORD や SSJDA とは違った新しいタイプの社会調査データベースである。2012年8月15日現在で168件の社会調査についての「調査概要」と「質問項目リスト」が収録されており，質問文と選択肢はキーワードによって横断的に検索することもできる。SRDQ の最大の特色は，「『社会階層と社会移動（SSM）』全国調査」（1955・65・75・85・95年）や「情報化社会に関する全国調査（JIS）」（2001・02・04年），「職業と家族とパーソナリティについての同一パネル長期追跡調査」などの利用価値の高い大規模調査に関しては，データセットが収録され（オリジナルの調査票や成果報告書／論文も PDF ファイルで収録されている），ブラウザ上で手軽に二次分析できるようになっている点である。2011年12月末現在で24件の調査データの分析が出来るが，1）度数分布表（単純集計結果），2）記述統計（平均値・中央値・最頻値，標準偏差・分散など），3）ケースの要約，4）クロス集計（カイ二乗検定やクラマーの V 係数の算出などを含む），5）Web キューブ，6）T 検定，7）一元配置の分散分析，8）2変量の相関分析，9）偏相関分析，10）因子分析，11）線型回帰，12）多項ロジスティック回帰，13）階層クラスター分析，14）大規模ファイルのクラスター分析，15）多元配置分散分析といった合計15の「分析メニュー」が用意され，画面上で項目を選択したり条件を指定したりオプションを設定するだけで即座に分析され（SPSS の WebApp が組み込まれている），結果を得ることができる。「ケースの選択」で一部の回答者を取り出すことも，「値の再割り当て」によって新しい変数を作ることも，SPSS と同じようにできてしまう。この点は，SSJDA のように「利用申請書」の提出と許可を得た上でなければ「個票データの二次分析」を行えないという「制約」を一切取り払って，いつでも誰でもブラウザ上でオープンに「二次分析」が行えることを意味する。研究利用と同時に，大学・大学院での社会調査関連のゼミや授業での教育効果が見込まれよう。結果の出力も，CSV 形式のファイルに保存し，MS Excel などの表計算

ソフトに取り込むことが可能である。

　さらに特筆すべきは，『データアーカイブ SRDQ で学ぶ 社会調査の計量分析』（川端亮編著，ミネルヴァ書房，2010年）という教科書が SRDQ の構築・管理・運営に関係する研究者たちによって執筆・出版されていることである。SRDQ 上には同書のサポートページも用意されているので，両者を連動させながら実践的に学ぶことができる。SRDQ は，個票データをウェブ上からいつでも誰でも利用可能とした点で，二次分析への接近可能性を一挙に縮め，学部・大学院における社会調査教育に二次分析を組み込む道をも実質的に切り開いた，と位置づけることが可能である。

（5）その他の社会調査データ・アーカイブやデータベース

　SORD，SSJDA，SRDQ を紹介したが，これら以外にも，教育および関連分野に特化した兵庫教育大学教材文化資料館の「JEDI」，利用申請の対象を本務先を持たない研究者や学部生にも広げ2011年4月より運用を開始した立教大学社会情報教育センターの「RUDA（ルーダ）」といった社会調査データ・アーカイブもある。近年は，こうした統計調査／量的調査のデータ・アーカイブに留まらず，質的調査データやビジュアル・データのアーカイブも次々に構築・公開されるようになっている（一般社団法人社会調査協会の機関誌『社会と調査』第8号［2012年3月発行］の特集「データ・アーカイブと二次分析の最前線」を参照されたい）。

　かつて内閣府大臣官房広報室が毎年編集し発行していた冊子体の『世論調査年鑑』（国の行政機関や政府関係機関，地方自治体，大学，シンクタンク，報道機関などが実施した「世論調査」の概況をまとめた報告書）の伝統を受け継ぐ内閣府の「全国世論調査の現況」では，各種機関が実施した世論調査や意識調査に関する詳細な情報が提供されている。1947年度以降の毎年度別に世論調査の「概要」と「調査票（単純集計結果付き）」が，これに1999年度以降は「調査結果の概要」が，2005年度以降は「集計表」が追加されて掲載されており，集計表は CSV ファイルで提供されている。同様に，上掲の e-Stat ⑥「統計サイトの検

索・リンク集」の「府省内統計サイト検索」や，公益財団法人日本世論調査協会の「世論調査インデックス」も使える。

　新聞社が行っている世論調査関連の情報もネットで検索し，入手できるようになっている。毎日新聞が2011年4月にスタートさせた新しい検索サービスである「毎索」は，1872（明治5）年の創刊号から1号の欠号もなく紙面（記事）を提供するだけでなく，世論調査のデータベース「ヨロンサーチ」が使えるようになっている点で注目される。毎日新聞が戦後に実施した世論調査の結果を，キーワードや日付で検索でき，紙面に掲載されていないクロス集計表も収録されている（新聞記事検索には，朝日新聞の「聞蔵Ⅱ」，読売新聞の「ヨミダス」，@niftyビジネスの有料サービス「新聞・雑誌記事横断検索」なども有用だ）。

　さまざまな領域でデータ・アーカイブやデータベースが整備され利用に供されることで，統計／調査データの二次分析ないし二次的利用の動きは，人文・社会科学の全領域に及んでいく可能性がある。社会調査のあり方に，これまで以上に大きな影響を与えないはずがない。

⑦ まとめ

　以上，1.調査研究の着想，2.先行研究のフォローと課題の鮮明化，3.既存の統計データの加工・分析，4.過去の調査のフォローと結果の検討，という流れに沿って，社会調査を企画・設計するためのファースト・ステップとして行うべき「情報資源の発掘調査」の仕方について解説してきた。これらの諸作業をフローチャート風にまとめてみると，図2-6のようになる。

　こうした作業を踏まえて，改めて社会調査を実施しなければならないかどうかを慎重に見極めるわけである。本章の冒頭で強調した“「なぜその社会調査を行わなければならないのか」に関するアカウンタビリティ”を，もう一度肝に銘じておきたいものだ。

　最後に一言だけ付け加えておきたい。本章では，「J-STAGE」「GeNii」「CiNii」「Webcat Plus」「KAKEN」「NII-DBR」「JAIRO」「NII-REO」

第Ⅰ部　社会調査の論理

図 2 - 6　社会調査のプロセス（2 章を中心として）

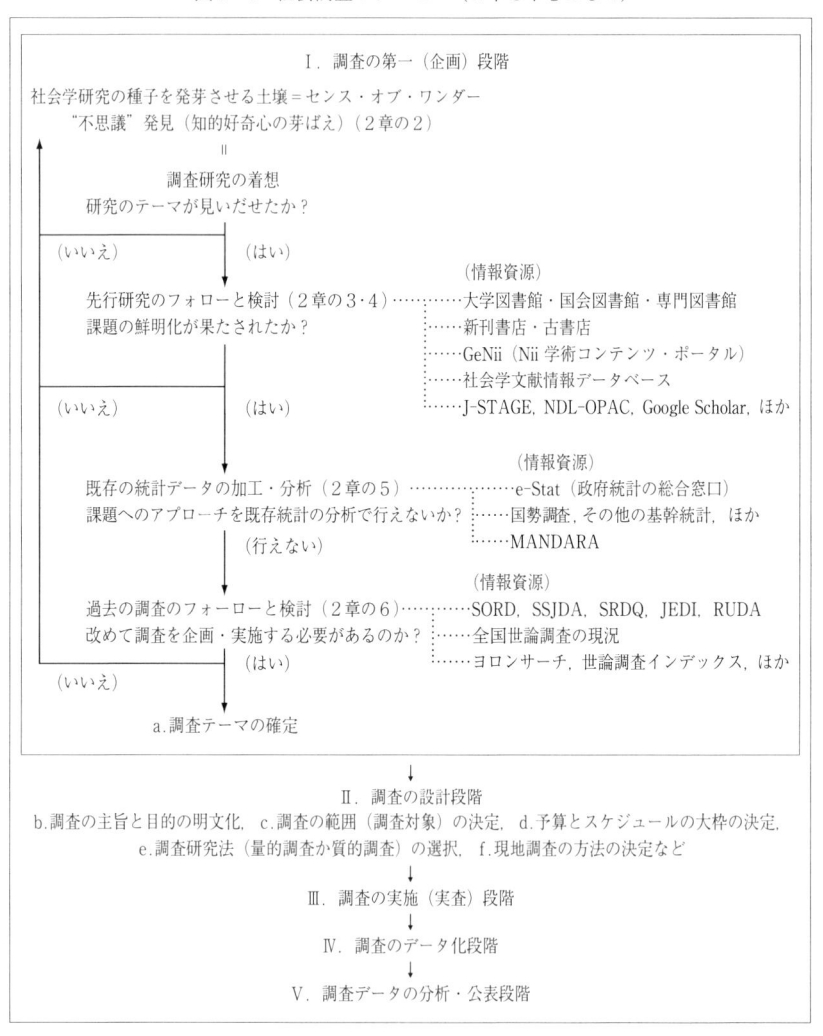

```
Ⅰ．調査の第一（企画）段階
社会学研究の種子を発芽させる土壌＝センス・オブ・ワンダー
　"不思議"発見（知的好奇心の芽ばえ）（2 章の 2）
                    ‖
            調査研究の着想
            研究のテーマが見いだせたか？
    （いいえ）         （はい）
                                    （情報資源）
    先行研究のフォローと検討（2 章の 3・4）……大学図書館・国会図書館・専門図書館
    課題の鮮明化が果たされたか？          ……新刊書店・古書店
                                        ……GeNii（Nii 学術コンテンツ・ポータル）
                                        ……社会学文献情報データベース
    （いいえ）         （はい）           ……J-STAGE，NDL-OPAC，Google Scholar，ほか

                                    （情報資源）
    既存の統計データの加工・分析（2 章の 5）……e-Stat（政府統計の総合窓口）
    課題へのアプローチを既存統計の分析で行えないか？……国勢調査，その他の基幹統計，ほか
            （行えない）               ……MANDARA

                                    （情報資源）
    過去の調査のフォローと検討（2 章の 6）……SORD，SSJDA，SRDQ，JEDI，RUDA
    改めて調査を企画・実施する必要があるのか？……全国世論調査の現況
                    （はい）           ……ヨロンサーチ，世論調査インデックス，ほか
    （いいえ）
                a.調査テーマの確定

                    Ⅱ．調査の設計段階
b.調査の主旨と目的の明文化，c.調査の範囲（調査対象）の決定，d.予算とスケジュールの大枠の決定，
            e.調査研究法（量的調査か質的調査）の選択，f.現地調査の方法の決定など

                    Ⅲ．調査の実施（実査）段階
                    Ⅳ．調査のデータ化段階
                    Ⅴ．調査データの分析・公表段階
```

注：実際の調査研究では，必ずしもこのような「直線的なプロセス」で進むわけではない。

「ReaD」「Academic Society HomeVillage」「社会学文献情報データベース」「NDL-OPAC」「国会図書館リサーチ・ナビ」「Google Scholar」「e-Stat」「SORD」「SSJDA」「SRDQ」「JEDI」「RUDA」「全国世論調査の現況」「世

論調査インデックス」「毎索」などといったポータルサイト，データベース，データ・アーカイブを検索して情報資源を発掘し，研究に必要なデータを入手し有効活用する方法について，具体的に説明してきた。しかし，これで済むわけでは決してない。繰り返しになるが，ネット上で閲覧できる文献に目を通すだけではまったく足りないし（読まないよりはましだが），検索（サイバースペースにおけるデジタル情報へのアクセス）では引っかかってこない有用な情報が決して少なくないことも知っておくべきだ。効率性は落ちるし，時間や労力の無駄と感じてしまうかも知れないが，現実の世界において自らの身体性をベースにしたアナログ情報へのアクセスと対話も実践してほしい。社会学の研究は，サイバースペースでは決して完結しないし，研究の対象は現実の世界，生身の人間なのだから。

　研究の第一歩を踏み出そう。

《課題》
(1) 大学図書館・国会図書館・大型新刊書店・古書店街の探検/探索——自分の大学図書館を隅々まで探検した上で，仲間と連れだって，国立国会図書館，大型新刊書店，古書店街（神保町ほか）等を1日かけてめぐるツアー（探検/探索）を敢行して，図書館・書店を「楽しく」体感・堪能しよう。
(2) 図書館ネットワーキング——社会学研究に役立ちそうな専門図書館（博物館・資料館なども含めて）を5館選び（もちろんもっと多くても良い），1月に1館ずつで良いから実際に足を運んで利用してみて，独自の図書館利用網を少しずつ構築して，いつでもフットワーク軽やかに足を運べるようにしよう。
(3) オンライン文献検索——GeNii（CiNiiやWebcat他）やJ-STAGE，NDL-OPAC，Google Scholarなどを使って，卒論の研究テーマに関連する文献（書籍や論文）を検索し，結果を打ち出してみよう。その際には，あげられた文献が自分の大学図書館に所蔵されているかどうかまでを確認しておきたい（所蔵図書に関しては，貸し出し番号も控えておこう）。
(4) 政府統計のポータルサイト e-Stat と地理情報分析支援システム MANDARA を使った実習——e-Stat から，2010年国勢調査＞「従業地・通学地による人口・産業等集計」＞都道府県結果から自分の住む都道府県＞表番号2「常住地による従業・通学市区町村，男女別15歳以上就業者数および15歳以上通学者数（15歳未満通学者

を含む通学者）——都道府県，市町村」データをダウンロードし，市区町村別の他市区町村での従業・通学者率を算出して（他市区町村に従業・通学する者／当地に常住する就業者・通学者×100），MANDARAを使ってその結果を地図に落としてみよう（相対分布図の作成）。

(5) 社会調査データアーカイブ SRDQ を使った実習——SRDQ のトップページの「分析可能な社会調査データ」一覧にある「分析」マークをクリックして，「分析メニュー」を表示させ，適当な「データ」を選択して，「度数分布表」「記述統計」「ケースの要約」「クロス集計」「Web キューブ」「T 検定」「一元配置の分散分析」等々を実際にやってみよう。さらに，より高次の計量分析を身に付けたいと考える人には，60頁で紹介した教科書（『データアーカイブ SRDQ で学ぶ 社会調査の計量分析』）と SRDQ のサポートページを活用して，各章で紹介されている「多元配置分散分析」「重回帰分析」「パス解析」「ロジスティック回帰分析」「因子分析」「クラスター分析」等々にも挑戦してみることを勧めたい。

（後藤範章）

第3章

社会調査の基本ルールと基本の道具

要点 「さあ社会調査！」と意気込んでも，やみくもにデータを集めるだけでは頭の中が大混乱するのが関の山。そんなことでは，ほかの人の社会調査の結果だって理解できるわけがない。スポーツにルールや道具があるように，社会調査にだってルールもあれば，必要な道具もある。

　この章では，まず社会調査というゲームを楽しむ基本ルールと基本の道具について説明しよう。ただし，道具といっても野球のグローブや剣道の竹刀のように目に見えるものではない。それは目に見えないが絶対必要な論理上の道具，思考をクリアーにするための，頭の中の道具である。

➤ キーワード
　　記述と説明，概念，操作的定義，変数，仮説

① 社会調査の基本ルール

（1）社会について考える

　野球のルールは難しい。ルールブックという本があるくらいだが，ルールブックを丸暗記せずとも野球を楽しむことはできる。細かいことは後回しにしても，どうすれば得点になるかさえ知っていれば，たいていのスポーツは楽しめる。

　社会調査だって，細かいルールばかりいくら知っていても，どうすれば得点になるのかを知らねば楽しめない。社会調査とは「社会的な問題意識に基づいてデータを収集し，収集したデータを使って社会について考え，その結果を公表する一連の過程」なのだから，最もポイントとなることは，ズバリ「社会について考える」ことである。いくらボールを上手に蹴ってもゴールが決まらな

ければサッカーの得点にならないように、いくら上手に調査をしたって、そこから「社会について考える」ことができなければ、社会調査で得点をあげたことにはならない。つまり、社会調査での得点は、「社会について考える」こと。何はともあれ、これが一番大事なことだ。

（2）データを集めて考える

サッカーもハンドボールもゴール目がけてシュートを放つ。しかし、ゲームの内容は随分違う。腕を使ってシュートをしたら、サッカーではたちまち反則だ。

「社会について考える」場合も同じこと。先人の思想を学んだり、じっと座って瞑想に耽るのも大切だが、それでは社会調査になりはしない。なんてったって調査というくらいだから、データを集めてこなきゃ始まらない。データの集め方はいろいろあるし、集め方にはルールがある。集め方やそのルールについては、本書の第Ⅱ部と第Ⅲ部に詳述してある。しかし忘れてもらっちゃ困るのは、あくまでも「社会について考える」ためにデータを集めるということ。社会調査の善し悪しを決めるのは、集めたデータをもとに、どれだけ「社会について考える」ことができるかなのだ。

（3）ところで「社会」って？

スポーツにいろいろあるように、社会といったっていろいろある。「社会について考える」といっても、いきなり社会のすべてを対象にしても混乱するか、悟りの境地に至るかのどちらかだ。誤解無きようにいっておくが、社会調査の目的は、「社会とは何か」なんて宗教的思索や誇大理論を考えることではない。「社会について考える」とは、我々の目の前に展開する多様な社会現象を地道に解き明かしていくことなのだ。

有り難いことに、「社会」とは複雑で、いろんな要素がこんがらがってできている。おじいさんも、お姉さんも、坊っちゃんもいる。威張っている人もいれば、謙虚な人もいる。天下国家が大切な時もあれば、隣家のピアノの音が人

生の大問題になる時だってある。ここはひとつ,「社会とは何か」を難しく考える前に,「社会」の中から, その部分部分を取り出して, ひとつひとつの社会事象を地道に, そして確実に解き明かしていこうじゃありませんか。スポーツの中に, サッカーや野球, あるいはゴルフだスキーだといろいろ面白そうなのがあるように,「社会」にだって「環境問題」や「福祉問題」, あるいは「恋愛から見る現代社会の諸特徴」「たばこの投げ捨てにみる現代人のマナー意識」とか, 面白そうで大切な社会問題や研究テーマがいくらでもあるのだから。

② 考えるとは──記述と説明

（1）考えるための2つの営み

　プロゴルファーだって, ホールインワンなぞそうはだせない。刻んだり, かっ飛ばしたり, 砂地や池ポチャに苦しみながら, とにかくボールをグリーン上にのせることが最初の課題。グリーンにのったらのったで, パットに悩みながら小さな穴にボールを落とすという至難の課題が待っている。

　社会調査でも事情は一緒。いくら頑張って「データを集めて」も,「社会について考える」ためには, まずは集めたデータをもとに,「フムフム, 実は世の中こうなっておったのか」とか「オヤオヤ, 世の中こんなこともあったのか」と, データの指し示す事実を記述できなければ仕方がない。そして, 次には「なぜ, こんなことがあるのだろう」「どうして, こうなるのだろう」とデータの指し示す事実を説明したり解釈したりしなければならない。社会調査で要求される「社会について考える」には, 第1に, データの指し示す事実を記述すること, そして, 第2にデータの指し示す事実を説明すること, の2つの営みがあることをまず押さえよう。

　　＊ここでいう記述とは英語の description, 説明とは explanation にあたり, 論理学上の用語であって日常語とはちょっと違う。この場合,「説明を記述する」などという言い方はありえないからね。

(2) 記述は難しい

「データがこんなに集まったのだから、データの指し示す事実を記述するなんて簡単さ」と思ったあなた。きみは、大変な苦労知らずである。記述とはダラダラ書けばよいというものではない。自分にも他の人にもわかるように、的確にポイントを整理して書かなければいけないのだ。そう思うと大変だろ。第1、データが多くなれば多くなるだけ、それだけ整理も大変だし、ポイントを押さえることも大変になるわけだ。

第2に、データがどんな事実を示しているのか的確に押さえることも簡単ではない。一例をあげよう。1980年代の末、管理職の「過労死」が大きな問題となった時期があった。そんな頃、あるシンクタンクは「管理職」と「平社員」の健康状態の比較調査を実施した。集められたデータを「管理職」と「平社員」に分けて、それぞれの平均の健康状態を比較すると、「管理職」のほうが良好であった。そのシンクタンクは、このデータを「この調査結果は、管理職になることが健康に良いことを示している」と記述した。

「馬鹿たれ！」とはこのことである。データの示す事実は、ある時点において「管理職（集団の平均）の健康状態が、平社員（集団の平均）の健康状態よりもよい」ということだけだ。「管理職になることが健康によい」というためには、平社員が管理職になるまで何年もかけて、各時点の健康状態を測定して、そしてめでたく管理職になったときに、健康状態の改善が見られてはじめていえることなのだ。つまり、データが示していないことを、あたかもデータの示す事実のごとく記述するという過ちを犯しているのである。

ボールがグリーンにのらなければプロゴルファーだってゴルフにならないように、集めたデータが、どんな事実を物語っているのか記述できなければ社会調査になりゃしない。「考える」ための出発点にはいつも、データに基づく正確（かつ冷静）な事実の記述が求められる。難しいが、ここで失敗したらまさに池ポチャ状態なのだ。

（3）説明はもっと難しい

ボールがグリーンにのったとしても，まだまだそれだけでは終わらない。ボールをホールにいれてナンボのものだ。社会調査だって，データの示す事実を記述しただけでは終わらない。なぜ，「世の中こうなっておるのか」，どうして「世の中こんなこともあるのか」を説明しなければ，「社会について考える」ことにはならないだろう。

集めたデータが指し示す事実として，「管理職（集団の平均）の健康状態が，平社員（集団の平均）の健康状態よりもよい」と記述したら，次には，どうしてそうなるのか説明しなければならない。説明は，データを見ただけではわからない。データの指し示す事実を記述するという第一段階では，思考の材料は厳密に当該のデータだけに限定されなければならないが，データの指し示す事実を説明するためには，他の知識や想像力も必要となる。

そして大事なのは，説明の仕方は１つとは限らないことだ。１つの記述された事実に対しても，複数の説明が存在する。先ほど徹底的にけなした「管理職になることが健康によい」も１つの説明としてならば立派なものだ。しかし，ちょっと冷静になって考えてみると，「健康だから管理職をしていられる」や，「健康を崩した管理職はクビになるから，調査に協力できる管理職はみんな健康なのだ」というまったく正反対の説明だって立派な説明となる。そして厄介なことは，どの説明が正しいかは，さらに別のデータを集めてみないことにはわからない。

（4）記述と説明は別のもの

「え～，『管理職になることが健康によい』も立派な説明の１つなら，あんなにけなさなくてもよかったのに」と思ったあなた。きみは社会調査に向いていない。絶対許されないことは，１つの説明に過ぎないものを，あたかもデータの指し示す事実のごとく記述すること，すなわち記述と説明を混同してしまうことなのだ。

これは絶対に許されない。そもそもデータが指し示してもいないことを，あ

たかもデータが示しているかのごとく記述するようでは，どんなにデータを集めても意味がない。また，説明の仕方は1つとは限らないし，どの説明が正しいのかも，当該のデータだけではわからない。そのため，1つの説明に過ぎないものを，あたかもデータの示す事実のごとく記述することは，他の説明の可能性を言われもなく切り捨てることになる。それでは，データの示す事実を隠蔽して，データの背後にある現実を見誤ることになるかも知れないのだ。

これは許されないわりには，社会調査でよくある間違いの1つだ。社会調査の出発点には問題意識が必要だが，問題意識が強すぎると，データを見たとたんに気負い立ってしまって，冷静な記述をないがしろにして思いこみの説明を始めてしまう場合も多い。しかし，データが示す事実をきちんと記述できなければ，説明なぞできるわけもない。それではまるで「あいつが犯人」と決めたら，証拠もないのに無理やり自白させようとする，テレビや小説にでてくる困った刑事さんだ。記述と説明は別のもの，記述なき説明はむなしく危険であり，記述と説明の混乱は惨めで愚かなことだと肝に銘じておこう。

③ 問題が問題だ——社会的な問題構成へ

（1）問題は解くものにあらず，作るものなり

大人と子どもの違いはいろいろある。「自分で問題を作れるかどうか」もその1つ。これは受験勉強と，大学や社会に出てからの本当の勉強との違いでもある。受験勉強で使う問題集なんて，誰かが問題も答えも作ってくれている。受験生は意地悪にも隠されている解答を，あの手この手で探すだけだ。しかし，大学ではまず問題を自分で作ることを要求される。いわんや社会に出たら，解答付きの問題集なんて親切なものなどどこにもない。

社会学は大人の学問であり，社会調査は大人の研究法である。親切な問題出題者がいて，解答も用意されているなんて生易しいものとは訳が違う。何を研究したいのか，何を調査したいのか，自分で決めなきゃ始まらない。なにしろ世の中困ったことに，問題なくして解答なし。解答だけで問題が存在しないな

んてことはありえない。

（2）はじめに問題意識ありき

「住民の福祉ニーズを知らねば」「わが社のイメージはどうなっているのか」などとすでに問題を抱え込んでしまった人は幸せである。「問題を作れっていわれてもわかんな～い。受験勉強だって苦手だったのに」という御仁も多かろう。しかし，心配はいらない。人生悩みは尽きないし，世の中には問題が満ち溢れている。「どうして彼氏ができないの」「どうして俺は貧乏なんだ」「若者はマナーがなっとらん」「今の政治は腐っとる」など悩みや怒りの1つくらい見つかるものだ。そして，あなたの抱える悩みや怒りを，ちょっとだけ冷静になって見つめ直してみよう。悩みや怒りをそのままにしておいてよいのか？ いや，よいはずはない。何とかして解決の糸口を見つけねば。するとアレ不思議，そこにはある問題に挑戦する意識，つまり問題意識があるじゃありませんか。

（3）社会調査は万能にあらず

「どうして私に彼氏ができないのか解明してみせるわ」と問題意識に燃えたあなた。残念ながらそういう問題設定に対して社会調査がお役に立つかどうかは自信がない。

社会調査の効能は「社会はどうなっているのか」を知ることにある。量的調査（調査票調査など）では「彼氏のいない人はどのくらいいるの」「外見だけで彼女を選ぶ男の子の比率はどのくらい」といった情報や，情報を組み合わせて「彼女のいない男の子って，面食いなヤツが多いのね」なんていうことから「社会はこうなっているか」という概観図を作ってみたりする。質的調査（参与観察法や聞き取り調査など）では，「こんな恋愛もあったんだ」とか「こんな趣味の人もいるのね」とかを見たり聞いたりして，「社会ってほんとはこういうこともあるのね」と思って世界観を広げたりする。作った概観図や，広げた世界観が正しいかどうかは別問題として残るが，とにもかくにも「社会はどう

なっているのか」を考えるには，社会調査はかなり効く。

しかしである。だからといって「どうしたらあなたに彼氏ができるかどうか」はわからない。だってそれはとても個人的なことだもの。あなた個人と社会は決してイコールではないはず。まことに遺憾ではありますが，個人的な問題に対しては，社会調査はほとんど効かないということも覚えておいてくださいね。

（4）大人は社会を考える

「なあ〜んだ，社会調査なんて私の役に立たないのね，バカバカバカ」と思った人もいるかもしれない。でもそれじゃ，自分のことしか考えないワガママなガキと一緒。もう大人なんだから，広い気持ちで社会のことも考えてみよう。

社会のことを考えるといったって，社会は遠い遠い海の向こうにあるわけではない。私がいて，あなたがいて，あの人もいて，それで社会はできている。少し発想を転換するだけで，たいていの個人的な問題は社会的な問題につながっていく。たとえば「どうして，私は彼氏がいないことで悩むのだろう」と問題を切り替えたらどうだろう。そう思って，社会調査でできる概観図や広げた世界観を見直せば，「彼氏のいない人って多いのに，どうして私は悩んでいたのだろう。私を悩ませる別の仕組みが社会にあるはずだ」と思い直して，マス・メディアにおける恋愛描写の分析を始めたり，「おばあちゃんの世代って，恋愛ってご法度だったんだ。じゃ，今の社会と昔の社会はどう違うのだろう」って具合に，現代社会を相対化して考えたりできないだろうか。つまり，「私のことを悩ませる社会っていったいどうなってるの」とあなた自身の問題を越えて，あなたを取りまく社会のことを考えることができるじゃありませんか。

自分のことしか見えない人には，どんなに科学的装いをまとっても社会調査でポイントは取れません。私がいて，あなたもいるし，あの人もいる。そしてみんなで社会を作っていて，みんなが社会の中で生きている。どんなに辛くと

も，この感覚（まさにチャールズ・ライト・ミルズが「社会学的想像力」（第Ⅳ部1のコラム参照）と呼んだもの）を持っていることこそが大人の証。この感覚なくしては，調査のテクニックも統計学も無意味だ。「問題なくして調査なし」「社会的な問題意識なくして，社会調査なし」なのだ。

④ 「概念」なんか怖くない

（1）概念なくして事物なし

　問題意識ができたとしても，人間とは不便なものだ。人間同士でコミュニケーションする時も，一人ぼっちで考える時も，「はじめに言葉ありき」である。そして言葉は何らかの事物を表し，言葉にできないことを考えたり，人に伝えることはとても難しい。そして言葉が何を表しているかを真面目に考え始めたとき，概念（concept）という言葉が登場する。

　さて，たまには小説なぞも読んでみよう。だって，小説はまさに言葉の宝庫。次の一文は，村松友視の『泪橋』という小説の中の1節である。

　北国に育った秋子は，工藤と一緒に住むようになったころにはゴキブリというものを知らなかった。
　「東京って，台所にコガネ虫がいるのね」
　最初はそんなことを言ってものめずらしそうにゴキブリを見ていた様子だったが，そのうちたちまちゴキブリを目の仇にするようになった。ゴキブリとの格闘が，秋子にとって東京という大都会の生活の代名詞であるかのようにさえ感じられた。

（村松，1983：113～114頁）

　たとえ部屋中にゴキブリの大群が溢れていても，ゴキブリという概念さえ知らなければ，秋子さんの東京生活ももっと過ごしやすいものになったであろう。

第Ⅰ部　社会調査の論理

図3-1　概念と事実の関係

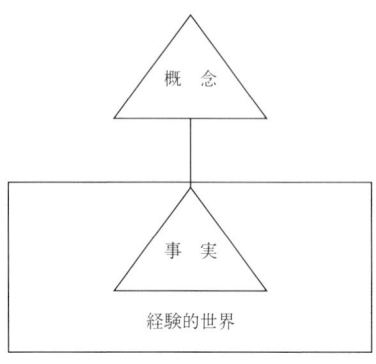

図3-2　概念と事実と残余カテゴリー

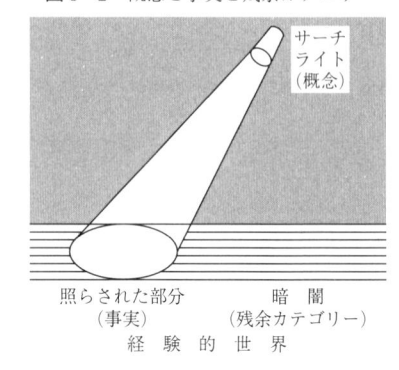

照らされた部分　　　暗闇
（事実）　　　　（残余カテゴリー）
経　験　的　世　界

出所：高根，1979：59頁。　　　　　　　出所：高根，1979：60頁。

つまり，概念なくして事物なし。どんなモノノケが目の前でのたうちまわろうが，それを指し示す概念を知らねば，怖くも面白くもなんともない。高根正昭によると，「我々が普通『事実（fact）』と呼ぶものは，実は『概念（concept）』によって経験的世界（empirical world）から切り取られた，現実の一部にほかならない」ということになる。つまり図3-1のように，どんな事実があろうとも，概念がなくては事実として浮かび上がってくることはできない。概念とはそれほど凄いヤツである。

（2）概念を意識して使おう

逆に考えてみよう。概念なくして事物なし。それならば，事物を知るためには，概念を知らねばならない。たとえ概念さえ知らなければ，人生をもっと幸せに生きていけるとしても，言葉に頼るしかない我々は，概念なくしては物事を理解することも，人に伝えることもできないのだから。

さきの高根正昭は，有名な社会学者のタルコット・パーソンズに依拠しながら，図3-2のように，概念をサーチライトにたとえている。暗黒の中ではサーチライトに照らされた部分しか見ることができない。経験的世界という暗黒の中から，概念というサーチライトに照らされた部分だけを我々は事実として認識できるのである。

普段は概念なんて小難しい言葉を意識しないで生きる方が幸せかもしれないが，何かを調査するとき，そして何かを人に伝えようとするとき，概念は使わざるを得ないのだ。つまり，社会調査というゲームを成り立たせているプレイは，概念を意識的に使って，事実を認識していく作業なのである。

（3）概念の定義

　秋子さんがゴキブリという概念を知らなかったように，どんな概念でも誰でも知っていて，誰にでも伝わるというものではない。ましてやゴキブリのように実体のあるものとも限らない。たとえば，「どうして俺は貧乏なんだ」とお嘆きの諸兄，貧乏という概念も随分と難しいものだということをご存じだろうか。

　ブランドもので身をかためた女子学生に「先生，今日あたし貧乏なの。何かおごって」といわれて腹を立てながらもキャッシュカードでお金をおろす場合もあるだろうし，家族に不幸が続いて学費を払うことができなくなった学生に「先生，すいませんが貧乏のため，残念ですが退学します」といわれて奨学金給付や学費減免の掛け合いに走る場合だってある。言葉は同じ「貧乏」でも，その中身はかなり違う。

　日々の生活の中で，仲間たちと話したり，一人でブツブツ言うときには，どんな言葉，つまり概念をどんな意味で使おうと勝手だが，概念を意識的に使って事実を認識していこうとする場合には，概念の中身はかなり明確に決めておかねばならない。そして，概念の中身を言葉で説明できなければ，ほかの人に伝えることができなくなる。

　つまり，概念の定義とは，概念の中身をかなり明確に，その概念以外の言葉で指し示すこと。一般的には，辞典や辞書が概念定義のかたまりである。社会調査（実は，学問すべて）では，概念の定義はとっても大事な作業だ。これを知らない者はキャッチャーに向かってバットを構えるヤツと同じくらい向こう見ずなヤツだと言えよう。

(4) 概念の操作的定義

　野球のボールとサッカーのボールがまったく違うように,概念の定義の仕方にも実はいくつか種類がある。「貧乏とは,貧しく,ものが乏しい状態」と定義したところで,定義としては間違いではないが,それでは調査の役に立たない。調査に役立つように概念を定義すること,それを概念の操作的定義（operational definition),あるいは概念の操作化と呼ぶ。

　ここで社会調査の歴史上最も重要な人物を紹介しよう。彼の名はチャールズ・ブース,19世紀のイギリス人で近代的社会調査の基礎を作った人物の一人である。彼はロンドン貧困調査で名高いが,この調査の画期的な点の1つに,「貧乏」を操作的に定義して,はじめて「貧乏」を調査によって客観的に把握したことがある。

　19世紀に繁栄を極めた大英帝国の首都ロンドンでも貧困はあった。ある人々はロンドンの人口の25％は貧民であると主張していた。しかし,ほんとうだろうか？　ブースは貧困を客観的に測定するために貧民の定義をおこなった。すなわち貧民とは「標準的な大きさの家族で週当り18シリングから21シリングというような,わずかではあるが十分規則的な収入のある人々,……彼らの収入は十分であるかもしれないが,それはかろうじて十分であるにしかすぎない」。

　なんのことはない。これだけのことだが,コロンブスの卵とはまさにこのことである。「貧乏とは,貧しく,ものが乏しい状態」といったところで,「俺は貧しい」「いや,私の方が,乏しいわよ」と各自勝手に主張するだけだが,これだけはっきり軸と基準が決められてしまえば,もはや勝手な主張は許されない。いやが応でも,貧民とそうでない人たちに区分されてしまう。

　収入と家族の大きさで構成されるこの定義には,異論があったかもしれない。「収入よりも資産が重要では」と軸を問題にしたり,「22シリングだって貧民よ」とか基準を問題にするというふうに。これは「構成概念妥当性」という大事な議論であるが,操作的定義にとっては研究の発展のために名誉でこそあれ,汚点ではない。

　つまり大切なのは,ブースが貧民をこのように定義したことによって,貧民

第3章 社会調査の基本ルールと基本の道具

コラム

◈ チャールズ・ブースの残した足跡

チャールズ・ブース（Booth, C. J. 1840-1916）が社会調査に残した足跡は，概念の操作的定義だけにとどまらない。貧困に操作的定義を与え，それを客観的に把握可能にした彼は，集められたデータをもとにロンドン各地区の貧困の状態を地図上に色分けすることで，貧困の空間的な分布状態をも明らかにしていった。この地図を利用する方法はシカゴ大学に受け継がれ，少年非行や精神疾患の発生率など様々な社会現象の空間分布についての研究につながる都市生態学の出発点となった。都市社会学の教科書に必ず載っている同心円モデルなども，その源流はブースに求めることができ

表3-1 貧困に関する統計：貧困の程度による原因

「極貧」原因の分析（階級A, B）	実数	%	実数	%	
1. 浮浪者	—	—	60	4	
2. 臨時労働者	697	43			
3. 不規則的就労，低賃金	141	9	878	55	雇用上の問題
4. 少額所得	40	3			
5. 飲酒（夫ないしは夫と妻の双方）	152	9	231	14	習慣上の問題
6. 飲酒の常習ないしは妻の浪費	79	5			
7. 病気ないし身体疾患	170	10			
8. 大家族構成	124	8	441	27	境遇上の問題
9. 病気ないし大家族構成で不規則的就労を伴う	147	9			
	—	—	1,610	100	
「貧困」原因の分析（階級C, D）	実数	%	実数	%	
1. 浮浪者	—	—	—	—	
2. 低賃金（規則的所得）	503	20			
3. 不規則的所得	1,052	43	1,668	68	雇用上の問題
4. 少額所得	113	5			
5. 飲酒（夫ないしは夫と妻の双方）	167	7	322	13	習慣上の問題
6. 飲酒の常習ないしは妻の浪費	155	6			
7. 病気ないし身体疾患	123	5			
8. 大家族構成	223	9	476	19	境遇上の問題
9. 病気ないし大家族構成で不規則的就労を伴う	130	5			
	—	—	2,466	100	

出所：Charles Booth, 1904, *Life and Labour of the People in London, First Series: Poverty, East, Central and South London*, Macmillan and Co., Limited.
参考文献：G. イーストホープ，1982：63頁。

るのである。

　また，ブース以前の社会調査らしきもの（たとえば，国家の行う人口調査など）は国や州などの大きな単位でしかおこなわれていなかったが，逆に地域を限定した調査研究によって，様々な社会集団や社会制度の関連を明らかにできることを示した意義も大きい。『ミドゥルタウン』で有名なリンド夫妻の研究をはじめ，現在の社会調査の主流をなす地域調査やコミュニティ・スタディの出発点もブースのロンドン調査にある。

　そして最も大きな業績は，調査によって収集された事実を互いに関連づけることによって，社会生活に関する仮説をはじめて検証してみせたことであろう。貧困の原因については，個人の怠惰に多くを求める説と，社会の構造に多くを求める説とがある。ブースは，「貧困の原因」を調査によって分類し，それを「貧困の状態」と関連づけることによって，貧困の多くが社会の側に責任があることを立証したのである（表3－1参照）。

　複数の変数を組み合わせて仮説を検証するという考えは，後にラザースフェルドらによって精緻化され，現在の調査分析における主流中の主流となったのである。

(E. K.)

━━━━━━━━━━━━━━━━━━━━━━━━━━━━━━━━

をはじめて客観的に把握できたことである。イメージや空想を越えて，「貧困」という現実を調査によって把握し，はじめて「貧乏」という問題を社会的に考えることを可能にしたのである。ちなみに調査結果は，なんと30％が「貧民」かそれ以下であり，貧困対策が社会的な問題として，大英帝国の政治を変えていくことになったのである。

⑤　変数は変な数ではない

（1）分類という発想

　「どうして俺は貧乏なんだ」とお嘆きの諸兄，あなたは本当に貧乏なのだろうか。貧乏を操作的に定義した場合，自分で何と思おうが，ある軸と基準に基づいて「貧乏か，そうでないか」に区分されてしまう。あるいはトランプゲームのように，「大富豪，富豪，平民，貧民，大貧民」のどれかに区分されるかも知れない。

人間のことを区分するとは、神をも畏れぬ所業だが、現実には様々な軸と基準で日常的に人間は区分されている。「男と女」と言えば性による区分であるし、「おじさん」という言葉は、年齢による区分も背景にしている。そして、ある基準に基づいて人間や物事を区分することを分類という。不幸なことだが、分類という発想なくして社会調査は成り立たない。分類なくしては、社会の概観図も世界観もノッペラボウの白紙となってしまうだろう。

（2）変数という概念

　ここでわれわれは新たに変数という言葉を知らなくてはならない。変数といっても何も変な数ではない。「変化する値をとる概念」だから変数（variable）というのである。たとえば、「身長」はその中に 153 cm も 170 cm も含んだ立派な変数だ。また、「男」といってもそれだけでは変数ではないが、「性別」といえば「男か女か」という分類をその中に含んだこれまた立派な変数である。つまり、その意味内容が分類可能な概念ならば、すべて変数となれるのである。

（3）変数化する概念

　さて「男とはなんぞや」といっても変数ではないが、しかし「いいオトコ」といってしまえば、その瞬間に「オトコ」も変数化する。つまり「いいオトコ」と「それ以外のオトコ」という区分が生まれて、「俺はいいオトコの方に分けてもらえるだろうか」という不安とあきらめとともに分類も可能となる。

　また「ファッション」という概念を考えてみよう。世の中には様々なファッションが満ち溢れている。「趣味のいいファッション」も「シックなファッション」もあれば当然その逆もある。ちょっとした形容語句（趣味がいい・シックな）がつくだけで、ファッションも変数となる。しかし、「趣味がいい」と「シック」とはイコールではない。同じくファッションを変数化するといっても、「趣味がいいか・悪いか」と「シックか・そうでないか」では観点が異なるのだ。どんな観点から概念を変数化するか、つまりどんな軸を立てて概念の

第Ⅰ部　社会調査の論理

内容を区分するか，ここはまさに注意の為し所どころである。

　さらに言えば，何をもって「趣味がいい」と言うのだろう？　自分の趣味の押しつけでは困ります。客観的に他の人にもわかるように決めておかねばならない。つまり分類の基準をどうするかも，大きな大きな注意の為し所どころなのである。

　さ～あてこれで気づいたかな？　概念を変数化するとは，多くの場合，概念の操作化と同じこと。逆に概念の操作化とは，ある観点から（つまり軸を設定して）概念の内容を区分し，客観的に区分可能なような基準を作ること。そして，軸と基準を言葉で明示することが，つまりは概念の操作的定義となる。

⑥ 仮説は花形

（1）問題です

　概念と変数は理解できたかな？　まあ，焦ることはない。例をあげて考えてみよう。ところで「若者はマナーがなっとらん」とお怒りのあなた，もしも「オジンやオバンの方がマナーができてないじゃん」と反論するヤツがいたらどうしますか？　反論されて黙っているヤツは卑怯者だし，大声で相手の発言を封じようとする者は民主主義の敵だ。ここは一番，勇気をもって自分の意見が正しいか，間違っているのか立証することで，反対者に立ち向かおうではありませんか。

　問題を整理しよう。要するに「問題です。若者と年長者と，どちらのマナーが悪いのか？」ということだ。ほらほら，もうここに概念と変数が見え隠れ。「若者と年長者」とは年齢の高低による区分であって，年齢という変数がマナーの善し悪しに関係していることになる。おっと，マナーだって善し悪しがあるのだから変数ではないか。ところでマナーって一体何だろう？　調査可能に，さらに善し悪しの区分もできるように操作的に定義してやらねばならないな。ね，概念も変数も大事でしょ。

（2）問題は疑問文，仮説は肯定文

　この問題をもう少しこまかく検討してみよう。「若者と年長者」とは「年齢」という変数の区分だし，「マナーが悪い」も実は「マナーの善し悪し」という変数の一区分である。そこで，より一般的に問題を書き直すと「年齢によってマナーの善し悪しは異なる」となる。そして，この内容として「若者の方がマナーは悪い」と「年長者の方がマナーは悪い」の２つがあって，あなたは前者を支持し，反対者は後者を支持しているという図式が明らかになる。

　ただし，勝敗を焦って忘れてもらっちゃ困るのが，若者も年長者もどちらも同じくらいマナーが悪かった場合である。スポーツに引き分けがあるように，あなたも反対者も痛み分けということもある。つまり，「年齢によってマナーの善し悪しは異なる」ことこそが，まず確かめられなくてはならないのだ。ここでわれわれはついに仮説という，社会調査の花形に出会ったのである。「若者と年長者と，どちらのマナーが悪いのか？」という疑問文に答えるためには，第１に，「年齢によって，マナーの善し悪しが異なる」という肯定文が正しいことを立証しなければならない。そして「年齢によって，マナーの善し悪しが異なる」つまり一般的に書けば「Xによって，Yの内容は異なる」，もっと一般的に書けば「Xの変化にともなって，Yも変化する」というこの肯定文，そしてこれからその真偽を問おうとしているこの肯定文こそが，われらが花形，仮説（hypothesis）なのである。そして，「若者の方がマナーは悪い」というあなたの主張は，この仮説における３つの可能性の１つと位置づけられる。

　さて，ここで問題と仮説の使い方の要点を整理しておこう（次頁「ポイント」）。ね，簡単で論理的でしょ。どんなときでも忘れないでね。

（3）独立変数と従属変数

　仮説に関する補足的な注意も述べよう。「年齢によって，マナーの善し悪しが異なる」つまり「Xの変化に伴って，Yも変化する」という仮説には，２つの変数があるが，それぞれの変数には名前がある。X（例では「年齢」）は，独立変数（independent variable：説明変数とも言う）と呼ばれ，Y（例では「マナー

第Ⅰ部　社会調査の論理

> **● ポイント** ・・
> ① 問題は，問題というくらいだから疑問文の形にしなければならない。
>   例：「若者はマナーがなっとらん！」は単なる意見。
>   「若者はマナーがなっとらん，かな？」が問題。
> ② 問題を整理するとは，独立変数と従属変数の関連の形に記述し直すことである。
>   例：「若者はマナーがなっとらん，かな？」という問題を
>   　　↓　　　　↓
>   「年齢」「マナーの善し悪し」　という変数に。そして
>   「年齢によって，マナーの善し悪しは異なる。かな？」へ
> ③ 独立変数と従属変数の関連に書き直した問題を，肯定文にすれば仮説になる。
>   例：「年齢によって，マナーの善し悪しは異なる」
> ④ 問題の前提となる主張は，仮説のもつ可能性の1つと位置づけられる。
>   例：「年齢によって，マナーの善し悪しは異なる」
>   可能性①「年齢によって，マナーの善し悪しは異ならない」（引き分け）
>   　　②「年齢が高いほど，マナーは悪い」（反対者の勝ち）
>   　　③「年齢が低いほど，マナーは悪い」（あなたの勝ち）

の善し悪し」）は，従属変数（dependent variable：被説明変数とも言う）と呼ばれている。つまり，独立しているのはXの方であり，Yはそれに従属しているわけだ。たしかに年齢が変われば，マナーも良くなったり悪くなったりするかもしれないが，マナーをどうしようと年齢が変わるとは思えない。マナーを悪くすれば若者になれるのなら，おじさんはぐれてやる。問題や仮説の中にある2つの変数には，関係があって名前のあることを覚えておこう。

⑦　仮説を使いこなすために

（1）仮説を構成する3つ以上のセンテンス

　仮説を実戦の場で使いこなすためには，仮説を少なくとも3つ以上のセンテンスから構成する必要があることも覚えておこう。さきの例でいうならば，第1センテンスは，まさに仮説であって「年齢によって，マナーの善し悪しは異なる」である。これがなければ始まらないが，よく忘れ易いので厳重注意。第

コラム

◆研究の目的こそが独立変数と従属変数を決める

　本文では「年齢」と「マナーの善し悪し」という最も簡単な形で独立変数と従属変数を考えてきたが，実は2つの変数の関係は通常もっと複雑である。なぜなら，「年齢」と「マナーの善し悪し」のような独立と従属の関係がいつも決まっているとは限らないのだ。たとえば，「成績の悪い子は授業中の私語が多い」と考えたとしてみよう。とりあえず独立変数は「成績の良し悪し」で，従属変数は「私語の多さ」である。これはこれでもっともらしいが，逆に「私語の多い子は成績が悪い」と考えてももっともらしくないだろうか。つまり，独立と従属の関係が入れ替わっても成り立ちそうな関係が世の中には少なくない。このような場合，どちらを従属変数にするかは，「どんな問題意識で何を研究としているか」という基準によってのみ決定される。学生の私語に頭にきていて，どんな学生が私語を多くするのか知りたければ「私語の多さ」が従属変数となるし，学生の成績向上の研究をしているのであれば「成績の良し悪し」が従属変数となるだろう。独立変数と従属変数を決めるのは研究の目的なのである。

(E.K.)

　2センテンスでは勝負を賭ける。つまり「若者の方がマナーは悪い」というあなたの主張が置かれなければならない。第1センテンスの仮説だけでは，独立変数と従属変数との関連の仕方がわからない。問題意識が大事だっていったろ。勝負に出ずにどうするの。

　最後の第3センテンス以降には，第1，第2センテンスの理由を書こう。どうして「年齢によって，マナーが異なる」と考えられるのか，どうして「若者の方がマナーは悪い」ということが成り立つのか，勝負するからには堂々と理由をつけておこう。この理由こそが先に述べた説明に対応する。たとえば「若者の方がマナーは悪い」と考えている人同士でも，あなたは「人間は年齢を重ねるに連れて，社会のルールをよく身につけるので，若者より年長者の方がマナーはよい」と考えているのに，隣の味方は実は「今の若者は，少子高齢化の影響もあり，甘えかされているばかりで，しつけがなっていない。だから，最近の若者はマナーがなっていないのだ」と考えているかもしれない。同じ「若

者の方がマナーは悪い」といっても，その説明の図式は異なっているかもしれないのだ。仮説に理由をつけることもできないヤツには，調査結果を見たって説明なぞできやしない。だから，仮説は，その理由もいい表すことができてはじめて完成なのだ。

● ポイント ・・
① 独立変数と従属変数を明示するセンテンス
　例：「年齢によって，マナーの善し悪しは異なる」
② 独立変数と従属変数の関連の仕方を示すセンテンス
　例：「若者（年齢の低いほう）が，マナーは悪い」
③ 独立変数と従属変数が関連すると考える理由を述べるセンテンス
　例：「人間は年齢を重ねるに連れて，社会のルールをよく身につけるので，若者より年長者の方がマナーはよい」
　あるいは，「今の若者は，少子高齢化の影響もあり，甘やかされているばかりで，しつけがなっていない。だから，最近の若者はマナーがなっていないのだ」などなど。

（2）仮説と「記述と説明」

　以上の仮説を構成する3つの部分を，先述した記述と説明に対応させて考えてみよう。上記の例で，なんらかの調査を実施して，「若者の方がマナーは悪い」という結果が出たとしよう。本来は，どのような調査で出た結果なのか，調査方法は適切か，さらに概念の操作化は妥当なのか，いろいろ考えねばならないことが多くて簡単に結果を述べることはできないのだが，とりあえずは，データをどう見ても，「若者の方がマナーは悪い」としかいえなかったとしよう。ここまでが記述である。記述は，データの指し示す事実を述べる部分である。そして，仮説を構成する①②のセンテンスは，記述の部分に対応している。

　しかし，記述だけで終わっては「社会について考える」ことにならない。「なぜそうなのか」を説明しようとしなければ，社会調査として不十分である。この説明にあたるのが，仮説を構成する③のセンテンスなのである。もしも，仮説①②の部分が成り立たなければ，③の部分も全面的に考え直さなければならないことは当然だ。さらに厄介なことに，説明の仕方は1つとは限らない。

コラム

●「若者の方がマナーは悪い」は理論仮説

　「若者の方がマナーは悪い」をそのまま立証することは難しい。先述した「貧乏」同様、「マナー」という概念にも何らかの操作的定義が必要だ。操作的定義について、ここでは少し別の観点から考えてみよう。

　たとえとして、「果物」と「リンゴ」の関係を考えよう。「リンゴ」は「果物」のひとつかも知れないが、「果物」には「バナナ」も「みかん」も「ドリアン」だって含まれる。「果物」のほうが指し示す範囲が広く、「リンゴ」のほうが狭いわけだ。概念には、指し示す範囲の広い狭いがある。この広い狭いを指して概念の抽象度という。広いほど抽象度が高い概念という訳だ。そして、抽象度の高い概念をそのまま調査対象にすることは難しい。だって、範囲が広くていろいろあるわけだから。「果物は好きですか」と問われて「はい」と答えたら、「ドリアン」が山盛りなんて事態になったら困ってしまう。やはり「ドリアン」なら「ドリアン」で、ちゃんと「ドリアン好きですか」と聞いてもらいたいものだろう。

　同じように、「マナー」にも、「授業中に私語しない」「整列乗車を守る」「電車のなかで騒がない」などなど、「マナー」を構成する具体的な事柄がいろいろと存在している。「マナー」のほうがその指し示す範囲が広く、「授業中の私語」や「整列乗車」のほうは相対的に指し示す範囲が狭い。つまり、「果物」と同じく、「マナー」の善し悪しは、社会調査によって直接測定できないほど抽象度が高い概念なのである。

　このように調査で直接測定できないほど抽象度の高い概念を含む仮説を理論仮説という。それに対して、直接測定できる具体的な概念で構成されている仮説を作業仮説と呼ぶ。

　抽象度の高い概念が、その指し示す範囲のなかに、さまざまな具体的な概念を含んでいるように、一つの理論仮説は、多くの作業仮説を持ち得るものである。ただし、ブースが貧困を収入と家族の大きさで定義したように、ひとつの理論仮説の真偽を問う（このことを仮説の検証とよぶ）ために、多くの作業仮説のなかのどのひとつを、あるいはいくつかを用いるかは、まさに操作的定義の「構成概念妥当性」にかかっている。別の言い方をすれば、概念の操作的定義は、抽象的概念と具体的な概念とをつなぐ架け橋とも言えるのである。

　通常、調査票調査のような量的調査では、抽象的な概念で構成される問題や仮説を、いかに具体的な概念で測定するかが重要な課題である。逆に、質的調査では、具体的な事柄から、いかに抽象的な概念へと構築していくかが問われることが多く、抽象から具象へ、あるいは具象から抽象への方向にも違いがみられる。

　ちなみに、概念の抽象度はたいていの場合、相対的なものである。「マナー」だっ

て，より抽象度の高い「社会性」という概念を構成するもののひとつとも位置づけられる。あるいは，「私語」だって，授業に関係のある私語と，コンパの計画についての私語とは区別したほうがよいのかも知れないように，さらに具体的に分解することが可能なのである。　　　　　　　　　　　　　　　　　　　　　　　　（E. K.）

━━

　そのため仮説①②の正しさが立証されても，仮説③の部分が正しいかどうかはわからないのだ。

　先述の2つの理由で考えてみよう。同じ結果を受けて，前者は「年を取ればみんな変わるさ」と悠然とかまえ，後者は「しつけが大切だ」などと慌てふためいたとしたら，どちらもたいへんな愚か者である。まさに記述と説明の混同とはこのことである。前者も後者もある事実を説明する可能性の1つに過ぎない。「若者の方がマナーは悪い」と記述しても，「なぜそうなのか」については，実はまだ何もわかっていないのだ。

　1つの調査のデータだけでは，どの説明の仕方が正しいのかはわからない。説明とは，ある調査によって集められたデータが，仮説の前半部分が正しいことを立証したことを受けて，1つレベルアップした仮説を構成するための第一歩なのである。「年齢」がマナーをどれだけ規定するのか，あるいは「しつけ」がマナーをどれだけ左右するものなのか，説明とは新たな仮説と新たな社会調査への出発点であり，「社会について考え続ける」大切な羅針盤である。

〈参考文献〉

G. イーストホープ（川合隆男・霜野寿亮監訳）1982『社会調査方法史』慶應通信。
　　（Gary Easthope 1974 *A History of Social Research Methods.* Longman Group Ltd.）
高根正昭　1979『創造の方法学』講談社（講談社現代新書）。
村松友視　1983『時代屋の女房・泪橋』角川書店（角川文庫）。

　　　　　　　　　　　　　　　　　　　　　　　　　　　　　　　　　（木下栄二）

第Ⅱ部
調査票調査の方法

第4章

調査票を作ってみよう

要点 調査票を作ることなど簡単にできそうであるが，実は手間と暇をできるだけかけ，細かい点にまで気を遣わなければならない作業である。質問文や選択肢に使う言葉が一言違うだけで回答結果がまったく異なってしまうかもしれない。何をすればよいのか。また，何をしてはいけないのか。本章では，まず量的調査の道具である調査票作成のための基礎知識として，構造化と概念の抽象度について概観する。次に20個以上の文例を参照しながら，調査票を作る時に気をつけるべき点を説明する。質問の内容，言葉の言い回し，選択肢作成時の注意，質問文の並べ方など，調査をする者にとってどれも必須のノウハウである。

▶キーワード
構造化，概念の抽象度，理論仮説と作業仮説，測定と尺度，意識と事実，ワーディング問題，選択肢の相互排他性・網羅性，択一式の原則，一般的な内容から核心へ

① 調査の企画・設計と調査票作成プロセス

（1）調査票調査のプロセス

第Ⅱ部はいよいよ調査票調査の実践編である。調査票調査とは，原則として，人々の意識や態度や行動などを数字に変換して「社会について考える」という，量的調査のための調査法である。量的調査は，たとえば「みんな友だちってどのくらいいるのかな」とか，「性別によって，友だちの数に違いがあるのかな」などという疑問に答えようとする時に威力を発揮する。つまり，量的調査とは，社会の概観図を作ろうとしたり，設定した仮説の真偽を検証することに大いに役に立つ。そして，調査票調査こそは，そのような量的調査のエースなのである。

つぎに，本章の役割をはっきりさせるため，まずは調査全体の流れを押さえておこう。調査票調査は，1：調査企画→2：調査設計→3：実査→4：デー

タ化→5：分析・公表の5段階で実施される。第4章で扱う調査票作成と第5章のサンプリングはいずれも，2番目の調査設計段階の作業だ。「誰に（サンプリング）」，「何を（調査票作成）」問うかという調査全体の成否を左右する，重要事項にかかわる段階である。実査段階や分析段階で，「あの質問も聞いておけばよかった」と後悔しても後の祭り。時間の許す限り，持てる能力をフルに出し切ってこの段階を乗り切りたい。なお，全過程の詳細は第6章第1節を参照されたい。

（2）そもそも調査票とは
①調査票は測定装置

　世の中の現実は，最初から数字になっている訳ではない。身長や体重を算出するためにも，身長計や体重計が必要なように，人々の意識や態度や行動などを測定する装置が必要である。そして調査票こそが，そのための測定装置なのである。

　測定装置としての調査票は，構造化と標準化という特徴を持たねばならない。構造化とは，質問の文言から回答選択肢，おまけにその順番までしっかり決めておくことをいう。その場その場で臨機応変な対応が必要な質的調査のインタビューと大きく異なる。そして標準化とは，「多くの人に対して，同じことを同じように聞く」ことを意味している。AさんとBさんに違う聞き方をしていたのでは，比較可能な数値を得ることはできない。

　要するに調査票とは，全国模擬試験や，大学入試センター試験の問題用紙や答案用紙と同じく，人々を分類し，数値をつけて比較する測定装置なのである。

②装置のセンサーは言葉である

　調査票という測定装置のセンサーは何か。それはずばり言葉である。最終的には数字の形で表わされ，統計的に処理される量的調査のエースたる調査票調査であるが，その数字のもとは，構造化され標準化されて問いかけられる言葉の束，すなわち質問文や回答選択肢ということになる。

　言葉がいい加減であれば，出てくる数字もいい加減なものとなってしまう。

そんないい加減な数字をいくら分析しても時間の無駄だ。それ以上に，そんな分析からの結果を偉そうに発表していたら，それこそ世の中に害をなす。それゆえ，調査票調査で最も重要なことは，言葉をどれだけ意識して正確に使えているかということだと肝に銘じておこう。

　次節では，調査票を作成するために最低限注意すべき言葉の使い方，質問文や回答選択肢の作り方について詳述するので，しっかり勉強してほしい。調査対象者はこちらの気持ちなどわかってくれない。仲間にだけしかわかってもらえないような言葉では調査はできない。誰に対しても，同じ意味で理解してもらえる質問文や回答選択肢でなければ，センサーとして役に立たないのだから。

　もっとも言葉はほんとに難しい。たとえば「みんな友だちってどのくらいいるのかな」という素朴な疑問，これだって「友だちって，一体何だろう」と考え始めれば，とても難しい問題だと気づくだろう。人によっても違うし，状況によっても変わるかも知れない。友だちひとつ取り上げても，さまざまな操作的定義が可能である（コラム参照）。概念にどのような操作的定義を与えるかによって，見えてくる現実も異なってくる。なかなか一筋縄ではいかないが，だからこそ面白い。概念の操作的定義という知的営みこそが調査票調査の醍醐味だと考えよう。

（3）調査票作成の基本
①問題をはっきりさせよう
　「社会的な問題意識なくして，社会調査なし」なのだ。調査票作りの第一歩は，何のために，何について調査するのか，これをはっきりさせることである。そのためには，本書第2章を再読，再々読しなければならない。だがまあ，ここではとりあえず「環境問題」について調査したいのか，「若者とメディア」について調査したいのか，まずは，問題とするテーマをはっきりさせることからスタートしよう。

　テーマが決まったら，それをどのように問題にするのかはっきりさせねばならない。「環境問題」というテーマだって，「環境問題解決のためには，どんな

第4章 調査票を作ってみよう

> **コラム**

◈友人は何人いますか？──友人の操作的定義と質問文

　第3章でブースが貧困を客観的に測定するために貧民の操作的定義をおこなった話が登場した。調査に役に立つように概念を定義することの重要性が指摘された個所だ。ここでは重要性の側面ではなく，そのことが非常に困難な課題であるという側面を，大学生の友人数を測定する質問文作成の例をもとに明らかにしてみよう。

　あなたは「友人何人いますか？」と質問された場合，戸惑うのではないだろうか？「名前を知っていて挨拶する人は友だちとも言えるし……」，「最近まったく会っていないけど友だちと思う人もいるし……」，「でもやっぱり悩み事を相談できなければ友だちではないようにも思うし……」。とにかく友人を定義することが難しいことはすぐに理解できるだろう。人によって友人と考える基準が違うからである。こうした概念規定の難しい〈友人数〉を測定するために，これまでさまざまな質問文を作成してきた。以下の例はその試行錯誤の過程である。

> 〈主観的友人の質問文〉
> 　Q．あなたが面識を持っている学内の大学生を，〈知合い〉〈友人〉〈親友〉の3つに分類するとすれば，あなたが考える〈友人〉および〈親友〉はそれぞれ何人になりますか。
> 　　　　　　　　　　　　　　　　　　　　　　　（1993年 松山大学社会調査実習作成）

　〈主観的友人〉は，友人という概念にどうしても個人の主観的判断が入ることが避けられないならば，各個人の判断に任せて挙げてもらった友人数・親友数はひとつの指標としてどうしても必要であるという判断から作成されたものである。

　これに対して，以下の〈客観的友人〉という指標は，逆にできるだけ個人の主観的判断を排除しようという観点から友人の操作的定義を試みたものである。

> 〈接触（対面的・電話）の観点から作成した客観的友人の定義〉
> 　Q．前期期間中（4月1日～7月31日の間）に，2回以上電話をしたことがあり，かつ，1回以上一緒にでかけたことがある学内（学外）の人は何人いましたか（でかけたとは個人的に誘い合って，食事，飲食，ドライブ，買物，映画，カラオケ，スポーツ，コンサート等に行ったことと考えて下さい）。
> 　　　　　　　　　　　　　　　　　　　　　　　（1993年 松山大学社会調査実習作成）

　この質問文は，友人を電話2回と対面的接触1回という基準に合致した人として定義してみようと作成されたものである。この質問文で，ある程度友人数を把握することが可能であったが，「一緒に出かけたこと」という表現があいまいであるという問題，最近の携帯電話の普及で「電話をかける」という意味合いが変わってきてしまったという問題等も指摘可能である。

> 〈情報の共有の観点から作成した客観的友人の定義〉
> Q. ① あなたの住所録や手帳、および携帯電話（PHS、ポケットベルを含む）のメモリーに連絡先（電話番号等）が記録されている人は何人いますか（家族、親戚は除いてください）。
> ② ①で挙げられた人の中で、その人の現在住んでいる市町村名を覚えている（手帳等を見ずに言える人）は何人いますか。＝〈知り合い〉
> ③ ②で挙げられた人の中で、その人の家族構成（両親、兄弟構成）を正確に言うことができる人は、何人いますか。＝〈友人〉
> ④ ③で挙げられた人の中で、これまでに悩み事を相談したり、あるいは、されたことのある人は何人いますか。＝〈親友〉
>
> （1997年 関西学院大学・桃山学院大学合同社会調査実習作成）

　この質問文は、相手の個人情報をどの程度知っているかという観点から友人の操作的定義をしようと作成されたものである。この質問においても、ある程度友人数を把握することは可能であったが、次のような問題点も明らかとなっている。男性より女性の方が、「まめ」であり、「よくおしゃべりもする」ので個人情報を知っている＝友人数が多くなるという結果が出てしまうという問題点である。このことは、関東の学生よりも関西の学生数の方が個人情報を知っている＝友人数が多いという結果とも関連している問題である。

　このように〈友人の操作的定義〉は、実際に質問文にしてみると相当の難問であることが理解できるだろう。あなたも、ぜひこの難問＝〈新しい友人の定義〉に挑戦してみてください！
　　　　　　　　　　　　　　　　　　　　　　　　　　　　　　　　　　　(S.O.)

方策があるのか」という問題と、「環境問題にどのくらい関心があるのだろう」という問題では、調査の方法や質問の仕方が異なるだろう。つまり、問題意識をはっきりさせることが必要なのである。

②具体的な質問へ

　たとえば、「環境問題にどのくらい関心があるのだろう」という問題意識は大変結構なものである。しかし、だからといって「あなたは環境問題に関心がありますか」とストレートに質問することには賛成できない。はっきり言って反対である。少なくとも大きな問題点が2つある。

　第1は、「環境問題」ってそもそも何かということ。環境問題には、地球温暖化、オゾン層破壊、酸性雨、ダイオキシン、環境ホルモン、大気汚染、騒音、海洋汚染、ごみ問題など、範囲や当事者が多岐にわたり、さまざまなものが存

在している。環境問題では焦点がぼやけてはっきりしない。

第2は，「関心がある」ということだって，どういうことだろうか。世の中にはひどい環境破壊があるということをニュースで知った人も「関心がある」と答えるかもしれない。また，ボランティアでリサイクル活動をおこなっている人も「関心がある」と答えるだろう。聞いたことがあるだけの人から熱心に活動をしている人まで「関心がある」に含まれてしまう。

「環境問題」も「関心」も，指し示す範囲が広すぎる。つまり抽象度が高い概念なのだ。どちらも，どのように操作的に定義するのか，要するにどんな具体的な質問へとしていくのか，この段階こそが調査票作りのメインイベントである。

③仮説を意識しよう

量的調査は仮説の検証にこそ強みを持っている。「環境問題への関心」と言っても，関心の強い人もいれば弱い人もいるだろう。どんな人なら関心が強く，どんな人なら弱いのか，そう考えれば仮説の原型はいろいろ思い浮かぶことだろう。そこでの従属変数は，言うまでもなく「環境問題への関心の程度」である。独立変数には，「年齢」，「性別」といった属性をはじめ，「情報への接触度」といった行動や「公共心」とかの意識など，さまざまなことが挙げられる。仮説の構成については第3章を参考にしてほしいが，調査票調査では，たいていひとつの従属変数に対して，複数の独立変数を用意する。その方が，さまざまな分析が可能となるからでもある。

どの変数も，どんな質問文にするのかは，操作的定義を意識して十分に吟味しなければならない。しかし強いて言えば，まず大事なのは従属変数である。ほとんどの場合，従属変数こそが，調査のメインテーマとなるものだからである。その上で，独立変数についても，気を抜かないで作っていこう。

（4）より良い調査票を作るために

①設計段階の努力が成否を握る

調査票調査は，一発勝負である。「あの質問も聞いておけばよかった」，「この質問は別の聞き方をしたほうがよかった」と後悔は後を絶たないものなれど，

一度調査票を作って実査を始めてしまったら，めったなことでは後戻りできないものなのだ。だからこそ，調査票の設計段階こそが，調査全体の成否を握っていると言っても過言ではない。努力，努力，とにかく頑張ろう。

問題とする概念を適切に測定し，仮説の検証が可能であり，実査の段階では，調査対象者の誰からも「この質問の意味わからない」とか「回答したい選択肢が無い」とか苦情も言われない調査票を作ることを目指そう。完璧はなかなか難しいが，少なくともより良い調査票を作るために，最低限押さえておいてもらいたい作業として，以下の3点を挙げておきたい。

②**自分自身と対話する**

まずは，自分の中のモヤモヤを整理することがとても大切だ。「環境問題にどのくらい関心があるのだろう」という問題意識を持ったとして，ならばなぜ，そのような問題意識を持ったのか自問してみる。すると，「いろいろな環境問題が最近話題になっているけれど，一般の人々はそれらの問題について，どのように感じているのだろうか。また，環境問題に対してどのような対処行動をしているのだろうか」というような疑問，あるいはまた，「環境問題への意識は高いのだけれども，行動がともなっていないのはなぜだろうか」という疑問が前提であったことに思い至るかもしれない。自分の問題意識を見つめ直すことは，問題意識の明確化へもつながっていく。

さらに，具体的な質問項目や質問文を考えるためにも，自分自身との対話は役に立つ。環境問題に対してどのような行動をしているのか，どのような考えを持っているのかなどの疑問に対して，そこから連想されるより具体的な項目を挙げてみよう。そして，その項目からさらに連想を進めていく。芋掘りにならってこれを芋づる式連想法（コラム参照）と名づけよう。連想された具体的事項を一言で表したものが質問項目の有力候補となっていくことだろう。

③**質的調査を援用する**

われわれの知っている世間など猫のひたいなみに小さいものだ。そして，広い世間には，われわれの思いもつかないこともあれば，考え方だってある。自分自身との対話だけでは不十分な場合も多い。ほかの人の行動を見たり，話を

コラム

◆芋づる式連想法

　自分の中のモヤモヤを整理するためにはまず，考えたことや頭に浮かんだことを言葉にしてみることである。問題意識を疑問文で書き出してみよう。その疑問文を眺めて，そこから連想されるより具体的なことがらを挙げていこう。そして，そのことがらからさらに連想を進めていく。

　どこからでもよい，身近なところ，やりやすいところから始めよう。日常的な行動などは挙げやすいのではないだろうか。たとえば，環境問題がテーマなら，スーパーではマイバッグ（エコバッグ）を使ってレジ袋はできるだけもらわないとか，暖房や冷房の温度を調節して省エネするとか，ごみを分別するとかいろいろと思いつくのではないだろうか。

　これらの行動を書き出して眺めていると，新たな疑問や発想が湧いてこないだろうか。マイバッグを使っている人は女性が多いのだろうか，省エネを実行する人というのは年齢によって違うのだろうか，あるいはどの年齢層も同じなのだろうかといった属性との関連が思い起こされるかもしれない。あるいはまた，ごみの分別は家族の中で誰がやっているのだろうかといった疑問である。つまり，年齢・性別・学歴・職業といった個人属性や，家族の中での役割が環境にかかわる行動と関連がみられるかもしれないのである。同居家族の構成やその中での家事担当者を質問項目として用意しよう。

　さらに，環境問題に対する人々の意識も挙げてみよう。意識は行動の動機づけとなるものである。たとえば，ごみを地域の集積所に持っていく際に近所の目を気にするかどうかは立派な意識項目である。地域によっては相互監視システムができあがっており，ルールを守らない住民とのレッテルを貼られると，その地域社会では生きていけないというところもあるのだ。また，ごみを減らすためにできるだけものを大事にしようとする人もいる。「もったいない意識」である。

　とにかく，思いつきをとっかかりにして，そこから派生して連想されることがらを，次から次へと列挙していくとよい。芋掘りでは，つるをたどって芋を次々掘り出していく。そのイメージから芋づる式連想法と名づけた次第である。あれこれ考えるよりは，まずやってみることをお勧めする。

(H. K.)

第Ⅱ部　調査票調査の方法

> **コラム**
>
> ### ◆結婚式に呼ぶ人は？
>
> 　結婚式は人生最大のイベントのひとつ。結婚式やその後の披露宴に招く親戚，友人，知人の選択はなかなか難儀なことである。もっとも社会学の側から見れば，結婚式に招待する，あるいは招待した人は，当該個人（あるいはカップル）にとって，最高級に重要な社会関係にある人たちと考えられ，社会関係研究やネットワーク研究にとって格好のイベントである。
>
> 　だがしかし，日本中の新婚さんが招待客で悩むとは限らない。80年代前半，筆者が伊豆七島のひとつ，神津島での社会関係調査に下っ端の調査員として参加した時のことである。当時のエライ先生たちが作った調査票には，集落の全世帯リストがあって，その中から「結婚式に呼ぶ世帯をすべて教えてください」という質問があった。ところが，訪問したお宅で言われたことは，「この集落ではね，結婚式には集落の全員を呼ぶからね」との回答である。その晩のミーティングで，この質問が削除されたことは言うまでもない。「そのくらい，調査票を作る前に聞いておけ」である。
>
> 　ちなみに，卒業生の結婚式に高知県に呼ばれた時も驚いた。ホテルの大宴会場に，何百人もが集まっているのである。料理もお酒も中央に山盛りのバイキング方式で，主賓である新郎の勤務先の上司も平服であった。高知県では，招待客を選別するのが大変なので，とにかくみんなに招待状を出すそうである。わざわざ礼服を着て飛行機に乗っていった私は，唖然とするばかりであった。
>
> 　所変われば品変わる。われわれの常識が，どこでも通用するとは思ってはならない。
>
> 　　　　　　　　　　　　　　　　　　　　　　　　　　　　　　　　　　　（E.K.）

聞いたりすることだって，より良い調査票作りの役に立つ。前章で紹介したロンドン貧困調査のチャールズ・ブースだって，住民たちの生活状態を見て歩き回るという習慣を身につけて，貧困の操作的定義をなしたのだ。質的調査と量的調査は決して対立するものではなく，補完しあうものなのである。

　本来の質的調査は，かなり手間暇かかるものだが，本格的な質的調査でなくても，かなり有効な場合も多い。調査対象となりそうな人たちを対象に，聞き取り調査をしてみるだけでもいいだろう。たとえば，「あなたは環境問題にどのくらい関心がありますか」という問いだって，質的調査の，非構造化インタ

コラム

◆社会調査は○×クイズ

「仮説構成」を考えたり，「質問文の作成」をしたりする場合に，イメージするといいのが「社会調査は○×クイズだ」という視点である。テレビ番組の「ウルトラクイズ」を知っている人はだいぶ年をとってしまったが，「高校生クイズ」といえば現在の学生でもイメージできるはずである。その視点は，母集団となる人たち（たとえば西宮市内のマンション居住者）を，全員球場（甲子園）に集めて，その人たちがどんな質問にどう回答するかを想像してみることが，仮説構成の第1歩だという視点である。

この視点が重要であることを，『西宮マンション調査』の実例をもとに説明してみよう。

「○×クイズ」だと考えることがとても有効である第1点目は，母集団のリアリティをよく考えるようになるという点である。

まずマンション居住者を全員集めるということは，西宮市民全体を100とした場合，どの人たちが集まっているのかを考えることから始まる。2005年国勢調査では，西宮市の全世帯の34.8％が一戸建て，62.2％が共同住宅，長屋建て2.8％，その他0.2％という結果であった。すなわち西宮市民の62.2％の人を集めたということである。ここに集まった全体を，「○×クイズ」をしながらその特徴を明確化していくことを考えてみるのである。まず司会者だったらどんな質問をするだろうか？「持ち家の人は○」と「家賃を払っている人は×」に分かれてもらった場合，どのくらいの人が移動するかを常に考えていくことが「仮説を考える第1歩」となるのである。調査結果では，「持ち家の人」は57.4％，「賃貸の人」は43.7％であった。この思考実験の重要な点は，調査分析が，架空のものではなく「母集団である西宮市マンション居住者の実態を常に意識するようになるという点である。

また，第2点目は，「場合分け」を常に想定するようになることである。それはたとえば「分譲マンション」であれば，「新築」か「中古」か，「賃貸マンション」であれば，「民間賃貸」，「UR賃貸」，「公営住宅」，「社宅」なのかといった，集まっている人を網羅的に分類することができる「場合分け」を考える習慣がつくのである。調査結果では，西宮マンション居住者は，「分譲新築」40.7％，「分譲中古」16.8％，「民間賃貸」13.2％，「UR賃貸」7.4％，「公営住宅」11.9％，「社宅」10.1％というグループに分けられたのである。このような実際の結果を想定しながら「場合分け」する作業こそが，まさに質問文の「選択肢」を作成する方法と言えるのである。

第3点目は，「50％―50％になる質問文」を考えるようになることである。「○×クイズ」の司会者が，「自由の女神があるのは，ニューヨークである」というクイズを出したとしよう。おそらく球場にいるほとんどの人が○のところに移動しゲームにな

らないのは明らかである。「〇×クイズ」のプロデューサーであれば，できるだけ〇×が半々になるような質問を作成するよう指示するであろう。

　社会学的調査の場合，変数間のクロス集計分析によって仮説を検証することが重要な意義を持っている。その場合，50％—50％に二分されるような選択肢の設定は，どちらかの選択肢に回答が集中してしまう質問文（たとえば賛成90％—反対10％といった）に比べると，その後のクロス分析がしやすいというメリットがある。なぜならば反対の人が10％しかいない場合，反対の人がどんな属性でどんな意識を持っているかといったクロス分析が困難になってしまうからである）。

　〇×クイズの司会者となったつもりで，どのような質問をすればみんなが納得できるような特徴を見つけられるのかを思考実験することは，社会調査の成功にもつながるのである。

出所：大谷信介編著 2002『マンションの社会学——住宅地図を活用した社会調査の試み』ミネルヴァ書房。

(S. O.)

ビューとしてなら立派なものだ。「環境問題について，こんな考え方もあったのか」とか「関心というより，危惧を感じている程度と聞いたほうがよいのかも知れない」など，きっと有益な情報を多く得ることができるはずだ。

④先行研究から学ぶ

　われわれの知識や経験なんて乏しいものだ。そして，われわれの思いつくことなど，たいてい先人の誰かも考えている。第2章で強調したように，先行研究のフォローと検討，既存の統計データの加工・分析，過去の調査のフォローと検討は，社会調査にとって絶対に欠かすことのできないプロセスである。調査票調査は，「わからない」を出発点に行うべきものではない。「ここまではわかっているけど，あと少し」を出発点とするべきものなのである。事前勉強もちゃんとしないで調査をするような輩は，世間の迷惑者なのである。

　とくに調査票設計の段階では，似たようなテーマに対して，先人たちがどのような質問文や回答選択肢を考えたかを整理してみることは有益だろう。無からすべてを考える必要などはない。使えるものは何でも使う精神だって大切なのだ。

(木下栄二)

② 質問文を作ってみよう

（1）調査票をつくるということ

　どのような質問文をつくったとしても，調査をすれば何らかの結果を得ることができる。しかし，十分に吟味して質問文を作らないと，対象者が誤解したり，当惑したり，知ったかぶりをしたりして回答が信頼できないものになってしまう。このような誤解や曲解が生じると，回答結果の信頼性が損なわれてしまう。調査でコミュニケーションの仲立ちとなるものが調査票である。したがって，対象者に誤解を生じさせない調査票を作ることは，調査過程全体の中でも非常に重要な意味を持っていると考えて欲しい。使う言葉・文章の構成・言い回し・提示する選択肢のどれひとつとしておろそかにしてはいけない。

　質問文には大きく分けて意識を問う質問と事実を問う質問の2種類がある。
　大谷は，それぞれを小分類し次のように整理している（大谷編著，2002：163～168頁。opinion, fact, O1, F1などの記号は本節筆者が補足した）。自分が作ろうとしている質問文が意識を問うものなのか，事実を問うものなのかを常に念頭に置いておこう。

意識（opinion）を問う質問	事実（fact）を問う質問
O1 評価を問うもの	F1 現在の状況・状態，属性を問うもの
O2 期待・要望を問うもの	F2 過去の経験・動機・きっかけを問うもの
O3 考え・意見・態度を問うもの	F3 日常の生活行動を問うもの
O4 興味・関心を問うもの	F4 知識・認知・所有を問うもの
O5 意志・予定を問うもの	

　さて，問う内容が意識でも事実でも，われわれが調査で行うことは何らかの基準で対象者を分類することである。例えば，居住地の環境政策について，よいと思っているのか悪いと思っているのか質問し，肯定的評価者と否定的評価

者に分けるのである。このように，何らかの基準を用いて対象者を分類することを測定といい，基準となる物差しのことを尺度という。

　ここではまず，分析の目的に応じた尺度で選択肢を作る必要があるということを認識しておきたい。統計分析手法によっては，ある尺度には適用できないなど，使える変数の尺度に制限がつくものがある。調査票作成時には分析のことも考えて選択肢構成を工夫しよう。たとえば，ごみ処理有料化に対する意識を「賛成，どちらかといえば賛成，どちらかといえば反対，反対」のように賛否の程度で聞いた場合には，対象者を賛成者と反対者に分類することができる。また，選択肢間に順位がついているので，他の変数との関連を相関関係として検証する事もできる。一方，有料化に際して負担してもよい金額を聞けば，平均値や標準偏差といった基礎統計量（第7章参照）を計算することができるのだ。尺度の種類と内容ついては本章コラムを参照されたい。

（2）質問文はワーディングの問題に注意してつくろう

　ワーディング（wording）とは，言葉づかい，言い回しという意味である。「ワーディングの問題」とは「質問で使う言葉や聞き方に注意をしないと，調査対象者が勘違いしたり，調査企画者の意図と違って受け取られたりして，回答に歪みが生じること」と定義しておこう。回答への歪みがあると，その調査データの価値がなくなってしまう。同じ内容の質問文のつもりでもワーディングが少し異なるだけで回答結果が大きく異なってしまうことだってあるのだ。十分に気をつけよう。

　社会調査の日本での草分け的存在のひとりである安田三郎は，ワーディングが影響を与え得る点として次ページの9点を指摘している（安田 1966）。

　本章では先人の指摘も参考にしつつ，「文中に使用する単語の問題」，「誘導的な質問の問題」，「質問形式の問題」の3点に分けて，21世紀の今日にも通用するワーディング問題回避術を解説する。といってもそれほど恐れることはない。注意すべきルールをしっかりと守れば，社会について考えるための質問を誰でも作ることができるのだ。

> - ステレオタイプの単語を含む質問
> - インパースナル（一般的）質問とパースナル（個人的）質問（の違い）
> - ダブルバーレル質問その1（1文に複数論点を含む）
> - ダブルバーレル質問その2（複数論点が主節と従節の関係にある）
> - （質問文間に）キャリーオウヴァー効果（がある）
> - 多項選択法と自由回答法（の違い）
> - あいまいな言葉を含む質問
> - むづかしい言葉を含む質問
> - イエス・テンデンシィ（に注意する）

出所：安田（1966）より作成。カッコ内は本節筆者の補足。

（3）質問文や選択肢に使用する言葉に気をつけよう

①あいまいな言葉を含んではいけない

意味が2通り以上にとれるあいまいな言葉を質問文に使ってはいけない。なぜなら，回答者が想定する意味内容によって回答が異なってしまうかもしれないからである。

次の例を見てみよう。悪い質問，すなわちやってはいけない過ちの例である。以下，悪い質問文例にはNG（＝No Good）を記してある。また，問題の部分に下線を施した。

質問文例1 NG

あなたは普段，料理番組をどの程度視聴していますか。（org）

ここで"org"とついている文例は，本節筆者が独自に（originally）に作成したものである。「料理番組」があいまいな言葉である。「料理番組」といっても，作り方を伝授するもの，話題のお店を紹介するもの，料理人同士を対決させるものなどいろいろである。どのようなものを回答者が想定するかによって回答が異なる可能性がある。賛否や視聴行動を問いたいのであれば，具体的な番組名を挙げて回答してもらおう。

第Ⅱ部　調査票調査の方法

◆ワーディング実験

　質問文のワーディングが調査結果に大きく影響を与えるということは，安田三郎のワーディング実験に代表されるように，調査方法論における常識となっている（安田三郎 1966「質問紙のワーディング実験」『社会学評論』第17巻12号，および安田三郎 1970『社会調査の計画と解析』東京大学出版会）。ここでは，松山大学社会調査実習で実施した〈松山調査（1987）〉〈四国調査（1988）〉〈中四国調査（1989）〉の3つの調査データを使って，ワーディング実験をおこなってみよう。この3つの調査では，少しずつワーディングが異なった質問文を使って，市民の日頃の人間関係（＝最も親しい人の種類）が測定された。

松山調査＝「日頃，家族以外であなたと最も親しい人をあげるとしたら，それは次のどの種類の人ですか」
　　　1：親戚　　2：友人　　3：職場の人　　4：近所の人
四国調査＝「日頃，家族以外であなたが最も親しいと考える人を1人思い浮べて下さい。その人は次のどの種類の人ですか」
　　　1：親戚　　2：職場の人　　3：近所の人　　4：それ以外の友人
中四国調査＝「日頃，同居家族以外であなたが最も親しいと考える人を1人思い浮べて下さい。その人は次のどの種類の人ですか」
　　　1：親戚　　2：職場の人　　3：近所の人　　4：上記以外の友人

　主なワーディングの違いは，2つある。第1点は，松山調査と四国調査では，「家族以外で」最も親しい人を挙げてもらっていたのに対して，中四国調査では「同居家族以外で」というワーディングに変更された点である。第2点目は，松山調査では，「友人」の選択肢の順番が2番目なのに対して，四国調査，中四国調査では「それ以外の友人」または「上記以外の友人」と変更され，最後に置かれた点，の2点である。3つの調査は，共通して調査対象の中に松山市民が含まれていた。無作為抽出法によってサンプリングされた3つの調査結果は，それぞれ標本誤差を考慮することによって母集団である松山市民の実態を推定することが可能である（詳細については第5章を参照のこと）。すなわち，松山市民分のデータを標本誤差考慮して比較することによって，ワーディングの違いが調査結果にどのような影響を与えるのかを推定することが可能となるのである。

　まず，「家族以外で」というワーディングを「同居家族以外で」と変更した中四国調査と四国調査の比較に注目してみよう。「同居」という2文字を入れただけで，松山市民の調査結果は大きく異なってしまっている。四国調査の松山市民では「親戚」

第4章 調査票を作ってみよう

松山・四国・中四国調査における松山市民の〈最も親しい人〉の調査結果			
	松山調査 (1987)	四国調査 (1988)	中四国調査 (1989)
親　戚	26.4% (2.2)	31.6% (2.1)	45.5% (2.2)
職場の人	12.6% (1.6)	12.0% (1.5)	10.9% (1.4)
近所の人	10.0% (1.5)	17.2% (1.7)	10.0% (1.3)
友　人	50.9% (2.5)	39.2% (2.2)	33.6% (2.1)

＊（　）内の数字は標本誤差（＝σ）

と答えた者の比率が31.6％であったものが，中四国調査の松山市民では45.5％へと大幅に増加しているのである。この両調査の数字は，標本誤差（信頼度＝95％すなわち±1.96σ）を考慮に入れても有意な差であった。すなわちこの数字は，「松山市民が1年間で親戚づきあいをよくするようになった」か，「ワーディングの変更が調査結果に影響を与えたか」のどちらかである。常識的には，前者の理由とは考えにくいのは明らかである。この数字の変化は，「家族以外で」最も親しい人というワーディングの場合，同居していない親や子供は家族とみなされその対象から外れてしまうが，「同居家族以外で」という場合には，それらが最も親しい人の対象になるということを意味していたと考えられるのである。

　また第2点目の，友人の選択肢の順番を変更した松山調査と四国調査を同様に比較してみよう。友人の選択肢を2番目に置いた松山調査において，友人と答えた松山市民の比率は50.9％であった。それに対して，選択肢を「それ以外の友人」と変更し最後に置いた四国調査ではその比率が39.2％と減少している。また近所の人の比率は，10.0％から17.2％へと増加している。このことは，松山調査では「友人」という選択肢が2番目にあったことによって，近所にいる友人が「友人」と分類され「友人」の比率を高めたこと，また四国調査では「それ以外の友人」というワーディングと選択肢の順番を最後に置いたことによって，近所にいる友人を「近所の人」にカテゴライズできたと推定することが可能である。　　　　　　　　　　　　　　（S. O.）

　質問文例2　**NG**

　あなたは，水辺にでかけますか。

　出所：『平成17年版　世論調査年鑑』#100, Q8。#は『世論調査年鑑』中の調査番号，Qは問番号。以下同様。

　質問文例2は実際の調査で使われたものである。湖沼や海，川，公園の噴水など「水辺」にもいろいろあるだろう。抽象概念からの具象化ができていないとこのようなことになる。できるだけ，具体化した内容で質問したい。

では，次の文例はどうだろうか．

> **質問文例3**　NG
>
> あなたは，心の健康について関心がありますか．ありませんか．
> 出所：『平成17年版　世論調査年鑑』#40, Q13．

「心の健康」と言われると，何となくわかるようなわからないような気がする．しかし，よく考えると，とても幅の広い意味を持ったことばであり，医療の対象となるものから，日常的に気晴らしをすれば解消してしまうものまで，人によって思い浮かべる内容は異なるだろう．文例3でさらに気になるのは「関心があるかどうか」聞いていることである．だいたい「関心がある」とはどういうことだろうか．今，自分が大きなストレスを抱えている人は「関心がある」と答えるかもしれない．また，資格を取ってカウンセリングをおこなっている人も「関心がある」と答えるだろう．いろいろな側面で「心の健康」にかかわっている人が「関心がある」と答えるに違いない．関心の幅が広すぎて，これまた焦点がはっきりと定まっていないのだ．これではいけないのだが，いたるところでこの「関心質問」をみることができる．「関心がある」といった時，どの側面についての意識を問いたいのかをさらに具体化して聞くようにしよう．関心質問は感心しない．

また，CD，ACなど，複数の意味を持ちうる略号をそのまま使うのも控えよう．どの意味で使われているか文脈でわかるかもしれないが，はっきりした意味合いを具体的に明記すべきである．

②難しい言葉を使ってはいけない

調査対象者の大半が知らないと思われる難しい言葉を質問文中や選択肢に使ってはいけない．回答者がその言葉の意味を誤解して質問に答えたり，わからなくても知ったかぶりをしていいかげんな回答をしてしまったりする．また，その言葉を知らなかった回答者の自尊心を傷つけてしまう可能性もある．

第4章 調査票を作ってみよう

> **質問文例4** NG
>
> あなたが，県内で，ユニバーサルデザインの考え方を導入することが必要だと考えるのはどれですか。あてはまるものにいくつでも○をつけてください。
> （項目として，交通機関，公共・公益施設，住宅，商業施設など「その他」含めて9項目が提示されている。）
> 出所：『平成18年版　世論調査年鑑』♯62, Q21。

　「ユニバーサルデザイン」とは「年齢や能力の如何にかかわらず，すべての人が使いやすいように工夫された用具・建造物などのデザイン」（『広辞苑』第6版）の意味であるが，この言葉の意味を知っているかどうかにかかわらず，とりあえず，「必要だ」と思われる施設に○をつけることもできてしまう。実際この調査では，文例4の前問で言葉の意味を知っているかどうかを尋ねているが，56.2％が「知らなかった」と回答している。それにもかかわらず，選択肢として挙げられた，交通機関や公共・公益施設を選んだ回答者は約7割（69.4％，66.3％）に達したのである。

> **質問文例5** NG
>
> あなたは，もし市政に対して個人的に苦情や要望などをお申し出になるとしたら，まずどのような方法を選びますか。この中から1つ選んで下さい。
> 　市役所に電話する
> 　直接，市役所に出向いて話す
> 　オンブズマンに申し立てる
> 　「市長市政懇談会」に参加する　　　　　（選択肢，以下省略）
> 出所：『平成17年版　世論調査年鑑』♯120, Q9。

　オンブズマンとは「議会・市長などにより任命され，任命者から独立して行政活動を調査し，国民・市民からの苦情を処理する機関」（『広辞苑　第6版』）のことを言う。この自治体でオンブズマンが制度化されているのであれば，選択肢として用意する必要がある。言葉の意味がわからない人もいることを想定して，注釈を付ける必要があろう。なお，近年は「オンブズパーソン」が一般

的のようだ。

どうしてもその言葉を使わなければならないのなら，必要最小限の説明を付けて誤解が生じないようにしよう。ただし，その説明が誘導的にならないように気をつけたい。

③ステレオタイプの言葉を含んではいけない

ステレオタイプの言葉とは，ことばの「本来の意味内容のほかに，特別な価値的ニュアンスを持っている単語」(安田 1966, 60頁) のことである。その価値的ニュアンスとしてはマイナスのイメージを持つものとプラスのイメージを持つものがある。ステレオタイプの言葉が質問文中に入っていると質問文全体ではなく，言葉そのものに反応してしまい，マイナスのイメージを持つものは否定的な方向に，プラスのイメージを持つものは肯定的な方向に回答が歪んでしまうのである。言葉そのものへの反応をなくすために，ステレオタイプの言葉をより中立的な意味の言葉に言い換えるようにしよう。

質問文例6　**NG**

国鉄官僚がただで電車に乗れる制度がありますが，あなたはこの制度に賛成ですか，反対ですか (安田，1966改)
＊

＊ここで (安田，1966改) とは，安田 (1966) で紹介されている質問文例を，趣旨はそのままに本節筆者が言い回しを一部変更したものである。以下同様。

そもそも国鉄 (日本国有鉄道) が1987年に分割民営化してJRグループになってしまったので，この質問文は「社会調査博物館 (があったとして)」にでも展示すべきものであるが，マイナスのイメージを持つ典型例としてここで紹介しておきたい。官僚という言葉に否定的なニュアンスがあり，安田らのワーディング実験では文例6の「国鉄官僚」を「国鉄職員」と変えた質問と比べると，ただで乗れる制度に反対とする回答が多数を占めている。

第4章　調査票を作ってみよう

> **質問文例7**　NG
>
> あなたは「ボランティア活動」をしたことのない家族・友人・知人などに，活動をすすめてみたいと思いますか（ボランティア経験者への質問）。
> 出所：『平成6年版　世論調査年鑑』#19, Q13。

「ボランティア活動」という言葉はプラスのイメージを持った言葉である。ただ，本来は自発的であるはずのボランティア活動が，「しなければならない活動」とのイメージを持たれてしまうと，ボランティア活動に「参加しないこと」がマイナスのイメージとして見られてしまいかねない。質問文例7はボランティア未経験者へ活動参加を勧めることを誘導する質問となっている。

「ボランティア活動」を中立的な言葉に言い換えることは難しい。このようなプラスイメージを持ち得る言葉は注意して使う必要がある。

また，例えば「公共事業」という言葉は，お上意識が強かった昔の日本では協力すべきものとしてプラスのイメージを持っていた。しかし，昨今では「公共事業」にからむ汚職が頻繁に見られたり，「公共性」が疑われる事業が多発しているために，マイナスのイメージが付与されかねない。このように，同じ言葉でも意味が肯定的あるいは否定的にぶれる可能性を念頭において質問で使う言葉を吟味しよう。

問題がありそうな言葉は調査チーム内で十分に検討しよう。ステレオタイプの言葉はより中立的な言葉に言い換えよう。また，プリテストなどで問題がないかどうかチェックしよう。

（4）誘導的な質問の問題
①威光暗示効果と過剰な前説明に気をつけよう

威光暗示効果とは，政治家など権威のある人の見解や，一般に流行していることを示すことで回答者に先入観を植えつけ，その見解・態度に対象者を誘導してしまうことである。コマーシャルではよく使われるテクニックだが，社会調査では対象者の真意を測定できないので間違っても使ってはならない。

第Ⅱ部　調査票調査の方法

> 質問文例8　NG
>
> <u>厚生労働省はたばこが健康に悪影響を与えることは明らかであると述べていますが，</u>あなたは，大学生への禁煙教育は必要であると思いますか，それとも必要ではないと思いますか。(org)

　高校生ならまだしも，大学生には特に禁煙教育は必要ではないと考える人でも，厚生労働省という「お上」が言っているのなら必要だろうと，回答が誘導されてしまう可能性がある。下線部分は削除して提示すべきであろう。

　また，回答者に論点を十分理解してもらおうとして，論点の前に必要以上に長い説明をつけることで，無意識にせよ回答を誘導してしまうこともある。質問文例9では質問の前につけられた説明文が回答者に「市民としてまちづくりに積極的に参加するべきだ」との先入観を抱かせてしまう可能性が大いにあり，まったく不要である。質問文例10も同様である。それぞれ，下線部は質問文から削除すべきであろう。

　ちなみに文例10で選択肢1か2を選んだ回答者は55％に達している。このような，説明が過剰な質問は意外と多い。回答者に考えて欲しい状況を説明したいがために，誘導的となる説明文をついついつけてしまうのではないだろう

> 質問文例9　NG
>
> <u>市民と市が協働してまちづくりをすすめる方法は，これまで日本ではあまり盛んではありませんでしたが，最近では国内も，一部の都市で市民のまちづくりへの参加が活発になっています。○○市は市民参加が活発な都市ですが，今後はよりいっそう，市民のみなさんに積極的なまちづくりに参加していただきたいと考えています。</u>
> 　<u>そこで，まちづくりに関する市民の関わり方や，参加の現状と今後の希望などを聞くために以下の質問にお答えください。</u>
> 　まちづくりの進め方にはいろいろな考え方がありますが，現在の○○市のまちづくりの進め方について，あなたはどうお考えですか。
>
> 出所：大谷編著，2002：84～85頁。

> **質問文例10** NG
>
> 　我が国が輸入している石油の約1割は，我が国企業が開発・生産している自主開発原油で，いざというときにも我が国に確実に輸入ができる原油です。自主開発には，巨額な費用がかかることなどから，政府による支援が欠かせませんが，石油や天然ガスの自主開発の今後の在り方について，適切だと思うものはどれですか。この中から1つだけお答えください。
> 　1．政府が支援し，輸入量の半分程度は自主開発原油とすべき
> 　2．政府が支援し，自主開発原油の割合を輸入量の3割程度には引き上げるべき
> 　3．追加的な資金は中東諸国との関係強化のための経済協力などに投じるべき
> 　4．現在以上の対策は必要ない
> 　5．自主開発はそもそも不用である
> 　6．リスクの高い自主開発に巨額の公的資金を投じるべきでない
> 　7．その他
> 出所：『平成18年版　世論調査年鑑』#10, Q7，選択肢番号は本節筆者が補足。

か。質問文ができたら，必要以上に説明的になっていないか，読み手に先入観を与えないかチェックし，過剰に説明的な部分は削除しよう。

②黙従傾向（yes-tendency）を想定した質問構成をしよう

　賛否を問う質問では「あなたは○○内閣を支持しますか，それとも支持しませんか」のように，支持と不支持（賛成と反対）の両方を聞くようにしよう。「支持しますか」だけでは肯定的な方向へ，「支持しませんか」だけでは否定的な方向へ回答を誘導しかねないからである。

　そもそも黙従傾向（yes-tendency；イエス・テンデンシー）とは，どのような質問に対しても肯定的な回答（賛成，yes）をしてしまいがちな傾向のことである。

> **質問文例11-1**
>
> 　マス・コミの力によって世論を一定の方向に向けることができるという意見があります。あなたはこの意見に賛成ですか反対ですか。（安田，1966）

> **質問文例 11-2**
>
> マス・コミがどうあやつっても世論を左右することはできないという意見があります。あなたはこの意見に賛成ですか反対ですか。（安田，1966）

　質問文例 11-1 と 11-2 ではマスコミの世論操作について正反対の意見が提示されている。一方に賛成と答えたら他方には反対と答えるはずである。しかし，安田の報告では，49人中5人がいずれの質問へも賛成と回答した（安田，1966：71頁）。少サンプルでの実験的調査ではあるが，まさに，「イエスと回答する傾向」を示した人がいたわけだ。

　質問文例 11-1 と 11-2 のように，社会的な論争点についての賛否を問いたい場合には，賛否両論を併記して，次のように質問文を作れば黙従傾向は回避できる。

> **質問文例 11-3**
>
> マス・コミと世論の関係については次のような2つの意見があります。あなたはどちらの意見により近いですか。あなたのお考えに最も近いものを1つ選んで番号に○をつけてください。
> 　　A　マス・コミの力によって世論を一定の方向に向けることができる。
> 　　B　マス・コミがどうあやつっても世論を左右することはできない。

　選択肢は「1．Aに近い」，「2．どちらかといえばAに近い」，「3．どちらかといえばBに近い」，「4．Bに近い」と順序尺度（→本章コラム参照）で作ればよいだろう。

　③キャリーオーバー効果に気をつけよう

　キャリーオーバー効果とは，ある質問への回答が後の質問への回答に影響を与えてしまうことである。ワーディングの問題そのものではないが，誘導的な質問群としてここで説明しておく。

　少し長くなるが次の一連の質問群に目を通してみよう。これらは新聞記事から引用したもので，質問文と選択肢のワーディングおよびパーセントの数値は

第4章 調査票を作ってみよう

コラム

◆人情課長の質問文——回答者は質問文のどこに反応するのか

次の質問文は統計数理研究所が1953年以来5年ごとに実施してきた「日本人の国民性調査」で使われてきたものである。

「ある会社につぎのような2人の課長がいます。もしあなたが使われるとしたら，どちらの課長に使われる方がよいと思いますか，どちらか一つあげてください。

> 1. 規則をまげてまで，無理な仕事をさせることはありませんが，仕事以外のことでは人のめんどうを見ません。
> 2. 時には規則をまげて，無理な仕事をさせることもありますが，仕事のこと以外でも人のめんどうをよくみます。

この選択肢では，一貫してほぼ8割の対象者が選択肢2を選んでいる。面倒見のよい上司が好まれるということだ。

さて，岡本（1985）は，質問文は同じにして，選択肢の文章を次のように入れ替えたワーディング実験を行った。

> 1. 仕事以外のことでは人のめんどうを見ませんが，規則をまげてまで，無理な仕事をさせることはありません。
> 2. 仕事のこと以外でも人のめんどうをよくみますが，時には規則をまげて，無理な仕事をさせることもあります。

結果は，面倒見のよくない課長（選択肢1）が48％，面倒見のよい課長（選択肢2）が47％と「両課長の支持は肩を並べた」（岡本，1985：34頁）となった。

さらに，本家本元の国民性調査でも，2003年全国調査では上記オリジナルのワーディングとともに，岡本と同じワーディングによる質問も実施し，選択肢1が42％，選択肢2が50％との結果となった（統計数理研究所，2004：72頁）。ちなみに，オリジナルのワーディングでは，選択肢1が18％，選択肢2が77％選ばれている。

これらの結果から考えられることは，回答者は文章の後半（最後に読んだ部分，聞いた部分）に反応して回答する傾向があるということだ。文章の後ろに反応するというこの傾向は，日本語に特徴的なものである。

その他の回答傾向としては，選択肢を最後まで読まないで回答したり（最初の選択肢が選ばれやすい），わからなくてもいい加減に回答してしまう対象者もいないわけではない。読んでもらえる質問文や選択肢，対象者が理解できる内容の調査票作成を心がけてほしい。

(H. K.)

記事に掲載されていたものである。

> **質問文例 12-1** NG
>
> ペルシャ湾にイラクがばらまいた機雷が1000個近く放置されているのを知っているか。
> 　　「知っている」　79％　　　　「知らない」　　21％

> **質問文例 12-2** NG
>
> ドイツが掃海艇を派遣したのを知っているか。
> 　　「知っている」　53％　　　　「知らない」　　47％

> **質問文例 12-3** NG
>
> 日本はカネだけで人的貢献をしなかったという反日感情が高まっているのを知っているか。
> 　　「知っている」　98％　　　　「知らない」　　2％

> **質問文例 12-4** NG
>
> 日本の掃海艇派遣は，
> 　　「当然だ」　　　26％　　　「やむを得ない」37％
> 　　「反対だ」　　　29％　　　「わからない」　8％

出所：『朝日新聞』1991年5月9日付朝刊（東京版）。

　20年以上前のはなしで，現在とは世界情勢がいささか異なっておりピンと来ないかもしれない。ことの発端は1990年夏にイラク軍が隣国のクウェートに突如侵攻し占拠してしまったことである。これに対し，アメリカを中心とした多国籍軍が1991年初頭までにイラク軍を追い出し，クウェートを「解放」した。いわゆる湾岸戦争である。この戦争に多国籍軍の一員として日本の自衛隊は参加しなかった（できなかった）。国際貢献（＝文例 12-3 人的貢献）の一環として自衛隊も何らかの形で参加すべきだ，いや参加すべきでないと，国内で大きな議

論の末,掃海艇派遣が閣議決定されたのが1991年4月24日である。記事によれば,この「調査」はある財団法人によって閣議決定の約1か月前に行われている。

　質問文例12-1から12-3は,文例12-4で掃海艇派遣に賛成(「当然だ」「やむを得ない」)という回答を引き出すために作られたものとしか考えられないような質問文である。誘導以外の何ものでもない論外の質問文群といえよう。機雷放置の事実(12-1),他国の派遣実績(12-2),反日感情の高まり(12-3)という情報を質問文から得てしまうので,文例12-4では日本の掃海艇派遣に理解を示す回答を誘導する結果となっている。

　キャリーオーバー効果をさける原則は,影響を与えそうな質問の順番を変えることである。掃海艇派遣の是非だけを問いたいのであれば,文例12-4を文例12-1の前に持ってくるべきであろう。順番が変えられない時には,間に別の質問群を入れて,キャリーオーバーになりそうな質問を離すとよいだろう。

　新聞社などによる内閣支持の調査では,「あなたは○○内閣を支持しますか,それとも支持しませんか」との質問はたいがい調査票冒頭に置かれている。個別政策への評価を聞いた後に,内閣支持の程度を問うとキャリーオーバーになり得るからである。新聞社によっては質問全文を自社サイトで公開しているところもあるので,順番を確かめてみよう。

(5) 質問形式の問題
①1つの文中に2つ以上の論点をいれてはいけない

　ダブルバーレル質問とは1つの質問文中に2つ以上の論点が入っている質問のことを言う。賛否を問う質問では,2つの論点の1つに賛成でもう1つに反対の場合にうまく回答できなくなってしまう。

質問文例13　NG

あなたは,若い女性が(a) たばこを吸ったり,(b) ビールを飲んだりすることをどう思いますか。(盛山ら,1992改)

＊(a)(b)などの記号や下線は本節筆者が補足したものである。

質問文例 13 は回答者の意見を尋ねている。(a)(b)どちらにも肯定的な人やどちらにも否定的な人は回答ができる。問題は(a)(b)のどちらかに肯定的で，どちらかに否定的な人が回答できなくなるという点である。

実際の調査では，たとえば喫煙はだめだけどビールはかまわないなどと回答者が面接調査員に言ってくれることはあるだろう。しかし，特に自記式調査（第 6 章参照）では，回答者が「喫煙×，ビール○」などと欄外にわざわざ記入してくれていない限り確認が難しい。

ダブルバーレルの解決策は，質問文例 14 のように論点をそれぞれ一つの質問文に分解することである。

質問文例 14-1

あなたは，若い女性がたばこを吸うことをどう思いますか。(org)

質問文例 14-2

あなたは，若い女性がビールを飲むことをどう思いますか。(org)

ちなみに，質問文例 13 と質問文例 14-1，14-2 の「若い女性」はあいまいな言葉である。調査目的に合わせて「成人女性」などと具体化するとよかろう。

ダブルバーレルにはもう一つのタイプがある。たとえば次のような例である。これは本節冒頭で紹介した安田のダブルバーレル質問 2（複数論点が主節と従節の関係にある）に相当する。

質問文例 15　NG

あなたは，(a) 成人女性の喫煙は (b) 品がないのでやめるべきだと思いますか，それともそうは思いませんか。(盛山ら，1992改)

喫煙という行為と「品がない」という理由とが記されている。喫煙はやめるべきだと考えているけれども，それは「品がないから」ではなく「身体に悪い

から」などと考えている回答者は答えられない。この場合にも，2文に分けてまず喫煙への意見を聞き，次の質問でその理由を尋ねるようにすれば解決できるであろう。

② 一般的質問と個人的質問を使い分けよう

次に，質問文を作るときに念頭におくべきことを2点述べよう。第1は，ある社会現象に対して回答者が抱いている意識を問うのか，その社会現象における当事者としての意識や態度を問うのかを明確にしようということである。質問文例16をみてほしい。

> 質問文例 16-1
>
> あなたは，夫婦別姓を法律で定めることについてどう思いますか。(org)

> 質問文例 16-2
>
> あなたは，配偶者から夫婦別姓を求められたら，同意しますかそれとも同意しませんか。(org)

質問文例16-1は回答者の意見を問うもので一般的質問と呼ばれる。一方，質問文例16-2は回答者自身の個人的な態度についての質問であり，個人的質問と呼ばれる。前者はタテマエ的な回答が，後者はホンネの回答がでやすいとも言われているが，ここでは，回答者が社会をどうみているかの意見を聞く一般的質問と，回答者自身のその社会に対する意識や態度を聞く個人的質問を，調査のテーマや目的に応じて使い分けることが重要であるという点を頭に入れておこう。

③ ユージュアル・ステイタス（普段の行い）とアクチュアル・ステイタス
　（特定期間の行い）を使い分けよう

念頭に置くべき2点目は，人々の行動を質問するときに，普段行っている行動と，ある一定期間の行動のどちらを尋ねるかという問題である。厳密にはワーディングの問題ではないが，質問形式ということでここで説明しておこう。

第Ⅱ部　調査票調査の方法

質問文例 17-1　（普段の行動）

あなたは普段，朝食を食べていますか。(org)

質問文例 17-2　（特定期間の行動）

あなたは今日，朝食を食べましたか。(org)

　普段の行動のことを「ユージュアル・ステイタス（usual status）」，特定期間の行動のことを「アクチュアル・ステイタス（actual status）」という。調査の目的に応じてどちらの聞き方を使うべきか，あるいは併用するべきかを検討してほしい。

　ちなみに，最近の国勢調査では，「9月24日から30日までの1週間に仕事をしましたか」と就業状況をアクチュアル・ステイタスで質問している。

　④フィルター質問とサブ・クエスチョンをうまく使いこなそう

　質問によっては回答者を分けたり，限定したりして，該当者により突っ込んだ内容を聞きたいことも出てくる。対象者を該当者と非該当者に分ける質問がフィルター質問，該当者だけが回答する質問（群）がサブ・クエスチョンである。例えば，同居家族についての質問であれば，独居者は答える必要がない。また，子どもに関する質問は子どもがいる対象者だけに回答をしてもらえばよいということだ。

　質問文例18では問1が対象者を分けるフィルター質問である。続くサブ・クエスチョン（SQ1～SQ3）では，健在の子どもがいる対象者だけに，末子の性別と年齢，就学・就業状況，同居別居の有無について質問している。この例では末子しか聞いていないが，一番上の子ども（長子）についてや，すべての子どもについて同様の質問をすることも可能である。これらサブ・クエスチョンと対象者の属性とを組み合わせることで，調査対象者のライフコース上での位置づけを明らかにできるのである。

　また，問2の同居家族構成との関係をみることで，回答のロジカルチェック

第4章 調査票を作ってみよう

> **質問文例 18**
>
> 問1　ご健在のお子さん（養子・継子を含む）は何人いますか。亡くなられたお子さんは除いて下さい。
>
> 　　　　　健在の子どもはいない ──→ 〔問2へお進み下さい〕
> 　　　　　［　　］人　　 ──→ 〔下のSQ1へお進み下さい〕
>
> 〔ご健在のお子さんがいる方に伺います。問1で1人と回答した方は，そのお子さんについてお答え下さい。〕
>
> 　SQ1　一番下のお子さんの性別と年齢をお答え下さい。
> 　　　　［1. 男　2. 女］　　満［　　］歳
> 　SQ2　一番下のお子さんは現在，学校に通われていますか，それとも仕事に就かれていますか，次の選択肢から当てはまる番号に○を付けて下さい。
> 　　　　［1. 小学校入学前
> 　　　　　2. 就学中 ──→ 該当するものに○を付けて下さい。
>
> | 小学生 | 中学生 | 高校生 | 専門学校生（高卒後入学） |
> | 短大生 | 高専生 | 大学生 | 大学院生 |
>
> 　　　　　3. 社会人　4. 無職　5. その他（具体的に　　　　）］
> 　SQ3　一番下のお子さんとは現在，同居していますか。次の選択肢から当てはまるもの1つに○をつけて下さい
> 　　　　［1. 同居している　2. 別居している　3. その他（具体的に　　）］
> 　問2　あなたが現在一緒に暮らしている方をお教え下さい。当てはまるものすべてを選び，番号に○をつけて下さい。
> 　　　　［1. 配偶者　2. 子ども　3. 父親・義父　4. 母親・義母　5. 祖父　6. 祖母　7. 兄弟・姉妹　8. 孫　9. 親戚　10. 友人・知人　11. 一人暮らしなので一緒に暮らしている人はいない　12. その他（具体的に　　　　）］
>
> 出所：問1　西野他，2006 Q16改，問2　松山大学社会調査室，2012 Q43改。

に使うこともできる。例えば，問2で［2. 子ども］が選ばれていれば，問1の［　］人に1以上の数字が記入されているはずである。さらに問1が［1］人ならばSQ3の回答は［1. 同居している］以外は考えられない。

　フィルター質問を使って対象者をうまく分け，該当者にはサブ・クエスチョ

ンによってさらなる情報を集め，非該当者には負担軽減を図るように努めよう。

　フィルター質問は，事実に関する質問だけではなく意識でも「1. 賛成」または「2. どちらかといえば賛成」に〇をつけた人だけを対象として，賛成の理由をさらに問うといったように，対象者を限定して，サブ・クエスチョンでさらにつっこんだ質問をすることができる。もちろん，「反対」の人には反対の理由を問うことを忘れないようにしよう。

③ 選択肢を作ってみよう

（1）選択肢は相互排他的で網羅的に作るべし

　これまでは質問文作成の大原則を検討してきた。続いて，選択肢作成の大原則を3点述べておきたい。

　①買い物はどこで——相互排他的な買い回り先リストを作れ!!

　選択肢は「相互排他的で網羅的につくれ」が大原則1。「相互排他的」とは，選択肢が意味する内容に重複があってはいけないということである。また，「網羅的」とは，想定されるすべての回答が選択肢として事前に用意されていなければならないということ。選びたい回答が選択肢にないと回答できないだろう。

　質問文例19の選択肢には，エリアに関する選択肢（1~3, 8）と店舗形態に関する選択肢（4~7）という2つの次元が含まれているために，回答がしずらくなっている。例えば，藤井寺駅周辺のスーパーで日用品を買っている人は，1と5のどちらに回答すればよいのだろうか。また，何をもって大型ショッピングセンターというかにもよるが，昨今の郊外型ショッピングセンターには，映画館や書店，レストランやスーパーマーケットやコンビニエンス・ストアなどが複合的に立地しているものもあり，選択肢4の中に，5や7が含まれてしまう可能性も否定できない。この例では，選択肢同士で同内容のものが複雑に込み入っており，相互排他的ではないのである。

　この問を改善するとしたら，まず，エリアと店舗形態を別々の質問に分け，

第4章　調査票を作ってみよう

> **質問文例19**　**NG**
>
> あなたが買い物をする場所についておたずねします。あなたは，日用品（日用雑貨，食料品など）を購入するにあたり，ふだん市内のどこで買い物をしていますか。次の中からおもな場所を1つ選んで○をつけて下さい。
>
> | | |
> |---|---|
> | 1. 近鉄藤井寺駅周辺 | 5. スーパーマーケット |
> | 2. 近鉄土師の里駅周辺 | 6. 個人商店 |
> | 3. 近鉄道明寺駅周辺 | 7. コンビニエンス・ストア |
> | 4. 大型ショッピングセンター | 8. その他市外 |
>
> 出所：大谷編著，2002：185〜186頁。

エリアごとに，単に「スーパーマーケット」「個人商店」などと提示するのではなく，○○スーパーや△△屋といった具体名を挙げて，それらの中から選んでもらうとよいだろう。その際には網羅性にも注意しよう。例えば購買エリアの質問では3駅周辺だけでよいのか，近鉄以外の路線も考慮しなくてよいかなど，調査テーマに則したエリアを列挙しよう。

▷やってみよう

1. Jリーグやプロ野球の網羅的で相互排他的なチームリストを作ってみよう。
2. あなたが住んでいる地域のお雑煮の材料リストを作ってみよう。
    お餅の形は丸か四角か，味付けは味噌かおすましか，それ以外か，具は何が入るだろうか……。

②住みたい場所はどこ——網羅的な居住地リストを作れ‼

次の質問文例20は，ある市が住民を対象に実施した調査で使われたものである。

第Ⅱ部　調査票調査の方法

> **質問文例20**　NG
>
> あなたは，今お住みの場所に住み続けることをどう思われますか。
>
> 1. ずっと住み続けたい　　　　4. できれば市外に移りたい
> 2. できれば住み続けたい　　　5. すぐにでも市外に移りたい
> 3. 市内の別の校区へ移りたい　6. わからない
>
> 出所：大谷編著，2002：186頁。

　その市に住み続けたいのか，どこかよそに移りたいのかを問うており，ちょっと見ただけではこれでよいような気がしてしまう。しかし，選択肢をよく見てみよう。「3. 市内の別の校区へ移りたい」という人はよいが，「市内の同じ校区」内でも現住地とは異なる場所に移りたいと考えている人は回答できないのではないだろうか。同じ校区なら子どもが転校しなくて済むというメリットもある。質問文例20の選択肢は網羅的ではなかったのである。「市内の同じ校区で移りたい」という選択肢を追加すべきであろう。

　そもそも質問文例20は定住意志を聞く質問である。しかし，住み続けたい（選択肢1と2），移住したい（選択肢3～5）という本筋の内容に，時間に関わる「ずっと」「すぐにでも」と可能性を示す「できれば」が少しずつ交錯して，複雑な選択肢を構成してしまっている。

　あえて改善するなら，今お住みの場所（→「現在お住まいの場所」とした方がやさしい）に住みたいか，他所に移りたいかを可能性としてまず訪ね，移りたい人には「どこに」，「いつ（までに）」をそれぞれ問うとよいのではないだろうか。

（2）選択肢数にもこだわりをもって

　選択肢数は多すぎずかといって少なすぎず，が大原則2。性別のようにカテゴリが2つだけの場合をのぞいて，選択肢を3つ以上用意することが普通だろう。意識や態度の質問で敢えて二者択一にするよりも，選択肢を増やして順序

尺度で程度を測定する方が情報量が増える。ただし，多ければよいかというとそうではない。一般に人間が短期に記憶できるものの数は7つ前後であると言われている。特に電話調査（第6章参照）のように，回答者に選択肢をリストで提示できない場合には，なるべく少なくしよう。

1つの質問に10個も20個も選択肢を挙げている調査票をみることもあるが，回答者の負担を考慮しない愚挙と言わざるを得ない。質問文例21はある県が県民を対象に実施した調査であるが，何個の選択肢を挙げているか自分で数えて確かめてみよう。面接調査法なのでリストは提示しているのだろうが，すべてに目を通してもらえるかいささか疑問である。「3つまで選んでください」も問題であるが，詳しくは次項で説明する。

質問文例21 NG

県政全般について，今後あなたが特に力をいれてほしいと思われることを，次の中から3つまで選んでください。

災害から県民を守る　消費生活のトラブルに関する対策をすすめる　食品の安全を守る　交通事故から県民を守る　中心市街地の活性化を推進する　国際交流や国際協力をすすめる　便利な交通網を整備する　障害者・母子家庭等の福祉や社会参加の支援を充実する　高齢者の福祉を充実する　次世代を担う子どもの育成支援を充実する　青少年を健全に育てる　男女共同参画社会を推進する　NPOやボランティアへの活動支援を充実する　健康づくりをすすめて，病気を予防する　医療サービス体制を整備する　大気汚染，水質汚濁，騒音などの環境対策をすすめる　自然を守り，緑を育てる　省資源やリサイクルをすすめる　廃棄物対策をすすめる　商工業を振興し，中小企業・ベンチャー企業への支援を充実する　観光を振興する　雇用の場を広げる　仕事と子育てが両立する働き方を実現する　農林水産業を振興し新鮮な農水産物を供給する　道路を整備する　下水道を整備する　住宅対策を充実する　公園・緑地・水辺を整備する　安心して飲める良質な水道水を供給する　学校教育を充実する　生涯学習・スポーツ・レクリエーションを振興する　芸術・文化活動を振興する　犯罪防止対策を進める　IT（情報通信技術）を生かした社会づくりをすすめる　その他　　要望はない

出所：『平成18年版　世論調査年鑑』♯68，Q36。

確かに網羅的かもしれないが，調査の企画段階で質問内容を整理しておくべきである。ちなみに，この選択肢群には相互排他的ではないものも含まれている。どれとどれか自分でチェックしてみよう。

対象者に選択肢リストを見せられない電話調査以外の方法を採用する場合でも，択一式の選択肢数はせいぜい10個程度に抑えておきたい。「過ぎたるはなお，及ばざるがごとし」ということわざを肝に銘じておこう。

また，名義尺度の選択肢では，回答が最も多くなると予想されるものは一番初めに置かないほうがよい。特に自記式（第6章参照）の回答形式では，2番目以降の選択肢を読んでくれないかもしれない。後半に配置して，すべての選択肢に目を通してもらえるように工夫しよう。

（3）選択個数にもっと光を！
①選択個数の大原則は1個

相変わらずあきれるほど軽視されているのが選択個数の吟味である。名義尺度の選択肢だと，選びうる選択肢数は1つだけ（単一回答，S. A.＝Single Answer），該当するものすべてを選ぶ（複数回答，無制限連記法，M. A.＝Multiple Answer），3つ（または3つまで）などと個数制限（制限連記法），の3通りが可能性としては考えられるが，大原則は，該当する選択肢を1つだけ選んでもらうことだ（大原則3）。この原則は回答者の負担軽減と分析時の混乱を回避する役目を果たす。

回答者の立場から考えてみればよくわかるだろう。何十という質問群に回答していただくわけだ。できるだけ回答への負担を少なくし，質問内容について考えてもらえるように調査票を作る努力をするべきだ。1つだけと決めておけば回答者にもわかりやすい。

なお，名義尺度以外の尺度で作った選択肢は1つしか選びようがない。賛否を問う質問で「1. 賛成」，「2. どちらかといえば賛成」，「3. どちらかといえば反対」，「4. 反対」の4選択肢中，「1. 賛成」と回答した人は，同時にそれ以外の選択肢には回答することはありえないだろう。

第4章　調査票を作ってみよう

②回答者にも分析者にもやさしくない個数制限はもうやめよう

　制限連記法という中途半端な指示もよく見るパターンであるが，回答者には負担をかけるし，分析もしにくいので絶対にやめよう。

質問文例22　**NG**

　つぎの1から28までの項目のうち，あなたが最も力をいれてほしいと思われる施策を，

　　22-1　特に重要なものを3つ選んで番号に〇をつけてください。
　　22-2　特に重要なものを3つまで選んで番号に〇をつけてください。
　　22-3　特に重要なものを順に3つまで選んで解答欄に番号を記入してください。

　1. 児童福祉を充実する，　　　2. 障害者に対する福祉を充実する
　3. 高齢者に対する福祉を充実する　4. 保健医療体制を整える
　以下省略

出所：大谷編著，2002：164頁。

　質問文例22はある行政がおこなった住民意識調査をもとに作成したものである（実際の調査では22-2が採用されていた）。さて，これらの文例は選択個数を制限しているもので，「制限連記法」と呼ばれている。質問文例21もそうであったように，住民意識調査の類でおなじみの方法だ（大谷編著，2002：141〜154頁）。複数選択にして1つでも〇がついていれば，住民から要望があったということを示しやすいから，という事情があると推測される。各部署から出された政策項目をすべて盛り込むので，選択肢数が過剰になってしまうのであろう。

　制限連記法は一見便利そうであるが，本書の執筆グループは，絶対にお薦めしない。理由は，第1に，回答者に大きな負担をかけることになるから。3つ選べと言われても，該当するものが2つしか無いことだってある。もう1つ無理に選ばなければいけないではないか。「3つまで」なら，2つでもいいのだ

第Ⅱ部　調査票調査の方法

> **コラム**

◆中間選択肢の扱い

　程度を測定する質問で「どちらともいえない」という選択肢を設定しているものもよくみられる。程度の真ん中にあるので中間選択肢と呼ばれる。中間選択肢にどの程度の回答が集中するかをみることで賛否の弱さや意見の弱さの程度を測定することはできるが，安易に使うことはやめたい。なぜなら，社会的に論点がはっきりしない問題の場合，中間選択肢に回答が集中することになり，また，その結果，分析が非常にやりにくくなってしまうからである。中間選択肢を使うことで有意味な情報が失われる危険性を示唆する報告もある（小島，2006）。中間選択肢を入れると「肯定的回答」「どちらともいえない」「否定的回答」の3つに回答が分散しかねない。クロス集計によって変数間の関連を明らかにすることを念頭におき，「1. 賛成」「2. どちらかといえば賛成」「3. どちらかといえば反対」「4. 反対」といったように賛否に分けて聞いた方が分析しやすい。回答者の意識が肯定的―否定的のどちらにより近いかを測定したいのであれば，このような4選択肢の順序尺度で答えてもらうようにしよう。

（H. K.）

ろうが，回答欄に枠が3つあったら，3つちゃんと埋めないといけないと考えて，無理に3つ選ぶ人もいるだろう。特に22-3はとっても面倒だ。3つまでで，さらに順番もつけなければならない。こんな質問がずーっと続いたら回答する気も失せようというものだ。

　お勧めしない理由の第2は分析の手間。自業自得ではあるのだが，単純集計（第7章参照）もクロス集計（第7章参照）も意味がよくわからなくなるからである。選び方のパターンが多くなって集計作業が大変になってしまう。たとえば文例22-2で，「児童福祉を充実する」に○をつけた人が全体の26％いたとする。この26％の人々を意識が同じだと見なすことはできるだろうか。たしかに，「児童福祉充実」が重要だと思っているという点では共通している。しかし，わかるのはそれだけで，別の選択肢への○のつけ方がまったく異なっているかもしれないわけだ。「児童福祉」と「障害者福祉」に○をつけた人も，「児童福祉」，「高齢者福祉」，「保健医療体制」の3つに○をつけた人もこの26％に入っ

ているわけだ。これらの人々を，同じ意識を持つ人々としてクロス集計などできるものではない。政策を3つまで選びたいのなら，最も重要だと思うもの1つに○をつけてもらい，上位3位までを選べばいいだけの話だ。

1つに絞りきれない場合には，質問文例23のように，該当する選択肢すべてを選んでもらう方法（無制限連記法）がある。

質問文例23

つぎのうち，日本人の性質をあらわしていると思うコトバがあったら，<u>いくつでもあげてください</u>。

1. 合理的	2. 勤　勉	3. 自由を尊ぶ	4. 淡　泊
5. ねばり強い	6. 親　切	7. 独創性にとむ	8. 礼儀正しい
9. 明　朗	10. 理想を求める	11. その他	

出所：統計数理研究所 2009『国民性の研究　第12次全国調査』より。下線は本節筆者による。

先述のように選択肢は網羅的でなければならなかった。質問文例23では1から10に該当しないものは「11. その他」に記入してくれるかも知れない。しかし，思いつかない場合も想定し「12. あてはまるものはない」といった選択肢を用意した方がよいであろう。

日本人の国民性調査は統計数理研究所が1953年から5年ごとに実施している全国調査である。質問文例23は1958年の調査からほぼ毎回採用されている。他の質問項目は単一回答であるが，この項目については無制限連記法が採用されている。

ちなみに，指摘率が最も高いのは一貫して「2. 勤勉」で，「5. ねばり強い」，「8. 礼儀正しい」が2番目か3番目に指摘率が高かった。2008年調査では「2. 勤勉（67％）」，「8. 礼儀正しい（60％）」，「6. 親切（52％）」で「5. ねばり強い（49％）」が4番目の指摘率と，若干後退した。

（4）回答形式の種類と自由回答欄の位置づけ

本章では原則として選択肢は調査票作成時点で用意しておくことを前提としてきた。そして，あらかじめ用意した選択肢から該当するものを1個選んでもらうことを選択個数指示の大原則として強調し，どうしても1つに絞りきれない場合には該当するものすべてを選んでもらうことを述べた。

あらかじめ選択肢が限定されているこれらの，質問形式をクローズド・エンド質問（closed-ended question）というが，クローズドがあればオープンがあってしかるべき。選択肢があらかじめ限定されていない＝用意されていない形式をオープン・エンド質問（open-ended question）と言う。

オープン・エンド質問のメリットとしては，あらかじめ与えられた選択肢ではなく，対象者の言葉で語れること，想定される回答が多岐にわたり，選択肢数が膨大になると予想される時でも使えること，対象者の視点からの回答カテゴリーを知りたい時に使えることなどが指摘されている。他方，デメリットとしては，調査テーマから外れた回答も含まれてしまう可能性があること，言葉のニュアンスが対象者によって異なるので，統計的な分析が難しいこと，コード化が難しいこと，対象者の言語能力に依存することなどが挙げられている（Bailey, 1994：pp. 120-121）。

ベイリーの指摘にもあるように，オープン・エンド質問は対象者に多大な負担を強いることになる。本章の趣旨から考えれば，むやみにオープン・エンド質問をつくるよりも，想定される回答をじっくりと吟味し，選択肢として構成する時間を十分にとるべきである。選択肢ができないということはその質問で何を聞きたいかが具体化されていないということだ（本章冒頭部参照）。

自由回答はオープン・エンド質問の最たるものであるが，本書執筆グループの自由回答に対するスタンスは「目的を熟慮して使え」である。例外的な使い方として，すべての質問が終わったあとに自由回答欄を設け，任意でコメントを記入してもらうという手はあるだろう。調査自体への質問・疑問や苦情，不満などはもとより，回答者が調査テーマに関して自分の意見や提案を書いてくれることもある。

◆M. A. 形式質問はなぜ問題なのか

　M. A. 形式質問は，市役所が実施する市民意識調査では数多く使われている。表①は，大阪府44市町村で実施された市民意識調査を事例として，それらの全質問を質問形式別に整理したものである。

① 大阪府44市町村の市民意識調査形式による分類

	全質問数	S. A.		M. A.	記 入 式	
		一般形式	縦列形式		記 述	自由回答
44自治体計	1,206	555	138	487	26	―
比　　率	100%	46.0%	11.4%	40.4%	2.2%	―

　縦列形式質問とは，「基本的には同じ選択肢で表の形をしている質問であり，表の形をしていない場合でも，5項目以上同じ選択肢で質問が続いている場合」を指す。

② M. A. 形式質問内訳

	2つ・2つまで	3つ・3つまで	4つ・4つ以上まで	すべて	優先順位	MA総数
平均	145(29.8%)	200(41.1%)	25(5.1%)	105(21.6%)	12(2.5%)	487(100.0%)

　この表にも示されるように，市役所が実施する調査では，M. A. 形式質問が全体の40.4%と非常に多いことが理解できる。表②は，その487質問を，回答個数に着目してさらに分類した結果である。最も多いのは「3つ，3つまで」の41.1%であり，「2つ，2つまで」が29.8%，「すべて」が21.6%と続いていた。

　しかし，市役所調査で多用されている M. A. 形式質問は，仮説検証を旨とする社会調査では多くの問題を抱えた質問形式である。その点が理解しやすいように，次の質問に対する回答分析を事例として考察してみよう。

Q．学生食堂のメニューの中であなたが好きなものは何ですか。
①M. A. 形式：3つまで選んで〇をつけてください。
②S. A. 形式：1つだけ選んで〇をつけてください。
　1．ハンバーグ定食　　2．とんかつ定食　　3．親子丼　　4．カツ丼
　5．カレーライス　　　6．うどん　　　　　7．ラーメン

　この質問についての回答結果が表③であったとすると，集計結果は表④のようになる。M. A. 形式質問の集計では，〇がついている選択肢がすべて集計されるため，合計が100%を超えることになる。そして最も好きな項目ではあまり多くなかったカ

第Ⅱ部　調査票調査の方法

レーライスが最も多いという結果となっている。また集計では，多く答えた人（3つ答えた）人の意見が，少なく答えた人（1つ答えた）の意見より尊重される結果となるのである。これに対して，S.A.形式質問では，質問回答時に回答者が選びにくい（1つに絞るのが大変）という側面はあるが，個人の意見は平等に反映されることになる。また集計結果で特徴的な点は，それぞれの項目の優劣がS.A.形式のほうが顕著であり，M.A.形式の集計のほうが平準化される傾向があるという点であろう。この点こそが，あまり部課局や政策ごとに優劣をつけられたくない市役所の市民意識調査で多用される原因とつながっているとも考えられるのである。

③　学生20人の回答結果

		1（番好き）	2	3
1	（男）	ラーメン	とんかつ定食	カレーライス
2	（男）	ハンバーグ定食	カレーライス	
3	（男）	親子丼	うどん	カレーライス
4	（男）	ラーメン	カツ丼	とんかつ定食
5	（男）	親子丼	カツ丼	カレーライス
6	（男）	ラーメン	ハンバーグ定食	
7	（男）	親子丼	カレーライス	
8	（男）	カレーライス	ラーメン	カツ丼
9	（男）	ラーメン	カツ丼	カレーライス
10	（女）	親子丼	うどん	カレーライス
11	（女）	うどん		
12	（女）	うどん	とんかつ定食	カレーライス
13	（女）	うどん	カレーライス	
14	（女）	親子丼	カレーライス	カツ丼
15	（女）	うどん	ハンバーグ定食	カレーライス
16	（女）	ハンバーグ定食		
17	（女）	親子丼	カレーライス	
18	（女）	親子丼	ハンバーグ定食	カレーライス
19	（女）	うどん	ラーメン	
20	（女）	親子丼	うどん	カレーライス

第4章 調査票を作ってみよう

④ M. A. 形式, S. A. 形式の集計結果

	M. A. 形式		S. A. 形式	
	回答数	割合	回答数	割合
1 ハンバーグ定食	5	25.0%	2	10.0%
2 とんかつ定食	3	15.0%	0	0.0%
3 親子丼	8	40.0%	8	40.0%
4 カツ丼	5	25.0%	0	0.0%
5 カレーライス	15	75.0%	1	5.0%
6 うどん	8	40.0%	5	25.0%
7 ラーメン	6	30.0%	4	20.0%
(回答者数20人)	50	250.0%	20	100.0%

⑤クロス集計をしてみると (例:男女別で人気メニューの違いを調べた場合)

[M. A. 形式]

	ハンバーグ定食	とんかつ定食	親子丼	カツ丼	カレーライス	うどん	ラーメン	合 計
男 (9人)	2	2	3	4	7	1	5	24
	22.2%	22.2%	33.3%	44.4%	77.8%	11.1%	55.6%	266.7%
女 (11人)	3	1	5	1	8	7	1	26
	27.3%	9.1%	45.5%	9.1%	72.7%	63.6%	9.1%	236.4%

[S. A. 形式]

	ハンバーグ定食	とんかつ定食	親子丼	カツ丼	カレーライス	うどん	ラーメン	合 計
男 (9人)	1	0	3	0	1	0	4	9
	11.1%	0.0%	33.3%	0.0%	11.1%	0.0%	44.4%	100.0%
女 (11人)	1	0	5	0	0	5	0	11
	9.1%	0.0%	45.5%	0.0%	0.0%	45.5%	0.0%	100.0%

M. A. 形式質問の最大の欠点は,クロス集計ができないという点である。表⑤は,それぞれの質問形式を男女別にクロス集計しようとしたものである。M. A. 形式質問では,クロス集計自体どのように集計すればいいのかわからないのが実際である。それに対して,S. A. 形式質問のクロス集計では,男女別の特徴を考察することが可能であることがわかる。仮説構成をしっかりと練った社会調査では,できる限り M. A. 形式質問を避け,クロス集計を想定した質問文構成を考えることが重要である。

(S. O.)

🔷 尺度の話

　何らかの基準で対象者を分類することが測定、基準となる物差しのことが尺度だった。尺度には4種類あり、情報量の少ない順に名義尺度、順序尺度、間隔尺度、比例尺度と言う。それぞれの性質と使いどころは次の通り。

　①名義尺度：区別

　名義尺度が持っている情報は、あるものとあるものとの区別だけ。つまり、カテゴリごとの分類ができる。性別が最もわかりやすいだろう。名義尺度の使いどころは、合計1,000人の回答者のうち、男性が488人、女性が512人だったといったように計数（数え上げること）にある。

　②順序尺度（順位尺度）：区別＋大小関係

　区別だけでなく、さらにカテゴリ間の大小関係がわかるのが順序尺度である。運動会で徒競走の順位を1位、2位、3位とつけるのはこの順序尺度によっている。順番はわかるがどれだけの差がついたのかはわからない。

　順序尺度は社会意識を測定する質問で多用されている。世論調査で定番の内閣支持率を測定する選択肢が典型例として挙げられる。

　③間隔尺度：区別＋大小関係＋差の大きさ

　大小関係だけではなく、差の大きさもわかるのが間隔尺度だ。社会調査の質問で好例を探すのは難しいが、意外と身近で使っている。温度である。20℃と30℃では熱いか冷たいかの大小関係だけではなく、温度差10℃として差の大きさを明確に示すことができる。社会調査で温度に関する質問を作ることはあまりないと思うが、間隔尺度の性質については押さえておこう。

　④比例尺度（比率尺度）：区別＋大小関係＋差の大きさ＋倍数関係

　差の大きさだけではなく、何倍なのかもわかるのが比例尺度である。間隔尺度との違いは、値0の意味。ゼロが何もないことを意味している。金額は社会調査でよく使われる比例尺度の好例である。年収0円とは無収入のこと。年収1,000万円の人は500万円の人の2倍稼いでいるというように、倍数関係で表現できるし、年収の差は500万円だ、と差の大きさでも言える。

　0という絶対的基準がはっきりしているので、対象間の比較が容易にできる。第1章で古代の戸籍の話が出てきたのを覚えているだろうか。「俺の子分は10人だ」の権力者と「1,000人だ」の権力者、どちらが強いかは明白であろう。　　　　　　　　　　　(H. K.)

本節筆者の経験では2～3割程度の回答者が自由回答欄に記入してくれている。中には「こんな調査は無駄である」といった意見が書かれることもあるが，それはそれで調査の改善に役立つ貴重なデータとなりうる。市民を対象に30年間に19回の調査を実施し，自由回答欄を設けていたにもかかわらず，そのデータがまったく活かされていないという自治体の事例もある（大谷，2002：228～231頁）。これではもったいないとしか言いようがない。せっかく自由回答欄を設けたのであれば，しっかりと読んで回答者の意図をくみ取りたい。自由回答欄は調査に対する意見を，それが厳しいものなら尚更なこと，謙虚に聞くためのものと心しよう。

④ 調査票全体へのこだわりをもちたい

これまでは質問文と選択肢の構成を中心にすべきこととしてはいけないことをみてきた。最後に，調査票全体をうまく構成するためのテクニックを紹介しよう。

（1）読んで理解できる調査票と聞いて理解できる調査票

調査票の配布回収方法には5種類ある。自記式（留置調査法，郵送調査法，集合調査法）は調査の対象者が自分で質問を読んで，自ら調査票に記入する。他記式（面接調査法，電話調査法）は対象者の回答を聞き取って，他者である調査員が記入する（詳しくは第6章参照）。したがって，自記式の調査票は対象者が読んで理解できるように，他記式の調査票は対象者が聞いて理解できるように質問文と選択肢を作らなければならない。特に気をつけるべきなのは，他記式の場合の質問文の長さと選択肢数である。

質問文例24は個別面接調査法で実施された質問である。試しに誰かに調査員役になってもらって，この文例を読んでもらおう。

> **質問文例24** NG
>
> 　温室効果ガスの削減には，国内における取組だけでなく他国で共同して削減したり，国の削減割当量を買い取ることで自国の削減分とする「京都メカニズム」という仕組みがあります。わが国は，削減を約束した6％のうち，国内で最大限の対策を行った上で，なお不足する削減分についてこの仕組みを活用する予定ですが，あなたはこれについてどう思いますか。この中から1つだけお答え下さい。
>
> 出所：『平成18年版　世論調査年鑑』#5，Q14。

　一度聞いただけで質問の趣旨を理解することはまず不可能だろう。威光暗示効果の項でも問題点を指摘したが，この文例のように長い文章は，特に他記式の調査には使わないようにしよう。かといって短すぎると聞きたいことがはっきり伝わらなくなる。「あなたは京都メカニズムについてどう思いますか」だけでは意味不明である。論点は1つの原則と，必要以上の説明はしないという原則を守れば，このような長い文章を作ることは無いはずである。

（2）調査票の構成要素——回答しやすく誤解しにくい工夫をしよう

　調査票には質問文と選択肢だけを提示すればよいわけではない。まず，表紙には調査の名称，調査主体（調査を実施しているのは誰か）と連絡先を必ず載せよう。調査票とは別に依頼状を添付しない時には回収日時と回収方法，記入上の注意も載せておくこと。

　質問の部分にも質問文と選択肢以外に，対象者に対する回答順等の指示や調査員への指示（「リスト1を提示」など）を記入しておく必要がある。また，コーディング用の数値記入カラムを設定しておくこともある（コーディングについては第6章参照）。

　回答者や調査員への指示が多くなりすぎるととても読みにくい調査票となってしまう。調査票はコミュニケーションの道具だったはずだ。使いやすい道具となるように努力しよう。質問や選択肢に使う字体（フォント）と，**回答者や調査員への指示に使う字体（フォント）を変えたり**，**強調文字にしたり**，<u>下線を引いたり</u>して工夫をしよう。一例として，選択肢を枠で囲むだけでもかなり

見やすくなる。

すべての質問終了後に，調査協力への謝辞と記入漏れがないかどうかの点検を依頼する文章を入れておけばよいだろう。自由回答欄はできる限り，そのあとにだけ設けたい。

（3）質問文の並べ方——一般的な質問から核心へ

調査票の初めの部分では，誰でも回答してくれそうな一般的な内容の質問から入っていく方が無難である。一般的な内容の質問を数問配置して，対象者が回答に慣れてきた頃に調査テーマに即した質問が現われるようにしよう。キャリーオーバー効果には気をつける必要があるが，質問項目の内容はテーマごとにある程度まとめて配置すると，質問の内容に流れができるので回答者の心理的負担が軽減される。[*]

> [*]「広範囲の漠然とした質問から，順次，狭く具体的な質問に絞り込」んでいく質問文の構成方法を「ロート」型，逆に，「狭く具体的な質問から，順次，広い質問に拡げていく方法」を「逆ロート」型と，原と海野は紹介している。前者は「回答者に知りたい質問（事項）の概要をあらかじめ把握させておき，詳細な情報を得ようとするとき」，後者は「回答者には最終的な目的は知らせずに，そこに至る心的プロセスを観察したいとき，あるいは，日常的な思考様式からは遠い，やや抽象的な問題について，最終的に回答を求めたいときなどに」特に有効であるとのことである（原・海野，2004：143～144頁）。
>
> ちなみに，ロートとは「漏斗」のことで，「ろうと」または「じょうご」と読む。「形状が朝顔の花に似，その下部の筒口を瓶・徳利・壺などの口にはめ，上部から酒・醤油・油などの液体を注ぎ入れるのに用いる器具（『広辞苑』第6版）」のことである。

また，同じ形式の質問はできるだけ並べるようにしたい。例えば，「深刻だ」から「深刻ではない」まで4段階で評定してもらうような場合には，次の例のように評定項目をまとめた回答欄を作るとよいだろう。ただし，あまり項目数が多いと回答しにくくなるので気をつけよう。

第Ⅱ部　調査票調査の方法

> **質問文例 25**
>
> 次にあげるような環境問題について，あなたはどのくらい深刻だと思いますか。それぞれについて，あなたのお考えに最も近いものを1～4の中から1つ選んで，番号に○をつけて下さい。
>
> | | 深刻だ | どちらかといえば深刻だ | どちらかといえば深刻ではない | 深刻ではない |
> | --- | --- | --- | --- | --- |
> | A　地球温暖化 | 1 | 2 | 3 | 4 |
> | B　森林破壊 | 1 | 2 | 3 | 4 |
> | C　生物多様性の問題 | 1 | 2 | 3 | 4 |
> | D　ごみ問題 | 1 | 2 | 3 | 4 |
> | E　水質汚濁 | 1 | 2 | 3 | 4 |
>
> 出所：生活環境研究会，2011：29頁。

このように，同一選択肢で多数の質問に答えてもらう質問形式は「縦列形式質問」とも呼ばれている（大谷編著，2002：147頁）。

質問数が多すぎると対象者が疲れたり飽きたりしてしまう。仮説に忠実に調査票を作成したらむやみに質問数が多くなることは避けられるだろう。仮説に密接に関連する質問項目は，調査票の前半部分に配置しておこう。調査票の最後の部分には性別・年齢・学歴など属性項目に関する質問（フェイス・シート項目[*]）を置くとよい。疲れたり飽きたりしていなければ，回答に慣れ，面接の場合には調査員とのラポール（第Ⅲ部参照）も確立されているので，プライバシーに関する質問にも比較的抵抗なく回答してくれるはずだ。

　　＊かつては，調査票の表紙（face）に個人属性に関する質問項目があったので慣例的に「フェイス・シート（face sheet）」項目と呼ばれている。

〈参考文献〉

朝日新聞社『朝日新聞』1991年5月9日付朝刊（東京版）。

Bailey, Kenneth D. 1994 *Methods of Social Research fourth edition*, The Free Press, New York.

原純輔・海野道郎 2004『社会調査演習［第2版］』東京大学出版会。

小島秀夫 2006「中間選択肢をどう考えるか？」『よろん』97, 9頁〜15頁。
岡本宏 1985「1 継続調査の意味と方法」岡本宏・中西尚道・西平重喜・原田勝弘・柳井道夫編著『ケース・データにみる社会・世論調査』芦書房, 27〜35頁。
大谷信介編著 2002『これでいいのか市民意識調査』ミネルヴァ書房。
松山大学社会調査室 2012『暮らしの中の安全と安心 2011年度松山大学人文学部社会調査実習 調査報告書』松山大学社会調査室。
内閣府大臣官房政府広報室編 2006『平成17年版 世論調査年鑑』国立印刷局。
内閣府大臣官房政府広報室編 2007『平成18年版 世論調査年鑑』国立印刷局。
内閣総理大臣官房広報室編 1995『平成6年版 世論調査年鑑』大蔵省印刷局。
内閣総理大臣官房広報室編 1996『平成7年版 世論調査年鑑』大蔵省印刷局。
新村出編 2008『広辞苑 第6版』岩波書店。
西野理子・稲葉昭英・嶋﨑尚子編 2006『第2回家族についての全国調査（NFRJ 03）第2次報告書, No.1, 夫婦, 世帯, ライフコース』日本家族社会学会, 全国家族調査委員会。
生活環境研究会 2011『環境に関する意識と行動の調査 報告書（速報版）』生活環境研究会。
盛山和夫・近藤博之・岩永雅也 1992『社会調査法』放送大学教育振興会。
統計数理研究所 2004『国民性の研究 第11次全国調査』統計数理研究所。
統計数理研究所 2009『国民性の研究 第12次全国調査』統計数理研究所。
安田三郎 1966「質問紙のワーディング実験」『社会学評論』第17巻第2号, 58〜73頁。

（小松　洋）

第5章

サンプリングという発想

要点 いくら完璧な調査票が完成したからといって，それだけで正確な社会調査ができるわけではない。「その調査票を誰に答えてもらったらいいのか」という調査対象者選定の問題が残っている。それはサンプリング（＝標本抽出）の問題と呼ばれ，社会調査方法論の中でも重要テーマとなっている。本章では，（必ずしも万能の方法ではないが）調査票調査を正確に理解するために必要不可欠な「無作為抽出法・標本調査（母集団推定）の考え方」をマスターする。後半部分では，実際にサンプリングを実施していく方法やノウハウについて紹介していきたい。

▶キーワード
サンプリング（標本抽出），母集団，無作為抽出，正規分布，標本誤差，等間隔抽出法，確率比例抽出法，サンプリング台帳

(1) サンプリングという考え方

（1） 標本調査の基本

①全数調査と標本調査

多数の事例について客観的に計量・分析していく量的調査は，全部のサンプルを調査する全数調査（悉皆調査）と一部のサンプルを取り出して全体を推定しようとする標本調査に大別される。全数調査か標本調査かの選択は，調査問題・調査対象となる母集団の特徴・調査にかけられる人的・金銭的資源によって基本的に決まってくる。大学生を対象とした調査であっても，「ある大学の学園祭に対する在学生の意識」を調査する場合と，「大学生一般の携帯電話所有状況」を調査する場合とでは調査対象となる母集団が異なってくる。前者の場合は「学園祭を実施する大学に在籍する大学生全員」が母集団となるが，後

者の場合は特定大学というよりは，より一般的な「日本全国の大学生」を母集団として想定しているといえる。前者のケースでは，小さい大学であれば努力を惜しまなければ理論的には全数調査も可能ではある。しかし後者の場合，全数調査はほとんど不可能に近い（もちろん国勢調査のように人的・金銭的資源，および国家事業という大義名分〔統計法の裏づけ〕を最大限利用できれば，全数調査も可能なのかもしれないが……）。標本調査はこのような場合には，きわめて有効な手法となってくる。社会学研究では，特定集団の実態を明らかにすることより，社会一般の傾向についての知見やデータを検討する場合が多いので，標本調査の考え方は特に重要である。

　標本調査の方法は，最近開発された特別な手法というよりは，古くからある日常的にもよく使われるごく一般的な手法と位置づけられる。それは，料理の味見の方法を考えれば理解しやすい。鍋の中のスープの塩加減を調べようとする時のことを考えてみよう。まずやることは，鍋のスープを「よくかき混ぜた」あと，スプーンですくって味見をするのが普通だろう。この味見の方法は，「少量の標本（スプーン1杯）を取り出して母集団（鍋中のスープ全体）の様子（塩加減等）を推定（味見）する」というまさに標本調査の典型といえるのである。

②「よくかき混ぜること」の意味

　ここで注目されるのは，人は味見をする時，「なぜよくかき混ぜるのか」という事実である。このことについては，洋食から和食に話を転換すると理解が早い。「スープ」を「みそ汁」に変えてみよう。お椀に盛られたみそ汁は，少し時間が経つと，具が下に沈み，上の透明なだし汁と分離してしまう。「よくかき混ぜる」という行為は，できるだけこうした分離（偏り）をなくすために「混ぜる」のである。別の例を出してみよう。今度はお風呂の湯加減調べの事例である。沸かしたばかりのお風呂の場合，上は熱湯で下は水ということがよくある（最近は風呂釜で直接水からお湯を沸かすことが少なくなり，蛇口から給湯する事が多くなってはいるが，理解することは可能であろう）。この時に，上部の熱湯部分を取って温度を測定した場合と，下部の水の部分を測定した場合とでは，測定結果が大きく異なることは容易に想像がつくことである。ここで知りたい温

度は,お風呂を「よくかき混ぜた」あとの平均温度であり,上部の熱湯に「偏った」温度でも,下部の水に「偏った」温度でもないのである。この話は,標本調査の考え方とサンプリングの重要性を考える上では,きわめて示唆に富む話である。すなわち,標本の取り方によって(上部の熱湯も下部の水も,どちらもお風呂全体の一部分のサンプルではあるが,そのどちらかの部分だけを取り出して湯加減を調べた場合),調査結果(サンプルのお湯の温度)と母集団の状況(お風呂全体の湯加減)が,大きく異なって(間違って)くることがあるという事実を示唆しているのである。

しかし,社会はお風呂やみそ汁のようには「よくかき混ぜる」ことはできないので,実際の調査では次のような方法がとられることになる。お風呂のたとえでいうならば,風呂を混ぜることはせず,上部の熱湯部分からも,下部の水の部分からも,また中間のぬるま湯部分からも,偏り無くサンプルを抽出し平均温度を測定することによって,「よくかき混ぜた」あとのお風呂の湯加減を推定しようという方法なのである。この「よくかき混ぜる」に相当する方法が実際の社会調査では「無作為抽出法」というサンプリングの方法と考えればよいのである。

もう少し実際の社会調査事例に近い話をもとに,標本調査の基本用語を整理しておこう。たとえば大阪府民の意識を調査しようとする場合,880万府民を全数調査するのは大変である。そこで,あまり多くない人〈標本(sample)〉に意見を聞いて,大阪府民〈母集団(population)〉の意識を推定しようとするのが標本調査であり。その標本を,どこから(サンプリング台帳),どのように偏り無く(サンプリング方法),どれくらいの量(標本数の決め方)を選んだらいいのかといった問題が,〈標本抽出(sampling)〉をめぐる問題といえるのである。

(2) サンプリングの歴史:アメリカ大統領選挙と世論調査
――サンプリングの重要性が認識されるようになった2つの選挙予測

①ギャラップの大勝利(1936年大統領選挙)

サンプリング=標本抽出の方法が,調査結果に大きな影響を与えてしまうと

第5章 サンプリングという発想

いう事実が世間一般に広く知られるようになったのは，1936年のアメリカ大統領選挙の世論調査を契機としてであった。この時，それまで選挙予測の領域で草分け的存在として信頼を勝ち得てきたリテラリー・ダイジェスト社が，新参のギャラップ世論調査社に負けてしまうという衝撃的な事件が起こった。雑誌社であるリテラリー・ダイジェスト社は，1916年の大統領選挙以降，読者を対象とした葉書による世論調査を選挙ごとに繰り返してきた。1920年には1,100万人の電話加入者を対象として，1924年には電話加入者に自動車所有者を加えた1,680万人を対象として，1928年には1,800万人にと葉書調査の数を増やしてきた。そして1932年の選挙では，F. ルーズベルトが得票した57.4％という結果を，わずか0.9％の誤差で予測し，「魔術のような正確さ」といわれるまでになっていた。

1936年の大統領選挙は，民主党で現職のF. ルーズベルトとカンザス州知事ラドン候補（共和党）の事実上の一騎打ちであった。創業46年を迎え創業者の息子が社長をつとめていたリテラリー・ダイジェスト社は，これまでと同様の葉書調査をおこなった。具体的には，1,000万枚の葉書を発送し，返送された237万6,523人のデータをもとに，ラドン候補の勝利を予測したのである。これに対してギャラップ社は，わずか3,000標本の調査結果をもとにF. ルーズベルト候補の勝利を予測したのである。

1936年アメリカ大統領選挙の選挙予測と選挙結果

	F. ルーズベルト （民 主）	VS	A. M. ラドン （共和＝カンザス州知事）
リテラリー・ダイジェスト	43.0％		57.0％
ギャラップ	54.0％		46.0％
選挙結果	60.2％		39.8％

出所：岡田至雄 1974『社会調査論』ミネルヴァ書房，28頁。

一般民衆はこれまでの実績と分析標本数の多さから，リテラリー・ダイジェスト社が予測したとおりラドン候補が勝つものと思いこんでいたので，標本数の少ない「ギャラップ社の大勝利」は，きわめて衝撃的であったのだ。この事

件は，標本の大きさが重要なのではなく，いかに偏り (bias) の無い標本を抽出するかということが重要であることを強く示唆した。それでは，なぜ3,000標本のギャラップ社が，200万を超える標本を分析したリテラリー・ダイジェスト社より正確な予測をすることができたのだろうか？

　リテラリー・ダイジェスト社が葉書を郵送した対象は，自動車登録者リスト・電話加入記載者・雑誌購読者リスト等をもとに決められていた。当時の時代背景を考えると，それらの人々は経済的に余裕のある人々であり，またそうした階層には共和党支持者が多かったのである。すなわちリテラリー・ダイジェスト社は，高階層に偏った標本に調査票を郵送し，それを分析することによって共和党の得票数を過大に予測してしまったのである。これに対してギャラップ社は3,000人たらずではあるが，階層に偏りが少なくなるように標本抽出を工夫したのである。それは，割当法(わりあてほう) (quota sampling) という方法であり，母集団の人口構成をもとに選択の基準（枠）を設定し，その調査区において「男性・20歳代・事務労働者」を何人，「女性・40歳代・主婦」を何人と割当ていく方法であった。この割当法を採用したことによって，ギャラップ社は少ない標本で選挙予測を的中させたのであった。この事件を契機として，リテラリー・ダイジェスト社は翌年倒産，ギャラップ社はアメリカの世論調査業界の中心的存在となっていったのである。

②ギャラップの大失敗（**1948年大統領選挙**）
　　——無作為抽出法 (random sampling) の重要性が認識されるようになった事件

　その後，割当法を駆使して大統領選挙予測を的中させてきたギャラップ社が失敗をおかしたのは1948年の大統領選挙の時であった。このときの選挙は，1944年の選挙で再選された F. ルーズベルトが45年に死去し，副大統領トルーマンが大統領に就任したあとを受けての選挙であった。共和党の候補はニューヨーク州知事のデューイ候補で，そのほかに6人の候補者が立候補し激しい選挙戦が繰り広げられた。

1948年アメリカ大統領選挙の選挙予測と選挙結果

	トルーマン	デューイ	サーモンド	ウォーレス	他4人
ギャラップ	44.5%	49.5%	2.0%	4.0%	……
クロスレー	44.8%	49.9%	1.6%	3.3%	0.4%
ローバー	37.1%	52.2%	5.2%	4.3%	1.2%
結　果	49.5%	45.1%	2.4%	2.4%	0.6%

出所：岡本宏ほか著 1985『ケース・データにみる 社会・世論調査』芦書房、13頁。

　ギャラップ社はシカゴ・トリビューン紙にデューイの勝利を1面に大見出しで報道し、他の調査会社もほとんどがデューイ候補の勝利を予想していた。そのためトルーマン勝利という選挙結果は、世論調査機関に大混乱をもたらすとともに大きな社会問題ともなり、直ちに失敗の原因が研究された。その結果一番重要な原因として解明されたのは、割当法の限界であった。割当法は、客観的な抽出への配慮はなされているが、基準枠の中で誰を対象者に選ぶかは、調査員の自由であり、基本的に個人的判断に任されていたのである。そのため調査員は近くにいる人やつかまえやすい人等を調査対象として選んでしまい、結果として調査員の属性に近い比較的高学歴・高収入の人に偏った標本構成となってしまったのである。このことは、誰を調査対象として選定するかも含めて、無作為に決定しなければならないというランダム・サンプリングの重要性を明確にした事件となったのだ。

　＊アメリカ大統領選挙とギャラップ社世論調査に関しては、George Gallup 1976 *The Sophisticated Poll Watcher's Guide*. N. J.: Princeton Opinion Press.（二木宏二訳 1976『ギャラップ世論調査入門』みき書房、58〜61頁。）、岡田至雄 1969『社会調査の方法』ミネルヴァ書房、および岡本宏ほか著 1985『ケース・データにみる 社会・世論調査』芦書房、を参照した。

第Ⅱ部　調査票調査の方法

コラム

◆大統領選挙と世論調査

　大統領選挙と世論調査は切っても切れない関係にある。ここでは，①世論調査の結果が選挙結果をほぼ当てていた「2012年のフランス大統領選挙」の新聞報道と，②日本では想像できないであろう「世論調査の結果によって候補者を一本化した韓国大統領選挙」の新聞報道を紹介してみよう。

①「2012年フランス大統領選挙のロイターの予測と結果に関する日本の新聞報道」
（『読売新聞』2012年5月7日，東京夕刊）

　フランス大統領選の決選投票は5月6日に行われるが，最近実施された世論調査での支持率（％）は以下のとおり。

調査機関	日付	サルコジ候補	オランド候補
イプソス	4/30	47	53
ハリス・インターアクティブ	4/27	45	55
TNS ソフレス	4/26	45	55
BVA	4/26	45.5	54.5
CSA	4/26	46	54
オピニオンウェイ	4/24	46	54
IFOP	4/22	45.5	54.5
平均		46	54

（ロイター，2012年4月23日，パリ）

　フランス大統領選挙の第1回投票で極右・国民戦線のルペン候補が躍進したことは，決選投票での逆転勝利を狙うサルコジ大統領にとって「頼みの綱」となりそうだ。だが，それでも勝利に必要な多くの票をルペン候補の支持者から獲得するのは困難とみられる。2007年の大統領選では国民戦線支持者の多くの票がサルコジ氏に流れたが，世論調査によると，今回はそれほど多くの支持は得られそうにない。しかも，彼らの票獲得を狙って移民問題などで「右傾」すれば，中道派の支持が遠のくといったジレンマに直面している。

　第1回投票では首位に立ったオランド候補の得票率が28.6％だったのに対し，サルコジ大統領は27.1％。3位につけたルペン候補は17.9％と，極右候補としては過去最大の票を獲得し，ルペン支持者が決選投票の行方を左右する構図ができ上がった。

（ロイター，2012年4月30日，パリ）

　フランス大統領選挙は6日，決選投票がおこなわれ即日開票の結果，左派・社会等のフランソワ・オランド前第一書記（57）が，保守民主運動連合（UMP）のニコ

ラ・サルコジ大統領（57）を破って勝利した。メルケル独首相とともにユーロ圏の緊縮路線を主導してきたサルコジ氏の退陣と、やはり6日に行われたギリシャ総選挙での独立与党の退潮傾向により、欧州の債務危機対策は軌道修正を迫られることになった。仏内務省発表の開票結果（在外投票除く）によると、得票率はオランド氏が51.67％で、サルコジ氏が48.33％だった。投票率は約81％。

② 「世論調査の結果で韓国大統領候補を一本化」

（『読売新聞』2002年11月25日，東京朝刊）

韓国の与党・民主党と新党「国民統合21」は25日未明，ソウル市内で会見し，来月19日の大統領選に向け与党・盧武鉉（ノムヒョン）氏（56）と新党・鄭夢準（チョンモンジュン）氏（51）の両党候補一本化のため共同実施した世論調査の結果について，盧氏46.8％，鄭氏42.2％と盧氏の支持率が上回ったと発表した。鄭氏はこの直後の会見で敗北を認め，両党の共同候補は盧氏での一本化が確定した。27日に告示される韓国大統領選はこれにより，最大野党ハンナラ党の李会昌（イフエチャン）候補（67）と盧候補の事実上の一騎打ちとなる構図が決定的となった。

盧，鄭の両氏は今月半ばに直接会談し，候補一本化で電撃合意。両氏の立場は対北朝鮮政策などで大きく異なっているが，マスコミが実施した最近の世論調査で李会昌氏の支持率が盧，鄭の両氏を大きく上回っていたことから，一本化しなければ「共倒れ」になる恐れが強まっていた。李氏はこれを「政治的野合だ」と強く批判している。鄭氏は今後の選挙戦で，盧氏陣営の選挙対策委員長に就任し，盧氏の応援に回る予定。世論調査で候補を絞り込むのは，韓国選挙史上初めて。盧氏は会見で「最善を尽くす」と勝利を誓った。

＊他紙も同様の報道をしていたが，世論調査との関連がうまく記述されていたという基準で，『読売新聞』を引用した。

(S. O.)

② サンプリングの原理──なぜ「無作為に」抽出することが最も科学的で優れた方法なのか？

（1） 無作為抽出法の考え方

①無作為抽出法とは

無作為抽出法とは，決して〈でたらめに〉標本を抽出することを意味するのではなく，「母集団に含まれるすべての個体について，それが標本に選ばれる確率が等しくなるように設計されたサンプリング」のことを指している。わか

りやすく言えば、宝くじで1等を決めるやり方と考えればよいだろう。すなわち、自分が買った1枚の宝くじが、他の人が買った1枚の宝くじより、1等に当たる確率がもし低かったとしたら、誰も馬鹿らしくて宝くじを買わなくなってしまうだろう（もちろん、ある駅前の売場は、1等がでやすいといった迷信まがいの流言はよく聞かれることであるが……）。少なくとも宝くじシステムは、「すべての個体（宝くじ）について、それが標本に選ばれる（1等に当たる）確率が等しくなることが保証された」ランダム・サンプリングの一種といえるのである。それでは、この無作為抽出法がどうして「最も優れた科学的方法」と言われているのだろうか？

結論を先取りして述べると「無作為抽出された標本分布は、理論的に正規分布をとるという特徴があり、その正規分布の構造に関する統計学的知見を応用して、抽出の際の誤差が理論的にある幅をもって確定できる」という点が「最も優れた科学的方法」といわれる由縁であり、無作為抽出法の数学的根拠となっている点なのである。このことをできるだけわかりやすい実験例をもとに説明していくことにしよう。

②標本分布（正規分布）の特徴

> 碁石の実験：白い碁石50個と黒い碁石50個、計100個の碁石が1つの箱に入っています。この箱の中からよくかき混ぜて10個の石を選んで、その中に白い碁石がいくつ含まれているか調べます。その実験を1,000回繰り返しておこなった結果を表にあらわしなさい。
>
> 〈碁石の実験・1,000回の結果〉
>
> | 白の数 | 0 | 1 | 2 | 3 | 4 | 5 | 6 | 7 | 8 | 9 | 10 |
> |---|---|---|---|---|---|---|---|---|---|---|---|
> | 実験 | 0 | 11 | 38 | 114 | 211 | 251 | 202 | 123 | 41 | 8 | 1 |
> | 理論 | 1 | 10 | 44 | 117 | 205 | 246 | 205 | 117 | 44 | 10 | 1 |
>
> 出所：森田優三 1981『新統計読本』日本評論社、156頁。

上記の表の実験値は、実際にこの実験を1,000回繰り返した時の白石の数を表にしたものである。すなわち、実験1回目は白が6個黒が4個、2回目は白5黒5、3回目は白7黒3……999回目は白5黒5、1,000回目は白4黒6と

第5章　サンプリングという発想

コラム

◉社会調査でよく出てくるギリシャ文字

　統計学や社会調査ではギリシャ文字が何気なく登場してくる。日常的にあまりなじみが無いため読むこともママならないことが多い。ここでは社会調査でよく登場するギリシャ文字の読み方と、どんなことで使われるかをごく簡単に整理しておこう。

　Σ　（シグマ）総和

　σ　（シグマ）〈標準偏差〉・σ_2〈分散〉

　χ　（カイ）・χ^2（カイ二乗）検定・分布

　α　（アルファ）〈母集団特性値の推定を誤る確率％＝危険率〉

　　$100-\alpha$＝信頼度％・$K(\alpha)=K(5)$＝信頼度95％の場合＝1.96

　ε　（イプシロン）〈区間推定で標本特性値につけるプラスマイナスの幅〉

　　標本数の決め方の公式（153頁参照）で、標本比率につける誤差の幅％

　μ　（ミュー）〈母平均〉　　　　　　　　　　　　　　　　　　　　　（S. O.）

1,000回分繰り返しおこなった結果を、白5個だった場合が251回、白6個だった場合が202回と整理していった表である。箱の中から碁石を取り出す時、白が出るか黒が出るかということは、まったく偶然の結果である。しかし箱の中には白と黒が等分に入っているのだから、どちらが出るかは半々の確率だという予想もできる。実際の実験結果でも、母集団の構成（白黒半々という比率）を正確に表わしている「白5個」という結果が1,000回中251回と最も多く全体の約1/4を占めているということが理解できる。逆に母集団の構成と大きく異なる、全部白だった回数は1,000回中たった1回であり、全部黒だったことは一度も無かったという実験結果が示されている。

　この実験結果で特に注目されるのは、母集団の構成と一つ違いまでのケース（すなわち「白5個」＝251回と「白4個」＝211回、「白6個」＝202回）を合計すると、664回となり全体のおよそ2/3にあたるという事実である。このことは、1個違いの誤差まで許容するならば、1,000回中664回はその結果になるということを意味している。この実験を1,000回ではなく無限回繰り返していくと、

理論値に示されているような結果になっていくというのが標本分布の特徴なのである。すなわち，標本調査の最大のポイントは，標本分布が正規分布をとるという事実であり，この正規分布の数学的特徴を利用して標本誤差を計算できる点なのである。

図5-1は，碁石の実験の理論値をグラフに表わしたものである。横軸には基本的に白碁石の数（括弧内は，平均値〔＝白5個〕から何個食い違っているか），縦軸にはその場合のケース数がとってある。この左右対称の釣り鐘状の形をとるグラフは，一般に正規曲線（ガウス曲線）といわれている。この正規分布の構造や性質については，数学的に十分解明がなされている。

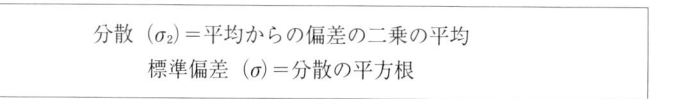

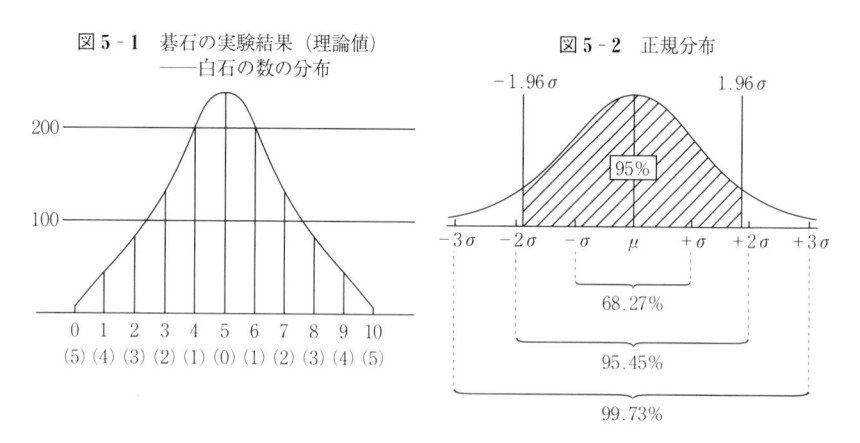

> 分散 (σ_2) ＝平均からの偏差の二乗の平均
> 標準偏差 (σ) ＝分散の平方根

図5-1 碁石の実験結果（理論値）
　　　——白石の数の分布

図5-2 正規分布

正規分布では，平均値を挟んでプラスマイナス標準偏差（±σ）の範囲の中に，全体の68.27％のケースが入るという特徴がある。標準偏差の2倍（±2σ）の範囲をとると95.45％，標準偏差の3倍（±3σ）をとれば99.73％が含まれるという性質がある。全体の95％になる数字を計算すると，標準偏差の1.96倍（±1.96σ）という数字になる（図5-2参照）。この95％という数字が意味することは，釣り鐘状の度数分布を示す正規分布において，平均から±1.96倍の標

準偏差（±1.96σ）の値上の直線によって区切られた面積は全体の面積の95％になるということを意味している。すなわち，誤差を標準偏差の±1.96倍まで許容すれば，100回調査したとして95回は当たる（5回は外れる）という確率（確からしさ）であること（信頼度95％，または危険率5％）を意味しているのである。

(2) 標本誤差について
　　──視聴率**30.0％**という数字は，どんなことを意味しているのか？
①日本における視聴率調査

「昨日あのテレビドラマ見た？」

「みたよ。あのドラマは，視聴率が30％を超えているんだってねぇ」

「やっぱりね。だって面白いもんねぇー。それじゃ，日本人が1億2,000万人だとすると3,600万人以上の人が見ているのかなあ？」

この類(たぐい)の会話は，日常的によく聞かれる会話であり，視聴率という数字は一般にとてもなじみのある数字になっている。しかし，視聴率がどのように調査され，その数字がどんな意味をもっているのかという事（＝「標本調査の基本」）については，ほとんど理解されていないのが現状である。事実，この会話の後段部分（「日本人が1億2,000万人だとすると3,600万人以上の人が見ているのかなあ」）は，まったく間違った視聴率の解釈である（調査単位は人ではない）。視聴率調査は，少ない標本を分析することによって，母集団であるテレビ視聴世帯の視聴動向を推定しようとする，まさに「標本調査」の典型であり，「最も身近な標本調査」と言うことが可能である。ここでは「標本調査の基本」を，ビデオリサーチ社の視聴率調査の事例をもとに，できるだけわかりやすく解説してみることにしたい。

ビデオリサーチ社では，ピープルメーター（PM）システム，オンラインメーターシステム，日記式アンケートの3つの方法によって世帯および個人視聴率の調査を実施している。

一般に視聴率といわれる場合は，PMシステムとオンラインメーターシステムによる世帯視聴率をさす場合が多い。現在関東・関西・名古屋地区では600

第Ⅱ部　調査票調査の方法

表 5 - 1　ビデオリサーチ社の視聴率調査方法（2011年11月現在）

	ピープルメーター（PM）システム調査	オンラインメーターシステム調査	日記式アンケート
特　徴	世帯視聴率と個人視聴率を同時に調査する	世帯視聴率を調査する	個人視聴率を調査する
	最大8台までのテレビ視聴状況を測定。世帯内の個人各々のボタンがあり，視聴の開始時と終了時にそれを押す	最大3台までのテレビ視聴状況を測定。オンラインメーターに無配線でデータが転送される。	調査票にテレビの視聴状況を，誰が・どのテレビで・何を見たか，5分刻みで記入。1週間分記録し調査員が回収。
調査対象地区	関東・関西・名古屋（600世帯）	52週調査地区（8地区）・24週調査地区（16地区）（200世帯）	52週調査地区（8地区）・24週調査地区（16地区）（300世帯）
調査対象	4歳以上の世帯内個人全員		4歳以上の世帯内個人全員
結果公表時期	翌営業日	翌営業日	4〜5週間後
報告方法	世帯視聴率：視聴率日報として印刷・配布 個人視聴率：電子情報としてサービス	前日の視聴率を視聴率日報として印刷・配布	報告書として発行
最小単位	1分単位	1分単位	5分単位

注：52週調査地区＝北部九州・札幌・仙台・広島・静岡・福島・新潟・岡山・香川
　　24週調査地区＝熊本・鹿児島・長野・長崎・金沢・山形・岩手・鳥取・島根・愛媛・富山・山口・秋田・青森・大分・沖縄・高知
　　PMシステム開始時期＝関東（1997年）・関西（2001年）・名古屋（2005年）
出所：『視聴率ハンド・ブック』ビデオリサーチ社，2011年11月より筆者作成。

世帯へのPMシステム調査，52週調査地区（8地区）と24週調査地区（16地区）では200世帯へのオンラインメーターシステム調査が実施されている（1996年までは関東地区でも300標本で調査が実施されていた）。すなわち関東地区1都6県のテレビ所有世帯（およそ1,600万世帯）の視聴率を調査するために，無作為に抽出された600世帯に視聴率測定機を設置しているということである（2016年10月からは900世帯に増設されている）。

この関東地区で測定される視聴率の事例をもとに，視聴率の数字の意味について，下記の問題を解きながら考えてみよう。

> 問題1：「ビデオリサーチ社の視聴率30％という数字は，どんなことを意味する数字なのだろうか？」

> 問題2:「視聴率30％の番組と視聴率25％の番組とでは，前者が後者よりも，多くの世帯において見られていたと言えるのだろうか？」
> 問題3:「また300標本から，600標本にサンプルを増やしたことによってどの程度精度が上がったのか」「また1,600万という母集団に対して600標本では，サンプルが少なすぎることはないのか？」

②視聴率30％という数字が意味するもの——問題1の回答

さきに，視聴率調査は「最も身近な標本調査」と指摘した。これはどういう意味なのだろうか？　視聴率調査は，関東1,600万のテレビ所有世帯（母集団）でどの程度その番組が見られていたかという数字を，600世帯（標本）に機械を設置して推定しようとする標本調査なのである。機械を設置する600世帯は，基本的に1,600万世帯（母集団）の中から，ビデオリサーチ社が無作為抽出法によって標本となる世帯を決定している。一般に言われている視聴率30％という数字は，調査対象の600世帯中180世帯が「その番組を見ていた」という数字である。標本を調査して，母集団推定を行う場合，必ず「標本誤差」を考慮する必要がある。母集団から標本が抽出される確率が一定である無作為抽出法の場合，標本誤差の確率論的算定が可能である。

> 〈標本誤差の計算式〉
> 比率の公式：母集団の比率を推定しようとする場合の公式
> $$\sqrt{\frac{p(1-p)}{n}}$$
> （有限母集団の場合の公式）　$\sqrt{1-\left(\frac{n}{N}\right)} \times \sqrt{\frac{p(1-p)}{n}}$
> *$\sqrt{1-\left(\frac{n}{N}\right)}$＝有限母集団乗数＝常に1より小さい数
> *p＝標本調査結果の比率　　*n＝標本数　　*N＝母集団の数

> 平均の公式：母集団の平均値を推定しようとする場合の公式
> $$\sigma/\sqrt{n}$$
> （有限母集団の場合の公式）　$\sqrt{\{1-(n/N)\}} \times \sigma/\sqrt{n}$
> *σ＝標本調査結果の平均

第Ⅱ部　調査票調査の方法

　視聴率はテレビ所有世帯（母集団）の視聴比率を推定する場合であり，比率の公式に該当する。pは標本調査によって得られた比率であり，視聴率調査で30％であった場合0.3となる。nは標本調査の標本数であり，ビデオリサーチ社の場合は600標本（または300標本）ということになる。Nは母集団の数であり，この場合は関東地区のテレビ所有世帯であり1,600万となる。

〈600標本で視聴率30％の場合〉：n＝600　N＝16000000　p＝0.3

$$\sqrt{\frac{0.3\times(1-0.3)}{600}}=\sqrt{0.00035}=0.0187$$

$$\sqrt{1-\left(\frac{600}{16000000}\right)}=\sqrt{0.9999625}=0.9999812$$

$$\sqrt{1-\left(\frac{600}{16000000}\right)}\times\sqrt{\frac{0.3\times(1-0.3)}{600}}=0.0187=1.87\%$$

　これらの数字を公式に当てはめてみると，1.87という数字が得られる。この数字は，前節でふれた正規分布の標準偏差の値＝δに相当するのである。そして正規分布の構造の特徴を応用して標本誤差の意味を考えると，

視聴率30％という数字は，
　30±1.87％＝28.1％～31.9％と言えば，68.27％まで確かである。
　30±（1.96×1.87％）＝26.3％～33.7％と言えば，95％まで確かであるという意味を持った数字として理解することができる。

　統計学的には通常，危険率5％以下で話を進めるのが普通である。その意味からすると，600世帯で測定されたビデオリサーチ社の視聴率30％という数字は，関東地区テレビ所有世帯の26.3％～33.7％の世帯でテレビが見られていたという事実を示している。その精度は危険率5％水準，すなわち100回調査したとして95回は当たる（5回は外れる）という確率（確からしさ）なのである。

③視聴率30%と25%とはどのくらい差があるか——問題2の回答

〈600標本で視聴率25%の場合〉：n＝600　N＝16000000　p＝0.25

$$\sqrt{1-\left(\frac{600}{16000000}\right)} \times \sqrt{\frac{0.25\times(1-0.25)}{600}} = 0.0177 = 1.77\%$$

$$25\pm(1.96\times1.77\%) = 21.5\% \sim 28.5\%$$

　まず，600標本で視聴率25％の標本誤差を計算し，それを視聴率30％の数字と比較してみよう。視聴率30％という数字は，標本誤差を考慮した場合，26.3％～33.7％の間にあり最小値をとると26.3％という数字となる。これに対して視聴率25％という数字の標本誤差を考慮に入れた最大値は28.5％である。すなわち両者の数字は，もし最小値と最大値をとった場合，逆転してしまうのである。このことが意味することは，「両者の数字に統計学的には有意な差は無い」という事実である。すなわち視聴率が30％だからといって25％の番組よりも多くの世帯（＝関東地方のテレビ所有世帯〔母集団〕）が見ていたと断言することはできないのである。ちなみに視聴率30％を基準に考えてみると，視聴率23％までは逆転の可能性が数字上ある。かろうじて視聴率22％になると逆転の可能性が無くなり有意な差となってくる（下表参照）。もし某テレビ局のスタッフが視聴率30％という数字に接した場合，他局の番組が22％以下であったならば，「うちの局の勝利」と統計学的に威張ることが可能だということである。しかし現実のテレビ局は，その点をあまり理解せずに1％の違いに一喜一憂しているのが現実ではないだろうか……。

〈危険率5％（信頼度95％）の標本誤差〉

	δ	1.96δ	誤差の範囲
視聴率30％	1.87	3.67	26.3％～33.7％
25％	1.77	3.50	21.5％～28.5％
23％	1.72	3.37	19.6％～26.4％
22％	1.69	3.31	18.7％～25.3％

④300標本を600標本に増やすと精度はどうなる？──問題3の回答

ビデオリサーチ社では，1996年以前は300世帯に視聴率測定機を設置して調査をしていた，現在は精度を上げるため600世帯に増やしている。300標本から600標本に変更したことによってどれだけ精度が上がったのだろうか？　視聴率30％のケースを危険率（有意水準）5％で考えてみよう。

> 〈300標本で視聴率30％の場合〉：n＝300　N＝16000000　p＝0.3
>
> $$\sqrt{1-\left(\frac{300}{16000000}\right)} \times \sqrt{\frac{0.3 \times (1-0.3)}{300}} = 0.0264572 = 2.65\%$$
>
> 2.65×1.96＝5.19％　　　30±5.2％＝24.8％〜35.2％

すなわち，300標本の場合の標本誤差は±5.2％であったが，600標本に増えた場合には±3.7％に減少しているのである。確かにサンプル数を増やせば精度は上がってくる。しかし，サンプル数を2倍にしたとしても，標本誤差が1/2になるわけではないことも理解する必要がある。次頁の表は，標本数を増やしていってどの程度標本誤差が減少していくかの結果を視聴率30％のケースで計算したものである。

この表で注目される点は，サンプル数を10倍の3,000サンプルにしたとしても，標本誤差が10分の1に減少するわけではなく，5.2％から1.67％と約1/3に減少するだけなのである。300世帯の視聴率測定機を，3,000世帯に増やす場合の金銭的コストは莫大なものである。しかしそれだけのコストをかけたとしてもやはり±1.7％程度の誤差が残存するならば，300世帯でもいいのではないかという意見が当然出てくるであろう。もし視聴率がテレビ局のスタッフたちがよく気にするような基準（コンマ1％単位の違いまでが統計的に意味をなす基準）にするためには，300万世帯（約5世帯につき1世帯）に視聴率調査機を設置しなければならないのである。逆の表現をするならば，5.2％程度の標本誤差が存在していることを常に頭に入れて数字を見ていく習慣をつけるならば，300サンプルでも十分1,600万世帯の動向を調査する意味はあるということである。

〈標本の大きさ（サンプル世帯の多さ）と標本誤差の関連（視聴率30％の場合）〉
　　100世帯のサンプルで視聴率30％の場合　　　誤差 $(1.96δ)＝9.0％$
　　300世帯のサンプルで視聴率30％の場合　　　誤差 $(1.96δ)＝5.2％$
　　600世帯のサンプルで視聴率30％の場合　　　誤差 $(1.96δ)＝3.7％$
　　900世帯のサンプルで視聴率30％の場合　　　誤差 $(1.96δ)＝3.0％$
　　3,000世帯のサンプルで視聴率30％の場合　　誤差 $(1.96δ)＝1.65％$
　　3万世帯のサンプルで視聴率30％の場合　　　誤差 $(1.96δ)＝0.51％$
　　30万世帯のサンプルで視聴率30％の場合　　　誤差 $(1.96δ)＝0.16％$
　　300万世帯のサンプルで視聴率30％の場合　　誤差 $(1.96δ)＝0.039％$

（3）標本数の決め方

①必要標本数の計算式

　標本調査の場合，どれだけの標本数を調査したらよいのか（しなければいけないのか）という問題は常に悩む問題である。まず統計学的観点からどれくらいの標本数を必要とするのかという問題を考えてみよう。社会調査の場合は，量的データを使って平均値を出すというよりは，カテゴリーデータについて度数や比率を明らかにすることの方が多いので，母比率を推定する場合を取り上げて，標本数を決める計算方法について触れてみよう。

標本数（n）の決定方法：母比率推定の場合

$$n=\frac{N}{\left(\frac{\varepsilon}{K(\alpha)}\right)^2\frac{N-1}{P(1-P)}+1}$$

α＝母集団特性値の推定を誤る確率（危険率）＝通常5％＝その場合 $K(\alpha)=1.96$
ε＝標本比率につけるプラスマイナスの幅
N＝母集団の大きさ　　n＝必要とされる標本数　　P＝母比率

例題：有権者が10万人の都市で，住民投票条例に賛成な市民の比率を信頼度95％で誤差の幅を±5％で推定したい。①この時何人の市民に調査したらよいのか？　②また有権者が100万人の都市の場合は？　③また誤差の幅を±2.5％と精度を高めた場合は？

> 解答：この場合母比率（賛成市民の比率）が何％であるかわからないので，母比率を50％とおけば，$P(1-P)$ の値が $50 \times 50 = 2500$ と最大になるので過少サンプルになることが無く安全である（ちなみに30％の場合は，$30 \times 70 = 2100$，40％場合は $40 \times 60 = 2400$ という数字である）。
>
> ①10万都市・誤差の幅±5％の場合＝必要サンプル数　383サンプル
>   公式に　$\varepsilon = 5$　$N = 100000$　$K(\alpha) = 1.96$　$P = 50$ を代入すると
> $$n = \frac{100000}{\left(\frac{5}{1.96}\right)^2 \times \frac{99999}{50 \times 50} + 1} = 383$$
>
> ②100万都市・誤差の幅±5％の場合＝必要サンプル数　384サンプル
> $$n = \frac{1000000}{\left(\frac{5}{1.96}\right)^2 \times \frac{999999}{50 \times 50} + 1} = 384 \text{サンプル}$$
>
> ③10万都市・誤差の幅±2.5％の場合＝必要サンプル数　1515サンプル
> $$n = \frac{100000}{\left(\frac{2.5}{1.96}\right)^2 \times \frac{99999}{50 \times 50} + 1} = 1515 \text{サンプル}$$

　この例題から理解できることを整理してみよう。有権者10万の都市と有権者100万の都市を対象とした調査の比較では，必要サンプルは，前者が383サンプルに対して後者は384サンプルであり，あまり大きな差は存在していない。この数字は，母集団が10倍になっていることを考えると意外に少ない数字と思えるだろう。それに対して精度を高めようとする（誤差の幅を5％から2.5％へと1/2にしようとする）場合は，標本数を2倍にしてもだめで，標本数は約4倍（2の二乗倍）必要となってしまうという特徴があるのである。

②標本数決定に影響を与える他の要因

　統計学的観点からの標本数の決定方法は，母集団の規模や誤差の幅をどの程度にするかという基準によって数字を決定するものであった。しかし実際の調査では，その方法以外にも考慮しなければならない要因が存在する。

第 5 章　サンプリングという発想

> 郵送代30万円で，調査可能なサンプル数のマキシマム≦1558サンプル
> 　往路の郵便代〈定型外140円×サンプル数(x)〉＋復路郵便代〈(定型90円＋料金受取人払い手数料15円)×サンプル数(x)×回収率予測0.5〉＝予算
> 　$300000＝140×x＋(90＋15)×x×0.5＝140x＋52.5x＝192.5x$
> 　　$x＝300000/192.5＝1558.4$
> 　　＊回収率50％・料金受け取り人払い利用・調査票12頁未満・薄い紙利用の場合
> 　　＊督促状を郵送する場合には，その予算分サンプル数は減少する

　たとえばコスト（金銭的・人的）要因は，切実な問題として標本数決定に影響を与えてしまう。たとえば調査予算（郵送代に使えるお金）が30万円で，郵送調査を実施しなければならない場合には，上のような計算式を解くことによって，サンプル数のマキシマムは否応無しに決定されてしまうのである。
　また面接調査の場合には，人的要員（調査員が何名いるか）という問題がサンプル数に大きな影響を与えることもある。

> たとえば30名受講生がいる社会調査実習で，市民の意識調査を個別訪問面接聴取法で実施しようとする場合。2人1組で1日10軒，調査期間3日間と想定すると，30/2×10×3で計450の調査対象者を訪問することが最大可能数と考えられる。その場合市内の投票区から15地点を選定し，確率比例抽出法（次節参照）で各地点30サンプルずつ標本抽出し調査を実施するという調査設計が想定可能である。

　実際の標本数は，こうした金銭的人的制約と，公式から得られる理論的誤差の幅をどの程度にするかの妥協の産物として決められることが多いのである。
　さらに，金銭的人的制約以外で考慮すべき点としては，次の3点を指摘できる。
　a）標本誤差のプラスマイナス幅が10％を超えないようにすべきである。誤差の幅が±10％を超えると，明確な比較分析が困難となってしまう。そのためには最低でも標本数が100を割らないように考えるべきである（標本数を決定する公式で，誤差のプラスマイナス幅が±10％の時〔$ε＝10$〕の必要サンプル数はおよそ96サンプルである）。

> 有権者10万都市で（ε＝10）の場合：
> $$n=\frac{100000}{\left(\frac{10}{1.96}\right)^2\times\frac{99999}{50\times50}+1}=96 サンプル$$
>
> 有権者100万都市で（ε＝10）の場合：
> $$n=\frac{1000000}{\left(\frac{10}{1.96}\right)^2\times\frac{999999}{50\times50}+1}=96 サンプル$$

　b）クロス集計分析を想定して，各セルの数字が余り少なくなりすぎないように配慮すること。調査結果の分析はクロス集計が中心となる。特に仮説検証にかかわる重要な質問や，フェイスシートの属性に関する質問項目を想定して，各セルの数字がクロス集計分析に耐えうる量を確保するという観点から標本数を考えることも重要である。

　c）調査票の回収率も考慮に入れる必要がある。回収率（第6章参照）は，調査方法によって大きく異なっている。予想される回収率に応じて，標本数を確保しておく必要がある。回収分析標本数が100標本必要な場合は，回収率を考慮に入れると面接調査の場合（回収率60％と予測した場合，100/0.6＝）167標本，郵送調査の場合（回収率30％と予測した場合，100/0.3＝）333標本が最低でも必要となる。

③ サンプリングの実際

（1）サンプリングの諸技法

　ランダム・サンプリングの諸技法は，以下の相反する2つの目的を勘案して考え出されてきたと考えることが可能である。それは，1）作業の軽減（サンプリング作業や実査作業をやりやすくするため）という目的と，2）精度を高めるという目的の2つである。数学的に最も精度が高いと言われているサンプリング方法は，単純無作為抽出法である。しかしその方法は，精度が最も高い反面，作業量も最も多い方法である。サンプリングの諸技法は，こうした相反する2

つの目的のどちらかを犠牲に（または重視）することによって，もう1つの側面を重視（または犠牲に）しようとして考え出されてきたと言えるのである。すなわち，「何らかの形で精度を犠牲にして，作業を楽にさせようとした方法」，「ある程度作業は増えるが，精度を高めようとした方法」としてサンプリングの諸技法が存在しているといえるのである。ここでは，そのような観点からランダム・サンプリングの諸技法を整理していってみよう。

①単純無作為抽出法

　母集団に1番から順に番号をつけたとして，標本の数だけ乱数表を引くとか，サイコロを振るなどしてその都度抽出する方法。宝くじの1等を決める作業を標本の数だけ繰り返す方法と考えれば理解しやすい。この方法は全くの無作為抽出であり，精度が最も高い抽出法といえる。しかし，作業の面からみると次の2点で問題がある。第1点目は，サンプリング作業が極めて大変であるということである。例えば市役所で選挙人名簿を使って500サンプルを抽出しようとする場合，500回乱数表を引いたり，サイコロを振ったりする作業が必要であり，その作業には多大な時間がかかってしまうのである。第2点目は，調査作業が大変になるという問題である。例えば日本国民を母集団とした意識調査をしようとしていた場合，単純無作為抽出で標本を決定した場合，完全にランダムであるため，調査対象者はきわめて広範囲に分散すること（最初のサンプルが北海道網走市，次のサンプルが東北の仙台市，次が東京都……最後は沖縄那覇市といった具合）になってしまう。このサンプルを使って面接調査を実施しようとした場合，交通費だけでも莫大な金額が必要となることは容易に想像がつくであろう。またそれ以外にもサンプリング台帳の調達が容易でない（それぞれの市役所に出向いて，選挙人名簿や住民基本台帳を閲覧しなければならない）という問題も同時に登場してきてしまうのである。

②等間隔抽出法（系統抽出法）

　単純無作為抽出法の第1点目の問題（サンプリング作業がきわめて大変であるという問題）に対応しようとした技法として，等間隔抽出法（系統抽出法）があげられる。母集団に1番から順に番号をつけるのは単純無作為抽出法と同じであ

第Ⅱ部　調査票調査の方法

> **コラム**

◆乱数を簡単に発生させるには

　ランダム・サンプリングでは，母集団の成員の誰もが本人の属性とは無関係にまったく同じ確率で選ばれるのであった。つまり，属性などによるえこひいきが無いということである。その際に使われるのが乱数表である。乱数表には，

　　　　　19 46 40 02 98 73 30 59 19 34 66 73 82 72……………………

のように，0から9までの10種類の数字がこれでもかこれでもかという具合に列記されている。乱数表の理想型は0から9までの数字が何らの規則性（123456, 13579, 86420など）なしに，それぞれの数字が同じ回数（頻度）出現するというものである。

　使い方は，読み始める場所を決め，そこから数字を拾っていくのが一般的である。たとえば，上の数列の左端が読み始めとすると，1946400298と読んでいくのである。空白が入れてあるのは読みやすさを考えてのことであり，必要な数字の桁数に合わせて読めばよい。0から999までの数字が必要ならば，194, 640, 029, 873と読む。029は29となる。500以下の数字が必要なら640と873は除外して，必要な個数が選ばれるまで続ければよい。同じ数字が選ばれた場合は2回目以降はとばして読む。

　乱数表の使い方は安田と原（1982），西平（1985），原と浅川（2005）などを参照してもらうこととして，選ぶ数字の個数が少ない場合に使える簡易な方法を紹介しよう。それは10面体サイコロを使う方法である。10面体サイコロはそれぞれの面に0から9までの数字が書いてあるサイコロで，ちょっと大きなおもちゃ屋や文房具店で手に入れることができる。値段も1個数10円程度である。4桁の数字が必要なら4回ふればよい。出た順に千位，百位，十位，一位と決めておこう。手元の10面体サイコロを4回ふってみたところ，4―5―6―3と出た。すなわち4563が求める数字となる。単純ランダムサンプリングで何千人もサンプリングするのであれば大変だが，系統抽出法ではスタート番号を決める時に1回だけ乱数を発生させればよいのでお勧めである。

〈参考文献〉
　西平重喜 1985『統計調査法　改訂版』培風館。
　原　純輔・浅川達人 2005『社会調査』（財）放送大学教育振興会。
　安田三郎・原　純輔 1982『社会調査ハンドブック　第3版』有斐閣。

(H. K.)

るが，標本の数だけ乱数表を引くのは大変なので，スタート番号だけを乱数表で決め，残りの標本は等間隔に選んでいくという方法である。宝くじでいうならビリを決めるやり方（または，お年玉つき年賀状の抽選方法）と考えればよいで

あろう。すなわち下1桁何番が「当たりくじ」という決め方である。その場合は，10枚に1枚は当たりくじということであり，抽出間隔10の等間隔抽出法と位置づけられるのである。

一般に抽出間隔は，母集団の数と標本数から計算される。人口45万の西宮市民を対象として，500標本を抽出しようとする場合，450,000/500＝900で抽出間隔は900ということになる。住民基本台帳を使って西宮市民に1番から45万番までの番号を仮につけ，900以下の数を乱数表により決定し（例えば52とすると），その番号に900をたしていく。すなわち住民基本台帳の52番目の人，952番目の人，1,852，2,752……，といった具合にサンプルを抽出していくのである。この方法によって確実に抽出作業は簡単になるが，反面精度は当然落ちてくる。特にサンプリング台帳に規則性がある場合は標本に偏りがでてくる危険性もあることに注意しよう。例えば，住民基本台帳を使って標本抽出をする場合，台帳が世帯ごとにページが設けられている（1ページに，世帯主・妻・子どもという配列で記入されている）場合がある。この場合，ページ数をベースに標本抽出すると，1人世帯が選ばれる確率が高くなってしまうという問題が起こってしまうことがあるのである。こうした点は常に頭の中に入れて抽出方法を考えなければならないといえよう。

③多段抽出法（副次抽出法）・確率比例抽出法

多段抽出法は，単純無作為抽出法の第2の問題（調査作業が大変になるという問題）を克服しようとして考案された方法である。全国調査など広い地域を対象とする標本調査で，単純無作為抽出法を採用した場合抽出された標本は，ばらばらで広範囲にわたり，調査員の移動のコストはきわめて大きなものになってしまう。こうした場合，まず第1段目に市町村などのより狭い調査区域を抽出し，第2段目にその市町村の中から個人を抽出するという2段抽出法を採用すれば，1人の調査員は，ある市町村のみを回ればよいことになる。このように抽出を複数（2段＝市町村・3段＝例えば投票区）段階繰り返して，標本抽出しようとするのが多段抽出法なのである。

多段抽出法は，別名副次抽出法とも呼ばれてきた方法であるが，これまでの

社会調査のテキストでは,きわめてあいまいな説明がなされてきた。

安田三郎・原純輔は,副次抽出法を以下のように説明している (1982『社会調査ハンドブック　第3版』有斐閣,214頁)。

「副次抽出法は,各第1次抽出単位の抽出される確率および抽出された第1次抽出単位に割り当てられる標本数によって,三つに分類される。第1は,第1次抽出単位の抽出確率はその大きさ(個体数)に関係無く等確率とし,標本数を第1次抽出単位の大きさに比例して割当てる方法である。第2は,第1次抽出単位の抽出確率は等確率で,抽出された第1次抽出単位からその大きさにかかわりなく同数の標本を抽出する方法である」,「第3の方法は確率比例抽出法とよばれ,第1段階では,第1次抽出単位はその大きさに比例した確率でランダムに抽出され,第2段階では,抽出された第1次抽出単位にその大きさに関係なく同数の標本が割当てられる方法である」。

この説明の第1と第2の方法は,厳密に言うと無作為抽出法とは位置づけることは不可能である。それらはどちらも,第1次抽出単位(例えば市町村)を選ぶ際に,抽出単位の規模(市町村の人口規模)にかかわらず等確率で市町村を抽出する方法である。大阪府で10市町村を抽出する事例で説明するなら,1段目で市町村の大きさ(大阪市260万,堺市80万,和泉市17万,東大阪市52万……)に関係無く,等確率で43市町村の中から10市町村が選ばれるのである。この場合260万の大阪市が選ばれる確率も,17万の和泉市が選ばれる確率もどちらも10/43の確率で同じである。これはどう考えても大阪市民が選ばれる確率は和泉市民より低くなってしまうのは明白であり,「すべての個体が標本に選ばれる確率が等しくなる」という無作為抽出法の原則が保証されていないと言えるのである。この事実については,これまでの社会調査法のテキストではまったく不問にされてきたのが実状であった。副次抽出法で無作為抽出法といえるのは〈確率比例抽出法〉以外に存在しないのである。〈確率比例抽出法〉の方法を先の大阪府の事例でくわしく解説してみよう。

まず,大阪府民に便宜的に1番から880万の番号をつける,次に880万より小さい数を乱数表により10個選ぶ。その番号が含まれる市町村が調査地点となる。

そしてその市町村からそれぞれ100標本ずつ個人を選定すればよいのである。こうすれば第1段目の抽出過程では，人口の多い市町村が選ばれる確率が高いが，第2次抽出の過程では，人口の多い市町村ほど，100人の対象に個人が選ばれる確率は低いので，最終的にはあたる確率はどの市町村に住んでいても等しくなるのである。もう少し具体的に述べてみよう。たとえば「人口260万の大阪市に住むAさん」と「人口17万の和泉市に住むBさん」が確率比例抽出法で標本に選ばれる確率を計算してみよう。

第1段目で大阪市が選ばれる確率は，260万／880万×10で，和泉市が選ばれる確率17万／880万×10よりも多くなっている。しかし大阪市が対象となった場合にその中からAさんが100人に選ばれる確率は，100／260万×10と和泉市の100／17万×10という数字よりきわめて少なくなっている。全体的には，両者が標本に選ばれる確率は，どちらも1,000／880万であり，同じである。

$$\underbrace{\frac{260万/880万\times 10}{\text{大阪市が選ばれる確率}}}\times \underbrace{\frac{100/260万\times 10}{\text{その上でAさんが選ばれる確率}}}=1000/880万$$

大阪市のAさんがあたる確率

$$\underbrace{\frac{17万/880万\times 10}{\text{和泉市が選ばれる確率}}}\times \underbrace{\frac{100/17万\times 10}{\text{その上でBさんが選ばれる確率}}}=1000/880万$$

和泉市のBさんがあたる確率

この確率比例抽出法は，第1段階で市町村（各投票区）の有権者数に比例した確率（当る率）で市町村（割当て地点）を抽出し，第2段階ではその市町村から有権者数に関係なく系統抽出法で個人を抽出する方法である。この方法の最大のメリットは，調査作業が極めて効率的におこなえるという点である。例えばゼミや調査実習等の受講学生が何人いるかを考慮して，調査作業を学生ごとに均等に分配できるというメリットもある。上記の大阪府民調査の例でいうと，10人の学生がそれぞれ担当する市町村で100サンプルずつ個人を訪問するといったように割り当てる（＝学生の負担を均等にする）ことが可能となるのである。このことは，調査員を使う面接調査ではきわめて大きなメリットとなる

(前節155頁参照)。しかし同時に，1段ごとにサンプリングによる誤差が入るため，単純無作為抽出法よりも誤差が大きくなることが避けられないというデメリットがあることも忘れてはならない点である。

④層化抽出法・層化多段抽出法

これまでのサンプリング手法は主として，精度を犠牲にして調査や作業のやりやすさを追求した手法であったが，層化抽出法はそれとは逆に精度を高める目的から考えだされた手法である。例えば，ある大学で各学部ごとに学生のアルバイトの実態がどのように異なっているか知るための調査を実施しようとした場合のことを考えてみよう。調査設計段階で，「学生アルバイトの実態は，男女間で，また理系と文系の学生間で，その実態が顕著に異なるのでは」という仮説を考えていたとしよう。そうした場合大学生を単純無作為抽出法で標本抽出するよりは，あらかじめわかっている各学部の学生数や男女比率に基づいて層化し，各層毎に母集団の構成比率と同じだけの標本を抽出した方が，標本と母集団の学部男女比率は正確に一致し，それだけ精度は高くなるのである。すなわち，層化抽出法は母集団についての予備知識を有効に利用して，サンプリング精度を高めようとする手法なのである。この方法は，通常多段抽出法と組み合わせて，全国調査をする場合によく使用される。次頁に挙げる「国民性調査」や官庁・新聞社などが全国で実施する調査のほとんどはこの層化多段抽出法が使われている。

（2）サンプリング台帳について

サンプリングには，母集団の成員をもれなく重複なく記載した名簿が必要となる。それは一般にサンプリング台帳と呼ばれているが，記録されている内容が，実際の成員を忠実に反映している新しい名簿であることが望まれる。

具体的には，住民基本台帳・選挙人名簿・官公庁の職員録・企業の社員録・町内会長名簿・学生名簿・同窓会名簿等の名簿がよく使われている。ここでは学術調査等で一般的によく使われる住民基本台帳と選挙人名簿をよりくわしく解説しよう。

第5章　サンプリングという発想

> **コラム**

◆層化多段抽出法──「日本人の国民性調査」のサンプリング

「日本人の国民性調査」は、統計数理研究所が日本人の意見、社会的態度を明らかにするという目的で1953年以降5年おきに実施している全国調査である。この調査では20歳以上の全国民を母集団として、選挙人名簿からサンプリング（層化3段抽出法）を実施し、面接調査がおこなわれてきた。ここでは、西平重喜氏が1963年に実施した第3次調査の層化多段抽出法と現在の抽出方法（第12次調査2008年実施）を紹介してみよう。

〈第3次調査のサンプリング〉

(A) はじめに全国の市町村を国勢調査データに基づいて層別する。1963年当時3,331の市区町村があったが、それを　1) 人口規模　2) 地方性　3) 産業構成の3点に注目して層別した。この時の調査では3,600サンプルをとり、1地点で平均20サンプルを調査することにしたから、180地点を抽出した。このため市区町村を180層に分け、各層に比例割当でサンプルを分配した。

(B) つぎに第1段サンプリングをおこなう（＝市区町村を抽出）。各層から1市区町村を、各市区町村の人口に比例する確率を与えて抽出する。

(C) こうして抽出された180市区町村に、投票区別有権者数一覧を送ってもらう。そうして各市区町村ごとに、投票区の有権者数に比例した確率で1つの投票区を抽出する。（第2段サンプリング＝投票区を抽出）

(D) 調査員が180の市区町村役所で、上記の投票区の選挙人名簿を閲覧し、等間隔サンプリングにより指定された人数のサンプルを抽出する（第3段サンプリング＝個人を抽出）。

詳細は、西平重喜 1985『統計調査法　改訂版』培風館、58〜62頁を参照されたい。

第12次（2008年）国民性調査の層別の概要

		市区町村数	地点数	有権者数	割当てサンプル数
全国	区部	137	64	18,447,673	1,268
	市部 人口10万人以上	87	74	21,606,298	1,486
	市部 人口10万人未満	548	92	26,812,158	1,844
	郡部	2,491	68	19,738,853	1,357
	沖縄	28	2	658,264	45
合計		3,291	300	87,263,246	6,000

出所：統計数理研究所, 2009『国民性の研究　第12次全国調査』。

〈その後のサンプリング法の修正〉

その後層化方法については1983年（第7次）・1988年（第8次）・2008年（第12次）調査時に修正されてきた。1983年調査では，サンプル6,000，「人口規模」「地域性」の2点により56層に層化，1988年調査では，サンプルが6,000で，「人口規模」という点のみで5層に層化，と修正されてきた。2008年に実施された第12次調査では，第8次調査で人口20万未満とされていた層を人口10万以上と人口10万未満の2層に細分化し6層によって，全国400地点，6,400サンプル（1地点16名）という層化二段抽出法が使われている（前頁の表参照）。　　　　　　　　　　　　　　　　(S. O.)

―――――――――――――――――――――――――――――――――――

①サンプリング台帳としてよく利用される公的名簿

〈住民基本台帳〉

　市役所の市民課等で取り扱っている住民票の原簿である。最近では，住民基本台帳ネットワークとしてコンピューター化もされている。市の委託調査の場合には，市民課がコンピューターによってランダム・サンプリングをできるプログラムを用意している場合が多い。住民基本台帳には，基本的に世帯毎に子供から老人まで全世帯員のデータが記載されている。そのため世帯単位のサンプリングや世帯主を対象とした調査，19歳以下を対象に含む調査の場合には適している。住民基本台帳の閲覧は，基本的に有料で閲覧ができるが（市場調査ではよくこの有料の閲覧システムが利用されている），学術調査の場合には料金が免除される場合もある。住民基本台帳のファイリングの仕方は役所毎に異なっている。世帯毎に連続してまとめられている場合もあれば，1世帯1ページに整理されている場合もある。後者の場合のサンプリングでは，1連番号が想定できないため（1ページに記載される世帯員数が異なるため），結果的にページ数をベースに系統抽出をせざるを得なくなる。その場合には，1人世帯が数多く抽出されてしまうといった問題が出てくるので注意が必要である。

〈選挙人名簿抄本〉

　その点，基本的に20歳以上の男女を一連番号として想定できる選挙人名簿抄本の方が，サンプリング作業は簡単である。市民意識調査の場合に乳幼児や小学生の意見を聞くことは少ないので，それらが排除されている（有権者だけが

記載されている）選挙人名簿は，母集団の意味からも重宝といえる。選挙人名簿は，衆参議員・都府県議員・市町村議員・府県知事・市町村長等の選挙の時に，選挙管理委員会が作成する有権者名簿である。選挙の時に郵送されてくる葉書の原簿となっているものである。選挙人名簿に書かれてある情報は，基本的に氏名・性別・生年月日・住所の4項目である。選挙権がないものは除外されているので，例えば転入後3か月に満たない市民等は含まれないという点は確認しておかなければならない。選挙人名簿は，自治体の選挙管理委員会に保管されている名簿である。学術調査の場合には，基本的に申請書と調査概要を記入した書類を提出することによって閲覧が可能となる。

②閲覧制度見直し問題と住民基本台帳法等の改正

住民基本台帳は，前身の住民登録法（1951年制定）以来，それを引き継いだ住民基本台帳法（1967年制定）においても，「住民票の記載事項には，個人の秘密に属するような事項は含まれていないと考えられていた」ために，原則として何人もその写しを閲覧できるとされてきた（同法11条）。その後プライバシー意識の高まりを受けて，1985年の同法改正によって，閲覧目的によっては市町村長が閲覧請求を拒むことができるようになり，閲覧の対象も氏名・生年月日・性別・年齢の4項目に制限されるようになっていた。その後，民間業者による営業活動の一環としてのダイレクトメールの送付リスト作成のための大量閲覧が問題視されるようになり，閲覧制度を悪用して母子家庭を狙った犯罪が2005年3月に起こったこと，さらに2005年4月に施行された個人情報保護法（個人情報の保護に関する法律）も大きな要因となって，学術目的であっても住民基本台帳，選挙人名簿の閲覧を拒否する自治体が出はじめていたのである。

2005年5月から10月にかけての総務省の検討会は，こうした背景のもとで住民基本台帳等閲覧制度の見直しが検討されたのである（総務省「住民基本台帳閲覧制度等のあり方に関する検討会」，2005年）。このことは，社会調査を実施する我々にとっては，大きな危機でありヤマ場でもあったのである。日本社会学会や社会調査士資格認定機構（現：社会調査協会）をはじめとする関連学会では，総務省に対して要望書やパブリックコメントを提出し反対した。

第Ⅱ部　調査票調査の方法

　総務省最終報告書とそれに基づく2006年11月に改正された住民基本台帳法および公職選挙法では,「原則公開」とされていた住民基本台帳および選挙人名簿抄本の閲覧を「原則非公開」と大きく方針転換が図られた。しかし,社会調査を実施するうえで不可欠なサンプリング台帳作成のための閲覧については,公益性が高いものとして引き続き認められることになった。住民基本台帳法（第11条の2の第1項）で,学術的な社会調査の「公益性」が評価されたことは特筆すべきであろう。選挙人名簿の閲覧は,「統計調査,世論調査,学術研究その他の調査研究で公益性が認められるものの<u>政治または選挙に関するものを実施するために閲覧することが必要である旨の申出があった場合に限られる</u>ことになった（公職選挙法第28条の3）。実際の運用に関しては,基本的に各市町村の判断に任せられるため,今後どのように運用されているかの実態を把握していく必要があるだろう。関係学会の努力もあって,サンプリングのための閲覧について継続して認められたとはいえ,公的名簿がなかなか使用できにくくなってきていることは確かな事実である。

　＊出所：日本学術会議社会学研究連絡委員会 2005『学術調査と個人情報保護──住民基本台帳閲覧問題を中心に』,日本世論調査協会 2006「『住民基本台帳の閲覧制度等のあり方に関する検討会報告書』について」,長谷川公一 2008「調査倫理と住民基本台帳閲覧問題」『社会と調査』創刊号,社会調査士資格認定機構,23～28頁。

（3）実際のサンプリング作業──関西ニュータウン調査のサンプリング事例

　ここでは,住民基本台帳法・公職選挙法が改正される前の2004年に実施した関西ニュータウン調査で実施した選挙人名簿を使った大規模なサンプリング作業を紹介することによって実際のサンプリング作業がどのように実施されるのかを概説してみよう。

「関西ニュータウン比較調査」：関西学院大学21世紀COEプログラム『人類の幸福に資する社会調査の研究』2003年度指定研究
調査対象：関西の開発面積500ha以上の8つのニュータウンに居住する有権者

第5章 サンプリングという発想

サンプリング方法:選挙人名簿による系統抽出法
調査方法:郵送法による質問紙調査
調査期間:2004/2/14〜3/15

国土地理院承認 平14総複 第149号

表5-2 関西ニュータウン別国勢調査人口・サンプル数・回収数・率

ニュータウン (NT)	まちびらき 年	NT国勢調査人口[1] (2000年20歳以上)	サンプル数	回収数	回収率
千　里	1962	81,280	800	258	32.3%
泉　北	1966	115,753	1,000	332	33.2%
トリヴェール和泉	1992	5,400	400	150	37.5%
須　磨	1967	56,628	600	201	33.5%
西　神	1982	37,954	500	197	39.4%
北摂三田	1981	26,136	500	202	40.4%
洛　西	1976	26,285	500	148	29.6%
平　城	1972	25,871	500	178	35.6%
全　体		375,307	4,800	1,685	35.1%

注:1) ニュータウン人口は,2000年度国勢調査町丁字等別人口(20歳以上)をもとに作成した。
　　2) 各ニュータウンのサンプル数については以下の原則に従って決定。〜19,999人(400サンプル)・20,000〜39,999(500)・40,000〜59,999(600)・60,000〜79,999(700)・80,000〜99,999(800)・100,000〜119,999(900)・120,000〜(1000)

167

第Ⅱ部　調査票調査の方法

表5-3　選挙人名簿閲覧に関する申請状況と標本抽出作業の実態

NT		閲覧申請先　[閲覧場所]（抽出サンプル数）	申請様式[1]	調査説明書[2]	名簿記載様式	1ページあたりの記載人数	抽出間隔数（計算上の間隔）
千	里	豊中市役所（256）	○	要	住所順	20名	100
		吹田市役所（544）	○	不要	住所順	20名	100（ 96.8）
泉	北	堺市役所（1,000）	○	不要	住所順	30名	120（112.0）
和	泉	和泉市役所（400）	×	不要	住所順	25名	25（ 20.6）
須	磨	神戸市役所[3][北須磨支所]（600）	○	要	住所順	50名	100（ 90.2）
西	神	神戸市役所[西区役所]（500）	○	要	住所順	50名	100（ 79.5）
三	田	三田市役所（500）	○	要	名前順	28名	84（ 76.8）
洛	西	京都市西京区役所（500）	○	要	住所順	30名	60（ 53.9）
平	城	木津町役場（125）	×	不要	住所順	20名	80（ 68.9）
		精華町役場（40）	○	要	住所順	20名	100（ 94.0）
		奈良市役所（355）[4]	○	不要	住所順	20名	60（ 58.2）

注：1）　閲覧申請に際して，申請様式が自治体で準備されていた場合を○，準備されていない場合を×とした。今回の調査では，申請書類の準備がされていない自治体の場合，京都市の書式に従った。
　　2）　閲覧申請に際して，調査概要を記入した書類の提出が必要だったかどうかを示している。
　　3）　神戸市では，次年度以降は，選挙以外の閲覧申請を禁止する方向だと指摘された。
　　4）　奈良市では，学術調査であっても調査による選挙人名簿閲覧は禁止と断られた。研究メンバーに奈良県職員がいたため，奈良県土木部住宅課との共同調査ということで，奈良県から閲覧申請書を提出することによって閲覧が許可された。また，閲覧作業時に，奈良県職員の同席も求められた。

①母集団・サンプル数の確定

　ニュータウン住民は，市町村人口と必ずしも一致していない。また千里ニュータウン（豊中市・吹田市）・平城ニュータウン（奈良市・木津町・精華町）のように，複数の市町にまたがって構成されている場合もある。そのためニュータウン住民を母集団とするためには，ニュータウンに該当する町丁字を特定しニュータウン人口を確定する必要がある。表5-2は，2000年国勢調査町丁字人口集計をもとに20歳以上人口を集計し，ニュータウン住民としての母集団を確定したものである。サンプル数については，研究費の予算規模とニュータウン間の比較分析を考慮して，ニュータウンの人口規模に応じて決定した。

②選挙人名簿の閲覧申請

　表5-3は，選挙人名簿の閲覧申請をした市役所・町役場の一覧である。そ

れぞれの自治体により，閲覧申請の情況が異なっている。表にも示されるように，「閲覧申請書の書式が決定されているか」「調査説明書の提出を要求されるか」等の違いが存在している。

通常の手続きに加え，特別な申請を必要とされたのは，神戸市と奈良市であった。神戸市では，事前に調査内容の審査を受けなければならなかった。審査の際に提出した書類は，「調査企画書（調査票）」「調査主体の説明書」の2点である。審査の結果，神戸市選挙管理委員会事務局の了承を得た後，閲覧希望区に申請書類を再度提出することによって，最終的に閲覧が可能となった。

奈良市では，調査実施を目的とした選挙人名簿閲覧はすでに禁止されていた。「奈良市選挙人名簿等の抄本の閲覧に関する事務処理要綱（第2条）」によると，国や地方公共団体等がおこなう調査や報道機関の公共目的のための利用は認められているが，学術調査への利用は認められていないのである。今回はCOE研究会メンバーとして奈良県庁職員の方が参加していたため，奈良県との共同調査ということで閲覧が可能となったのである。

③サンプリング作業の日程調整

今回の調査では，郵送調査を2003年度内に終了する必要があり，サンプリング作業を1月中に終え，郵送作業を遅くとも2月の初旬には開始したいと考えていた。しかし大阪府では2004年2月1日に知事選挙がおこなわれることになっていたのである。選挙前の1か月間はどの選挙管理委員会においても名簿閲覧ができなくなる場合が多いので，サンプリングの実施が不可能となる。

そのため堺市役所（12/17），吹田市役所（12/22）を12月に，和泉市（2/9），豊中市（2/10）を府知事選後の2月に実施することになった。このように選挙人名簿を利用したサンプリング計画する場合には，選挙の動向には特に注意を払って作業計画を立てるべきである。

最も抽出数の多かった堺市（1,000サンプル）の抽出には，午前9：00～12：00に学部生4名，午後1：00～3：00学部生3名で抽出作業が終了した。市役所が始まる朝一番から作業を始めるようにすれば，作業を1日で終わらせることは可能であろう。以上の実例は，サンプリング日程計画を策定するにあたって

参考となるだろう。

④実際のサンプリング作業

まず，サンプリング作業をおこなうにあたって必要なものは (1) 投票区別町名一覧表，(2) 投票区別有権者数一覧表，(3) 住宅地図，(4) 電卓，(5) 記入用紙（転記が完了するとサンプリング原簿となる），である。(1)と(2)は当日，選挙管理委員会に行って見せてもらうことができる。住宅地図もたいていの選管には置いてあるので，見せてもらうことが可能である。今回は，等間隔抽出法（系統抽出法）を用いてサンプリングをおこなった。これは，スタート番号のみを乱数表で決め，残りの標本は等間隔に選んでいく方法である。具体的な流れを須磨ニュータウンのサンプリング作業（サンプル数600）を事例に説明してみよう。

1) ニュータウン有権者数の確定

神戸市北須磨支所選挙管理委員会で見せてもらった，(1) 投票区別町内一覧表と (2) 投票区別有権者数の2つの資料を使って，須磨ニュータウンに該当する町丁字を含む投票区を選び出す（12投票区）。そのうち投票区内にニュータウン以外の地区を含む投票区（4投票区）から地区外の有権者数を引き，須磨ニュータウンの有権者数（54,093）を確定する。

2) 抽出間隔の決定

有権者数を必要サンプルで割り計算上の抽出間隔を計算する。

> 54,093人（須磨NT有権者数合計）÷600（必要サンプル数）＝90.2≒100

須磨区の選挙人名簿は，表5-4に示されるように1ページあたり50人の有権者が記載されている。そのため，計算で得られた抽出間隔数（90.2）に近い，50の倍数（50×2）である100を抽出間隔数として採用することにした。こうすることにより，最初に抽出した場所のnページ後の同じ場所の人が次の抽出対象となるため，転記の作業効率が格段に良くなるのである。

乱数表を使いスタート番号を決め，間隔100で対象者をきめ，氏名・性別・生年月日・住所の4項目を，事前に用意した転記用紙（1ページに20名分記入欄）に書き写していった。転記の際には，直前のサンプルと同じ住所の箇所を

「〃」で省略し，番地など変化した部分だけを転記する方法を用いた。こうすることにより，かなり効率よく転記作業を進めることができた。

3）転記作業上の問題の克服と工夫

今回のサンプリング作業では，いろいろな問題に直面しそれらに対応していった。表5-3にも示されるように，選挙人名簿の記載方法は自治体ごとに多様である。三田市の選挙人名簿は，住所順ではなく氏名に基づいた50音順で記載されており，住所には規則性がなくバラバラであった。そのため，転記箇所の省略が不可能であり，すべての住所をそれぞれ記入しなければならず，他よりも多くの転記時間がかかってしまった。

また，洛西ニュータウンのある京都市西京区の選挙人名簿には，集合住宅に住んでいる人の住所の欄に棟番号・部屋番号が記載されていないという問題が存在した。そのため，住宅地図を使って一人ひとり名前を確認し，住所を完成させる作業を繰り返した。この作業によって特定出来ない対象者数はかなり減った。それでも洛西ニュータウンでは，21通が宛先不明で返送されてきた（泉北・西神NT：各4通，千里・平城・須磨NT：各3通，三田NT：1通 8ニュータウン合計39通であった）。

このように，実際のサンプリング作業では予期せぬ問題が発生してくる場合が多々ある。そのような場合は，臨機応変な対応や工夫が必要となるのである。今回おこなったサンプリングの際の工夫としては，明治生まれを抽出しないという原則を採用したことも指摘しておこう。これは，サンプリンク当時（2004年），明治生まれは最低でも93歳であり，調査回答・回収が困難であろうと判断したからである。明治生まれの対象者にあたった場合は，次の人を転記するというマニュアルで作業を進めたのである。

　　＊出所：大谷信介編 2006『ニュータウン住民の生活行動とネットワーク――「関西ニュータウン比較調査」報告書（2）』関西学院大学社会学部大谷研究室。
　　大谷信介編 2005『ニュータウン住民の住居選択行動と生活実態――「関西ニュータウン比較調査」報告書』関西学院大学社会学部大谷研究室。

（大谷信介）

第Ⅱ部　調査票調査の方法

コラム

●住宅地図を使ったサンプリングの可能性

　公的名簿が利用しづらくなってきたことは，社会調査を実施するうえでは深刻な問題である。ここでは2005-2008年科学研究費基盤研究（A）「危機的調査環境下における新たな社会調査手法の開発」（研究代表者：大谷信介）の研究成果をもとに，住宅地図を使ったサンプリング方法の可能性について考えてみよう。

①ゼンリン住宅地図はどのように作成されているか
- 表札・看板等の公開情報を集めて住宅地図が作成されている（公開情報を取得して住宅地図を作成することは法的に問題無し）
- 情報収集のために，全国約80の拠点，1,200人の調査員を配置し調査を実施
- 公開情報が無い建物には，住人に対して聞き取り調査を実施
- 人が住んでいることが確認できない場合は「空家」として処理
- 住民から調査拒否，掲載拒否の申し出があれば掲載しない
- 住宅地図は市区町村単位でほぼ毎年出版。日本全土の99％をカバー
- 住宅地図上の名称のない建物＝1）公開情報が入手できなかった場合，2）調査拒否・掲載拒否，3）倉庫，駐車場・駐輪場など住宅ではない建物
- 地図上に記入される名前＝原則として世帯主。世帯主と判断ができない場合（表札が複数出ている等）はすべて名前を掲載
- 一戸建ては地図面に，共同住宅は巻末の別記情報に名前が記入されている

②住宅地図のサンプリング台帳としての利用可能性：高松市事例調査
A）住宅地図でどの程度世帯を把握できるのか

住宅地図から把握できる建物（部屋）数と国勢調査世帯数の比較

	一戸建て	共同住宅	合　計
住宅地図	87,662（67.0％）	43,083（33.0％）	130,745（100％）
国勢調査	80,231（62.4％）	48,358（37.6％）	128,589（100％）

　注：2005年国勢調査の数字は「長屋建て」は一戸建ての数字に組み入れた。
　　　住宅地図の一戸建ては「住宅地図に書いてある名前の数」，共同住宅は，巻末別記情報の「人の名前の書いてある部屋の数」を集計した。

　2005年7月に製品化された高松市電子地図と2005年国勢調査データを比較してみると，一戸建てでは住宅地図の方が7,431世帯多く，共同住宅では国勢調査の方が5,275世帯多くなっている。仮説的原因としては，一戸建てに関しては，電子地図では，

「地図上の名前のある建物数」ではなく,「地図上書かれている名前の数」がデータベースとして集計されているためであり,共同住宅では,管理人による拒否,オートロック等で調査不可能なマンションが数多く存在すること等が原因として考えられる。

住宅地図上の名前表記

	姓・名が記載	姓のみ	その他	合　計
一戸建て	71,154 (81.2%)	16,494 (18.8%)	14 (0.02%)	87,662 (100%)
共同住宅	10,687 (24.8%)	32,357 (75.1%)	39 (0.1%)	43,083 (100%)
全　体	81,841 (62.6%)	48,851 (37.4%)	53 (0.04%)	130,745 (100%)

注:「その他」は,個人の名前か事業所名か判別できないケース。
　　姓名表記では,ほとんど(97%)が漢字表記で,カタカナ(2.6%)・ひらがな(0.3%)・アルファベット(0.1%)表示はきわめて少なかった。

住宅地図には,一戸建ての81.2%,共同住宅の24.8%に姓名が記入されていた。注目されるのは姓までならほとんど100%に近く把握できるという点であり,すべての住所も確認できることを考えると,何らかの工夫をすれば十分サンプリング原簿として使用可能といえるだろう。

B) 選挙人名簿抽出標本の住宅地図での照合分析

高松市で実際にサンプリングした標本を,住宅地図によって照合分析した。

高松市サンプリング概要
　　場　所:高松市選挙管理委員会(高松市市役所内)　実施日:2005年9月20日・21日
　　母集団:高松市全域の選挙人名簿に記載されている有権者　269,170名
　サンプル数:500　　抽出方法:系統抽出
　閲覧転記項目:住所　名前　性別　生年月日
　＊2005年9月11日に総選挙が実施された直後の名簿であり,比較的精度の高い名簿であった。

選挙人名簿抽出サンプルと住宅地図との照合結果

	住所・姓とも一致	住所一致・姓不一致	住所不一致	合　計
一戸建て	289 (79.8%)	31 (8.6%)	42 (11.6%)	362 (100%)
共同住宅	69 (50.0%)	36 (26.1%)	33 (23.9%)	138 (100%)
全サンプル	358 (71.6%)	67 (13.4%)	75 (15.0%)	500 (100%)

注:名前の一致は,姓のみが一致している場合は一致とした
　住所不一致:住所自体が確認できなかった標本=75標本 (15.0%)
　「番地なし」:住宅地図上で番地がまったく書かれていないケース=46標本
　「番地違い」:サンプルの住所と住宅地図表記が異なった標本=29標本
　住所一致・姓不一致:住所は一致したが名前が一致しなかった標本=67標本 (13.4%)
　「空白」:サンプルの住所がある建物(部屋)に記入なしの標本=38標本
　「異なった表記」:建物に表記されている名前が異なっていた標本=29標本
　住所・姓とも一致:住宅地図で確認がとれた標本=358 (71.6%)

第Ⅱ部　調査票調査の方法

　確実に住所と姓が一致し確認が取れたサンプルは，500標本中358（71.6％）であり，一戸建てで約8割共同住宅5割という結果であった。この照合作業では，住宅地図上に番地が書かれていない場合や，たとえば番地が1-2が1-3となっているといった微細な違いも厳密に不一致として扱った結果である。その点を考慮すると住宅地図は，工夫すればサンプリング台帳として使えると評価することができるだろう。

　③住宅地図を使ったサンプリング調査の実験的試み：西宮市マンション調査
　ここでは，2008年にマンション居住者を対象として西宮市で実施した調査を紹介してみよう。
　A）住宅地図別記情報からマンションデータベースの作成
　西宮市住宅地図の別記情報に記載されている情報（マンション名・住所・階数・総戸数・入居世帯数）と地図面の住所情報をすべて入力することによって「西宮マンションデータベース」を作成した。

	1・2階	3階	4階	5階	6～10階	11階～(最高31階)	合　計	階数不明	総合計
度数	1,682	2,627	1,077	876	715	158	7,135	43	7,178
％	23.6％	36.8％	15.1％	12.3％	10.0％	2.2％	100.0％		

　その結果公的データでは全く把握することができなかった，「西宮市には，7,178棟のマンションが存在する」という事実を把握することが可能となった。また西宮市には，3階建てのマンションが全体の36.8％と最も多く，最も高いマンションは31階建てのマンションであるといった状況が把握できるようになったのである。
　B）国勢調世帯比率を使った〈割当法〉によるサンプリング
　住宅地図別記情報をサンプリング台帳として，「国勢調査共同住宅世帯比率」を使った〈割当法〉によって，サンプリング作業を実施した。国勢調査では，共同住宅を階数別（1・2階，3～5，6～10，11～14，15階以上）および居住形態別（持家，民営の借家，公営・公社，給与住宅）に集計している。それぞれ世帯数比率をもとに，マンション・データベースと別記情報を使って，調査対象マンションと対象者をサンプリングした。
　C）郵送・訪問・ポスティング法による実査作業と回収状況
　西宮市内の共同住宅のうち，1・2階建の共同住宅を〈アパート〉，3階建以上の共同住宅を〈マンション〉と位置づけ，それぞれ別の方法によって調査を実施した。それは〈アパート調査〉の回収率が低いと予想されたためである。以下は，調査方法の概要と回収状況である。
　【調査方法】
　　マンション調査：冊子形式の調査票による訪問依頼・郵送・ポスティング
　　アパート調査：はがき形式の調査票によるポスティング

第5章　サンプリングという発想

【回収分析標本数・回収率】
　マンション調査：全体　843票／3,779票（回収率 22.3％）
　アパート調査：全体　121票／1,381票（回収率 9.0％）

【マンション調査の配布方法別回収率】

郵　送	訪　問	ポスティング	合　計
161/746 (21.6％)	228/460 (49.6％)	454/2,573 (17.6％)	843/3,779 (22.3％)

【マンション調査における訪問法の受け渡し成功率】

成　功	不　在	拒　否	総チャレンジ数
460 (27.4％)	909 (54.2％)	308 (18.4％)	1,677 (100％)

　ポスティング法のみで行った〈アパート調査〉では，9.0％というきわめて低い回収率であった。冊子形式の調査票で実施した〈マンション調査〉では，配布方法別に，郵送法21.6％，訪問法49.6％，ポスティング法17.6％という回収率であった。訪問法では，1677回の総訪問数（総チャレンジ数）のうち，909回が不在であり，308回が調査拒否で，460回（27.4％）で受け渡しに成功していた。

　マンション調査では，おおよそ4回に1回の訪問で調査票を受け渡すことができ，その約半数を回収できるという実態であったといえるだろう。いずれにしても，住宅地図をサンプリング台帳として使用し，標本調査を実施することが可能であることは，証明できたといえるだろう。

　マンション調査の詳細については，以下の文献を参照されたい。

出所：大谷信介編著 2012『マンションの社会学──住宅地図を活用した社会調査の試み』ミネルヴァ書房。
　大谷信介 2010「住宅地図を使ったサンプリングの可能性：高松市住宅地図分析」『松山大学論集』21巻4号，195〜208頁。

(S. O.)

第6章

調査票調査のプロセスとデータ化作業

要点 この章では今までに触れてきた調査票調査の方法を，実際の調査プロセスの中で概観してみたい。まず，調査票調査の流れを段階ごとに整理するとともに，そのプロセスで必要な作業についてまとめてみよう。前半では，調査方法の種類と特徴を整理し，調査設計段階でどのような基準から調査方法が検討されるべきかを考察する。また後半では，収集した調査票をデータとして分析するまでのエディティング，コーディング，データ入力，データクリーニング等の作業過程での注意点を整理する。

▶キーワード
調査プロセス，面接調査，留置調査，郵送調査，集合調査，回収率，エディティング，コーディング

1 調査票調査の種類とプロセス

(1) 調査票調査の流れ（プロセス）

第5章までに整理してきた調査票調査の方法を，調査プロセスの流れの中で整理すると，1：調査企画段階→2：調査設計段階→3：実査段階→4：調査票のデータ化段階→5：データ分析・公表段階という5つの段階に整理することが可能である（表6-1参照）。

〈1：調査企画段階〉

この段階は，第2章でくわしく述べた「問題意識に基づいて調査テーマを決定していく段階」である。この段階では必ずしも調査を実施するかどうかは決定してないが，「先行研究のフォローと検討」，「既存の統計データの加工・分析」，「過去の調査のフォローと検討」といった一連の既存資料の発掘調査を繰

り返しながら調査テーマを絞り込む作業が行われる段階と位置づけられる（表6-1参照）。

〈2：調査設計段階〉

この段階は「調査テーマに基づき，調査方法を決定し，仮説構成を考えながら調査票を作成していく段階」である。具体的には，(1)必要に応じて予備調査（コラム参照）をおこないながら調査対象・方法＝調査対象地・母集団・全数調査か標本調査か・サンプリングの方法（第5章）・配布回収の方法（第6章）を具体的に決定する。(2)第3章で説明した「社会調査の基本ルールと基本の道具＝概念の操作的定義・変数・仮説」を使って，仮説構成をしながら質問項目を決定する。(3)その質問項目を，第4章で詳細に説明した「調査票のつくりかた＝ワーディング・選択肢・質問の順番」の原則に従って，プリテスト（コラム参照）を実施しながら調査票を完成させる段階である。この調査企画・調査設計の2つの段階は，作業量はさほどでもないが重要度は極めて高く，調査の成否の約8割はこの段階で決まると言っても過言ではない。

〈3：実査段階〉

この段階からは，作業が中心となるが，その内容は調査方法ごとに異なってくる。調査票印刷（印刷機で印刷または印刷屋に出す）や「調査の手引き」（作業の流れや担当者・調査員の配置等をまとめたマニュアル）の作成等は，どの調査でも必要な作業である。

標本抽出が必要な場合：サンプリング作業が必要となる。この作業は，サンプリング台帳（住民基本台帳・選挙人名簿・同窓会名簿等）から，抽出方法を決め，用紙（調査対象者名簿）に転記する作業である（第5章）。

郵送調査の場合：料金受取人払の申請・封筒の調達・往信用封筒の宛名書き作業・返信用封筒の印刷・〆切り日が記入された挨拶文の作成・調査票や返信封筒等の封入作業・督促状（葉書）の文面作成と宛名書き作業等，多くの作業過程が存在している。このように郵送調査は投函するまでの作業量は膨大ではあるが，あとは返送を待つだけなので全体的労力としては楽な面もある。

面接調査・留置調査の場合：調査本部や連絡体制の整備・住宅地図の用意・

第Ⅱ部　調査票調査の方法

表6-1　調査票調査のプロセス

1：調査企画段階
調査テーマを確定する：問題意識・既存資料の発掘調査（第2章）
2：調査設計段階
調査方法を決定する：調査対象・母集団・サンプリングの方法・配布回収方法・予備調査（第5・6章）
仮説構成を考えながら質問項目を決定する：概念の操作的定義・変数・仮説（第3章）
調査票を作成する：ワーディング・選択肢・質問の順番・プリテスト（第4章）
3：実査段階
実査準備作業を行う：調査票印刷・調査の手引き作成等
サンプリング作業を行う：調査対象者名簿・転記（第5章）
郵送作業を行う：宛名書き・返信封筒印刷・挨拶文・督促状（第6章）
実地調査を行う：住宅地図の用意・個別訪問
4：調査票のデータ化段階
エディティングを行う：調査票のチェック・回収分析標本の判断（第6章）
コーディングを行う：コーディング表・マニュアルの作成・転記ミスチェック（第6章）
コンピュータ入力：SPSS等のソフト・入力ミスチェック（第6章）
データクリーニングをする：単純集計・記述統計によるチェック（第6章）
5：データ分析・公表段階（第7章）
クロス集計・仮説検証・統計的検定（第7章）
エラボレーション・擬似相関・多変量解析（第7章）
レポート・論文作成・調査報告書印刷

調査員のインストラクション等を実施し，個別訪問によって実地調査を行う。

またどの調査方法においても，調査前に調査依頼状（葉書の場合が多い）や調査後に調査協力お礼状（単純集計結果を同封する場合もある）を郵送することも検討する必要があるだろう。

〈4：調査票のデータ化段階〉

この段階については，第6章の後半部分で詳細に説明するが，「収集した調査票を，チェックし（エディティング），数字化し（コーディング），コンピュータ（SPSS等のソフト）に入力し，単純集計を基にデータクリーニングをおこないデータとして完成させる過程」である。この過程では，とにかくミスがないことが重要であり，丹念なチェックが必要である。

第6章　調査票調査のプロセスとデータ化作業

> **コラム**

◉ 予備調査とプリテスト

　予備調査はパイロット・サーヴェイとも呼ばれるもので，調査地の概況を把握したり，調査協力体制が得られるように折衝したり，本調査における費用や調査員の管理など運営面に道筋をつけたり，調査に必要な基礎的資料を収集する等の目的のために実施される事前調査のことをいう。したがって，予備調査は，調査対象地や現地の市役所等で行うことになるが，その際に調査テーマにかかわる基礎資料や統計データ（たとえば多くの市役所で発行している『○○市統計書』は大変重宝である）等を収集することも重要である。予備調査で最も重要となるのは，「調査テーマ」をその調査地で実施することの妥当性の判断である。例えばコミュニティ活動に関する調査の場合，問題意識に照らしてその調査地（集団）を調査対象とすることが妥当なのかを十分吟味することが重要である。コミュニティ活動は地域によって多様であり，いろいろな形態で活動が展開されている。町内会がしっかり組織化されている地域もあれば，存在しない地域もある。また公民館で地域活動が展開されているところもあれば，コミュニティセンターの場合もあるといった具合である。町内会が無い地域で町内会参加度等を調査しようとしても意味が無いのは明白である（この点については市役所市民課または地域振興課等の担当部局で聞き取り調査を行う必要がある）。こうした調査テーマと調査対象地の状況を十分考慮しながら，調査設計を再検討していくことが予備調査の重要な役割なのである。

　プリテストは，本調査に先立って，作成した調査票の出来具合をチェックするためにおこなう小規模な事前テストである。調査対象者の属性（性別・年齢他）に近く，積極的に意見や感想を述べてくれるような人を対象としておこなうことが多い。その目的は，実際に使う調査票（質問文）の問題点を検討することである。具体的には「質問文がわかりやすい表現になっているか＝回答しやすいか」，「回答カテゴリー（選択肢）は適当か＝該当しないということはないか」，「質問数や形式は妥当か＝どのくらい時間がかかるか」，「質問の順番・配列は適切か＝キャリーオーバー効果は無いか」，「被調査者はどのような印象を持つか」等が検討項目となる。プリテストの主眼は調査票の最終検討にあるので，必ずしも調査対象地で行う必要はないが，選択肢の項目が調査地の実状に合致しているかという点については常にチェックしなければならない。

　プリテスト段階で，調査票のチェックと共に重要なのが，仮説の再検討という点である。調査終了後のデータ解析段階で必ず思うことは，「あの質問を入れておけばよかった」という後悔である。この後悔を最小限にとどめるためには，「仮説が外れた場合の原因や要因を可能な限り考えておく」ことがきわめて重要である。そのために

もプリテスト段階では,被調査者の意外な反応や対応にも十分目配りしなければならないのである。　　　　　　　　　　　　　　　　　　　　　　　　(S. O.)

〈5：データ分析・公表段階〉

この段階については(第7章)でくわしく触れるが,データを分析し,仮説検証をおこなうとともに,ファインディングスをレポートとしてまとめ,報告書として公表を目指す段階である。分析の基本は,クロス集計が中心となるが,統計的検定（カイ二乗検定）やエラボレーションによる相関関係等の吟味,多変量解析等の技法も駆使して分析する必要がある。

（2）調査票調査の種類と最近の問題状況
①自記式と他記式

調査票調査の種類については,これまで様々な分類方法による整理がなされてきた。調査票を誰が記入するかによる分類（自記式―他記式）,調査の継続性に着目した分類＝パネル調査や継続調査（コラム参照）,配布回収の方法に着目した分類等さまざまであった。ここでは,これまで最も一般的に使われてきた自記式―他記式の分類および配布回収方法に着目した5分類＝「面接調査」「留置調査」「郵送調査」「集合調査」「電話調査」に基づいてその特徴を整理し,近年の調査環境の悪化の状況下でどのような問題を抱えているかについて考えてみよう。

自記式―他記式の区別は,基本的に調査票を記入するのが誰かによる分類であり,被調査者が自ら記入するのが自記式（または自計式）,調査員など他者が記入するのが他記式（または他計式）と言われている。この違いにより調査票の形式自体も変化してくる。他記式の調査票では,提示するカードを用意したり,聞いてわかりやすい質問文を作る等の工夫が必要となる。それに対して自記式の調査票（自記式の調査票を特に質問紙〔questionnaire〕と位置づける場合もある）は,被調査者が自ら質問文を読み回答を記入するため,見てわかりやすい質問文が工夫される必要がある（第4章参照）。他記式の調査票を用いる方法には,

第6章　調査票調査のプロセスとデータ化作業

> **コラム**

◆パネル調査と継続調査

　「パネル調査」とは，異なった時点で同一の被調査者（サンプル）に，同じ質問をし，個人の意見の変化をみようとする調査方法である。この方法は，支持政党調査等によく使われる方法で，どういう人が支持を変えるのかまたは変えないのかを分析したり，前調査と後調査の間に起こった出来事や宣伝がどのように支持政党を変えさせたのかといった分析が可能となる調査方法である。ただ，前調査と後調査とで同一人物によって調査がおこなわれたかどうかを確認することが難しいという難点を持つと言われている。代表的なパネル調査としては，家計経済研究所が1993年以降継続的に実施している「消費生活に関するパネル調査（JPSC）」を挙げることができる。

　「パネル調査」に対して，調査のたびに，対象集団の中から別の被調査者（サンプル）を選びなおして定期的に調査する場合は「継続調査」として区別されている。

　「継続調査」は長期間にわたって，連続的に調査することによって，社会的・政治的意識の変化を分析しようとする場合に適している。代表的な継続調査としては，統計数理研究所の「国民性調査」，内閣府の「国民生活に関する世論調査」，SSM調査委員会の「社会階層と社会移動（Social Stratification and Social Mobility）全国調査」，各新聞社が実施する「内閣支持率調査」などが挙げられる。継続調査を実施する場合の注意点としては，同じワーディングの質問文，同じサンプリング方法を使って調査をすることであり，分析にあたっては標本誤差を十分考慮することが肝要である。

〈参考文献〉
御船美智子・財団法人家計経済研究所編 2007『家計研究へのアプローチ——家計調査の理論と方法』ミネルヴァ書房。
(S. O.)

---

1) 面接調査，2) 電話調査が，自記式の調査票を用いる方法には，3) 留置調査，4) 郵送調査，5) 集合調査が，あげられる。それぞれの調査方法は，それぞれにメリット・デメリットがあり，一概にどの方法が良いとは言いがたい。

②各調査方法（調査モード）の特徴

〈面接調査法〉

　面接調査法は，調査員が被調査者を個別に訪問し，対面しながら質問を投げかけて回答を引き出し，その内容を調査員が調査票に記入していく方法である。被調査者と1対1で直接的なやり取りをすることになるので，本人が回答して

いるか，周囲の人物に影響を受けていないかが確認でき，被調査者が不確かな場合は聞き直すことも可能であり，回答内容の信頼性という観点からは精度の高いデータを得ることが可能である。また調査票では，量的にも質的にも高度な質問を調査することが可能である。しかし反面，調査対象者が第三者（赤の他人）である調査員と対面でのやり取りを重ねる方法であるが故に，調査員の質に左右されやすく，プライバシーにかかわる質問や微妙な問題に対してはスムーズに回答を引き出せなかったり，不正確な回答をされてしまったりする危険性もある。さらに，訪問と面接のために時間と労力がかかるため，調査費用（交通費や調査員の手当，被調査者への謝礼）等コストがかさむ方法でもある。

〈留置（配票）調査法〉

留置（とめおき）調査法は，調査票を対象者のところに留め置くことからその名がつけられている。すなわち，調査員が調査対象者に調査票を直接手渡すなどして配布した上で，一定期間（概ね1週間程度）の間に記入してもらったものを，調査員が後日再度訪問して回収する方法である。この方法は配票調査とも呼ばれ，国勢調査はこの方法によって実施されている。

対象者の都合に合わせてゆっくりと記入してもらえるので，事実関係を確認しなければ即答できないような質問（家計支出に関する質問等）やある一定期間の行動（例えばテレビ視聴行動等）を逐次記録してもらう調査等には適している。また，対象者1人当たりにかける時間が短くてすむ分だけ，面接調査に比べると費用がかからなくてすむ。しかしこの方法の最大の欠点は，調査対象者自身が回答・記入したことの保証がないことであり，他の自記式調査と同様，身代わり回答の危険性がつきまとう点である。回収時に調査員が調査票を点検したり確認することができるので，身代わり回答について確認したり，誤記入や記入漏れをチェクする等の工夫も必要である。調査票の配票または回収のどちらかを郵送で行う方法（郵送調査法の併用）が使われる場合もある。

〈郵送調査法〉

郵送調査法は，調査への協力依頼と調査票の配布及び回収を郵便によって行う方法である。対象者の居住地が遠隔地や広範囲に及んでいても安い費用（郵

送代のみ）と少ない労力で大量に調査できる点が最大のメリットである。自記式調査票を使用するため，調査員の影響は受けないが，回収時にチェックできないので，配票調査法以上に質問文の読み違いや記入ミス・記入漏れ（1頁丸々飛ばしてしまう記入漏れもよくある）が起こりやすくなる。また，回答を本人が書いたのか，周囲の人の影響を受けなかったのかが確認できないという問題がつきまとう。あまり込み入った質問は適さないが，質問量はある程度の分量が調査可能である。

〈電話調査法〉

電話調査法は，対象者に電話でインタビューする方法である。訪問する必要がないので，時間や労力，費用をあまりかけずに，広い範囲で大量に，何よりも短期間で簡単に調査できるのが最大の利点である。選挙時の投票行動調査のように，即時性が求められるような調査には適していると言える。しかし，電話故に質問数が極端に限定されるし，込み入った複雑な質問もできない。電話を持っている人（またはその世帯員），電話番号を公開している人（またはその世帯員）でないと調査対象にすることができない。面接調査と同様に調査員の影響を受けることにも注意が必要である。調査対象者の生活時間に合わせて電話すると比較的回収率が高いとも言われているが，拒否される件数が膨大であることも同時に指摘可能である。

〈集合調査〉

集合法調査は，対象者に1か所に集まってもらい，その場で調査票を配布し，記入してもらってから回収する方法である。学校の生徒や学生，企業の従業員，集団の構成員などを対象とした調査には適しており，それ以外では実際上難しい。調査員の説明が一度に行われるため，調査員の影響が均一化される。しかし，会場の雰囲気や集団的な効果が回答にバイアスを及ぼしやすいという欠点がある。質問量は対象集団の協力の程度にも関係するがある程度の量的質的質問は可能である。おおむね本人が回答したと判断でき，会場が落ち着いていれば回答の真実性もある程度期待できる。時間も費用も労力もかからない低コストの調査方法である。回収率は出席者全員から回収できるので高い。

第Ⅱ部　調査票調査の方法

> コラム

◆日本におけるRDD法の導入と「ポストRDD」問題

　最近の内閣支持率調査や選挙情勢調査では，すべての新聞社（NHKを含む）において，RDD（Random Digit Dialing）法という電話調査が使用されている。最近では「マスコミの電話調査といえばRDD法」といったように，一般化した方法となっている。RDD法は，どのような変遷をたどって導入され，現在どのような問題を抱えているのだろうか？

　2000年以前のマスコミ電話調査では，選挙人名簿から無作為に対象者を選んで電話番号の判明した人に調査する「名簿方式」が主流であった。この名簿方式では，電話帳で電話番号を調べるため，電話帳へ電話番号を掲載している人の割合（掲載率）が，調査の精度を大きく左右していた。それに対して，RDD法は，コンピュータで電話番号をランダムに発生させて世帯番号にかかった場合のみ調査する方法であり，電話番号非掲載者にもアプローチ可能な方法である。

　アメリカで電話調査の主流となっていたRDD法を，日本でいち早く選挙情勢調査に導入したのは，朝日新聞社であった。導入のきっかけとなったのは，名簿方式で実施した1998年参議院選挙予測での失敗であった。その時の民主党の躍進を，名簿方式では予測できなかったのである。

朝日新聞社：1998年参院選での議席推計と結果

	推　計	結　果
自　民　党	59±6	44
民　主　党	19±4	27

出所：松田映二，2003「調査手法転換時の対応と判断」

　選挙予測に失敗した原因については，多角的に考察されたが，最も大きな原因として問題とされたのは，「電話番号非掲載者にアプローチできない」という「名簿方式」の限界であった。その点を検証するために朝日新聞社では，2000年の総選挙時に，300選挙区を全国の縮図となるように，150選挙区ずつ2つのグループに分け，一方を「名簿方式」，他方を「RDD法」で調査を実施した。

　次頁の表には，電話番号非掲載者が多い都市部において名簿方式では，実際より自民党候補者を多く，民主党候補を少なく予測する結果になっていたのに対して，RDD法では，そのゆがみが明らかに少なかったことが示されている。その傾向は都市部ばかりでなく，地方都市を含めた中間部でさえも同様な傾向だったのである（田舎部でRDD法の方が若干誤差が多かったのは，電話による調査を嫌う高齢層の回収が悪くなる傾向があったためと分析されている）。これらの結果は，電話番号非掲載者に民主党支持層が多かったという事実，およびその帰趨が選挙結果に大きな影響力

朝日新聞社：2000年総選挙における名簿方式とRDD法の推計比較表

		都市部			中間部			田舎部		
		推計	結果	差	推計	結果	差	推計	結果	差
自民党	名簿	13.2	9	4.2	31.3	25	6.3	54.4	54	0.4
	RDD	11.1	10	1.1	25.6	23	2.6	56.3	56	0.3
民主党	名簿	6.7	13	6.3	11.1	20	8.9	7.8	10	2.2
	RDD	9.8	11	1.2	16.5	20	3.5	9.5	6	3.5

出所：松田映二，2001「良質な調査結果を得るために」

を持っていたという事実（すなわち，電話番号非掲載者の帰趨を把握できない名簿方式の限界）が明らかにされたのである。

選挙予測の紙面は，これまでのように「名簿方式」をもとに記事が書かれたため，結果として民主党の躍進を読みきれない紙面を発表してしまった（2000年6月20日紙面参照）。しかし，この事実が明らかにされたことにより，その後多くの新聞社や放送局においても，選挙情勢調査に限らずほとんどの世論調査でRDD法が採用されるようになっていった。また「RDD法」が急速に普及した大きな原因は，名簿方式に比べ圧倒的にコストがかからないということも忘れてはならない点である。

それでは，内閣支持率をはじめとする世論調査の主流となったRDD法に，問題点はないのだろうか？ RDD法が最も問題であるのは，「母集団を確定することができない」という点にある。すなわち厳密な意味での「回収率」や「標本誤差」は算出することはできず，統計学的根拠の無い社会調査という根源的批判も存在している。また，将来的に安定した方法でない点も深刻な問題と指摘できるだろう。携帯電話やIP電話といった地域特定コードを持たない（すなわち，選挙区という地域調査が不可能なのである）電話の普及は，固定電話をベースに組み立てられているRDD法にとって精度を下げる大きな問題である。また，ナンバーディスプレイ等の電話番号表示サービスなどで，見知らぬ番号からの電話には出ない人が増加しているという事態も，基本的に非通知通話を前提としているRDD法にとっては調査精度を下げる深刻な問題となっているのである。

現在世論調査の主流のように見えるRDD法も，こうした「電話をめぐる環境」によって大きく左右されているのである。現在では，2000年当時のRDD法に比べ着実に精度が下がっていると考えられる。しかし，速報性とコストの側面でとても都合のいいRDD法にとって代わる新たな方法がまったく見つけ出されていない事も深刻な問題である。「ポストRDD」が現在の大きな課題といえるだろう。

*松田映二 2001「良質な調査結果を得るために（RDD法を採用した経緯）」『新情報』Vol. 85，松田映二 2002「朝日新聞社のRDD調査について」『行動計量学』第29巻第1号，松田映二 2003「調査手法転換時の対応と判断――2000年総選挙と2001年参院選挙の事例」『オペレーションズ・リサーチ』第48巻1号を参照。 (S. O.)

第Ⅱ部　調査票調査の方法

―――― コラム ――――

●調査方式の違いによる回答傾向に関する比較研究

　これまで，異なる調査方式の回答傾向に関する実験的比較研究は古くから数多く実施されてきた。アメリカでは，カリフォルニア州アラメダ郡で実施された面接・郵送・電話調査の比較研究がホヒシュテムによって1967年に報告されている（Hochstim, 1967）。そこでは，「郵送方式では，項目欠測データがかなり多かったが，社会的に望ましくない行動（たとえば飲酒状況）の記入は多かった」等のファインディングスが報告されている。日本においても杉山明子によって，1976年に宮城県で「個人面接法」「面前記入法」「配布回収法」「郵送回収法」の4方式を比較する実験調査が実施されている（杉山明子, 1984）。この調査では，郵送法が面接法と比較して，「中間的な選択肢（どちらともいえない）の回答が高くなる・知識に関する設問では正答率が高くなる」といった知見が報告されている。最近実施された，調査方式間の比較調査の主要なものとしては次のようなものがある。

　統計数理研究所（2001）のRDD法・名簿方式・郵送法・面接法の比較

　統計数理研究所は，「日本人の国民性　2000年度吟味調査」として，「電話法（TD法＝名簿方式・事前依頼あり）［回収率 30％］」，「電話法（TD法・事前依頼なし）［17％］」，「電話法（RDD法）［27％］」，「郵送法［61％］」，「面接法［70％］」を実験的に実施し比較分析をおこなっている。この比較調査では，電話調査の名簿方式とRDDとの差に関する比較が中心課題となっていた。結果としては，「RDD法は，TD法（名簿方式）より近代的・非保守的な選択肢の選択率が高い傾向がある」ことが報告され，そのことが「電話番号掲載者が高齢者，小都市，1戸建て居住者に多い」事と密接に関連していることが理解できる調査報告となっていた。

　NHK放送文化研究所（2010）の面接・配布回収・郵送法の比較

　NHK放送文化研究所は，2008年6月に実施した「日本人の意識調査（個人面接法（回収率＝57.5％））」の時に，「配布回収法（留置）」（70.6％），「郵送法」（68.5％）で同じ質問を使った実験調査を実施した。全体的な調査結果の差は，他記式である個人面接法と自記式（配布・郵送）の間の差が大きかったことが報告されている。主要な違いは，次の5点にまとめられる。

　①回答に抵抗を感じる質問（「宗教や信仰で信じているもの」）で，個人面接法で「特にない」のような回答（「何も信じていない」）や無回答が自記式より多かった。

　②知識を聞く質問では自記式の正答率が高くなる（「憲法で保障された権利」の質問で正解の「生存権」の回答は自記式の方が高かった）。

　③自記式では，極端な選択肢を避け断定的でない選択肢を選ぶ傾向がある。

　男女のあり方（名字）に関する質問

「当然妻が名字を改め，夫の方の名字を名乗るべきだ」
　　　　　　　　　　　　　　　面接（32.5）配布（24.1）郵送（19.5）
「現状では妻が名字を改めて，夫の名字をなのったほうがよい」
　　　　　　　　　　　　　　　面接（24.9）配布（39.0）郵送（36.6）
「夫婦は同じ名字をなのるべきだが，どちらが名字を改めてもよい」
　　　　　　　　　　　　　　　面接（28.3）配布（29.9）郵送（34.4）
「わざわざ一方に合わせる必要はなく，夫婦は別々の名字のままでよい」
　　　　　　　　　　　　　　　面接（11.3）配布（6.6）　郵送（7.5）

④個人面接法で，「社会的に望ましい」選択肢が選ばれやすい傾向がある。（「外国との交流」で「いろいろな国の人と友達になりたい」，「貧しい国の人たちへの支援活動に協力したい」に面接調査で「そう思わない」人が少ない）。

⑤無回答は，全体として個人面接調査の方が多い

内閣府（2011）　面接法とインターネット調査の比較

内閣府は2009年に面接調査法で実施した「国民生活に関する世論調査」と同じ内容のインターネット調査を実験的に実施し，両調査方法の比較分析をおこなった。結果は，ネット調査と世論調査の結果で差異の生じている設問が多かったことが報告されている。その理由として，①ネット調査の対象者が事前に登録されたモニターから抽出されていること，②ネット調査の対象者が必然的にネット利用者に限定されていること，③ネット調査の回答には時間的制限がなくまた自記式であること，が大きく影響していると分析している。そして，「現時点で世論調査がネット調査に置き換えられる可能性はない」と結論づけている。この報告書は，事業仕分けで経費削減だけが強調される状況の中で，内閣府が継続的に実施してきた面接調査がなお重要であることを指摘している点で注目すべき報告書である。

＊Hochstim, J. 1967 "A Critical Comparison of Three Strategies of Collecting Data from Households," *Journal of the American Statistical Association*, 62: 976-989.
＊杉山明子 1984『社会調査の基本』朝倉書店。
＊統計数理研究所 2001『日本人の国民性　2000年度吟味調査報告――電話・郵送・面接調査の比較』統計数理研究所。
＊前田忠彦 2005「郵送調査法の特徴に関する一研究――面接調査法との比較を中心として」『統計数理』53(1)：57～81頁。
＊世論調査部調査方式比較プロジェクト 2010「世論調査における調査方式の比較研究」『年報2010』NHK放送文化研究所。
＊内閣府大臣官房政府広報室 2011『平成21年度調査研究　世論調査におけるインターネット調査の活用可能性――国民生活に関する意識について』。

　　　　　　　　　　　　　　　　　　　　　　　　　　　　　　　　　　(S. O.)

しかし構成員全員が出席すれば問題が無いが,出席率が低いと,まじめな人,積極的な人等に回答層が偏ってしまう危険性があるので注意が必要である。

③インターネット調査の普及とその問題点

近年,調査過程へのコンピュータの導入が積極的に展開されてきている。特にアメリカでは顕著であり,新たな調査手法が開発され実施されるようになっている。

日本においても,市場調査(マーケティング)の領域では,インターネット調査(ウェブ調査)が急速に普及している。その理由は,圧倒的にコストがかからない点である。インターネット調査は,調査会社が募集するモニターに対して行う「クローズド型調査」と,イベント来場者,新聞・雑誌購読者,店舗来店客などを対象に調査依頼をする「オープン型調査」に大まかに分けられる。モニターは基本的に募集に対して自発的に応じた人々であり,調査会社は大量のモニターを募集し,顧客のターゲット層をモニター基本属性のなかから抽出して調査を実施している。また,モニターに対して携帯電話を利用した調査に協力する会員(モバイルモニタ)を登録させている調査会社も存在している。

インターネット調査の最大の問題点は,調査対象がコンピュータでインターネットを使える人に限定される点である(明らかに高齢者は排除されてしまう)。また,調査謝礼の獲得だけを目的にした「調査プロ」がモニターに含まれてしまうといった「モニター管理の困難さ」を指摘することも可能である。

内閣府が実施したインターネット調査と面接調査の比較研究(コラム参照)にも示されたように,現時点でインターネット調査が世論調査に代替可能な調査となることは考えられないが,「以下のような場合には可能性を有している」と考えることはできるだろう。

①例えば「20代男性の生活時間や休日の行動」の実態調査や「あるランクの車種(たとえば「プリウス」)の購買層の嗜好調査といった「特定の層」に着目した実態調査の場合。

②「ある調査者の1週間後,1か月後,1年後の意見や生活行動の変化を把握する」といった「時系列的な変化」に着目した調査の場合。

表6-2 アメリカにおけるコンピュータ支援による調査方式

> (1) コンピュータ支援個人面接方式＝CAPI (Computer-Assisted Personal Interviewing)
>   コンピュータの画面に質問文を表示し，調査員がその質問を読み上げ回答者の回答を入力する方法であり，質問紙調査票をノートパソコンに置き換えたものである。
> (2) コンピュータ支援自記式調査方式＝CASI (Computer-Assisted Self-Interviewing)
>   回答者がコンピュータを操作し，回答者自らが回答を入力する方法。画面上に表示された質問文が読み上げられるのを聞いて回答する場合を ACASI (audio-CASI) という。
> (3) コンピュータ支援電話調査方式＝CATI (Computer-Assisted Telephone Interviewing)
>   CAPI の電話調査版である。電話調査を複数（数台から数百台まで）規模のクライアント／サーバ型コンピュータでの管理運用を行うシステム。調査票設計，集計仕様設計，RDD (Random Digit Dialing) による自動発信，インタビュー質的管理等の機能をサーバ上で管理する。近年では電話調査システムのスタンダードとして世界各国で利用されている。
> (4) 音声自動応答装置＝IVR (Interactive Voice Response)
>   電話方式の ACASI。電話を通じてコンピュータが回答者に対して録音済みの質問文を再生し，これに対して回答者は電話機のキーパッド上の番号を用いて回答する。あるいは回答を声で伝える。
> (5) ウェブ調査 (Web Surveys)
>   コンピュータがオンライン上で質問文を管理する調査。日本ではインターネット調査という場合が多い。

出所：R. M. Groves, F. J. Fowler Jr., M. P. Couper, J. M. Lepkowski, E. Singerr, R. Tourangeau. 2004 *Survey Methodology*. John Wiley & Sons（大隅　昇監訳 2011『調査法ハンドブック』朝倉書店，148～149頁）.

―― コラム ――

◈「2005年ショック」――面接調査と回収率

　2005年という年は，社会調査の世界ではとても衝撃的な出来事が起こった年であった。「2005年ショック」と呼ぶべき出来事としては，次の3点が象徴的である。
　①日本を代表する継続的面接調査である SSM 調査の回収率が50％を切った（44％）こと。
　②個人情報保護法が4月1日より全面施行されたこと。
　③わが国の代表的な調査機関による世論調査のデータ捏造問題が発覚したこと。
　調査関係者にとって最も衝撃的だった出来事は，「SSM 調査（面接）の回収率が44％だった」ことであった。昔から数多くテキストで，面接調査が他に比べ「最も高い回収率が期待できる」方法であると位置づけられてきたからである（本書の初版本でも，そのように記述していた）。しかし様相は一変してしまっているのである。次頁の表は日本を代表する継続調査（面接）の回収率の推移をまとめたものである。

第Ⅱ部　調査票調査の方法

1950年代には80％を超えていた回収率は年々漸減していき，2003年の統計数理研究所の「日本人の国民性調査」で初めて6割を切り，2005年のSSM調査では44.1％という数字が報告されたのである。2005年以降の回収率では，2008年「国民性調査」で52％，2008年のNHK調査58％・朝日新聞社調査61％・内閣府調査62％とある程度は持ち直してきてはいるが，基本的に漸減傾向である事は否めない。

表　日本の主要な継続調査の回収率の変遷　　　　　　　　　　　　（％）

年	58(55)	63	68(65)	73	78(75)	83	88(85)	93	98(95)	03	08(05)
日本人の国民性調査（統数研）	83	79	75	76	76	73	74	61	69	64	56	52
国民生活に関する世論調査（内閣府）	90	80	80	83	82	81	81	77	73	72	70	62
日本人の意識調査（NHK）	—	—	—	—	78	79	75	71	71	68	62	58
定期国民意識調査（朝日新聞社）	—	—	—	—	—	84	82	78	75	74	64	61
社会階層と社会移動全国調査（SSM）	—	(82)	—	(72)	—	(68)	—	(61)	—	(67)	—	(44)

注：回収率は，報告書等で公表されている数字の小数点を四捨五入したもの。
出所：篠木幹子 2010「社会調査の回収率変化」『社会と調査』第5号，11頁より筆者作成。

こうした回収率の低下は，基本的に，②の個人情報保護法施行と密接に関連している。この法律は，2003年5月23日に成立し，2005年4月1日全面施行されたものであり，個人情報の保護という目的自体は重要ではあったが，国民に過度なプライバシー保護意識を醸成した側面も否めない。「学校でクラス名簿がなくなり緊急時に不安を抱えていること」「行政が公的名簿を学術調査に対しても制限するようになったこと」等は，そうした側面と軌を一にしている。いずれにしても「世論のデータは知りたいが，自分のデータは出したくない」というまったく矛盾した行動を，多くの国民が気づかずにとるようになってきているのである。

また，③の「データ捏造メーキング事件」も，社会調査に対する信頼を失墜させ回収率低下に拍車をかけた出来事であった。特に衝撃的だったのは，日本銀行から委託を受けた社団法人新情報センターが実施した「第23回生活意識に関するアンケート調査」において，調査員が調査対象以外から回答を集めるなどデータを捏造していた事実が発覚したことである。全ての標本データを悉皆再調査した日銀によれば，(1)調査員が調査対象先を訪問せず知人に回答させた，(2)回答を回収しやすい調査対象から補充した，(3)日銀の再調査で本人確認ができなかった等，不適切なケースが全体の回答人数（2,997人）の3分の1にあたる987人分あったことが報告されている。新情報センターは，これまで中央調査社とともに日本を代表する2大調査会社として，数多くの委託調査を受注してきた会社である。『朝日新聞』（2005年9月5日付）によ

第6章　調査票調査のプロセスとデータ化作業

れば，新情報センターが内閣府から委託を受けた「地域再生に関する特別世論調査」と「食育に関する特別世論調査」においても不適切なデータ収集があったことが報道されている。こうした調査会社の不正問題は，言語道断な問題であることは言うまでもないが，回収率をある程度前提とした委託方法にも問題があったということを調査関係者は重く受け止めるべきであろう。

　2005年は国勢調査が実施された年でもあり，「オートロックマンションでの調査不能の実態」や「調査員が記入済み調査票を紛失した」ことなどが大きく報道されるなど，まさに「2005年ショック」を象徴する1年であった。　　　　　　　　　(S.O.)

◆面接回収率の低下と郵送調査の再評価

　2010年3月には，日本を代表する継続調査の担当者が一堂に会し「回収率を考える」座談会が開催された。この座談会では，各調査担当者たちが「回収率の漸減傾向という問題をどのように考え」「どのような課題が存在するか」といった問題について様々な観点から議論が展開された。この座談会の内容は，社会調査協会の機関誌である『社会と調査』第5号に特集として掲載されている。次頁の表は，直近の継続調査の実施過程で「どのような工夫が実施された」のかを整理したものである。

　これらは，回収率が低下している現状の中で，「どのように面接調査を実施していけばいいのか」という問題の最先端の実践的工夫と言えるだろう。座談会ではその他にも，調査拒否の実態，欠票分析のあり方，調査会社の委託実態，謝礼の実態等さまざまな側面で本格的な議論が展開されているので一読する価値があるであろう。

　面接調査の回収率低下という現実は，最近では郵送調査を再評価する動向を産み出している。これまで郵送調査の最大のデメリットとして強調されてきたのは，回収率が低いという点であった。しかし1978年アメリカで，ディルマン（Dillman, 1978）が郵送調査で高回収率を上げるためのTMD（Total Design Method）という定式化した方法を提唱した。それは，調査票の作成の仕方やレイアウト，挨拶状や投函日の時期といった調査作業の細部にわたる工夫がいろいろな観点から提起されたものであった。こうした郵送調査の工夫については，小島秀夫（1993）や林英夫（2004）の紹介や実践によって日本においても注目されるようになっていった。特に「2005年ショック」以降は，この傾向は顕著であり，2010年の『行動計量学』では，郵送調査を再評価する特集が掲載されるに至っている。こうした動きは新聞社の世論調査でも導入されるようになっている。2011年の行動計量学会では，朝日新聞社が2009年3月

第Ⅱ部　調査票調査の方法

表　各継続調査における調査実施過程でのさまざまな工夫

調査名と実施主体	調査票調査モードの工夫	コミュニケーション・ツールの工夫	謝礼の形態	実査管理の工夫
日本人の国民性調査（統計数理研究所）	総量12頁，所要時間15分程度に分量を制限	訪問時にカラー・パンフレットを持参させるQ&Aのリーフレットを挨拶状に挿入	ボールペンから図書カードに変更（¥500）	調査員訪問管理記録
国民生活に関する世論調査（内閣府）	項目総数をフェイスシート項目込みで30問程度に制限　調査名・調査項目を刺激的にならないように配慮し，「内閣府」という調査主体名称を明示	調査の解説を掲載したHP作成　挨拶状にリーフレットを挿入。挨拶状には世論調査の結果を報道した新聞記事を掲載	2005年以降，ボールペンから図書カードに変更	調査期間の延長　調査員訪問管理記録
日本人の意識調査（実施主体・NHK）	細かい工夫をさまざまに行なっている	依頼状を圧着ハガキにする　Q&Aのリーフレットを挨拶状に挿入	図書カード（¥1,000）	調査員訪問管理記録　調査員マニュアルにおいて訪問ノウハウを詳細に指示
定期国民意識調査（朝日新聞社）	質問数をA4版4頁・50問以下に制限　質問マトリックスの配列を工夫	料金別納の特別朱印のあるお願い状作成，調査員証明書の携行	以前はボールペン後渡し，現在はボールペンを先送し，有効回答者に図書カード（¥1,000）を後送（郵送法の場合）	各地点の訪問数を9件程度に抑制　学生調査員を用いる
社会階層と社会移動全国調査（SSM）	面接票と留置き票を併用　職歴を尋ねる面接票には，回答補助の別表（ライフヒストリー・カレンダー）を用意	過去の調査の結果のリーフレット，調査実施を報道した新聞記事コピーを訪問時に持参	図書カード	インストラクションの徹底　調査員訪問管理記録

出所：吉川　徹 2010「拒否増加にいかに対応するか」『社会と調査』第5号，19頁。

に実施した郵送調査で79％の回収率を獲得したこと，その後の2011年に実施された郵送調査でも，高い回収率（中日新聞社 77％，北海道新聞社 67％，読売新聞社 68％）が達成されたことが報告されている。そうした中で，面接調査に対する郵送調査の有効性が強調される動向が存在しているのである。ただ，ここで注目しなければならないのは，謝礼に対する考え方についてである。高い回収率の背景に，謝礼の高額化という側面があることが否めない事実であるからである。確かに新聞社等にとって面接調査に比較すれば，高額な謝礼を使った郵送調査の方がはるかに安価であり，そのことによって高い回収率が得られるのであればとてもいい事なのである。ただこの傾向に拍車がかかることが将来的な調査環境（特に予算の限られる学術調査）を悪化させ

てしまうという側面については，真剣に考えなければならない問題といえるだろう。今後は，「正確な「社会調査」に基づく政策立案が今後の民主主義社会においてきわめて重要である」という世論形成や学校教育への「社会調査教育の導入」等別な観点からの努力も積極的に展開していくことが必要といえるだろう。

＊小野寺典子・片山　朗・佐藤喜倫・前田忠彦・松田映二・大谷信介・吉川　徹・篠木幹子 2010「特集 回収率を考える」『社会と調査』第5号，有斐閣，4〜68頁。
＊Dillman, D. A. 1978 *Mail and Telephone Surveys: The Total Design Method.* New York: John Wiley & Sons.
＊小島秀夫 1993「TDMによる郵送調査の実践」『茨城大学教育学部紀要』第42号，185〜194頁。
＊林　英夫 2004『郵送調査法』関西大学出版会。
＊林　英夫 2010「郵送調査の再評価と今後の課題」『行動計量学』第37巻第2号，127〜145頁。
＊松田映二 2008「郵送調査の効用と可能性」『行動計量学』第35巻第1号，17〜45頁。

(S. O.)

これらの目的においては，現状でもインターネット調査が1つの有力な調査手法となりうることは確かな事実である。今後のインターネットのさらなる普及を鑑みるならば，インターネット調査が社会調査の新たな方法を開拓する可能性があるという視点から，常に注目しておく必要があるだろう。

(大谷信介)

② データを分析する前に必要な作業

　ここからは，調査票調査での作業を念頭に作業手順を説明する。実査終了時点で我々の手元にあるのは回収された調査票の山である。さっそく回答をコンピュータで分析するための準備をしよう。準備は2段階に分かれている。前半が調査票のエディティング（点検）と回答のコーディング（符号化），後半がデータのインプット（入力）とデータ・クリーニングである。

　これらの作業には手間暇がかかり，神経を使うが，正しいデータを用いた分析のためには避けては通れないとても重要な営みである。心して取り掛かろう。

(1) エディティング——「雑音」をとりのぞいてデータの「精度」を上げよう
　①エディティング（editing）とは何か？

　エディティングとは回収された調査票を1票ずつ丁寧に点検する作業のことを言う。エディティングによって，分析に使える調査票（有効票）と分析に回せない調査票（無効票＋欠票）が判別される。無効票とは，回答が記入はされていたものの分析に使えないとエディティングによって判断した調査票のことである。欠票とは調査拒否や住所不明などで調査票が回収できなかったものである（まったくの白紙で回収・返送された票も含む）。

　調査票の質問すべてに指定の方法で対象者が回答してくれている，というのが理想である。しかし実際には，記入漏れや指定の方法以外の回答（1つだけ選択肢を選ぶ質問で2つ以上を選んでいる場合など）がわずかながら発生する。また，対象者がふざけて，いいかげんに回答してくる場合や調査員によるデータの捏造（メーキング）がないわけではない。

　記入漏れが多すぎる調査票やいい加減な回答の調査票を分析に使うわけにはいかない。そこで，エディティングによって分析に使える調査票（有効票）と使えない調査票（無効票）に分別するのである。

　松原はエディティングのポイントとして次の9点を挙げている。

> (1)調査票の中の記入もれの項目の有無を検べること
> (2)記入の不完全な調査項目を検出すること
> (3)回答の記入の誤りを検出すること
> (4)読みにくい文字を書き直すこと
> (5)計算の誤りを検出し訂正すること
> (6)回答の記入法を統一すること
> (7)計算値を記入すること
> (8)指定された調査対象に関する調査票が確保されたかどうかを検べること
> (9)調査員の不正を発見すること

出所：松原（1967）より。

　松原の指摘は半世紀近く経過した今日でも変わらず適用できる。先人の指摘を踏まえつつ，本章ではエディティングのポイントを次の3点にまとめてみて

第6章　調査票調査のプロセスとデータ化作業

- 記入漏れのチェック　　無回答か記入忘れか非該当か？
- 誤記入のチェック　　　回答形式との整合性があるか？
- 有効票のチェック　　　分析に使える調査票はどれか？

②記入漏れのチェック

　エディティングの際には質問の一つひとつについて答えるべき対象者がしかるべき回答をしているかどうかを丁寧にみていこう。回答すべき質問のすべてに回答されているのが理想である。しかし，現実には選択肢のどれにも○がついていない（回答欄が空白）場合がみられる。これには次の3つの可能性が考えられる。

　第1の可能性は「答えない・分からない」である。調査者としては回答してほしい質問であるが回答者が「答え（たく）ない」あるいは「わからない」として回答が得られなかったものである。無回答の代表例といえよう。

　可能性の2番目は回答のし忘れである。面接調査法ではほぼありえないし，留置調査法でも回収時の点検でほとんど解消されているはずであるが，郵送調査法では回収時まで点検のしようがないので「無回答」の扱いとせざるをえない。1ページや2ページ丸ごと空白の時には回答のし忘れの可能性が高い。

　回答がない第3の可能性は「非該当」，すなわちその質問には回答しなくてもよい場合で，回答者がその指示に従ってくれた場合である（これは調査者の予想通りの反応である）。例えば職業に就いている人だけ回答すべき質問に無職の人が回答しないといったことである。

　なお，「非該当」であるはずの回答者が回答してしまっている場合もまれにある。実際に非該当者かどうか必ず確認し，その回答は無視して「非該当」扱いとしよう。また，答え（たく）ないを NA（No Answer の意），わからないを DK（Don't Know の意）と記すこともある。覚えておこう。

③誤記入のチェック

ここには上述の「非該当」者が回答してしまった場合や松原 (1967) の(4)や(5)も含まれる。難読字は明らかにその字であるとわかる場合，また誤字についても明らかに誤りであるとわかる場合に限って訂正しておこう。できるだけ実査時の点検で確認しておきたい。勝手な推測で書き換えることは決してしてはいけない。

さらに，回答形式と実際の回答結果が一致しない場合もでてくる。例えば1つだけ選択肢を選ぶ質問で2つ以上の選択肢が選ばれている場合である。この場合にはどちらかを調査者側で選ぶわけにもいかず，「無回答」扱いとせざるをえない。せっかくの回答が無効となってしまう。

また，次のように回答欄の明らかな間違えということもありうる。

あなたは○○内閣に何を期待しますか。それぞれについてお答えください。

	期待する	期待しない
経済政策	①	2
教育問題対策	①	②
福祉問題対策	1	2
地球温暖化対策	1	②
（以下省略）		

回答者は「教育問題対策」には1，「福祉問題対策」には2に○をつけたつもりが，誤って同じ行（教育問題対策）につけてしまったために，実査終了後のエディティングでは判別がつかなくなってしまった。「教育問題」「福祉問題」とも「無回答」扱いとせざるを得ない。これは回答欄のレイアウトの問題でもある。誤記入の起こりにくい調査票を作るように心がけよう（→第4章参照）。

一つひとつの質問それぞれについて，エディティングの方針を記した「エディティング・ガイド」を事前に用意しておこう。特に「非該当」のように一部の回答者のみが対象である質問はその旨を指摘しておく。エディティング担

当者全員がそのガイドに従って,すなわち統一した基準によってエディティングをするようにしよう。

④有効票と無効票のチェック

エディティングの目的は分析に使える有効票を確定することであった。エディティングを実際にやってみると,ほとんどが空白の調査票や同じ選択肢(例えばそれぞれの質問の一番初めの選択肢)にしか〇がついていない調査票などが混じっていることがある。また,明らかに非常識と思われる内容の回答や調査と関係ない記述や回答が多い調査票もたまに出てくる。このような,調査協力意志が低い調査票は無効票として分析から除外しよう。

すべての質問に回答してあり,1つも無回答がない調査票だけが有効票ではない。多少の無回答があってもかまわない。全体の半分以上が回答されているものを有効票であるとする考えもある[*]。また,無回答がある程度あっても,調査のテーマに関する部分が記入されていれば有効票と見做すという考え方もある。主観を排して回答率で線引きするか,回答されている質問項目も含めた内容で線引きをするかはエディティング前に原則を決めておくようにしよう。例えば,「50%以上の回答率」や「主要調査テーマにかかわる問4～問10までの回答率が90%以上」など,有効票と無効票を分ける明確な基準をエディティング・ガイドに明記しておくとよいだろう。

> [*] 『社会と調査』第5号(2010年9月)の特集「回収率を考える」の座談会において松田映二氏(朝日新聞社世論調査センター)により紹介された同センターの方針。また,同座談会で小野寺典子氏(NHK放送文化研究所)は,線引きの基準は「NHKでは調査ごとに異なっている」と述べ,前田忠彦氏(統計数理研究所)は「後半の回答状況によって無効にしているケースはあ」ると語っている(所属はすべて座談会当時2010年3月末のもの)。

エディティング・ガイドを原則としつつも,作業途中で判断に迷う事例がでてきたら,実習担当の教員や大学院生などに相談し,調査チーム内で結果を共有しよう。

エディティング終了時点で分析に使える調査票(有効票)と使えない調査票(欠票+無効票)が分類される。ここで,回収率=(有効票数÷計画標本数)×

100を計算しておこう。有効票数とは，回収された調査票のうちエディティングで無効票とされたものを除いた調査票数のことである。また本章では，計画標本数＝(有効票数＋欠票数＋無効票数)と定義する。

　欠票および無効票には表紙にその旨と判断理由を朱書きしておくこと。また，理由の内訳を調べておこう。回答拒否，調査時不在，長期不在，転居，高齢，病気，対象者死亡（まれにある），訪ねあたらず（該当住所に対象者が住んでいなかった，別人が住んでいた，家がなかった），無回答が多い，非常識な回答など，なぜその調査票が分析から除外されたのかについての情報が大事である。報告書には有効票数・回収率と分析から除外された調査票の理由を細かく記しておくこと。

　本章コラムでも実例を紹介したが，メーキングなどの不正行為のチェックも残念ながら，まだ必要である。信頼できる調査員を採用したり，実査時点での点検を入念に行うことでメーキングを防ごう。

　最後に確認をしておきたいが，エディティングは回答の改竄(かいざん)でも訂正でもない。回答者のもとの回答をできるだけ活かす形で回答形式に合致するように修正することである。エディティング担当者は調査票の表紙に氏名を記入しておこう。その後のデータ処理過程や分析過程で原票を参照する必要があるときに，エディティングの詳細を誰に確認すればよいかを知るためである。

（2）コーディング（coding）
①コーディングとは回答を数値に置き換える作業である

　コーディングとは回答をすべて数値に置き換える作業のことを言う。エディティング終了時点で回答結果はまだ調査票上，すなわち，紙の上に筆記具で○が付けられた状態にある。これをコンピュータで分析するためにコンピュータが理解できる形式に変換してやらなければならない。その作業の前半がコーディング，後半がインプット（input，入力）である。コンピュータは文字よりも数値データの方がはるかに扱いやすい。だから，回答を数値にするのである。

②コーディングの実際1──択一式の問は選択肢番号

第4章で選択個数の原則は択一式にすると述べた。大抵の質問にはあらかじめ選択肢が与えられているはずなので，選択肢の番号をその問への回答コードとすればよい。ほとんどの質問はこれで対応できるはずである。例えば，下記の問1では，「3．どちらかといえば支持しない」に○がついているのでコードは3となる。

問1　あなたは○○内閣を支持しますか，支持しませんか。
　　1．支持する
　　2．どちらかといえば支持する
　　③．どちらかといえば支持しない
　　4．支持しない

③コーディングの実際2──無回答と非該当の処理

エディティングの際に「無回答」と「非該当」を区別したので，コーディングでも別々のコードを割当てよう。たとえば「無回答」を9，「非該当」を8とする。上記問1で選択肢にどれも○が付いていなければ無回答コード9を当てればよいだろう。

問2　あなたが現在お住まいの家で，家事を担当している方はどなたですか。
　　当てはまるもの1つを選び，番号に○をつけてください。
　　①．配偶者　　2．子ども　　3．父親・義父　　4．母親・義母
　　5．祖父　　6．祖母　　7．兄弟・姉妹　　8．孫　　9．親戚
　　10．友人・知人　　11．あなた自身　　12．その他

問2も単一回答なので通常のコードは選択肢番号を当てればよいが，選択肢数が10を超えているので，無回答コードは9ではなく，12より大きい2桁の数値で通常コードとは明らかに異なる値（たとえば99）を当てよう。また，非該当コードが必要なときは，88にするとよい。

④コーディングの実際3——無制限連記式の問は○あり＝1，○なし＝0

該当するもの全てを選んでもらう無制限連記式の問では，「○がついている項目」に1，「○がついていない項目」に0をコードとして割り当てよう。問3には選択肢が12個あるので，この問だけで12個のコードが割り振られることになる。例のように1，5，6に○が付いていた場合，100011000000となる。1，4，5，6，9に○が付いていた場合には100111001000である。「一人暮らしの人」は000000000010となる。では，011000111000の回答者は誰と同居しているだろうか。考えてみよう。

問3　あなたが現在一緒に暮らしている方をお教え下さい。当てはまるものすべてを選び，番号に○をつけて下さい。
　　　[①. 配偶者　　2. 子ども　　3. 父親・義父　　4. 母親・義母
　　　⑤. 祖父　　⑥. 祖母　　7. 兄弟・姉妹　　8. 孫　　9. 親戚
　　　10. 友人・知人　　11. 一人暮らしなので一緒に暮らしている人
　　　はいない　　12. その他（具体的に　　　　　　　）]

なお，いずれの選択肢にも○がついていないときには無回答コード9を割り当てよう。問3では，999999999999となる。

⑤コーディングの実際4——多少の工夫が必要なコード類

（A）職業の分類

職業は基本4属性（他は年齢・学歴・性別）の1つであり，重要な社会学的変数である。「日本標準職業分類（2009年12月改訂版）」は職業を329種類に分類しているが，これでは細かすぎる。選択肢数は多くても10個程度に抑えたい（第4章参照）。

要は，調査の目的に合わせた職業分類を使い，それぞれのカテゴリーに適当なコードを割当てればよいのである。例えば次のような分け方をするとよいだろう。選択肢番号がコードとなる。

問4　あなたの職業は次のどれに当てはまりますか。配偶者がおられる場合

は，配偶者についてもお答え下さい。

【あなた】
1. 自営　②. 勤め　3. パート・アルバイト　4. 専業主婦(夫)
5. 学生　6. 無職　7. その他

【配偶者】
1. 自営　2. 勤め　3. パート・アルバイト　④. 専業主婦(夫)
5. 学生　6. 無職　7. その他

出所：大谷編著，2012：245頁。

このように本人と配偶者について聞いておけば，自営・勤め×自営・勤め〔常勤の共働き世帯〕や，自営・勤め×専業主婦（夫）〔常勤の家計支持者が一人の世帯〕などのパターンを新たに変数化して分析に利用することができる（上記例は後者のパターンである）。

職業の分け方には従業上の地位の他にも，従業員数・本人の仕事の内容・産業別の分類など考えられる。先行調査の良例を参考に，調査の目的に応じて工夫するとよいだろう。

（B）選択肢が多くなりそうな質問は事後的にコード化しよう

通勤通学先を調査する際に，その最寄り駅を聞きたいとする。回答が予想される駅の数が10個程度ならあらかじめ選択肢として用意しておけばよいが，通常はもっと多くなることが想定される。このような時にはオープン・エンド質問（第4章参照）によって，対象者に駅名を記入してもらうようにしよう。コーディング時点でコードを割り当てればよいだろう。ちなみに，調査後にコードを当てる方法をアフターコードという。事前にコードを付与するものはプレコード（プリコード）という。

（C）単位の統一

所要時間や居住年数などの期間を質問する場合，2時間30分や4年8か月といったように，複数の単位（時と分，年と月など）が混在することがある。このような回答をコード化するには，より細かい方の単位で統一するようにしよう。

第Ⅱ部　調査票調査の方法

コラム

◉駅情報の質問文への応用

「西宮マンション調査」（2008）では，場所を把握する選択肢として「駅情報」を使うという工夫をおこなった。以下は西宮マンション居住者の前住地を問うた質問文である。

> Q．現在の住居に入居される直前に住んでいた住居はどちらにありましたか。近畿圏内にお住まいだった場合は鉄道の最寄り駅を，近畿圏外の場合は都道府県名をお答えください。
> 　1．近畿圏内　　鉄道会社名（　　　　）（　　　　）駅
> 　2．近畿圏外　　（　　　　）都道府県

従来の質問文では，「市町村情報」が選択肢として使われることが一般的であった。例えば，記入式にして「市町村名」を質問しアフターコーディングする方法，または「1．同じ市町村内　2．同じ府県内　3．他府県」といった選択肢を設定する方法などである。それに対して今回の方法は，最寄駅の鉄道会社名と駅名を尋ねる方法を採用している。下表は，西宮マンション居住者の前住居をアフターコーディングし，整理したものである。

表①　西宮マンション居住者の前住地（NA40）

〈兵庫県内〉		〈兵庫県外〉	
西 宮 市	412 (51.3)	大　　阪	96 (12.0)
神 戸 市	41 (5.1)	京　　都	7 (0.9)
尼 崎 市	46 (5.7)	滋　　賀	2 (0.2)
芦 屋 市	31 (3.9)	奈　　良	4 (0.5)
宝 塚 市	27 (3.4)	和 歌 山	2 (0.2)
そ の 他	33 (4.1)	三　　重	1 (0.1)
		〈近畿圏内計〉	112 (13.9)
		北海道・東北	5 (0.5)
		関　　東	50 (6.2)
		中　　部	17 (2.1)
		中　　国	17 (2.1)
		四　　国	6 (0.7)
		九州・沖縄	6 (0.7)
		海　　外	3 (0.4)
		〈近畿圏外計〉	101 (12.6)
兵庫県内計	590 (73.5)	兵庫県外計	213 (26.5)
合　計	803 (100%)		

第6章　調査票調査のプロセスとデータ化作業

表②　西宮市内移動者の路線別前住地（NA2）

		前住駅路線			
		ＪＲ	阪急	阪神	合計
現住駅の路線	ＪＲ	40（53.3%）	16（21.3%）	19（25.3%）	75（100%）
	阪急	20（14.0%）	99（69.2%）	24（16.8%）	143（100%）
	阪神	14（7.3%）	30（15.6%）	148（77.1%）	192（100%）
合計		74（18.0%）	145（35.4%）	191（46.6%）	410（100%）

　前住地を，この質問形式で調査すると，表①のような市町村別集計だけでなく，路線別の移動実態（西宮のマンション居住者の前住地は，同じ路線で移動していることが多い）を把握することが可能である（表②）。

　西宮マンション調査では，前住地のほか，出身地（15歳までに主に過ごした住居），本人と配偶者の通勤先，本人と配偶者の親の居住地，等にも，最寄駅を問う質問を採用している。コーディングにあたっては，近畿圏内約1,800すべての駅とその所在市区町村を網羅したコードブックを作成している。

```
例：JR 相生駅 ＝ コード番号 01470077
        01        470        077
      鉄道会社     駅　名     所在市区町村
        JR        相生駅       相生市
  ＊相生駅のように，複数の路線（山陽本線と赤穂線）が重複している駅には，その路線の
  数だけ駅コードを用意した（同一路線の駅は順に連番でコード化したので，路線別のアフ
  ターコーディングも可能となっている）。
```

　このような，「駅情報」を選択肢に使用する方法は，上記の「路線別集計」ばかりでなく，「距離別集計」による通勤実態の把握，市販の路線検索ソフトを利用してアフターコーディングすることによって，「運賃別集計」「所要時間集計」等様々な分析が可能となると考えられる。場所を把握するために「駅情報」に着目するという方法は，今後大きな可能性を秘めた分析手法として位置づけられるだろう。　　　（S. O.）

問5　あなたが普段利用している交通手段で自宅を出発してから勤務先（もしくは通学先）に到着するまでの所要時間はどれくらいですか。

　　　　　　　　　[　　]時間[　　]分

問5の回答が2時間30分なら150分と換算し，コードは150となる。

⑥コーディング・ガイドを作ろう

コーディングの仕方を説明したマニュアルを作ろう。一つひとつの質問について，質問項目名と個々の選択肢に割り当てるべきコード，無回答・非該当の処理の仕方を説明する。

なお，コーディング・ガイドの最初にコーディングの原則や用語解説を書いておくと便利である。選択肢番号をコードとして割り当てる決まりや，無回答・非該当の処理方法などがコーディングの原則であり，コーディングの指針となる事項のことである。用語解説は，データの種類（カテゴリカルデータと量的データ），無回答と非該当の意味などの基本用語を説明しておこう。

エディティングとコーディングを並行して進めることもある。その場合には，両者の指針を記したガイドを作成すればよい。

（3）データ・クリーニングであり得ないコードを排除

SPSSなどの統計分析ソフトに回答コードを入力する方法には，1）統計分析ソフトに直接入力する，2）エクセル形式のファイルを読み込ませる，3）テキストファイルで作成したデータを読み込ませる，4）アクセスなどのデータベースソフトでフォームを作り読み込ませるなど，複数の方法がある。統計分析ソフトやエクセルなど補助的に使用するソフトは頻繁にバージョンが変わるので，本書では入力の具体的方法は割愛する。唯一絶対の方法はない。参考書は多いのでそれらを参照し，自分に合った入力方法を採用すればよいだろう。

なお，調査票上の回答をキーボードからそのまま入力すると，視線移動や調査票のページ送りの作業が煩わしく，効率的ではない場合もある。個人情報保護の観点からも調査票を保管場所から持ち出すことは避けるべきで，入力作業の場所が制限されてしまう。このような時には，1票分の回答をコーディングシート1枚に転記し，入力はコーディングシートを見ながらおこなうとよい。調査票からシートへの転記内容のチェックが一手間かかるが，転記してしまえば，コーディングシートを家に持ち帰って作業することも可能である。このような方法もあるということを覚えておこう。

入力が終わったらデータ・クリーニングを行う。調査票上の回答コードがすべて正しく入力されていかるどうかと，回答に論理的な矛盾はないかの2点をチェックし，誤入力を訂正するのである。

読み合わせをして第1の誤入力を訂正しよう。コードが2にもかかわらず3と入力してしまうような単純な入力ミスの修正である。

誤入力が訂正されたら，すべての問について度数分布表（第7章参照）を作成する。各問について結果を精査し，コーディング・ガイド通りになっているか今一度確認しよう。例えば，選択肢数が4つの質問でコードを1から4までつけたにもかかわらず，7とコードがつけられているものが1票みつかった。本来は第1の読み合わせ段階で訂正されているはずのミスであるが，1とコードを記入したつもりが，入力者には7と読めたかもしれない。いずれにしても不要なミスである。

次に，第2の論理的な矛盾についてもチェックしよう（ロジカルチェック）。年齢が20歳台であるにもかかわらず，現住居の居住年数を45年と回答するような，論理的にありえない回答のチェックである。これは，2つの質問項目についてクロス集計（第7章参照）をおこなえばチェックできる。個人の属性や調査テーマの中心となる質問項目を対象に，この問でこう答えたら（年齢20歳台），あり得ない回答がみられ得る質問（居住年数45年）について調べておこう。

データ・クリーニングによって発見されたミスは必ず元の票にもどって正しいコードを確かめて訂正しよう。そうすることでデータの質を高めることができる。論理矛盾の場合，入力ミスではなく，対象者の勘違い（自分の居住年数ではなく，親の代からの年数と考えた等）の可能性もある。また，単純な読み違えや誤入力なのか，論理矛盾なのかといったミスの内容も調べておき，今後の調査でよりミスの起こりにくい調査票やコーディングシートの作成に活かしたい。

入力ミスは望ましいことではないが，我々人間の現在の能力では残念ながら不可避，まさに「失敗する可能性のあるものは，失敗する」のである（ブロック，1993）。調査票上の回答を忠実に・矛盾無くコンピュータ上のファイルに変換するには本章で述べたように，手間暇がかかりしかも神経を使う作業である

が，正確な分析のためにはどうしても必要である。時間を十分にかけて万全を期したい。

― コラム ―

◆コーディングの原則の例

1．コーディングの原則
　a）単一回答の場合（問1，問4）
　　原　則：選択肢番号をそのままコードとする。
　　無回答：9を使う。通常コードの桁数に合わせて99，999などを用いる。
　　非該当：8を使う。通常コードの桁数に合わせて88，888などを用いる。
　b）複数回答の場合（問2）
　　原　則：○がついていたら1，ついていなければ0
　　無回答：すべての項目に○がついていない時に，すべて9
　c）数値記入式の場合（問6）
　　原　則：入力された数値をそのままコードとする。
　　　　　　　通勤・通学時間（問6）は分で単位統一する。
　　　　　　　　→　注意が必要な質問②参照
　　無回答：9を使う。通常コードの桁数に合わせて99，999，9999などを用いる。
　d）自由回答の場合
　　原　則：何らかの記入があるもの1，記入が無いものは0とする。
　　　　　　あとで，回答内容を検討して新たにコードを割り当てる（アフターコード）。

2．注意が必要な質問
　①通常コードの桁数が2桁以上のものの無回答と非該当
　　問4：無回答99，非該当88
　②アフターコーディングするもの
　　問5：路線名・駅名・都道府県名は事後的にコード化する。
　③数値の単位統一
　　問6：分で統一する。2時間30分→150分，無回答は999。　　　　　（H.K.）

〈参考文献〉

アーサー・ブロック著（倉骨彰訳）1993『マーフィーの法則』アスキー出版局。
松原治郎 1967「集計・分析の技法（Ⅰ）」福武直・松原治郎編『社会調査法』有斐閣。
大谷信介編著 2012『マンションの社会学──住宅地図を活用した社会調査の試み』ミネルヴァ書房。
小野寺典子・片山朗・佐藤嘉倫・前田忠彦・松田映二・吉川徹・篠木幹子・大谷信介 2010「座談会『回収率を考える』」『社会と調査』第5号, 26〜65頁。

(小松　洋)

第7章

調査結果を分析しよう

要点 本章では基礎的な分析テクニックを解説する。まず初めにデータ整理の基礎として，度数分布表とクロス集計表の重要性を解説し，基礎統計量の概説をおこなう。次に，統計的検定手法としてカイ二乗検定と比率の差の検定について学ぶ。また，クロス集計表の分析手法としてエラボレーションについても簡単に触れる。さらに，相関と回帰分析の基礎について説明する。最後に，報告書のまとめ方についても解説する。

> **キーワード**
> 度数分布表，クロス集計表，基礎統計量，統計的検定，カイ二乗検定，エラボレーション，比率の差の検定，平均値の差の検定，相関と回帰，単回帰，重回帰分析，多変量解析，報告書の作り方

① データ整理のための基礎知識——単純集計・クロス集計・基礎統計量

まず何よりも初めにすべきことは全体の回答傾向の把握である。本章では名義尺度あるいは順序尺度で測定された値をカテゴリカルデータ，間隔尺度あるいは比例尺度で測定された値をスケールデータと呼ぶ*。性別の「男性」・「女性」はカテゴリカルデータ，身長 175.0 cm や 165.5 cm はスケールデータである。それぞれのデータ形式にあった整理の方法として，前者は単純集計とクロス集計，後者は基礎統計量の算出が用意されている。まずはそこから押さえていこう。

*本書では，第1章で説明した量的データを尺度によってスケールデータとカテゴリカルデータに分けている。なお，SPSS では，カテゴリカルデータは尺度で分けて，名義データ，順序データとして扱っている。

第7章　調査結果を分析しよう

1-1　単純集計とクロス集計――カテゴリカルデータの整理テクニック

（1）単純集計結果の吟味と度数分布表のまとめ方

　単純集計とは，調査したすべての質問について度数分布表を作ることである。
　表7-1に度数分布表の例を示した。この表からは，有効票数は702，そのうち男性が354人で女性が348人であること，また，無回答はいなかったことがわかるであろう。

表7-1　回答者の性別 (人)	
男　　性	354
女　　性	348
無 回 答	0
合　　計	702

表7-2　回答者の性別 (%)	
男　　性	50.4
女　　性	49.6
無 回 答	0.0
%の基数	702

出所：ザイゼル（佐藤訳）2005の例をもとに，サンプル数を20分の1にして作成。

　念のため，度数分布表の意味を説明しておこう。度数とは，「男性」，「女性」，「無回答」の3つのカテゴリーそれぞれの回答者数のことである。分布とは度数の出方のことである。「男性」が600人，「女性」が100人で「無回答」が2人というように合計が702人になりさえすれば，分布はいかなる形もとり得る。つまり，度数分布表とは，度数の分布の様子をみるために作るのである。この点を忘れないようにしよう。
　表7-2のように度数分布表をパーセントだけで作る場合もある。何人に対するパーセントかがわかるように，「%の基数」などとして合計人数702を合計欄に記しておこう。パーセント表示にするとよい点は，結果を「視覚的」に把握しやすくなるということである。
　性別や年齢などの属性項目は国勢調査データなどと比較して，偏りがないか確認しておきたい。サンプリング時点では男女半々だったにもかかわらず，有効票では男女比3対7といったように，一方の性に偏っていたとしたら，その偏り・歪みを念頭においた分析を考える必要が生じる。当初の仮説を検証することが困難となる可能性もある。分析方針を確立するためにも，全体像の把握

がまず必要なのである。

度数分布表を眺めていると,調査時には予想もしていなかった分布の質問が見つかることもある。そのような結果は新しい発見につながる可能性があるので大事にし,新しく仮説を立てて分析しよう。

単純集計結果は加工度が最も低く最も基礎的なデータとも言える。そこから引き出せるものはかなり多いはずだ。いきなり仮説検証や統計分析へと飛びつかないで,ここはまず,虚心坦懐に結果を眺めて,度数分布表と「対話」することに時間をかけてみてほしい。十分な「対話」ののち仮説検証に移れば分析の深みがより増すであろう。そして,分析中も単純集計結果を常に座右に置いて参照できるようにしておくと何かと便利である。また,報告書の巻末には資料として必ず載せよう。

なお,度数分布表を作る時には,読みやすさを考慮して次の点を工夫しよう。
- 表番号をつける(表1,表2など。上記例では第7章の表なので表7-1,表7-2……とした)。
- 表の内容を具体的に表すタイトルをつける。
- (人)や(％)などの単位を記す。
- 無回答や非該当も記す。

(2) クロス集計表の見方と作り方

2つの質問項目間の関係を示すことができるのがクロス集計表である(クロス表,分割表とも呼ばれる)。特に,属性項目(年齢,性別,学歴,職業など回答者の特性を表す質問項目)と意識や態度項目との関係を調べるとよい。

表7-3は,性別と交通事故の経験との関係をパーセントで表したものである。「性別」が記してあるところを行(または表側),「事故経験」が記してあるところを列(または表頭)という。また,両変数ともカテゴリー数が2なので,2×2のクロス(集計)表と表記することにしよう。

クロス表を作成する際に気をつけたいのは,どちらが独立変数でどちらが従属変数かをはっきりさせておくことだ。この例では行に独立変数を配置し,横

第 7 章　調査結果を分析しよう

表 7 - 3　交通事故と性別との関係　　　　(％)

性　別	事　故　経　験		計
	経験あり	経験なし	
男　性	44.1 (156)	55.9 (198)	100.0 (354)
女　性	32.5 (113)	67.5 (235)	100.0 (348)
全　体 (人数)	38.3 (269)	61.7 (433)	100.0 (702)

出所：ザイゼル（佐藤訳）2005 の例をもとに，サンプル数を20分の 1 にして作成。

に足して100％になるようにしてある。男性354人中44.1％が事故経験があり，55.9％がないことを確認しよう。

　女性では348人中32.5％が事故経験があることがわかり，男性の方が女性よりも事故をよく起こす傾向があるのではないかという変数間の関係性を読み取れるのである。

1-2　基礎統計量の考え方──スケールデータの整理テクニック

（１）基礎統計量で社会をシンプルに表現したい！

　ここからは基礎統計量を用いたスケールデータの整理法をまとめてみよう。基礎統計量（基本統計量）とは，中心やバラツキといった，データの分布の特徴を端的に表しうる数値のことである。

　さて，1組から 3 組までの生徒を対象に100点満点の試験を実施した。各組の生徒数は 5 人，素点は以下の通りである。

```
1組　10点，50点，50点，70点，　90点
2組　50点，60点，60点，60点，　70点
3組　 0点， 0点， 0点，100点，100点
```

　表 7 - 4 に結果をまとめた。算術平均・中央値・最頻値は成績の「中心」を表す指標，分散と標準偏差は成績のバラツキを表す指標である。次項で，それ

それの計算方法と役割を考えてみよう。

コラム

◆関連を数字であらわすには

表7-3 からは性別と交通事故とに関連があることが示唆された。この関連の程度を数値で表すために，相関係数や関連係数といわれるものがたくさん提案されている。

2×2 クロス表の相関係数として，ここでは四分点相関係数を紹介する。

表7-3 の四分点相関係数（γ）は次の計算で求められる。分子は中の数値（度数）を斜めに掛け合わせて引いて求めたもの。分母は，各カテゴリの合計（周辺度数という）を掛け合わせたものの平方根である。

$$\gamma=\frac{156\times235-198\times113}{\sqrt{269\times433\times354\times348}}=0.119$$

γ の値は，関連がまったくない時に 0（ゼロ），最も強い関連状態（完全関連という）の時に極限値 +1 または -1 となる。$\gamma=0.119$ という数値は関連がまったくないわけではない，といった程度の強さを意味している。

完全関連とは次のように 2×2 表の 4 つのセルのうち斜めにゼロが入る状態をいう。この例では性別によって事故経験の有無が文字通り完全に説明されている。

	事故経験				事故経験	
	あり	なし			あり	なし
男性	354	0		男性	0	354
女性	0	348		女性	348	0
	$\gamma=1.000$				$\gamma=-1.000$	

なお，2×2 よりも大きなクロス表ではピアソンのコンティンジェンシー係数，クラマー（クラメール）のコンティンジェンシー係数などのカイ二乗値を用いたものなどが考案されている。また，学歴のようにカテゴリーに順序がつけられる変数同士のクロス表ではグッドマン＝クラスカルの順位相関係数などが考案されている。これらの係数は用途や適用範囲が限られている。詳細は，安田・海野（1977），安田・原（1982），ボーンシュテット＆ノーキ（1990），原・海野（2004）などを参照してほしい。

(H. K.)

第7章 調査結果を分析しよう

表 7-4 試験結果の基礎統計量

	算術平均 (点)	中央値 (点)	最頻値 (点)	分 散 (点^2)	標準偏差 (点)
1組	54.0	50.0	50.0	704.0	26.5
2組	60.0	60.0	60.0	40.0	6.3
3組	40.0	0.0	0.0	2400.0	49.0

（2）分布の中心を表す3つの基礎統計量

①算術平均（arithmetic mean，相加平均）

　データの総和をデータ数で割ったもの。一般に平均値といわれるものは算術平均を表していると考えてよい。1組の総和は270なので，算術平均は270÷5＝54.0（点）となる。他の組も同様に計算できる。

②中央値（median，中位数）

　中央値とは，データを大きさの順に並べて全体の中央に位置する値のことを言う。各組とも生徒数は5人なので，上から数えて3番目（下から数えても3番目）の得点が中央値となる。1組は50（点），2組は60（点），3組0（点）であることを確認しよう。

　データ数が偶数の場合には真ん中の値2個を足して2で割ればよい。たとえば1組と2組を一まとまりとした場合の中央値は，上から5番目の60点と下から5番目の60点を足して2で割った60.0点である。

```
    一位  二位  三位  四位  五位  六位  七位  八位  九位  十位
    90点, 70点, 70点, 60点, 60点, 60点, 50点, 50点, 50点, 10点
```

　では，なぜ中央値が中心の指標として必要になるのだろうか。ここで試験を少し離れて別の例で考えてみよう。各組で小遣いの額を調査した結果，次のようになった。1組の90,000円は9,000円の間違いではない。

	一位	二位	三位	四位	五位	算術平均
1組	90,000	7,000	5,000	3,000	1,000	21,200（円）
2組	7,000	6,000	5,000	4,000	3,000	5,000（円）
3組	10,000	8,000	6,000	4,000	2,000	6,000（円）

　ここで，1組の算術平均21,200円はクラスの中心としての指標とはなりえていないことに注目しよう。算術平均の金額を超えているのは1人だけ，残りの4人は算術平均以下である。これは，1人だけ飛び抜けて高い小遣いをもらっている生徒がいたためである。

　このように少数の飛び抜けて高い値あるいは低い値のことを「はずれ値」という。はずれ値があると，算術平均は集団の中心を表す指標としての役割を果たすことができない。中央値であれば，値の大きさに関係なく順位だけに注目しているので，はずれ値の影響を受けにくい。

　③最頻値（**mode**）

　中心を表す基礎統計量はもう一つあり，最頻値という。すなわち，最も頻繁に現れる値のことである。同点が一番多い値を探してみよう。例えば1組では50点が2人いるが他の値は1人だけしかいないので，最頻値は50（点）である。同様に，2組は60（点），3組は0（点）であり，他の値よりも出現頻度が高いことを確認しよう。最頻値は別名モード（mode）ともいう。ファッション用語のモードだ。流行しているということは，それだけ同じファッションの人が多いということを意味している。つまりは，代表的なファッションということだ。

（3）データのばらつきをあらわす3つの基礎統計量——分散・標準偏差・偏差値

　次に，データのばらつきを表す基礎統計量を見てみよう。中心を表す指標はまさに，中心の一点を示すものであるが，ばらつきの指標は「ばらつきの幅」を示すものである。

　なお，データのばらつきを表す基礎統計量としては，範囲（最大値と最小値の差）もあるが，次の分散と標準偏差が使い勝手がよい。

①分散（variance）

分散の計算手順は次の通りである。

1) 偏差を求める。
2) 偏差平方を求める。
3) 偏差平方和を求める。
4) 偏差平方和をデータ数で割る。*

　　＊無作為抽出標本の場合には（データ数－1）で割る。

先に使った試験のデータを用いて分散を求めてみよう。

1) 偏差を求める

偏差とは，個々の値（試験の素点）と算術平均との差である。偏差は算術平均を基準として，個々の素点がどれくらい離れているかを表している。その差が大きければ大きいほど，バラツキが大きいと考えるのである。

```
1組    10-54, 50-54, 50-54, 70-54, 90-54 （素点－算術平均）
         ↓      ↓      ↓      ↓      ↓
偏差    －44    －4     －4    16     36
```

2) 偏差平方を求める

算術平均を基準としたため偏差には正の値もあれば負の値もある。クラス全体のばらつきとして偏差の総和を求めてもゼロとなり具合が悪い。このようなときに統計学では常套手段として値を二乗する。偏差を二乗＝平方したものなので，偏差平方と呼ばれる。

偏差平方　　$1936=(-44)^2$　　$16=(-4)^2$　　$16=(-4)^2$　　$256=16^2$　　$1296=36^2$

3) 偏差平方和を求める

二乗して正の値となった偏差平方の総和を求めよう。これは，クラス全体のバラツキの大きさを表している。

偏差平方和　　$1936+16+16+256+1296=3520$

4) 偏差平方和をデータ数で割る

データ数が多いほど偏差平方和は大きな値になる。そこで、データ1個当たり（ここでは生徒1人当たり）のバラツキの程度を求めるために、偏差平方和をデータ数で割る。この値が分散である。計算過程で値を二乗しているため、分散の単位はもとの単位の二乗（試験の例では「点^2〔へいほうてん〕」）となる。

$$\text{分散} = \text{偏差平方和} \div \text{データ数}$$
$$= 3520 \div 5 = 704.0 \ (\text{点}^2)$$

これで1組の分散を求めることができた。2組と3組についても同様の手順で偏差平方和を求めてみると、2組は200、3組は12,000になることが確認できる。それぞれデータ数で割って、分散はそれぞれ40.0、2400.0となる（実際にやってみよう）。大きさを比較すれば、3組—1組—2組の順でバラツキが大きいことが分かるであろう。

なお、ランダム・サンプリング（第5章参照）によって得られたデータを用いて母集団の分散を推定する場合には、データ数から1を引いた数値で偏差平方和を割らなければならない（不偏分散と言う）。詳細は統計学の専門書（ボーンシュテット＆ノーキ，1990：132〜133頁）などを参照されたい。

②**標準偏差（standard deviation）**

標準偏差とは分散の平方根のことである。逆に言うと、標準偏差の二乗が分散である。標準偏差はもとのデータと単位が同じになるので何かと便利である。

$$1\text{組の標準偏差} = \sqrt{704.0} = 26.5 \ (\text{点})$$

2組と3組も同様に計算し、それぞれ6.3、49.0になることを確認しよう。

③**標準得点（standard score）と偏差値**

標準得点は偏差を標準偏差で割ることで求められる。標準得点は、平均0、標準偏差1の正規分布に従うことが統計学的にわかっている。もとのデータがどのような値であろうと、標準得点化することで、同一の基準で比較することができるのである。

第7章 調査結果を分析しよう

偏差値は，標準得点を10倍して50を足したものである。したがって，偏差値は平均50，標準偏差10の正規分布に従うことになる。どのような平均点の試験でも，平均が50点，標準偏差が10点の試験と見做せる。個々の生徒の得点を同じ基準でみることができ，正規分布の性質をもとに受験者全体におけるその生徒の成績順位を明確に示すことができるために，教育現場でよく使われているが，他の分野でももっと活用してもよいだろう。

1組の生徒の標準得点と偏差値は次の通りである。

素　　　点	10	50	50	70	90
偏　　　差	−44	−4	−4	16	36
標準得点	−1.7	−0.2	−0.2	0.6	1.4
偏　差　値	33.0	48.0	48.0	56.0	64.0

なお，標準得点はZ得点，Zスコアとも呼ばれている。また，偏差値はt score, adjusted standard deviation scoreと表記されることもある。

④変動係数（coefficient of variation, coefficient of variance，変異係数）

算術平均と標準偏差を求めた結果，1組は平均が54.0点で標準偏差が26.5点だとわかった。成績のばらつきが結構あるクラスだということだ。さて，もしこの試験が1,000点満点で，算術平均540.0点，標準偏差が26.5点だったとしたら，100点満点の時と同じ標準偏差26.5点であっても，ばらつきの小さなクラスだと評価できるのではないだろうか。

このように，ばらつきうる範囲が異なれば，同じ値の標準偏差でもばらつきの程度の相対的な意味づけが異なってくる。このようなときに使えるのが変動係数である。変動係数は標準偏差を算術平均で割ることで求められる。

	標準偏差 ÷ 算術平均 ＝ 変動係数
1,000点満点	26.5 ÷ 540.0 ＝ 0.049
100点満点	26.5 ÷ 54.0 ＝ 0.491

一目瞭然，1,000点満点の時の方が，ばらつきの程度が小さいことがわかる

だろう。変動係数は算術平均に対する相対的なばらつきの程度を表す指標であると言える。とりうる範囲が異なるデータ間でばらつきの程度を比較したい時には変動係数を利用しよう。

　※これまでの説明をもとに，2組と3組で次の統計量を求めてみよう。
　a）変動係数
　b）各生徒の標準得点と偏差値
　　　→答えは本章末へ

② データを分析するための基礎知識——統計的検定

　データの整理が終わり回答傾向が把握できたらいよいよ分析である。ここでは，統計的検定の手法を2つ身につけよう。

2-1　クロス集計表の分析手法——カイ二乗検定とエラボレーション

（1）仮説検証の手段としての統計的検定

　クロス集計表によって2変数の関係を示すことができた。しかし，クロス表をただ眺めて「何となく関連がありそうだ」と考えるのでは科学的な態度とは言えない。ここはきっぱりと，誰がみてもクロス集計表の2変数間に関連があるかどうかを判定したい。そのために役立つのがカイ二乗検定という統計的検定手法である。ここでは，独立性のカイ二乗検定を手計算で計算する方法を説明しよう。

（2）カイ二乗検定の考え方

　表7-5はもうおなじみのクロス表である。参考までに全体欄にパーセントも記した。では早速，カイ二乗検定によって，性別と交通事故経験とに関連がみられるかどうかを検証してみよう。

第 7 章　調査結果を分析しよう

表7-5　交通事故と性別との関係　　（人）

性別	事故経験		計
	経験あり	経験なし	
男性	156	198	354
女性	113	235	348
全体	269 (38.3)	433 (61.7)	702 (100.0%)

出所：ザイゼル（佐藤訳）2005の例をもとに，サンプル数を20分の1にして作成。

＊カイ二乗検定の一般手順は以下の通り。

手順1　帰無仮説と対立仮説をたてる。

手順2　帰無仮説が正しいとの前提で，期待度数と実現度数からカイ二乗値という統計量を求める。

手順3　求めたカイ二乗値と，理論的に計算される棄却値とを比較し，帰無仮説が正しいかどうかを検討する。その際，自由度と危険率に注意する。

　帰無仮説や対立仮説，期待度数や実現度数，自由度や危険率・棄却値など聞き慣れない言葉が出てきたが，検定手順に即して一つひとつ説明していくことにしよう。

①帰無仮説と対立仮説を立てる

　まず，検定用に2つの仮説——帰無仮説と対立仮説——を立てる。これらの仮説は母集団のありうべき状態を表すものでなければならない。といっても，難しく考えることはない，ここでは性別（独立変数）と事故経験（従属変数）との関連を検討したいので，両変数間に関連があるかないかで考えればよい。帰無仮説は H_0，対立仮説は H_1 と表記され，原則として，帰無仮説は関連を否定，対立仮説は関連を肯定する内容としよう。

　　H_0：性別と交通事故経験とは関連しない。
　　H_1：性別と交通事故経験とは関連する。

219

②帰無仮説が正しいとの前提でカイ二乗値を求める

統計的検定では2つの仮説のうち帰無仮説が正しいという前提で話を進める。この時，表7-6の各セル（ア～エ）にはどのような数値が入ると予想されるかを考えるのである。

表7-6 交通事故と性別との関係 (%)

性別	事故経験		%の基数
	経験あり	経験なし	
男性	ア	イ	354
女性	ウ	エ	348
全体	38.3	61.7	702

ここで，合計欄がパーセントで表記されていることに着目しよう。

性別と交通事故経験が<u>関連しない</u>としたら，性別にかかわらず，事故経験の分布の仕方は同じになるということである。ということは，「経験あり」は男性も女性も38.3%になる，ということが理解してもらえるだろうか。同様に，「経験なし」のパーセントも合計欄と同じ61.7%になる，すなわち表7-7のようになるということだ。

表7-7 交通事故と性別との関係 (%)

性別	事故経験		%の基数
	経験あり	経験なし	
男性	38.3	61.7	354
女性	38.3	61.7	348
全体	38.3	61.7	702

ここまではよいだろうか。変数間に関連がない＝独立であるとの前提で予想されるパーセントがこれで求められた。このパーセント，実際には何人くらいなのかと考えてみよう。この人数（度数）のことを「期待度数」と言う。

男性のうち「経験あり」は354人中の38.3%なので $354 \times 0.383 = 135.6$（人），「経験なし」は354人の61.7%で218.4人となる。女性についても同様に計算できる（各自で計算してみよう）。結果をまとめると表7-8のようになる。

表7-8 交通事故と性別との関係（期待度数） （人）

性別	事故経験		計
	経験あり	経験なし	
男性	135.6	218.4	354
女性	133.3	214.7	348
全体	268.9	433.1	702

注：四捨五入の関係で全体欄は実現度数と若干のズレがある。

　実際に調査で得られた度数のことを実現度数といい，すでに表7-5で示してある。

　帰無仮説から予想される期待度数と，調査で実際に得られた実現度数が提示された。帰無仮説が正しいならば両者の差は小さいはずだし，対立仮説が正しいならば差は大きくなるはずである。このような発想でカイ二乗値を求めてみよう。

　カイ二乗値（χ^2）は「①各セルの期待度数と実現度数の差を求め（引き算），②二乗し，③それぞれの期待度数で割ったものを，④合計したもの」である。引き算をして二乗することがポイントである。

　①まず引き算：違い，差，距離を測るのは引き算である。まずは，実現度数から期待度数を引こう。両度数の対応するセル同士（例えば，男性・事故あり同士）を引くことを忘れないように。

　②十一は二乗して処理：引き算の困ったところは，＋と－が出てくるところ。特にマイナスはやっかいだが，焦ることはない。こういう時は統計学の常套手段として二乗してすべてプラスの値にしてしまおう。この二乗こそがχ^2の二乗たる所以である。

　③最後のクセ者が割り算

　引き算と二乗が終わったら，最後のクセ者が待っている。クロス表ごとの比較のためには，各セルの距離の合計を出したいのだが，各セルはそれぞれ別個のものなので単純には加算できない。そこで，なんとか同じ基準に揃えるために，各セルの距離を，期待度数とのズレ，つまり比率の形に統一しよう。手順

は簡単。各セルの距離（②で求めた値）をそのセルの期待度数で割るだけだ。

④全部足そう

比率の形に統一された各セルの距離が出揃えば，あとは全部足してしまおう。この全部足した値こそが χ^2 値である。

実際の計算結果は次の通りである。

	実現－期待*	(実現－期待)^2 ÷期待	
男性・事故あり	156－135.6＝ 20.4	416.2	3.1
男性・事故なし	198－218.4＝－20.4	416.2	1.9
女性・事故あり	113－133.3＝－20.3	412.1	3.1
女性・事故なし	235－214.7＝ 20.3	412.1	1.9
		$\chi^2=10.0$	

注＊：計算手法として期待度数から実現度数を引く手順を紹介している統計学の文献もあるが，差を二乗するのでどちらを先にしても求める結果は同じである。

⑤棄却値と照合し，帰無仮説が正しいかどうかを検討する

いよいよ大詰めである。求めたカイ二乗値をカイ二乗分布表によって照合し，帰無仮説が正しいかどうかはっきりさせよう。カイ二乗分布表を見る際に気をつける点は2つ，危険率（α）を何パーセントにするかを決めることと，適切な自由度の欄をみることである。危険率とは，帰無仮説が間違っているとの判断（帰無仮説の棄却）が誤りである確率のことで，社会調査では通常5％（$\alpha=.05$）とすることが多い。逆に言えば95％の確率で帰無仮説の棄却が正しいということになる。

自由度（df＝degree of freedom）とは，自由に数値が決められるクロス表のセル数のことと考えておけばよい。実はカイ二乗分布の形態はクロス表の大きさによって異なるのである。そこで，適切な検定結果を得るために，自由度ごとにカイ二乗分布表が作られている（223頁参照）。この例では，2×2のクロス表で，表7-6のようにア～エまで4つのセルがある。周辺度数が決まっているとしたら，ア～エのセルのうち，1つに数値をいれたら，あとの3つは自動的

カイ二乗分布（χ^2 分布）

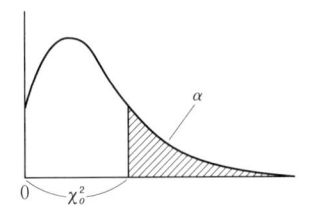

自由度 df	α			
	.20	.10	.05	.01
1	1.642	2.706	3.841	6.635
2	3.219	4.605	5.991	9.210
3	4.642	6.251	7.815	11.341
4	5.989	7.779	9.488	13.277
5	7.289	9.236	11.070	15.086
6	8.558	10.645	12.592	16.812
7	9.803	12.017	14.067	18.475
8	11.030	13.362	15.507	20.090
9	12.242	14.684	16.919	21.666
10	13.422	15.987	18.307	23.209
11	14.631	17.275	19.675	24.725
12	15.812	18.549	21.026	26.217
13	16.985	19.812	22.362	27.688
14	18.151	21.064	23.685	29.141
15	19.311	22.307	24.996	30.578
16	20.465	23.542	26.296	32.000
17	21.615	24.769	27.587	33.409
18	22.760	25.989	28.869	34.805
19	23.900	27.204	30.144	36.191
20	25.038	28.412	31.410	37.566
21	26.171	29.615	32.671	38.932
22	27.301	30.813	33.924	40.289
23	28.429	32.007	35.172	41.638
24	29.553	33.196	36.415	42.980
25	30.675	34.382	37.652	44.314
26	31.795	35.563	38.885	45.642
27	32.912	36.741	40.113	46.963
28	34.027	37.916	41.337	48.278
29	35.139	39.087	42.557	49.588
30	36.250	40.256	43.773	50.892

出所：原・海野, 2004：166頁より転用。

に決まってしまう，つまり数値が自由に決められるセル数は1で，これが自由度である。

自由度は以下の式で求められる。

$$自由度\ df = (独立変数のカテゴリー数-1) \times (従属変数のカテゴリー数-1)$$
$$= (2-1) \times (2-1)$$
$$= 1$$

カイ二乗分布表から自由度が1で危険率が5％（$\alpha=.05$）の欄に3.841という数値が見つかっただろうか。これが棄却値（χ_0^2）と言われるものである。223頁の図で，斜線で示されている部分，すなわち横軸がχ_0^2より大きな値とカイ二乗分布で区切られる部分は，カイ二乗分布と横軸で囲まれる部分の5％であることを示している。実際に求めたカイ二乗値が棄却値を超えたら，潔く帰無仮説を捨て去る＝棄却する基準の値である。

$$\chi_0^2 = 3.841\ <\ 10.0 = \chi^2$$

われわれが求めたカイ二乗値は棄却値を超えているので，帰無仮説を棄却することになる。ここまできてやっと「帰無仮説は危険率5％で棄却され，対立仮説が採用される。従って，性別と交通事故経験とは関連する」といえるわけである。

⑥危険率（有意水準）とは何か

危険率という言葉についても勉強しておこう。何が危険というのだろうか。たいていの調査は何らかの母集団を設定してのランダム・サンプリング調査である。この例では702人のサンプル調査であるが，母集団の免許取得者は何千万人もいる。この中で本当にこの仮説は成り立つのか，実はサンプルの702人が特殊であって，母集団では成り立っていない（「性別と交通事故経験は関連しない」が正しい）かもしれない。この悪夢の起こる確率こそが危険率なのである。逆に考えれば，悪夢の確率は5％もないと言える。たいていは大丈夫であろう。

なお，危険率のことを有意水準（level of significance, significance level）とも言う。

⑦期待度数が小さい場合の注意書き

カイ二乗検定は期待度数が小さすぎる場合には適用できない。χ^2 値の計算過程で期待度数で割るので，最小期待度数が1未満の場合は適当ではない。また伝統的には最小期待度数が5未満の場合も避けた方が無難とされている。対策としてはカテゴリーの統合や，不要なカテゴリーの削除が考えられるが，それでも検定不可能な場合には，他の分析手法の採用を考えよう。くわしくは，原純輔（1983）等を参照のこと。

（3）エラボレーションの考え方

表7-9は表7-3をパーセントだけで作成したものである。カイ二乗検定によって性別と事故経験には危険率5％で関連がみられることが明らかとなった。ここでは，なぜこの関連が生まれたのかをエラボレーションによって考えることにしよう。エラボレーションとは，クロス表でみられた（あるいは，みられなかった）関連を，もう一つの変数（第三変数という）を用いて，クロス表をさらに分解することで説明しようとする技法のことである。

表7-9 交通事故と性別との関係　　（％）

性別	事故経験		％の基数
	経験あり	経験なし	
男性	44.1	55.9	354
女性	32.5	67.5	348
全体	38.3	61.7	702

出所：ザイゼル（佐藤訳）2005の例をもとに，サンプル数を20分の1にして作成。

性別と事故経験に関連が生じる理由は何だろうか。ザイゼル自身は，「女性の方が運転がうまかったり，あるいは少なくともより慎重な運転をするという可能性もある（ザイゼル著／佐藤訳，2005：139頁）」と述べている。また，原と海野は「男は女に比べて酒を飲む傾向がある。したがって，男の方が酔っぱらい運転の頻度が高い。男は女より労働がきびしいので，運転するときに疲れている（原・海野，2004：82～83頁）」などの可能性を挙げている。

第Ⅱ部　調査票調査の方法

エラボレーションでは，これらの可能性をもとに，第三変数として「運転技能」，「(運転時の) 慎重さ」，「酔っぱらい運転の頻度」，「疲労度」を導入して分析を進めることになる。いずれも調査票調査では直接の測定が難しいので，質問の仕方に工夫が必要であろう (第4章参照)。

ここではザイゼルに従って，第三変数として「年間走行距離の長短 (10,000マイル未満か以上か)」を導入して考えてみよう。表7-10は，表7-9を走行距離によって分けて，それぞれ性別と事故経験とのクロス表を作ったものである。

注目すべき点は，もとのクロス表 (表7-9) で見られた相関関係が，第三変数導入によって分けたクロス表 (表7-10) ではどうなっているかである。各クロス表の相関係数を比較することでエラボレーションの結果を判定する。

表7-10　性別，走行距離と交通事故経験　　　　　　(%)

性　別	走行距離長		% 基数	走行距離短		% 基数
	経験あり	経験なし		経験あり	経験なし	
男　性	52.0	48.0	250	25.0	75.0	104
女　性	52.1	47.9	96	25.0	75.0	252
計	52.0	48.0	346	25.0	75.0	356
	$\gamma \fallingdotseq 0.000$			$\gamma \fallingdotseq 0.000$		

注：「走行距離長」は年間走行距離が10,000マイル (約16,000 km) 以上，「走行距離短」は年間走行距離が10,000マイル (約16,000 km) 未満。
出所：ザイゼル (佐藤訳) 2005の例をもとに，サンプル数を20分の1にして作成。

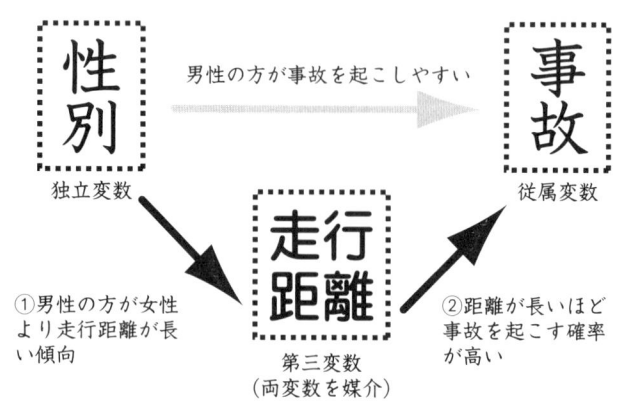

図7-1　性別と走行距離と交通事故との関係

第7章　調査結果を分析しよう

　この表から読みとれることは，走行距離で対象者を分けた場合，性別と事故経験との関連が消滅してしまったということである。すなわち，「走行距離長」では性別にかかわらず約52％が事故経験があり，「走行距離短」では性別にかかわらず「事故経験あり」との回答は25％程度しかみられない（いずれもr≒0.000）。そして，走行距離が長い方が事故経験率が高いということもわかる。

　ではなぜ，表7-9で性別と事故経験率に関連がみられたのであろうか。これは％の基数をみればわかる。「走行距離長」のグループでは男性の人数が女性より2倍以上も多く，逆に「走行距離短」のグループでは女性が男性の2倍以上を占めている。すなわち，①男性の方が走行距離が長い傾向にあるという社会的事実が存在する。そして，②一般に走行距離が長ければ長いほど事故を起こす確率は高くなると考えてよいであろう。走行距離が媒介として，一見すると男性の方が女性よりも事故を起こしやすいという表7-9の結果が生じていたのである。図7-1の下半分を手で覆ってみれば納得がいくだろう。

　性別と交通事故との関連は，ザイゼルが作った例をもとにしているので非常にきれいに説明できた。しかし，実際の社会調査ではこのようにすっきりと説明できるものではない。第三変数として何を導入するか，いろいろな情報を勘案してじっくり検討してほしい。

　エラボレーションではこの例のように，2変数のクロス集計でみられた関連について第三変数を導入することによって，関連に潜むメカニズムを明らかにすることができる。もとの2変数（独立変数と従属変数）それぞれと第三変数との関連の仕方についてパターン分けをおこない，3つの変数間の構造を探るのであるが，エラボレーションの手続きや必要な知識についての詳細は原・海野（2004）を参照されたい。

2-2　二集団間（群間）の比較——比率の差の検定

　ここからはスケールデータを使った統計的検定手法を紹介しよう。比率の差の検定とは，ランダムサンプリングによって得られたデータを対象に，母集団では，2つのグループの間の回答率に違いがあるかどうかを判定するための統

計的検定手法である。検定手順，必要な計算手続き，必要な統計学の知識をまずは押さえるようにしてほしい。

カイ二乗検定では性別と交通事故経験との関連を検証することができた。ここでは，同じデータを使って，男女で交通事故経験率に差があるかどうかを検証しよう。注目すべき数値は男女の人数と事故経験率である。経験率はパーセントではなく比率で表すこと。表7-9から，それぞれ男性354人，0.441，女性348人，0.325と分かっている。

＊比率の差の検定の一般手順は以下の通り。
　手順1　帰無仮説と対立仮説をたてる。
　手順2　帰無仮説が正しいとの前提で，2群間の比率の差（d）がどのような平均と標準偏差をもつ正規分布に従うかを計算する。
　手順3　求めた平均と標準偏差から棄却値を求めて実際のdと比較し，帰無仮説が正しいかどうかを検討する。

　手順1　帰無仮説と対立仮説をたてる。
　H_0：交通事故経験率に男女による差がない。
　H_1：交通事故経験率に男女による差がある。

帰無仮説は否定形で表現する，というのが統計的検定の原則であった（カイ二乗検定の項参照）。両仮説は母集団の状態を表すものであるが，両者が同時に成立することはありえない。どちらが正しいかはっきりさせよう。

　手順2　帰無仮説が正しいとの前提で，2群間の比率の差（d）がどのような平均と標準偏差をもつ正規分布に従うかを計算する。

注目すべきは交通事故経験率の性差である。これをdという記号で表すことにしよう（dはdifferenceの先頭文字と考えるとよい）。

比率の差　d＝0.441−0.325
　　　　　　＝0.116

　統計的検定のお約束として帰無仮説が正しいという大事な前提を置く。母集団では交通事故経験率に性差はないと想定するのである。両者に差がないのだから，本来は比率の差（d）は0（ゼロ）になると予想できる。今回の調査ではたまたま0.116という差がみられたにすぎないと考えるのだ。ではもう1回調査をやってdを求めたらどうなるだろうか。0に近い値が出るかもしれない。さらにもう1回，もう2回と調査を重ねていったら，ある程度のばらつきはあるもの，dの値は0かそれに近い値が多く見られると予想できるだろう。なぜなら，事故経験率に性差がないのだから。現実の社会では何回も同じ調査など実施できないが，統計学者のイマジネーションは限りなく広がる。何千回，何万回，果ては無限に調査を実施してはdを求める作業を繰り返していったと想定しよう。dの値はある時は0.000，ある時は0.283，またある時は−0.629であったろう。そして，dの値の度数分布を求め，横軸をdの値，縦軸を出現回数としてグラフにしたらどのような形になるだろうか。

　ちょっと頭がクラクラしてきただろうか。ではこの頁を閉じて，第5章146頁を開けてみよう。そう，グラフの形はわれわれが既によく知っている正規分布に従う（ことが統計学的に証明されている）のだ。正規分布の性質は平均と標準偏差によって表される。そしてありがたいことに，dの平均と標準偏差は以下のようになることが統計学的に証明されている。

> H_0が正しいとき，dは平均0，
> 標準偏差（σ）
> $$\sigma = \sqrt{\frac{P_1 \times (1-P_1)}{n_1} + \frac{P_2 \times (1-P_2)}{n_2}}$$
> の正規分布に従う。
> 　　n_1＝男性のサンプル数，n_2＝女性のサンプル数；n_1＝354，n_2＝348
> 　　P_1＝男性の交通事故経験率（母集団の値）
> 　　P_2＝女性の交通事故経験率（母集団の値）

標準偏差は母集団における男女それぞれの交通事故経験率（母比率 P_1, P_2）から計算されるが，母比率は未知である．そこで，P_1 と P_2 の代わりに全体の交通事故経験率（$p=0.383$）を用いて次式のように標準偏差を求める．詳細は，ホーエル（浅井・村上訳，1981：176〜178頁）などを参照されたい．

$$\sigma = \sqrt{\frac{p \times (1-p)}{n_1} + \frac{p \times (1-p)}{n_2}}$$

$$= \sqrt{p \times (1-p) \times \left(\frac{1}{n_1} + \frac{1}{n_2}\right)}$$

$$= \sqrt{0.383 \times (1-0.383) \times \left(\frac{1}{354} + \frac{1}{348}\right)}$$

$$= \sqrt{0.00135}$$

$$= 0.037$$

以上をまとめると，「帰無仮説が正しい時，比率の差 (d) は平均 0，標準偏差 0.037 の正規分布に従う」となる．

手順3　求めた平均と標準偏差から棄却値を求めて実際の d と比較し，帰無仮説が正しいかどうかを判定する．

では再び146頁の正規分布の図と本文をよく見てみよう．斜線の中に95％と書いてあるのがわかるだろうか．また，147頁には「誤差を標準偏差の±1.96倍まで許容すれば，100回調査したとして95回は当たるという確率であることを意味している」と書いてあるではないか．つまり，平均±標準偏差の1.96倍を超える値は5％の確率でしか現れないということだ．そこでわれわれは，平均±標準偏差の1.96倍の値を基準として，それを超える値が現れた場合には，手順2の前提である「帰無仮説が正しい」の信憑性を疑い，対立仮説が正しい

のだと判断することにしよう。帰無仮説を棄却するかどうかのボーダーラインなので、この基準となる値のことを棄却値、棄却値を超える値の領域を棄却域ということはカイ二乗検定のところで述べた通りである。

$$棄却値 = dの平均 \pm 1.96 \times dの標準偏差$$
$$= 0 \pm 1.96 \times 0.037$$
$$= \pm 0.073$$

dが0.073より大きな値をとるか、あるいは−0.073よりも小さな値をとる確率は5％以下ということである。d=0.116は棄却域にあるので、帰無仮説を棄却する。これで、比率の差の検定により、危険率5％で、交通事故経験率に性差があるということが確認できた。

この章を読んでいる現段階ではこれまでの説明で使われた統計学的な知識の部分について一部理解できなくてもかまわない。ここでは統計的検定の手順が、(1) 帰無仮説と対立仮説の設定、(2) 帰無仮説を前提とした統計学的な手続き、(3) 実際のデータによる帰無仮説が正しいかどうかの判定の3段階を経て行われるということだけ理解してもらえればよい。統計学的な手続きは巻末の統計学の参考書などを参照して一つずつ身につけていってもらいたい。確率分布（特に正規分布の考え方と正規分布表の見方）は社会調査のデータ分析には必須であると考えてほしい。とっつきにくいところであるが避けては通れない道である。

図7-2、図7-3は標準正規分布（平均0、標準偏差1）を表したものである。斜線で囲まれている部分の面積（α）が、釣り鐘状のグラフと横軸とで囲まれた部分の面積の何パーセントに当たるかは、正規分布の性質から求めることができる（第5章参照）。つまり、αは危険率を表しているのである。図7-2では左右の面積の和がαとなる。

tは標準偏差の何倍かを表す数値であり、先に危険率5％で行った比率の差の検定では、1.96が該当する。tの値は危険率によって変わる。また、検定方法（両側検定か片側検定か）によっても変わる（コラム参照）。tの詳細な数値は

統計学のテキストなどを参照してもらうとして，以下に，社会調査でよく使われる危険率ごとにtの値を記しておく。

両側検定用

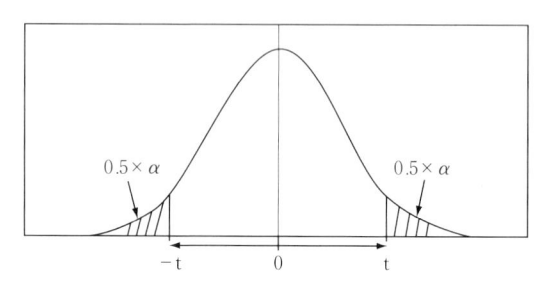

$\alpha = 1\%$　t=2.58　　$\alpha = 5\%$　t=1.96　　$\alpha = 10\%$　t=1.64

図7-2　標準正規分布図（両側検定）

片側検定用

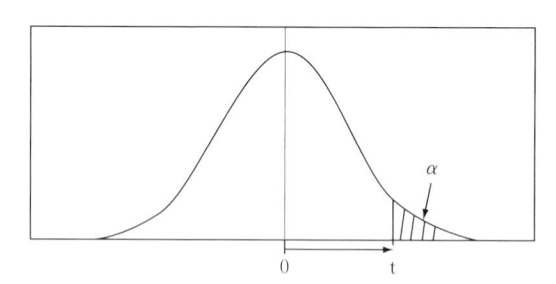

$\alpha = 1\%$　t=2.33　　$\alpha = 5\%$　t=1.64　　$\alpha = 10\%$　t=1.28

図7-3　標準正規分布図（片側検定）

コラム

◉両側検定と片側検定

比率の差の検定で対立仮説を「交通事故経験率に男女による差がある」と立てた。男女どちらの事故経験率が高いか事前にわからないためである。このように，2群間の大小関係を前提としないで対立仮説を立てて検定を行う場合を両側検定という。社会調査では大小関係が事前にははっきりしないことが多いので，通常は両側検定を採用するとよい。

一方，先行研究の検討結果などから，「交通事故経験率は男性の方が女性より高い」，または「交通事故経験率は女性の方が男性より高い」と予想できる場合もある。あらかじめ大小関係を前提として対立仮説を立てる検定を片側検定とよぶ。正規分布表には両側検定用と片側検定用の2種類があるので，棄却値を求める際には適切な表を参照するようにしたい。

(H. K.)

コラム

◉平均値の差の検定と中心極限定理

比率の差の検定と同様の考え方で，平均値の差の検定も可能である。次の例で考えてみよう。2つの学校から生徒が無作為に選ばれて試験を受けた。結果は以下の通りである。

	平 均	標準偏差	受験者数
A 校	69.4点	14.4点	30人
B 校	61.3点	14.5点	30人

比率の差の検定と同様，次の手順で両校母集団の平均点に差があるかどうか検定できる。

手順1　帰無仮説と対立仮説をたてる。

H_0：A校とB校とで成績に差はない。
H_1：A校とB校とで成績に差がある。

手順2　帰無仮説が正しいとの前提で，2群間の平均値の差 (d) がどのような平

均と標準偏差をもつ正規分布に従うかを計算する。

H_0 が正しい時，dは平均 0，標準偏差 $\sqrt{\dfrac{\sigma_1^2}{n_1}+\dfrac{\sigma_2^2}{n_2}}$ の正規分布に従うことが分かっている。

> 記号の意味
> n_1＝A校のサンプル数，n_2＝B校のサンプル数
> σ_1＝A校成績の標準偏差（母集団の値）
> σ_2＝B校成績の標準偏差（母集団の値）

母集団の標準偏差（σ）は未知なので，標本標準偏差で代用し，平均値の差（d）の標準偏差は 3.7 と求められる。

手順3　求めた平均と標準偏差から棄却値を求めて実際のdと比較し，帰無仮説が正しいかどうかを判定する。

棄却値＝0±1.96×3.7＝±7.3 である。実際の値 8.1 は棄却域にあるので，帰無仮説を棄却する。したがって，危険率 5％で両校の成績に差があり，A校の方がB校より成績がよいということがいえるのである。

2群間の値の差の検定で，ランダムサンプルによる標本分布の性質が正規分布に従うという話をした。このもとになっているのが下に示す「中心極限定理」である。

中心極限定理
「x が平均 μ，標準偏差 σ のある分布に従うとき，大きさ n の無作為標本に基づく標本平均 $\bar{x}$ は，n が無限に大きくなるとき，平均 μ，標準偏差 $\dfrac{\sigma}{\sqrt{n}}$ の正規分布に近づく」

（ホーエル著／浅井・村上訳，1981：130頁）

また，n が無限に大きくなるときとあるが，ホーエルによれば，「ほぼ 25 より大きいならば，x の母集団分布のいかんにかかわらず，$\bar{x}$ の分布は常に正規分布に近いことがわかった（同：130頁）」とある。

ランダムサンプリングによる標本分布は正規分布に近似すると覚えておこう。

(H. K.)

③ より深い分析のために──回帰分析を中心に

ここからはスケールデータ間の関係を分析するためのテクニックを概説する。

（１）相関と回帰の考え方

①模試と本試験の相関関係は？

下に示すのは模擬試験と本試験を受けた10人のデータである。

```
模擬試験  45点, 50点, 55点, 55点, 50点, 60点, 65点, 70点, 75点, 80点
本 試 験  50点, 45点, 50点, 55点, 55点, 65点, 75点, 65点, 80点, 90点
    平均：模擬試験 60.5点,    標準偏差：模擬試験 11.1点,
         本試験   63.0点              本試験   14.0点
```

模試と本試験の成績間に何らかの関係があるかどうかを調べたい。そのために，横軸を模試の成績，縦軸を本試験の成績として，散布図を作ってみよう。

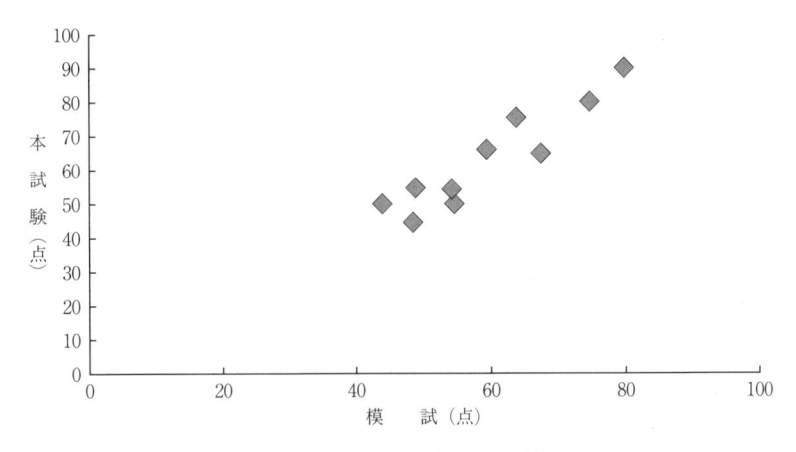

図7-4　模試と本試験との関係

結果は一目瞭然であろう。模試の得点が高い（低い）生徒は本試験の得点も高い（低い）傾向が見て取れる。このように，2変数間の関係で，一方の変数の値が高いほど，他方の変数の値が高くなる傾向にあるとき，（両変数間に）正

第Ⅱ部　調査票調査の方法

コラム

◈積和・共分散と積率相関係数──量的変数間の相関を数字で表すために

　基礎統計量の項で説明したように，偏差は個々の値と算術平均との差を表している。模試と本試験の例では，それぞれの試験で偏差が求められる。これら2つの変数の偏差の積を求めて合計したものを積和，積和をデータ数（ランダムサンプルの場合はデータ数から1を引いたもの）で割ったものを共分散と言う。積和や共分散は偏差同様，2変数間の相関係数の計算や後述する回帰分析で活用される。ちなみに，本文で例示した10人クラスの積和は1435.0，共分散は143.5となる（全数調査の場合）。各自，計算して確かめてみよう。

　量的な2変数間の相関関係を表す指標として，（ピアソンの）積率相関係数（r）が考案されている。

$$r = \frac{xy の共分散}{x の標準偏差 \times y の標準偏差}$$

模試と本試験の積率相関係数は，次のように計算できる。

$$r = \frac{143.5}{11.1 \times 14.0} = 0.923$$

　rは相関が最も高い時に±1.000，無相関の時に0.000となる。この例では，正の相関がかなり高いと言えよう。

(H. K.)

の相関関係があるという。逆に，一方の変数の値が高いほど，他方の変数の値が低くなる傾向にある場合は，負の相関関係と言う。両変数間に相関関係がない場合には，無相関であると言う。

②相関関係を直線で表せ──直線回帰の考え方

　散布図から2変数間に相関関係があると思われる時に，その相関の傾向を簡潔に表現したい。散布図上の散布傾向（分布傾向）を表すように直線を引いてみよう，という発想で行うのが直線回帰分析である[*]。

　　[*] n次関数や指数関数など曲線式を当てはめる場合は曲線回帰分析という。本章では直線回帰のみに限定して説明する。また，以下では「直線」を省略し，回帰分析と表記する。

　とりあえず，図7-4に鉛筆で相関関係を表すような線を1本引いてみよう。

第7章　調査結果を分析しよう

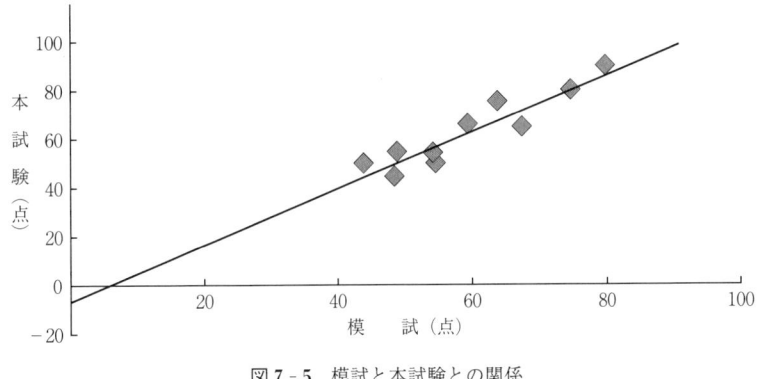

図7-5　模試と本試験との関係

　正の相関関係にあるので，右肩上がりの直線が引けただろうか。直線の引き方は無数に考えられるが，各点と線との乖離の程度をみると，この直線は分布傾向をうまく表現していると直感的には言えるだろう。直線は傾きと縦軸との切片（y切片）で表現することができる。回帰分析では最小二乗法という方法で，各点との乖離の程度が最も小さくなるような直線（回帰直線という）の式を求める。この例では［式7-1］のように求められる。

$$y = 1.17x - 7.79 \qquad [式7-1]$$

③直線の当てはまりのよさを数字で表すには
　　——残差・残差平方和・決定係数

　式7-1は模試と本試験の関係を最もうまく表し，実際の得点との乖離が最小となるように求められているのであった。個別の乖離の程度は，例えば，模試が45点の生徒の場合，式で求められる本試験の得点（理論値と言う）が，$1.17 \times 45 - 7.79 = 44.9$点なので，実際の得点50との差5.1点となる。この差を残差という。

　残差は本試験の得点（実測値）が線より上にあれば正の値を，線より下にあれば負の値となるので，個々の残差を二乗して全部足せば，直線から予想される理論値と実測値との乖離の程度を計ることができる。この値は「残差」を二乗＝「平方」して「合計」を求めたものなので，残差平方和（Seと表記する）

237

第Ⅱ部　調査票調査の方法

> **コラム**
>
> ### ◆回帰直線の求め方
>
> 　最小二乗法による回帰直線 $y=ax+b$ の傾き（a）と切片（b）は次のように計算される。
>
> 　直線の傾き a は変数 x と変数 y の積和（Sxy）と変数 x の偏差平方和（Sx）の比として求められる。また、切片 b は2変数の平均値と傾き a によって簡単に計算できるのである。
>
> $$a=\frac{Sxy}{Sx} \qquad b=\bar{y}-a\bar{x}$$
>
> > ＊　計算方法は、菅（2007）に依拠している。分子を積和÷($n-1$) である共分散、分母を偏差平方和÷($n-1$) である分散として説明するものもあるが（例えば、ボーンシュテット＆ノーキ 1990）、($n-1$) が分母と分子にかかっているかどうかの違いであり、計算結果にはもちろん変わりはない。
>
> 　積和とは、x の偏差と y の偏差をかけたものの総和のことであった（本章コラム参照）。偏差平方和は分散の計算ですでにおなじみであろう。計算過程は省略するが、各変数の統計量は以下の通りである。$x=60.5$, $y=63.0$, $Sxy=1435.0$, $Sx=1222.5$, $Sy=1960.0$。Sy は変数 y の偏差平方和を表わす。
>
> 　したがって、傾き　$a=1435.0\div1222.5=1.17$
> 　　　　　　　　　切片　$b=63.0-1.17\times60.5=-7.79$
>
> 　回帰式は $y=1.17x-7.79$ となる。この式は、変数 x（模試得点）が1点高いと、変数 y（本試験得点）が1.17点高いということを表している。　　　　　　　　　（H. K.）

という。この例では $Se=275.2$ となる（自分で計算して確かめてみよう）。

　回帰直線のデータへの当てはまりの良さを検討する指標として、決定係数（R^2）が考案されている（Sy は変数 $y=$本試験成績の偏差平方和）。

$$R^2=1-\frac{Se}{Sy}$$

決定係数は無相関時に0（ゼロ）、最大値はデータが回帰直線上に乗る時で+1となる。この例では、$Se=275.2$, $Sy=1960.0$ なので、$R^2=1-(275.2/1960.0)=0.860$ となり、当てはまりの程度はかなり高いといえるだろう。

（2）重回帰分析の考え方

①いつ受けた模試が本試験と関係があるか
――独立変数が2つの場合の重回帰式

下記は，4月と同年12月の模擬試験および翌年2月に実施された本試験の成績である。

```
4月模試  55点，70点，55点，40点，85点，40点，55点，60点，70点，65点
12月模試 45点，50点，55点，55点，50点，60点，65点，70点，75点，80点
本 試 験 50点，45点，50点，55点，55点，65点，75点，65点，80点，90点
  平均：4月模試  59.5点，       標準偏差：4月模試  13.3点，
       12月模試 60.5点，                12月模試 11.1点
       本 試 験 63.0点，                本 試 験 14.0点
```

単回帰で示した例は12月模試の成績であった。式7-1によって模試成績で本試験の成績がある程度予測できるということがわかった。ここでは，12月の模試成績と，それより以前の本試験10か月前に実施した模試成績がそれぞれどの程度，本試験の成績を予測できそうか調べてみよう。

この例では独立変数が2つになる。といっても，考え方の発想は単回帰と同じで，3変数間のデータの分布をもっともうまく示す式を求めればよいのである。独立変数が2つ以上の回帰分析を重回帰分析と言う。

単回帰では直線の式を $y=ax+b$ と表した。独立変数が2つの場合，最小二乗法で求める式は，$y=a_1x_1+a_2x_2+b$ となる。添え字の1が4月模試の成績，2が12月模試の成績を表す。a_1 や a_2 のように独立変数の傾きを表す値を偏回帰係数と言う。

われわれは2つの偏回帰変数（a_1, a_2）と切片（b）の値を求めればよい。ありがたいことに，a も b もすでに求め方が確立されている（次頁コラム参照）。

この例では，

$$y=0.014x_1+1.173x_2-8.800 \qquad [式7\text{-}2]$$

となる。この式は，変数 x_1（4月模試成績）が1点高いと，変数 y（本試験成

績）が0.014点高く，変数 x_2（12月模試成績）が1点高いと，本試験の成績が1.173点高いということを表している。つまり，本試験の成績は4月模試の成績とはほとんど関係がなく，直前の模試の結果で予測できると考えてよいだろう。

◆ 独立変数が2つの場合の回帰式の求め方

式7-2の偏回帰係数および y 切片は次のように求められる。
まずは，次の2つの式を読み解くところから始めよう。

$$S_{x_1} \times a_1 + S_{x_1 x_2} \times a_2 = S_{yx_1} \qquad [式7\text{-}3]$$
$$S_{x_2 x_1} \times a_1 + S_{x_2} \times a_2 = S_{yx_2} \qquad [式7\text{-}4]$$

各記号の意味と値は次の通り。添字の1＝4月模試，2＝12月模試とする。

- S_{x_1} ：4月模試の偏差平方和（＝1723.0）
- S_{x_2} ：12月模試の偏差平方和（＝1222.5）
- $S_{x_1 x_2}$：4月と12月の模試の積和（＝77.7）
- $S_{x_2 x_1}$：12月と4月の模試の積和（＝$S_{x_1 x_2}$＝77.7）
- S_{yx_1} ：本試験と4月模試の積和（＝115.0）
- S_{yx_2} ：本試験と12月模試の積和（＝1435.0）
- S_y ：本試験の偏差平方和（＝1960.0）

上記［式7-3］，［式7-4］は次の通りになる。

$$1723.0 \times a_1 + 77.7 \times a_2 = 115.0 \qquad [式7\text{-}3']$$
$$77.7 \times a_1 + 1222.5 \times a_2 = 1435.0 \qquad [式7\text{-}4']$$

［式7-3'］，［式7-4'］の連立方程式を解けば，a_1 と a_2 を求めることができる（連立方程式を忘れた人は中学校の参考書でおさらいをしておこう。）

$a_1 = 0.014$，$a_2 = 1.173$ となる。

次に b の値は，$b = \bar{y} - a_1 \bar{x}_1 - a_2 \bar{x}_2$ で求めることができる。

$$b = 63.0 - 0.014 \times 59.5 - 1.173 \times 60.5$$
$$= -8.800$$

以上より［式7-2］が求められたのである。
ついでに，決定係数も求めてしまおう。計算方法は単回帰と同じで，残差平方和

(Se)と従属変数（本試験成績）の偏差平方和を使い，次の式により計算できる。

$$R^2 = 1 - \frac{Se}{Sy}$$

$Se=276.0$，$Sy=1960.0$ より，$R^2=1-(276.0\div1960.0)=0.859$

となり，回帰式の当てはまりの程度はかなり高いといえる。

　先の例では複数の独立変数が同じ単位で測定されていたが，実際の調査では独立変数が異なる単位で測定されていることもある。その際には各偏回帰係数を標準得点化（→本章基礎統計量参照）したものを計算しておくとよいだろう。平均 0，標準偏差 1 に標準化した値なので，標準偏回帰係数と呼ばれている。

　また，個々の偏回帰係数の値が 0 かどうかを検定することもできる。0 ではないということは独立変数と従属変数が相関関係にあることを示している。エクセルの重回帰分析（データ分析のメニューより選択する）では，t 値（正規分布によく似た t 分布に基づく値）と，有意確率の P 値から，0 かどうかを判断することができる。

　この回帰係数の有意性検定には行列式の知識が必要となり，本章の扱える範囲を超えてしまっている。また，重回帰分析の実施にあたっては，説明変数間に高い相関関係がないこと（多重共線性の問題）や，説明変数の個数とサンプル数が近い場合には自由度調整済みの決定係数を指標とすべきなど，気を配らなければならない点がある。より詳しい説明は，統計学の概説書（ボーンシュテット＆ノーキ，1990；菅，2007；金井ほか，2012 など，行列式については，岡太，2008 など）を参照されたい。

(H.K.)

コラム

◆多変量解析手法と外的基準

　多変量解析の一例として本書では重回帰分析の概説をおこなった。重回帰分析では独立変数も従属変数も実際に測定されている（すなわち，外的基準のある）データを用いる。重回帰分析では，独立・従属の両変数ともスケールデータが条件である。従属変数がカテゴリカルデータで測定されている時には，判別分析やロジスティック回帰分析という手法が使える。一方，因子分析や主成分分析のように，測定されたデータから新たな変数を「産み出す」という，外的基準がない多変量解析手法もある。

　因子分析と主成分分析は，例えば SPSS などでも同じ分析メニューのカテゴリ（次元分解）に含まれているが，両者では分析目的が異なるので注意したい。

　両者の違いについて，田中と脇本は次のように述べている。

「主成分分析では観測された多変量データに対してできるだけ次元を減らして少数個の変数を用いて表すために主成分を求める。すなわちデータを記述的に縮約しようとする。これに対して因子分析では観測されるデータと少数個の潜在的な因子との間の関係を示す統計的モデルを想定し，そのモデルがデータによく適合しているときに潜在的因子で現象がよく説明できたと考える。一方にはとくに統計的モデルがなく，他方にはモデルがある。極端に言えば，モデルを持たない主成分分析は（その有効性は別にして）どのようなデータに対しても適用できるのに対して，因子分析の方は想定したモデルがあてはまる現象に対してのみ適用できる。」田中・脇本（1983），180頁。

　英語・国語・数学・社会・理科の5教科の試験成績があるとして，主成分分析では，5教科全体からなる総合学力得点とでも言えるものを求めたい時に適している。一方，因子分析では，5教科の成績と関係がありそうな少数の潜在的因子を想定して，教科間の関係を検討し，得られた結果から，例えば，文系的教科と理系的教科といった次元を見出していく手法なのである。
　また，カテゴリカルデータを用いた多変量解析手法としては，林の数量化Ⅰ類（回帰分析に相当），数量化Ⅱ類（判別分析に相当），数量化Ⅲ類（因子分析に相当）などが考案されている。
　詳細は，田中・脇本（1983）のほか，村瀬・高田・廣瀬（共編）（2007）の第11章と第12章などを参照のこと。　　　　　　　　　　　　　　　　　　　　　（H. K.）

④ 結果のまとめかた——報告書には何を書くのか？

　第1章で述べたように，社会調査は「社会的な問題意識に基づいてデータを収集し，収集したデータを使って社会について考え，その結果を公表する一連の過程」と定義される。前節までに「収集したデータを使って社会について考えた」ので，さっそく「その結果を公表する」ことにしよう。
　公表の方法は，報告書刊行・論文執筆・学会報告・対象者への報告会・記者発表（記者会見）などが挙げられるが，本節では調査結果をまとめて，調査の全体像を明らかにするための報告書作成について説明する。この報告書は分析結果が出た直後に作成されることが一般的である。一般社団法人社会調査協会

による「調査実習概要報告書」には次の10項目が設定されている。論点整理に活用しよう。

1. 調査のテーマ／領域：
2. 調査の内容／概要：
3. 調査の範囲／対象（量的調査の場合は母集団と標本数およびサンプリングの方法を，質的調査の場合は対象者選定の理由を必ず記入）：
4. 主な調査項目：
5. データ収集（現地調査）の方法：
6. 調査の実施時期・調査地・調査員の数：
7. 収集したデータの量と質への評価（量的調査の場合は有効回収票数および回収率を必ず記入）：
8. データ分析／解釈の方法：
9. 調査の成果（調査から得られた主な知見など）：
10. 報告書刊行の予定と概要：

（「調査実習概要報告書」は社会調査協会のサイトからダウンロードできる。）

社会調査実習科目など，学生が教員や大学院生の指導によって調査を実施した場合の報告書には最低限，次の3種類の内容を盛り込むとよいだろう。

①調査の企画と実施について記した部分

一読してどのような調査が実施されたのかわかるように，仮説と方法を明らかにする。「調査の企画と実施」などと表題をつけるとよい。はじめに，調査の目的や問題意識に関する内容と，検証すべき仮説を整理して文章化しよう。次に，調査実施の概要を記述する。例えば，次のような節構成になろう。

1. 調査の企画と実施
    1. 1. 調査の目的
        - 調査の目的や問題意識〔この調査研究で明らかにしたいことは何かを記述する。〕
        - 先行研究の整理　　　〔当該分野ではすでに何が明らかにされている

- 検証すべき仮説　　　　〔本調査で検証する仮説は何かを明示する。〕

1.2. 実査の概要
- 調査の名称　　　　　　〔「暮らしと政策に関する○○市民意識調査」など〕
- 調査主体と責任者氏名　〔◇◇大学社会調査室　室長○○
　　　　　　　　　　　　○○大学准教授△△○○　　など〕
- 母集団ないし対象集団　〔○○市有権者（2012年9月1日現在 265,498名）など〕
- サンプリングの方法　　〔2段無作為抽出法により1,000名を抽出。などと概要を述べ，以下，第1次抽出単位，第2次抽出単位の抽出方法について記述する。〕
- 調査票の配布回収方法　〔対象者に調査票を郵送し，調査員が訪問して回収する，郵送併用留置法を採用した。などと事実を記す。〕
- 実査の時期　　　　　　〔2012年10月10日～10月15日〕
- 回収率　　　　　　　　〔62.8％〕
- 無効票の内訳など　　　〔無効票の内訳は本書6章などを参考にして記述する。〕

②調査結果と知見および今後の課題を記した部分

　この部分で論じられる内容が報告書の中心部分となる。単純集計結果やクロス集計による基礎的な分析が中心の論文から，統計分析手法を駆使しての仮説検証論文まで，複数本の論文から構成されることが通例である。

　統計的検定結果などの根拠を示して仮説の検証をおこない，仮説が検証されたらその旨述べればよい。研究の主目的が達成されたことになる。仮説が検証されなかった，あるいは，仮説と正反対の結果が得られたら，なぜそのような結果になったのかを論理的に検証して，新たな仮説を提示しよう。次段階での

研究テーマが一つ増えたことになる。

　最終章で，本調査研究での知見を整理し，今後の課題を提示しよう。まず，仮説検証も含めてこの調査でわかったこと（最終章以前の論文の知見）を整理して論じる。そして，この調査では解明できなかったことや，分析の過程で新たに提示された仮説などを「今後の課題」として指摘しておこう。「今後の課題」は次回の調査や他の研究者が行う調査研究のヒントとなるものである。研究活動のお約束事項として自分や，他の研究者仲間（ライバルも含めて）に用意するおみやげである。

③資料・付録

　最後に，資料や付録として添付しておきたいものを巻末に提示する。例えば，以下のような資料があるとよいだろう。

　調査票の写し（縮小してもよいが，レイアウトもわかるように丸ごと収録する），単純集計結果（すべての質問についての度数分布表），調査依頼状，訪問票，調査員マニュアル，エディティング・コーディング・ガイド，調査スケジュール，サンプリングの概要，調査チーム構成など。

　これらも研究の次段階のための自他へのおみやげと考えよう。

④そして次のステップへ

　調査の全体像をまとめた報告書発行は分析の第一歩に過ぎない。そこでまとめた論文をもとに，さらに分析を進めて卒業研究につなげたり，大学院生なら学会報告や学会機関誌への論文投稿に発展させることも可能である。社会人なら，次の企画に調査の分析結果を活かすこともできよう。さらには，同じテーマで次の調査企画が立てられるかもしれない。

　せっかく長い時間と費用をかけて実施した調査である。世界でただ1つのデータを1回の報告書発行だけで寝かせてしまうのはもったいない。調査に協力してくれた回答者の方々に報いるためにも，その調査で得たデータと経験を次の研究に是非とも活用してほしい。

第Ⅱ部　調査票調査の方法

> **基礎統計量計算（218頁）の解答**
>
> ※2組と3組の統計量を求めてみよう。
>
> a）　変動係数　2組　0.1（＝6.3÷60），3組　1.2（＝49.0÷40）
>
> b）　各生徒の標準得点と偏差値

2組	素　　点	50	60	60	60	70
	偏　　差	−10.0	0.0	0.0	0.0	10.0
	標準得点	−1.6	0.0	0.0	0.0	1.6
	偏 差 値	34.0	50.0	50.0	50.0	66.0
3組	素　　点	0	0	0	100	100
	偏　　差	−40.0	−40.0	−40.0	60.0	60.0
	標準得点	−0.8	−0.8	−0.8	1.2	1.2
	偏 差 値	42.0	42.0	42.0	62.0	62.0

〈参考文献〉

G. W. ボーンシュテット・D. ノーキ著（海野道郎・中村隆監訳）1990『社会統計学——社会調査のためのデータ分析入門』ハーベスト社。

原純輔 1983「質的データの解析法」青井和夫監修／直井優編『社会調査の基礎』サイエンス社，205〜277頁。

原純輔・海野道郎 2004『社会調査法演習（第2版）』東京大学出版会。

P. G. ホーエル著（浅井晃・村上正康共訳）1981『原書第4版　初等統計学』培風館。

金井雅之・小林盾・渡邉大輔 2012『社会調査の応用——量的調査：社会調査士E・G科目対応』弘文堂。

菅民郎 2007『Excelで学ぶ多変量解析入門（第2版）』オーム社。

村瀬洋一・高田洋・廣瀬毅士共編 2007『SPSSによる多変量解析』オーム社。

岡太彬訓 2008『データ分析のための線形代数』共立出版。

田中豊・脇本和昌 1983『多変量統計解析法』現代数学社。

安田三郎・原純輔 1982『社会調査ハンドブック（第3版）』有斐閣。

安田三郎・海野道郎 1977『社会統計学（改訂2版）』丸善。

H. ザイゼル著（佐藤郁哉訳）2005『数字で語る——社会統計学入門』新曜社。

（小松　洋）

第Ⅲ部
質的調査の方法

第8章

質的調査の基本

> **要点** 社会調査の本質は「社会について考える」こと。数字なんか使わなくても社会調査はできる。質的調査は，概観図だけではわからない具体的な事柄や，日常生活の背後にある社会の仕組みを解き明かして，われわれの世界観を深め広げることに役に立つ。なかなか厄介な調査法ではあるが，量的調査とは異なる観点から社会の姿を考えることを可能にする。この章では，まずは質的調査の概要と働きを述べた上で，社会調査としての質的調査とは何か，そして質的調査の留意点について考えてみよう。

▶キーワード ……………………………………………………………………………
　質的データの素材・原料・材料，質的調査の働き，社会調査としての質的調査

1　質的調査とは

（1）数字に頼らない社会調査

　社会調査の本質は「社会について考える」こと。どんなに綺麗なグラフが作れても，重回帰分析が使えても，「社会について考える」ことができなければ，社会調査にはなりません。ありがたいことに，社会事象の大半は，数字になんかなっていない。僕の涙やあなたの笑顔まで，数字にされたらたまらない。第Ⅲ部では，数字なんかに頼らない社会調査，すなわち質的調査が登場する。

　量的調査は，数字によって社会の概観図を作ったり，仮説を検証したりすることに威力を発揮する。それに対して質的調査は，概観図だけではわからない具体的な事柄や，日常生活の背後にある社会の仕組みを解き明かして，われわれの世界観を深め広げることに役に立つ。

　また，量的調査が，主に調査票という測定道具を用いるのに対して，質的調

査には，特に決まった測定道具は存在しない。むしろ，われわれ自身の五感とセンスこそが最も大切なものとなる。数字なんか使わなくても社会調査はできる。いやむしろ，社会が多様化・複雑化していると言われる現在，質的調査の重要性は増している。まずは，調査票調査とかなりおもむきを異にする，質的調査のデータ素材と方法を紹介しよう。

(2) 質的調査のデータ素材
①データ素材は多様で豊富

質的調査にとってのデータ素材は多様で豊富，そして多くは日常的な事柄ですらある。街行く人々の姿，お喋りや仕草，人々が語ってくれたこと，さらには雑誌の見出しやブログへの書き込みだって，大切なデータ素材である。

質的データの素材は，大別すると調査者自身がその五感で感じ取った事柄と，すでに調査者以外の誰かによって，文字（活字や手書き）・絵・映像・音声などの形で記録された事柄とに分けられる。旧版にならって，前者を質的データの原料，後者をすでにある程度の加工がなされているという意味で質的データの材料と呼び，いくつか例を示しておこう。

②質的データの原料

質的データの原料とは，調査者自身が五感で感じ取った事柄である。五感によって感知できるものならば，たいていのものが質的データの素材となる。

　　視覚：人々の行動，街の景観など

　　聴覚：人々の語り，日常会話，雑踏や鳥のさえずりなどの物音

　　嗅覚：屋内や街にただよう匂いなど

　　味覚：地域独特の料理や味つけなど

　　触覚：対象者宅の畳の座り心地など

見知らぬ土地へ旅にでよう。異なった社会のあり方は，人々の仕草や街の景観，あるいは匂いにすらもあらわれていることを感じ取れるだろう。逆に考えれば，われわれの当たり前の日常にも，社会のあり方は反映しているのだ。たいていのものが原料となる。われわれの周りは，質的データの原料で満ちあふ

れているのである。

③質的データの材料

　質的データの材料とは，調査者以外の誰かによって，文字（活字や手書き）・絵・映像・音声などの形で記録されたものである。これらはドキュメント（記録）とも呼ばれ，多種多様で膨大なドキュメントが世界中に存在している。

　質的データの材料は，個人的記録と公的記録に分けることができる。以下，それぞれの例をいくつか紹介しよう。

　　個人的記録：自伝，伝記，手紙，日記，写真，借用書，家計簿，個人が開設
　　　　　　　しているホームページ掲示板への発言記録など
　　公 的 記 録：新聞，雑誌，社会的機関の資料，国・自治体の議会会議録，裁
　　　　　　　判所の記録，行政などの公的機関が開設しているホームページ
　　　　　　　掲示板への発言記録など

　個人的記録である写真や借用書，家計簿などは，人々の生活ぶりを知るための手がかりとなる。また日記や手紙などには，個人の様々な心情が織り込まれていることだろう。個人的記録は，人々の生活ぶりや心情などを読み取っていくための材料となり得るのである。

　一方，公的記録には，人々の生活に影響を与える事がらなどが潜んでいる。たとえば，国会や地方議会などの会議録には，発言者や発言内容など，会議が進行する様子が記録されている。そこからは，1つの政策案に対して，どのような人々の利害関係が絡み，どのようないきさつで政策が決定されていったのかを読み取ることもできるのである。

　ところで，個人的記録と公的記録には，両方の側面を持つものもある。召集令状，スポーツ大会での賞状など，公的機関が作成したものを個人が保管しているものもあれば，逆に，新聞・雑誌への投書など，個人が作成し公的記録として掲載されているものもある。

　また，現在は映像や電子メディアへの注目が高まってきている（第Ⅳ部1「写真観察法——ビジュアル調査をやってみよう」参照）。さらには，インターネット・ホームページの掲示板への発言をデータの材料とした調査研究もおこなわ

れている（[金子・VCOM 編集チーム，1996] など）。

（3）多様な方法の総称としての質的調査
①質的調査の多様性と日常性
　データ素材が多様で豊富であるように，質的調査は方法だって多様である。なにしろ，人間の五感やセンスは，多くの情報を取り入れて，様々な形で処理（時には空想だって）するわけだもの。社会調査協会でも，「質的データの収集や分析方法」として「聞き取り調査，参与観察法，ドキュメント分析，フィールドワーク，インタビュー，ライフヒストリー分析，会話分析の他，新聞記事などのテキストに関する質的データの分析法（内容分析等）など」と列挙している。質的調査とは，ある意味，量的調査と区別するために使われている，多様な方法の総称にすぎないと言ってもよいだろう。

　もう一つ注意しておくべき点は，多くの質的調査が持つ日常性である。普段の生活にだって，五感とセンスは大切だ。質的調査には，調査票作成や配布・回収のような特別の作業は通常存在しない。何かを見たり，何かを聞いたり，何かを読んだり（あるいは嗅いだり，触ったり）といった日常的な営みが，質的調査の大部分を構成している。ただし，この日常性は曲者である。日常がそのまま社会調査になる訳がない。調査票づくりや，数字との格闘はなくとも，実は質的調査のほうが，訓練と忍耐と努力を必要とするとても難しい調査法だと覚悟しておいてもらいたい。

②代表的な方法としての聞き取り調査，参与観察法，ドキュメント分析
　質的調査の方法は多様だが，代表的なものとして，やはり聞き取り調査，参与観察法，ドキュメント分析の3つは欠かせない。嗅覚やシックス・センスに劣る人間にとって，情報収集の基本は「聞いたり」「見たり」「読んだり」という営みとなろう。これら3つの方法は，それらに対応した基本の方法である。概要を示しておこう。

　聞き取り調査：調査者と調査対象者との間で，質問と回答という相互行為を

おこないながら，質的データの素材を収集する技法である。聞き取り調査は，相手や状況によって，臨機応変に質問の順番や質問内容を変更したりしながら進めることができる。

参与観察法：調査対象とする集団・組織・地域社会に入り込み，人々と活動や生活をともにしながら，質的データの素材を収集する技法である。参与観察法では，生活に密着した多様なデータ素材に触れるチャンスが多く，また調査者自身の体験さえもデータ素材とすることができる。

ドキュメント分析：ドキュメントとは記録のことである。日記や手紙などの個人的記録，あるいは新聞記事や会議録などの公的記録に着目し，それらを収集・分析する調査技法が，ドキュメント分析なのである。日記などの個人的記録を収集するためには，対象者と直接会って，それらを使わせてもらえるようにお願いしなければならない。また，議会の会議録など，公的機関に保管してある記録を収集するためには，材料の保管場所まで足を運び，担当者に閲覧や複写などをお願いしなければならない場合がある。

以上が代表的な質的調査である。ただし，参与観察のなかでも聞き取り調査は多用されるし，ドキュメント分析と聞き取り調査が組み合わされることもある。実際の研究においては，多様な方法を組み合わせて用いられることが多いことも覚えておこう。

② 質的調査の働き

（1）質的調査は人気者

それでは質的調査はどのような研究で多く用いられるのだろう。代表的な研究分野として，生活史研究，歴史的な資料（史料）を分析の材料とする歴史社会学的な研究，エスノメソドロジーにおける会話分析（談話分析），あるいは社

会構築主義にもとづく言説生成研究などがよく指摘される。確かにこれらは，質的調査が中心となっている研究分野である。しかし，昨今，質的調査の人気は急上昇中。多くのテキストも出版され，様々な研究分野で大活躍中なのだ。

一例として，家族社会学の分野を見てみよう。下の図は，日本の家族社会学における代表的な専門誌である『家族社会学研究』（創刊号〜第21号(2)）と『家族研究年報』（第15号〜第34号）に，1990年以降に掲載された投稿論文148本を，主な研究法は何かという観点から分類したものである。5年おきにみると，2000年以降は，量的研究と質的研究との比率がほぼ同じ。質的調査による論文が急増していることがわかるだろう。

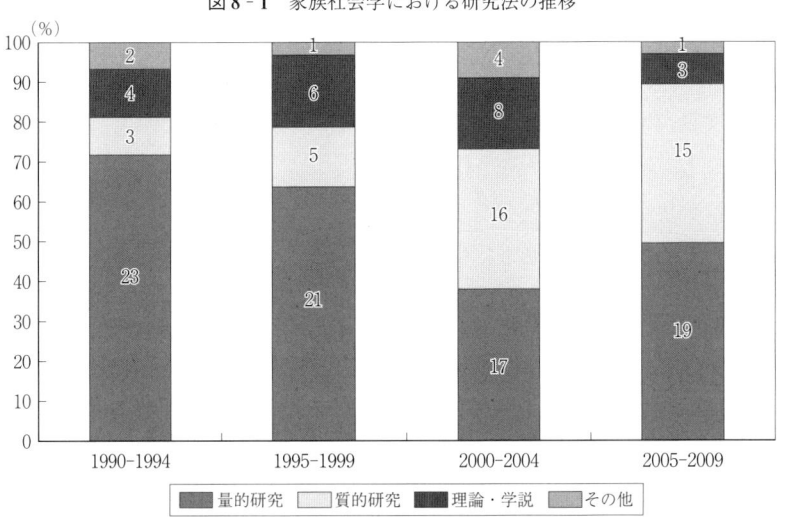

図8-1 家族社会学における研究法の推移

期間	量的研究	質的研究	理論・学説	その他
1990-1994	23	3	4	2
1995-1999	21	5	6	1
2000-2004	17	16	8	4
2005-2009	19	15	3	1

＊「量的研究」には調査票調査によって得られたデータの量的分析を中心とするもの（2次データの分析等も含む）。「質的研究」は，聞き取り調査，参与観察法，ドキュメント分析等を用いているものを指す。「理論・学説」は，研究史や分析のための枠組みについて論じているものである。「その他」には，海外の事例紹介等を含めた。
＊帯の長さは比率を，帯の中の数字は論文数を示している。

（2） 質的調査の研究スタイル

　もっとも，質的調査だって万能ではない。質的調査は，「みんなは？」「どのくらい？」とかいう問いや，仮説の検証にはそぐわない。そのかわり，「本当は？」「具体的には？」とか，「なぜ？」「どうして？」という問いに対して強みを発揮する。家族社会学を例に，質的調査が強みを発揮する研究スタイルを簡単に紹介しておこう。

　第1は，個々人に注目するスタイルである。量的調査は集団を対象とするが，質的調査では，ごく少数の人間，あるいはたった一人の人間から，「社会について考える」こともできる。児童虐待経験のある一人の母親の「語り」から，育児という行為の意味世界について考えたり（和泉，2001），あるいは，専業農家の女性への聞き取り調査によって，量的調査では把握できない，当事者個々人の視点による女性にとっての農業労働の意味づけを描いてみせたりもできるのだ（渡辺，2002）。ヒトがあっての社会である。個人の経験から社会について考えることも社会調査の大切な仕事なのだ。

　第2は，多くの人々にとって，あまりなじみのない人々や人生について理解しようとするスタイルである。なじみがないのは，外国や異境の社会だけではない。われわれの生きている社会のただ中にも，いわゆるマイノリティである人々がいる。重度の全身性障害者の方々への聞き取り調査から，家族の意味を問い直した研究（土屋，1999）や，非異性愛者への聞き取り調査から，彼ら彼女らと定位家族（親きょうだい）との関係を検討した研究（三部，2009）などは，量的調査では把握しがたい人々を対象とする，まさに質的調査の強みを生かした研究と言えよう。

　第3に，社会事象のメカニズムやプロセスを追求しようとする研究スタイルの存在が指摘できる。近年増加している遠距離介護という社会事象に対して，「なぜ遠距離介護を行うのか？」という問いに基づいて，遠距離介護経験者に聞き取り調査を実施した研究（中川，2008）なども，量的調査の概観図だけではわからない具体的なメカニズムやプロセスを追求した研究である。

　そして，第4に，ドキュメント分析を通して，社会問題がどのように構成さ

れるのか，あるいはわれわれの常識がいつからどのように生まれてきたのかを探ろうという研究がある。「不妊問題」の社会的構成を，厚生白書や自治体の報告書，さらに雑誌の特集記事等から考察（諸田，2000）したり，新聞の人生相談を時系列に分析することによって，親の離婚と子どもとの関係の意味づけの変化を探った研究（野田，2008）などが，このような研究スタイルと言えるだろう。

次章では，聞き取り調査，参与観察法，ドキュメント分析それぞれについて，古典的な先行研究例も紹介する。そちらもよく勉強して，質的調査の実際と面白さも感じてもらえれば幸いである。

（3）量的調査とも仲良しだ

質的調査と量的調査は，異なった魅力，違う強みを持っている。それでは，両者は別個で，相容れないものなのであろうか。まったくそんなことはない。両者は相補的な関係，まさに「割れ鍋に綴じ蓋」の関係なのだ。なんらかの社会集団や社会事象を総体として研究するためには，量的，質的双方の多様なデータが必要なことは言うまでもないだろう。現在では，このように多様なデータを証拠として社会について考える方法を，トライアンギュレーション（三角測量）と呼び，多くの研究分野で推奨されている。

難しく考えなくてもよいのだ。調査票調査の前段階でも，質的調査は重要な役割を果たす。第3章で紹介したチャールズ・ブースだって，貧民の量的把握の前には，貧困の適切な操作的概念を得るために，自ら貧しい人々と暮らしをともにした。第4章のコラムで触れたように，結婚式の意味づけだって日本中が同じという訳ではない。量的調査は，事前の質的調査あってこそ，意味あるものとなるのである。

さらに，量的調査で社会の概観図が作れても，その具体的な姿を知るためには質的調査が必要である。あるいは，質的調査で生み出されてきた仮説を検証するためには，量的調査が必要となる場合だってあるだろう。各種調査法の持つ強みを意識して，それらを組み合わせて用いることこそ大切なのだ。

第Ⅲ部　質的調査の方法

　社会調査は，方法によって定義されるものではない。「社会について考える」ために，量的，質的双方の多様な方法を駆使することは当たり前のことである。ただし，どんな調査法を用いようと，それがしっかりとした社会調査になっていなければならないのは当然のこと。次節では，質的調査がいかにしてしっかりとした社会調査となるのか考えてみよう。

③ 社会調査としての質的調査

（1）問題意識ありき
①問題意識を明確に

　質的調査では，多くの場合，データ素材も方法も日常的なものである。しかし，質的調査が日常的なものかというと，決してそんなことはない。社会調査の定義を思いだそう。社会調査とは，「社会的な問題意識に基づいてデータを収集し，収集したデータを使って社会について考え，その結果を公表する一連の過程」である。質的調査を社会調査たらしめるためには，第1に「社会的な問題意識」が必要なのだ。

　第2章で述べたように，先行研究や既存調査・データのレビューの大切さは，質的調査でも変わらない。調査実施以前に，問題意識を明確化させる努力を惜しんでいては，日常のノイズに右往左往するだけとなる。また，調査対象に関する知識が少なければ，大恥をかいたり，怒鳴られることもある。

　社会調査たる質的調査のためには，なんと言っても問題意識が明確でなければならない。調査票調査でも同様であるが，「なんとかなるさ」で始められては，世の害悪となる。質的調査だからこそ，先行研究や既存理論に対する批判的な検討が重要であると肝に銘じて欲しいものである。

②質的調査の問題意識

　社会的な問題意識なくして，社会調査なし。ただし，質的調査だって，どんな問題にも応えてくれるというものではない。「環境問題に関心がある人はどのくらいいるのだろう？」などという問いには答えられない。調査票調査をは

じめとする量的調査とは異なる強みを意識することが大切である。

　たしかに質的調査は，数字で概観図を作ったり，比較したりすることは得意ではない。しかし，質的調査には，事象について奥深く知ることができるという強みがある。例えば，「環境問題に関心がある」ということが実際はどんなことなのか，聞き取り調査で探り出すことができる。あるいは，「環境問題」なるものが，どのように構成されてきたのかを探るためには，ドキュメント分析が役に立つ。企業や官庁の節電行動を具体的に知るためには，参与観察法がお勧めである。

　質的調査は，「みんなは？」とか，「どのくらい？」とかの問いにはそぐわない。そのかわり，「本当は？」「具体的には？」とか，「なぜ？」「どうして？」という問いに対して強みを発揮する。そして大事なことをもう一つ。様々なデータ素材と直接かかわり，調査対象者の言動と直接接する質的調査は，調査者自身の思い込みに気づかせ，調査そのものが新たな問題意識へと導いてくれる場合も多い。まさに，われわれの世界観を深め拡げてくれること，そして「社会について考える」力を高めてくれることにこそ，質的調査の魅力があるのである。

③問いを育てる

　質的調査が，調査票調査と異なる点のひとつに，データ収集段階のプロセスの違いがある。調査票調査は，多くの場合，後戻りのきかない一発勝負だが，質的調査は，かなり長い時間（時には，何年間にも及ぶこともある）をかけて，データ素材の収集，データ化，分析を繰り返すものである。また，構造化された調査票とは異なり，初期には思いもしなかった調査対象者の言動と接することによって，自らの思い込みに気づくことも多い。

　これらのことは，調査者に対して，最初の問題意識の修正を迫る場合も少なくない。それは，時として，調査者に態勢の全面的な立て直しを要求するものであるかも知れない。質的調査では，調査途中で途方に暮れることもしばしば起こり得ることなのだ。しかし，それはより良き質的調査のためのステップだとポジティブに考えよう。佐藤郁哉の名作『フィールドワークの技法』の副題

第Ⅲ部　質的調査の方法

コラム

◉終戦記念日はいつですか？

　回答の選択肢があらかじめ設定されている調査票調査とは異なり，調査対象者の自由な「語り」を重視する聞き取り調査では，調査者が思いもしなかった「語り」と出会うことが多い。

　1979年から82年にかけて，沖縄へのUターンを経験している人々31人に対して聞き取り調査をおこなった谷富夫は，印象的なエピソードを紹介している。対象者の一人，1972年夏の全国高校野球甲子園大会に沖縄代表として出場していた元高校球児は，当時の出来事を振り返る。8月15日におこなわれた1回戦，試合終盤の同点に追いつくチャンスに，彼は打席に立っていた。フルカウントの場面でサイレンが鳴り出し，1分間の黙禱のために試合は中断された。

　「沖縄の終戦記念日，慰霊の日というのがあるんですけど，六月二十三日なんですよ」，「それまで燃え上がっていたものが，黙禱でスーッと冷えきった感じでした。——八月十五日は，私ら関係ないですから」。

　彼が6月23日を終戦記念日として意味づけていること，また，沖縄の人々にとっての終戦記念日とは6月23日であると，彼が意味づけていること。これらを質的調査によって知ることができたのである。これは同時に，終戦記念日は日本中どこでも8月15日で，誰にとっても同じような重みをもっているだろうという，調査者の思い込みが打ち砕かれ，修正を迫られていった瞬間でもある（谷，1996：16〜17頁）。

　調査者の思い込みが打ち砕かれる瞬間，それは調査者の「常識」が揺らぎ，「わかったつもり」が無効となり，社会についての「思考」が動き出す瞬間でもある。8月15日のサイレンへの意味づけや想いは，人によって異なるだろう。そして，その異なりは，その人が生きてきた社会の構造や歴史，あるいはその人が社会の中で位置するポジションなどへと考えを広げていく契機ともなるのである。　　　　　　（E. K.）

の通り，「問いを育てる，仮説をきたえる」ことも，何らかの「答え」を出すことと同様に，質的調査の大切な価値なのだから。

（2）データ素材をデータに
①サンプリングと記録
　質的データの素材は多様で豊富。ただし，それらの事柄が，そのまま質的

データとなるわけではない。大森林の木々だって，人間が意識して伐採して加工しなければ木材とはならないのと同じこと。問題意識に基づいて，どこからどのように素材を切り取ってくるか，それこそが質的調査におけるデータ収集過程となる。

まず考えなければならないことは，「どこの誰」「どんなフィールド」「どんな資料」を対象とするかである。「環境問題に関心がある」ということが実際はどんなことか知ろうとしても，手近な人々にだけ話をきけばよいというものではない。やはり，環境問題に関心の高そうな人を探して，お話を伺うほうが良いだろう。面倒な数式はないものの，適切な調査対象を選ぶという意味で，質的調査にとってもサンプリングは重要なのだ。

つぎに大切なのは，「記録」である。せっかく社会的な問題意識をもって，「見たり」「聞いたり」したとしても，そのままでは時間の経過とともに忘れてしまう。多くの質的調査において，記録するという作業は大切な営みである。そこで質的データの原料は，

聞き取り調査においては，

聞き取りメモ，聞き取りノート，インタビュー記録，録音した会話を文字に起こした逐語録，など

観察法においては，

観察メモ，観察ノート，日記など

といった記録に変換されて，質的調査の大事なデータとなっていくのである。

　＊なお，メモの取り方や，記録の仕方については，エマーソンの『方法としてのフィールドノート』や，佐藤郁哉の『フィールドワークの技法』などが参考になるだろう。

また，質的データの材料だって，通常そのままでは使えない。社会的な問題意識をもって読み込むことで，必要な部分が浮かび上がって切り取られていくことだろう。多くの場合，ノートやカード（手書きでもコンピュータ上でも構わないが）の形に整理されて，社会について考えていくための質的データへと再構成されていくのである。

②証拠能力に気を配る

忘れてならない大事なことをもうひとつ。それは，証拠能力に気を配ることである。研究の世界は，法廷闘争に似ている。「私は見た」「僕は聞いた」だけでは裁判での勝ち目はない。「いつどこで？」「どんな状況で？」「そのときあなたは何をしていたの？」など，反対尋問を受けることを考えておく必要が当然ある。インタビューメモであれ，フィールドノートであれ，「いつ」「どこで」「どんな状況で」で収集されたものなのか，それらも最低限必要な情報であることを決してお忘れなく。

量的調査でも質的調査でも同様だが，社会調査におけるデータとは，誰かだけが知っている特別な知識では決してない。状況（プライバシー等の倫理問題や，資金，時間，技術等）さえ許せば，調査者以外の人間でも，追実験や再調査可能なものでなければならないのだから。

（3）質的データを分析する

①**質的データは暴れん坊**

質的データは，数字のように規則正しいものでない。1＋1が2になるとは限らないところに，難しさと面白さがある。ましてや調査票調査のデータのように，マトリックスには収まらない。質的データは，人々の息吹が聞こえそうなほど生身の現実に近く，かつアメーバのように不定型なものなのだ。

おまけに，調査票調査のように，データが一発で勢揃いするわけでもない。多くの場合，次々と新しい，あるいは関連するデータが蓄積されていく。ある段階でのデータ分析から得られた知見や解釈が，次のデータで覆されることだって起こり得る。空間的にも，時間的にも，ほとほと行儀の悪い連中なのである。

さらに，質的データは，「問い」さえあれば，ある程度は分析がスムーズに進む量的データとは異なっている。「お前ごときの問題意識なんて，世の中に通用するものか」とばかりに，「問い」そのものの修正を迫るような凶暴な奴もいる。質的データとは，一筋縄ではいかない，暴れん坊である。

コラム

◆グラウンデッド・セオリー・アプローチ（GTA）

　グラウンデッド・セオリー・アプローチ（GTA）は，ストラウスとグレイザーというアメリカの2人の社会学者によって開発された質的研究の一方法である。これは，1960年代における社会学の主流であった grand theory（誇大理論）に対抗してつくられた。1967年に出版された *The Discovery of Grounded Theory：Strategies for Qualitative Research*（邦訳『データ対話型理論の発見——調査からいかに理論をうみだすか』）は，理論をデータによって検証するのではなく，データから帰納的に理論を提示しようとする試みとして高く評価されている。

　その後，ストラウスとグレイザーは仲違いして，別々に著作を発表してきたこともあり，GTA の全体像を示すことは難しいが，おおまかなプロセスは次のようなものである。

①データの切片化：質的調査で得られたデータ（主に，文章化されたテキストデータ）を，適当なまとまりに区切っていく。

②オープンコーディング：まとまりに区切られたデータに適切な小見出しをつける。

③軸足コーディング：小見出しを論理的に関連づけて，カテゴリーへとまとめていく。

④選択的コーディング：カテゴリー間の相互関係や因果関係を，論理的に体系化していく。

⑤理論的飽和：①から④の作業を繰り返し行い，これ以上理論を発展させることができないと思われる状態のことを，理論的飽和と呼ぶ。

　要するに，質的データを調査者の視点から分解，切り刻み，それを再構成することで，新たな物語を作り上げようとする営みである。初期の「データ対話型理論」と名付けられた発想からは異なっているという批判もあるが，「問い」と「データ」の関連を徹底的に読み込む一つの方法としては評価できる。詳細は以下にあげる文献等を参照して欲しい。ただし，あくまで方法論の一つであることをお忘れなく。そんな簡単に理論的飽和なんかしやしない。そして，繰り返すが社会調査で大切なのは方法ではなく，社会についてどれだけ考えることができたかということなのだから。

〈参考文献〉

木下康仁 2007『ライブ講義 MGTA 実践的質的研究法——修正版グラウンデッド・セオリー・アプローチのすべて』弘文堂。

才木クレイグヒル滋子編 2008『質的研究方法ゼミナール——グラウンデッド・セオリー・アプローチを学ぶ』医学書院。

(E. K.)

② 「問い」と「データ」を格闘させる

それでは質的データを分析するとはいかなることか。盛山和夫は、「問いとの関連において、データは何を表示しているのかを考察すること」「データが意味をもつような問いとは何かを自問しながらデータを徹底的によむこと」と述べる（盛山, 2004）。つまり、「問い」と「データ」を対話させ、格闘させるのである。「問い」によって、データが整序化されるだけではない。「データ」が「問い」に修正を迫り、「データ」を生かす「問い」を要求することだってあるのだ。「問い」と「データ」を「徹底的に」格闘させること、それこそが質的データを分析することなのである。

そのため、質的データ分析のマニュアル化はなかなかに難しい。KJ法（第9章コラム参照）やグラウンデッド・セオリー・アプローチ（GTA）などが、質的データを分析する手助けにはなるだろうが、いずれにしてもかなり大変な作業であることは確かである。何度でも読み返す。組み替え直す。「問い」そのものを再検討する。膨大な時間と労力がかかる。おまけに、何度も一からやり直すことだって起こりえる。しかし、あきらめてはいけない。世の中、簡単に答えが得られる訳がない。答えが簡単に得られることは、「問い」が薄っぺらであることの証明である。「問い」と「データ」との総合格闘技のような格闘こそが、「社会について考える」力を高めていく、大切なプロセスなのである。

（4）他者へも伝わる物語へ

いやはや質的調査は大変な調査法である。しかし、まだ終わりではない。社会調査は「結果を公表」してナンボのものだ。質的調査の場合、調査票調査の報告書のように、かなり確定した報告スタイルは存在しないと言えるだろう。しかし、データ素材をそのまま提示するだけ、あるいはデータとの格闘の軌跡を長々述べているだけのレポートは、読む側にとっては迷惑千万なものであることは確かだろう。

質的調査の最終段階は、問題意識とデータとの関連を明確にしつつ、社会について考えたことを、他者へも伝わる物語へと紡ぎ上げていくことである。こ

の点に関して，佐藤健二は「誤解をおそれず大胆ないいかたをするなら，モノグラフを構成していくときの基本モデルは，地誌的・百科事典的な網羅性志向にではなく，探偵小説的な物語づくりにあるのではないか」「社会科学としての作品が目標とするのは，いわば自らの捜査記録たるフィールドノートを素材にした『謎解き』の物語づくりである」（佐藤，2000）と，面白い指摘を述べている。筆者も賛成である。ただし，なにもベストセラーとなるほどの物語でなくともよいだろう。最低限目指すべきは，刑事裁判における検察官の起訴状（証拠をコンパクトにまとめ，事実関係を整理し，有罪である根拠と刑の重さを主張するアレである）なのではないだろうか。

何が問題で，どうような方法が採られ，質的データのどの部分，あるいはどんな組み合わせを根拠に，社会について何を考えて，問題に対する「答え」，あるいはサジェスチョンを得たのか，これらが読者に伝わる物語となって一つの質的調査が完結したことになる。おっと，忘れてならないのは証拠性だ。質的調査の報告書や論文に，注が多くなるのは仕方のないことなのである。

■**Words**
エスノグラフィーとモノグラフ：質的調査，とくに参与観察法による研究成果は，しばしばエスノグラフィー（ethnography，民族誌）やモノグラフ（monograph）と呼ばれる。エスノグラフィーとは，西欧の人類学者が，自分たちとは異なる民族についての参与観察結果を報告したレポートに語源を持っている。モノグラフとは，一つの対象（モノ）を，全体的に描き出す（グラフ）という意味で，参与観察によって，ある地域や社会集団の全体像を描いたレポートを指す言葉である。現在，二つの用語の区別はほとんどなされていない（強いて言えば，異文化性の強い対象に関して，エスノグラフィーという言葉が用いられる傾向があるかも知れないが）。どちらにおいてもポイントとなるのは，対象とする集団が何であれ，表層的な事象を記述しただけの「薄っぺらな記述」だけではなく，そこにはりめぐらされた意味の網の目を解き明かすような「分厚い記述」が求められていることである。

④ 質的調査の留意点

本章の最後は，社会調査としての質的調査実施の上での留意点を述べておこう。魅力的で様々な強みをもつ質的調査だが，使い方を間違えたらとんでもな

いことになる。質的調査の実践のためには，以下に述べる留意点を十分理解しておいて欲しい。

（1）調査倫理を肝に銘ずる
①プライバシーに最大限の配慮を
　留意点の第一は，何と言っても，プライバシーの保護に注意しなければならないことだ。あらゆる調査で共通するが，とりわけ質的調査においては，この点について十分すぎるほど慎重でなければならない。というのも，質的調査で着目するデータ素材，作り上げるデータ，そしてデータ分析をもとにした記述は，とても具体的なものだからである。その中には他人に知られたくない「本音」や「秘密」なども含まれているかもしれない。たとえそうでなかったとしても，対象者や対象地域を実名のままで結果を公表したりすれば，どのような迷惑をかけることになるか計り知れない。データの管理や結果の公表には細心の注意が不可欠である。

②「上から目線」の厳禁
　最近は減ってきたと信じるが，以前に問題となったのが，調査者の，調査対象者に対する傲慢な態度や，調査地での横暴な振る舞いである。多くの場合，調査者のほうが，調査対象者よりも学歴が高かったり，学術的な知識は豊富かもしれない。しかし，調査の現場においては，学歴も学術的知識も関係ない。調査対象者こそ，調査者の知らない知識や経験をもっている。謙虚に教えてもらうという姿勢こそが大切だ。いわんや，手っ取り早く必要な情報だけを搾取しようなどという姿勢は論外である。

　日本家族社会学の草分けの一人であり，優れたモノグラフを多く残した有賀喜左衛門は，調査という言葉を嫌い，「おつきあい」という言葉を好んだという。他人様の話はみんな説教だと思って肝に銘じること，調査地ではすべての人を先生だと思う心構えこそが必要である。「我以外，皆我が師なり」なのだ。

■Words

ラポール（*rapport*）：質的調査においては，対象者と調査者の間の信頼関係が大切である。この信頼関係のことをラポールと呼ぶ。質的調査におけるデータ素材収集の成否は，ラポールの形成にかかっていると言われるほどだ。

ところが，「ラポール形成が成功の鍵」と言われても，これから調査を始める者にとっては，無い物ねだりである。初対面の相手とラポールができあがっていることなどあり得ないのだから。焦りは禁物である。何を知りたいのか。なぜその人に話を聞く必要があるのか。これらを誠実にしっかりと伝えられるようにしておくこと。そして，基礎的な知識をふまえておくこと。こういった最低限の条件を満たした上で，徐々に徐々にラポールを形成していけばよい。

オーバーラポール（*over rapport*）：おまけに，ラポール形成ばかりに励みすぎて，対象者と過度に濃密な人間関係を形成してしまうと，冷静で客観的な調査ができなくなってしまったりする。このような状態はオーバーラポールと呼ばれるもので，特に参与観察法では注意が必要である。たとえば，参与観察の対象とした集団が2つの派閥に分かれて反目している場合などは，「あっちを立てればこっちが立たず」である。だからといって，両方にいい顔をしようとすれば，どちらからも信頼されず，ラポール形成はままならない。参与観察ではこんな事態も起こり得る，ということを覚悟しておこう。

（2）日常の細かいところへも目を配る

量的調査が，調査者の頭の中で考えた，あるいは何かでお勉強した理論仮説から，より具体的な作業仮説を導く形で，抽象的な概念を具体的な事柄で測定する営みだとしたら，質的調査は，眼前にある具体的な事柄と格闘して，それを抽象的な概念へと昇華させつつ，社会の仕組みを解き明かしていく営みと対比できるだろう。だとしたら，具体的な事柄を，どのように捉えていくかが質的データの素材収集にあたってのポイントとなる。

神は細部にこそ宿る。日々のささやかな出来事の積み重ねがわれわれの人生を形作っていくように，社会のありようは，ささいな仕草や，言葉の使い方など，日々の何気ない事柄中にも表れてくるものだ。次章で紹介するウィリスが，「ハマータウンの野郎ども」の日々の行動を詳細に観察したように，出来事の細部にまで注意を払って観察する姿勢が大切である。質的調査のデータ素材の多くは日常的なもの。日常を構成する細かいところへどれだけ目配りができるかも，質的調査の良否を左右する大事な留意点なのである。

(3) 自分の常識を押し付けない

　人は皆，自分の経験や行為に自分なりの主観的な意味づけをしながら生きている。同じものを見ても，あなたと私が同じように感じ，同じ意味づけをするとは限らない。そして，この違いにこそ，文化や社会の差異，生きてきた人生の異なりを読み取る契機が存在する。

　そのために，聞き取り調査や参与観察においては，出来うる限り調査対象者自身の視点から，具体的にどんなふうに感じたり考えたりしているのか知ろうとする姿勢が大切である。私（調査者）の常識を押し付けるだけでは，社会の現実は読みとれない。私の常識は相手の非常識と考えて，あくまで謙虚に調査対象者の言動と向き合おうとする姿勢が大切である。

(4) 自分自身との対話も大切に

　われわれは，日々の生活の中で，さまざまな事を想いながら生きている。多くの場合，データの素材も方法も日常的なものである質的調査においては，調査者自身も，さまざまな事を想いながら調査に従事することだろう。実は，調査者自身の想いも，質的調査では大切なデータ素材なのである。だって，調査者だって社会を構成する一人だもの。

　質的調査では，「問い」と「データ」が対話し，格闘するだけではない。「質的調査のなかでは，私たちがどう感じるかということも重要なデータであり，自分の本当の関心に自分で気づくきっかけにもなる」（寺岡，2010）と言われるように，内なる声に耳をかたむけ，自分自身と対話し，時には格闘する姿勢が必要である。そのために，多くの質的調査（特に参与観察法では必須であろう）では，フィールドノートのほかに，日記をつけることが推奨されている。無精者にはなかなか難しいが，調査中は無精しないように。

　質的調査は，調査票調査に勝るとも劣らない厄介で面倒な調査法である。しかし，その実践は，確実に調査者自身の世界観を深め広げてくれる。そして，「社会について考える」力を高めてくれる。次章では，質的調査の古典的な作

品も紹介しながら，質的調査の実際についてみていく。そして，ぜひ質的調査の実践にトライしてみよう。

〈参考文献〉
R. エマーソン，R. フレッツ，L. ショウ（佐藤郁哉・好井裕明・山田富秋訳）1995＝1998『方法としてのフィールドノート――現地取材から物語作成まで』新曜社。
和泉広恵 2001「虐待の物語と体験の狭間――ナラティヴ・セラピーにおける物語化の再検討」『家族社会学研究』第12巻第2号，211～222頁。
金子郁容・VCOM 編集チーム 1996『「つながり」の大研究』NHK 出版。
工藤保則・寺岡伸悟・宮垣元 2010『質的調査の方法――都市・文化・メディアの感じ方』法律文化社。
B.G. グレイザー＆A.L. ストラウス（後藤隆・大出春江・水野節夫訳）1967＝1996『データ対話型理論の発見――調査からいかに理論をうみだすか』新曜社。
佐藤郁哉 2002『フィールドワークの技法――問いを育てる，仮説をきたえる』新曜社。
佐藤健二 2000「厚みのある記述――モノグラフという物語」今田高俊（編）『社会学研究法 リアリティの捉え方』有斐閣。
三部倫子 2009「『同性愛（者）を排除する定位家族』再考――非異性愛者へのインタビュー調査から」『家族研究年報』No. 34，73～90頁。
盛山和夫 2004『社会調査法入門』有斐閣ブックス。
谷富夫（編）1996『ライフ・ヒストリーを学ぶ人のために』世界思想社。
土屋葉 1999「全身性障害者の語る『家族』――『主観的家族論』の視点から」『家族社会学研究』第11号，59～70頁。
中川敦 2008「『愛の労働』としての『遠距離介護』――母親が要介護状態にある老親夫婦への通いの事例から」『家族研究年報』No. 33，75～87頁。
野田潤 2008「『子どものため』という語りから見た家族の個人化の検討――離婚相談の分析を通じて（1914～2007）」『家族社会学研究』第20巻第2号，48～59頁。
諸田裕子 2000「『不妊問題』の社会的構成――『少子化問題』における『不妊問題』言説を手がかりに」『家族社会学研究』第12巻第1号，69～80頁。
渡辺めぐみ 2002「家族農業経営における女性の語りにみる労働とジェンダー」『家族社会学研究』第14巻第1号，21～32頁。

（木下栄二）

第 9 章

質的調査の実際

要点 質的調査は，量的調査とかなりおもむきを異にする。データ素材も違えば，方法も異なる。そして，「社会について考える」スタイルも異なっている。本章では，代表的な3つの方法，すなわち聞き取り調査，参与観察法，ドキュメント分析それぞれについて，先行研究例をも紹介しつつ，質的調査の実際についてみていこう。なお，「やってみよう」ということで，いくつかの調査課題も載せている。ぜひチャレンジシして欲しい。社会調査は，机上のお勉強だけでわかるものではない。汗かき恥かき実践することで，その面白さ，奥深さを理解できることだろう。

> ▶ キーワード
> 聞き取り調査，参与観察法，ドキュメント分析

1 聞き取り調査の実際

（1）聞き取り調査とは

①他者の話をしっかり聞こう

　聞き取り調査とは，要するに他者の話をしっかり聞いて，質的データの原料を収集する方法である。人々の語ってくれたこと，それは「社会について考える」ための第一級のデータ素材である。これはインタビュー調査などとも呼ばれ，社会調査のさまざまな場面で，最も多用される方法と言ってもよいであろう。

　具体的な方法も多種多様であるが，重要な区別として，構造化インタビュー，半構造化インタビュー，非構造化インタビューの3区分は押さえておこう。構造化とは，質問と回答が，事前にどれだけ確定しているかを示す（構造化の代わりに，指示的―非指示的という呼び方もある）。構造化インタビューでは，調査

者が質問項目も回答選択肢も事前に確定させておく。つまり，調査票調査における面接法である。半構造化インタビューは，質問項目はあらかじめ用意しておくが，順番にとらわれることなく，調査対象者の自由な語りを大切にする方法。非構造化インタビューは，質問項目すら事前に決めることなく，何らかのテーマや話題について，調査対象者に自由に話してもらう方法である。

質的調査で用いられるのは，半構造化インタビューや非構造化インタビューである。調査対象者の自由な語り（数字にはしにくいが）こそが，大切なデータ素材なのだ。

②聞き取り調査の働き

調査票を用いた構造化インタビューでは，すべての調査対象者に同じ質問内容を，同じ聞き方，同じ順序で質問する。おかげで，人々の回答を比較可能な数値にして分析することが可能となる。他方，質的調査としての聞き取り調査では，調査対象者の自由な語りを重視する。そのため，比較可能な数値を得ることは難しい。しかし，そこにはデメリットをおぎなって余りあるメリットが存在しているのだ。

第1に，調査票では聞ききれないような，細部にわたる具体的な事実や，物事の起こる（起きた）プロセスやメカニズムなどをも知ることができる。第2に，調査対象者の主観的な意味づけをも聞き取ることができる。そして第3に，量的調査では少数派となるような人々，マイノリティ，いわゆる「平均的」な状態から離れている人々を対象とするのにも，聞き取り調査は優れている。

なお，聞き取り調査の分析手法は多種多様。なにしろ，われわれのコミュニケーションの中心は言葉である。言葉のかたまりが話や語りとなる。そこには膨大な量の情報が含まれる。会話の仕方そのものに注目する会話分析という方法もあれば，語りの中で使われている言葉の意味を追究する方法もある。

しかし基本はやはり，語られた内容をしっかり聞き取って，それをまとめることで「社会について考える」という方法である。以下，あまり平均的とは言い難い人々の語りを用いた例と，一人の人間の生活史に注目した例を紹介しておこう。

コラム

◆さまざまな聞き取り調査

　他者の話を聞くことは，社会調査の最も基本的な方法の一つである。もっとも，誰に聞くか，どのように聞くか，そしてそこから何を考えるかには，まさに多様なバリエーションがある。

　フランスの社会学者モラン（Morin, E.）は，調査票調査による画一的な情報の集積よりも，インタビューや世間話的な対話によって得られる多種多様な情報を重視している。特に，女性誘拐の噂の成り立ちを追求した『オルレアンのうわさ』（1969＝1973）は，量的調査では決して味わうことのできない社会調査の魅力を示した名著である。

　生活史を聞き取るタイプの研究は数多いが，特に特定個人に焦点をあて，そのライフヒストリーを描いた研究として，文化人類学者である前山隆の『被相続者の精神史──或る日系ブラジル人の遍歴』（1981），『ハワイの辛抱人──明治福島移民の個人史』（1986）などが有名である。なお，ライフヒストリーという用語のほかに，その「語り」の物語性，それも口述者と調査者の相互作用のなかで醸し出される物語性に注目して，ライフストーリーという言葉が用いられることもある。

　全く違った視点から，人々の語りや対話を分析する方法もある。一つは，語りの仕方そのものを分析対象とする。たとえば，口げんかでは，内容よりもしゃべり方そのものが勝敗を左右する。もしも都道府県対抗口げんか選手権なるものがあれば，大阪は優勝候補筆頭である。このように，語りの仕方そのものを分析対象とする方法は，会話分析と呼ばれ，エスノメソドロジーの影響を強く受けた方法である（なお，会話分析については，谷　富夫・芦田徹郎編 2009『よくわかる質的社会調査　技法編』ミネルヴァ書房，106〜120頁等を参照されたい）。

　また，社会構築主義という立場では，語りのなかで使われている言葉の意味の異同に注目する。たとえば「家族」とか「友だち」とかいう言葉は，同じ人の発言でも，状況によってその指し示す人々の範囲が広くなったり狭くなったりする。この分野ではグブリアムとホルスタインの『家族とは何か──その言説と現実』（1990＝1997）が，すでに古典の地位を占めている。

（E. K.）

（2）「平均的」ではない人々を対象に——マリファナ常習者へのインタビュー
①世の中，いろんな人がいる

　平均値は，量的分析における最も基本的で重要な数値である。量的調査は，集団の「平均的」な姿を描くのは得意だが，平均から離れた人々の姿を描くのは，ちょっと苦手。しかし，世の中，さまざまな人々（とっても偉い人もいれば，眉をひそめたくなるような人も）がいるのは当然のこと。少数派を無視しては，社会的現実を把握したことにはならない。世間の少数派や，平均から離れた人々を対象とするとき，聞き取り調査が役に立つ。

　アメリカの社会学者ベッカー（Becker, H. S.）は，1940年代に，平均から離れた人々，彼の用語でいえばアウトサイダーたちを対象とした調査を行った。その成果は逸脱行動研究の古典ともいえる『アウトサイダーズ』にまとめられている。そのなかから，不法で不道徳な存在とされるマリファナ喫煙者への聞き取り調査について紹介しておこう。

②マリファナ体験の変遷を聞き取る

　ベッカーにとってのマリファナ常用者は，心理学者や法律家が力任せに決めつけるような，アブノーマルな存在ではない。彼は，マリファナ使用者の態度と経験における変化のシークエンス（連続性）に一般的説明をあたえようと企図して，マリファナ常用者が，どのようにしてできあがっていくのかを具体的に明らかにしたのである。

　数年間にわたる調査のなかで，マリファナ使用者たちと合計50回のインタビューを行った。インタビューでは，マリファナ体験の変遷に焦点を絞り，マリファナに対する彼の態度及び使用上の変化，そして変化の理由を聞き取っている。そして，この聞き取り調査によって，マリファナ経験に，初心者の段階，時たま吸うだけの機会的使用者の段階，常用者の段階の3段階があることを知り，さらに，段階を進むには，大きく分けて2種類の課題を乗り越える必要のあることを知った。

　ひとつは喫煙方法の学習という課題である。初心者の段階では，まず吸い込み方を学習しなければならない。「僕はふつうのタバコみたいに吸っていたん

だ。そしたら彼にいわれちまった,『そんなんじゃダメだよ』ってね。『吸いこめよ,いいか,思いきり吸いこんで,肺のなかにためるんだ——しばらくのあいださ』」(ベッカー,2011：41頁)。この後には,薬物効果の知覚,自分の適量の発見などの学習課題が待ちうけている。

　もうひとつの課題は,マリファナ使用を禁じている法的・道徳的な社会統制と闘うことである。マリファナ所持を禁じる法律をくぐり抜けて,より安定した供給源を確保してゆく。周囲の人々にバレたらまずいという感覚を払拭してゆく。マリファナ喫煙者は自制心のない人間であるという道徳に対抗して,マリファナ使用の正当化をおこなっていく。こういった闘いを勝ち抜いていかなければならないのである。例えば,常用者の段階まで到達すると,「マリファナは無害だ」「自分がマリファナのとりこになっているとは考えない」(ベッカー,2011：74頁)といった回答も現れる。自己制御ができていると自分を正当化し,道徳と闘っているのである。

　ここでの要点は,「マリファナ常習者になれ」と言っている訳ではもちろんない。しかし,世の中には「平均的」ではない人々,少数派と言われる人々,それも自ら選び取った人もいれば,やむなく逸脱のレッテルを張られている人々もいる。自分の世間のなかに安穏と生きているだけでは,決して十分に「社会について考える」ことはできない。自分にとって理解できない人々への目配りも大切なのだ。そして,そのような人々を対象とするとき,聞き取り調査は有力な方法なのである。

(3) 生活史という方法——人生から社会を考える
①生活史とは

　量的調査は,集団に注目する。そこでは,一人ひとりの個性は,無味乾燥な数字の一部のなかに埋没してしまう。他方,質的調査では,一人ひとりの個性にこそ注目する研究が多い。特に,生活史研究は,かけがえのない人間一人ひとりの人生と,社会構造,社会変動とを結び付けようとする試みであり,現在大人気の研究スタイルである。

[古典][紹介]　　　　　『アウトサイダーズ』

　H. S. ベッカーは，シカゴ大学社会学科の大学院在籍中に，マリファナ使用者や経験者たちに対して聞き取り調査をおこなった。この研究成果は，*American Journal of Sociology*（1953）や，*Social Problems*（1955）などの雑誌に論文として掲載された。

　彼は，大学院生として研究活動をおこないながら，その一方で，プロのミュージシャンとして演奏をこなし，収入を得ていた。このような立場を利用して，ダンス・ミュージシャンたちを対象とする参与観察を，2年間おこなったのである。彼は，「私の観察したこれらの人々の多くは，私がミュージシャンに関する研究を行なっているとは夢想だにしなかったにちがいない」（ベッカー，2011：81頁）と述べている。この研究成果も，2本の論文として，1950年代前半に，アメリカの学術雑誌に掲載されている。

　以上4本の論文を再録する形で，1963年に出版されたのが，ベッカーの著作 *Outsiders : Studies in the Sociology of Deviance* である。日本語訳は1978年に出版され，1993年に新装版が出されている。そして2011年に，1973年版の全訳が出版されている。下に示すように，全10章のうち，第3章から第6章という中心的な部分は，彼が若い時分におこなった調査研究の成果である。

　　第1章　アウトサイダーズ
　　第2章　逸脱の種類――継時的モデル
　　第3章　マリファナ使用者への道
　　第4章　マリファナ使用と社会統制
　　第5章　逸脱集団の文化――ダンス・ミュージシャン
　　第6章　逸脱的職業集団における経歴――ダンス・ミュージシャン
　　第7章　規則とその執行
　　第8章　モラル・アントプレナー
　　第9章　逸脱の研究――問題と共感
　　第10章　ラベリング理論再考

「社会集団は，これを犯せば逸脱となるような規則をもうけ，それを特定の人々に適用し，彼らにアウトサイダーのレッテルを貼ることによって，逸脱を生みだす」（第1章）（ベッカー，2011：8頁）。「私たちは（逸脱する側と統制する側のうち；本章筆者注）誰の視点を提出したらよいのであろう？」（第9章）（ベッカー，2011：170頁）。ベッカーは，当時としてはきわめて斬新な見方や根本的な問いを提示した。逸脱行動研究や社会問題研究の系譜において，『アウトサイダーズ』は画期をなした一冊であると言える。
　　　　　　　　　　　　　　　　　　　　　　　　　　　　　　　　（E. K.）

生活史とは、「個人の一生の記録、あるいは個人の生活の過去から現在にいたる記録のことである。具体的には口述史、自伝、伝記、日記などがある」（谷、1996：4頁）。社会学において生活史がクローズアップされたのは、1920年代のアメリカであった。これには、トマスとズナニエツキが著した『欧米におけるポーランド農民』によるところが非常に大きい。手紙や自伝といった個人的記録が、はじめて社会学的なドキュメント分析のデータ材料として活用されたからである。

　日本では、中野卓による一連の聞き取り調査の成果が、生活史への注目を導き出したといえる。特に、第1作である『口述の生活史』(1977) の反響は大きかった。「或る女の愛と呪いの日本近代」という副題のついたこの作品は、そのほぼ全編が、対象者の語り口と中野による必要最小限度の注釈によって構成され、当時80歳代半ばだった一人の「お婆さん」の一生の物語を、時代背景とともに描き出したものである。

　中野が1974～76年の2年間、何度も「お婆さん」のお宅を訪問して、「彼女（お婆さん）自身のとらえた主体的な世界とその歴史」を聞き、録音テープに記録した。このインタビューについて、中野は「話は、問わず語りにひとりでどんどんと展開し、私はほとんど問いを重ねる必要もないほどでした」と述べる。今流に言えば、非構造化インタビューの好例とも言えるだろう。

◆問わず語りとナラティブ・インタビュー

　「問わず語り」とは、読んで字のごとく、聞き手が「問わないのに」話者（語り手）が自分から「語る」ことを言うのだが、調査の場でこのようなことが本当に起こるのだろうか。

　中野は、この「お婆さん」について、次のように述べている。「短くない私の調査生活のなかで数多くの、出逢いえた話者（インフォーマント）たちの中でも、彼女は、きわだって特異なパーソナル・ヒストリーをもち、しかも、そのすぐれた話者としての資質を持つ人である」と。「調査の達人」と言われる中野にとっても、「初めの挨拶と初めの問いか

け以外，いつも，ほとんど発言の必要が」ない経験は，希なことであったのだろう。

聞き取り（インタビュー）調査では，調査者／インタビュアーが質問を投げかけ，被調査者／インタビュイーがそれに応答するというやり取りがなされる。この後で紹介する「生活史の聞き取りの課題」の実践例にある通り，「一問一答式」になることが，実際には断然多いのである。そうした中にあって，特に生活史／ライフヒストリー研究で，こうした「問わず語り」形式の聞き取りが目指され，実践されることがある。「ナラティブ・インタビュー」と呼ばれる手法である。ナラティブ・インタビューは，「インフォーマントに，自分の歴史を即興的に語」ってもらうために，「まとまった語り」を引き出す「ナラティブ生成質問」をインフォーマントに向けることから始まる。そして，「インタビュアーの役割は，関連するすべての出来事が最初から最後まで一貫した物語（ストーリー）となるようにインフォーマントに語ってもらうこと」に置かれる（フリック，1998＝2002：123頁）。

中野がこのお婆さんをインタビューした当時，「ナラティブ・インタビュー」という用語は使われていなかったが，「初めの問いかけ」を行って「問わず語り」を引き出す中野の実践はナラティブ・インタビューそのものであった，と見て良いだろう。

なお，こうした調査の仕方を擬似的に体験するために，熊井啓監督の映画作品『サンダカン八番娼館 望郷』（1974年，山崎朋子原作／栗原小巻・田中絹代主演）を観ることをお薦めしたい。女性史研究家が九州・天草を訪れ，かつてボルネオの娼館で身を売っていた元「からゆきさん」の老婆と出逢って生活史を聞き取るという筋立てになっている。

(N.G.)

②生活史の聞き取りに挑戦

―― 課 題 ――

自分の周囲（家族，親戚，近隣など）の70～80歳（不可能な場合は，その前後でもよい）の高齢者を1名選び，「これまでの思い出」について聞き取り調査（原典では「聴取調査」）をおこなう。……調査終了後，直ちに記録を整理し，回答の内容を8,000字以内でまとめる。……

（原・海野，2004：149頁）ただし，語句を若干変更している。

上記の課題は，青井和夫が「日本人の死生観を考えたい」という問題意識から考案した調査に，原純輔と海野道郎が学生の自習用に手を加えたものである。半構造化インタビューによる，生活史聞き取りの最もオーソドックスな課題で

ある。

> ＊詳細については，原純輔・海野道郎『社会調査演習』(2004) を参照のこと。なお，実施する際の留意点や具体的な手順に関する当該部分（原・海野，2004：149～154頁）を読んでから実施することをお勧めする。

(4) 質問項目を用意する

　この課題の良いところは，次頁に掲げた調査項目（基礎項目と質問項目）が，あらかじめ用意されている点だ。『口述の生活史』の「お婆さん」のように，問わず語りに自らのことを話してくれる人は少ない。やはり，半構造化インタビューの形で，この程度までしっかりとした質問項目を用意しておくことが大切である。だって，たんに，「これまでの思い出をお聞かせください」と言われたら，多くの人は「何からどのように話してよいのか」困ってしまうだろうから。

　もちろん，質的調査たる聞き取り調査では，質問の順番も，聞き方も，このリスト通りである必要はない。相手や状況に会わせて，臨機応変に対応することが大切である。しかし，このような質問項目一覧は，調査者が知りたいことを，きちんと対象者から聞き出すために必須である。さらに，聞き取り調査の最中や終了の直前に，聞き漏らしがないかどうかをチェックするためにも役に立つものである。

(5) 会話のキャッチボール

　聞き取り調査で最も困ることは，調査対象者が無口であることだ。冷や汗がでてくるほどである。だから，対象者の話が，質問とは無関係の方向に話がそれてしまったとしても，とにかく話をしてくれているのだから，それはそれで歓迎すべき事態なのである。「相手の話をさえぎってはならない」というのが，聞き取り調査の原則だと覚えておこう。

　もっとも，それたままではチト困る。また，インタビューの中では，対象者が質問の意味を即座に理解できない場合も多々ある。調査者には，根気強く相

手の話を聞くことと同時に，対象者が話しやすいようにある程度の誘導も必要である。つまり，上手な会話のキャッチボールが求められる。初心者にとって，これはなかなか難しいが，次の実践例（原・海野，2004：153～154頁）も参考にして，ぜひ頑張ってみよう。社会調査のみならず，社会人としてのコミュニケーションスキル向上のトレーニングともなるから，ぜひお勧めである。

◉聞き取り調査項目

基礎項目

①現在の居住地と同居家族（本人との続柄，性別，年齢，職業など）
②本人の出身地（都市・農村別）
③本人の性別
④本人の年齢（出生年）
⑤本人の学歴
⑥本人の兄弟姉妹（そのうち死亡者，現存の者の居住地，つきあい）
⑦本人の未既（再）婚別
⑧本人の配偶者との死離別
⑨本人の主たる職業（職業経歴）
⑩本人の配偶者の主たる職業（職業経歴）
⑪本人の暮らしむきの程度（上上，上下，中上，中下，下）
⑫父母の出身地（都市・農村別）
⑬父母の主たる職業
⑭父母の暮らしむきの程度（上上，上下，中上，中下，下）
⑮本人の子供の数（そのうち死亡者，現存の子供の職業・年齢・配偶者の職業・孫の数）

質問項目

①あなたのお父さん，お母さんはどんな方でしたか？（職業，暮らしむき）
②小学校にあがる前の思い出はありますか？（楽しかったこと，うれしかったこと，悲しかったこと，苦しかったこと，恐ろしかったこと）

③学校時代（小学校，中学，高校，大学）の思い出は？（同上項目）

④学校を出てから最初の仕事に就いたいきさつを教えて下さい。

⑤その後，結婚までの生活は？（どんな仕事をしていたか，楽しかったこと，苦しかったこと）

⑥結婚されたのは何歳（昭和何年）の時ですか？　結婚のいきさつは？

⑦結婚後の暮らしむきは？（本人と配偶者の職業，子供の養育，義父母との関係）

⑧戦争中や戦争直後の思い出はありますか？（兵役，死亡者，戦災，疎開，敗戦後の社会や生活など）

⑨お宅にテレビが入ったのはいつ頃か憶えておられますか？　その頃の暮らしの様子はどんなでしたか？

⑩この他，これまでの人生で特に忘れられない経験などありますか？（成功，失敗，病気，事故など）

⑪子どもとの同別居のいきさつは？

⑫現在の子どもとのゆききの状態は？

⑬最近の生活状態は？（健康状態，現在の仕事，家庭内での役割，家庭外での役割，趣味や楽しみ，現在の幸福感，暮らしで困っている点，生活費と小遣い，最近でうれしかったこと・悲しかったこと，今一番気がかりなこと）

⑭これからのことで，これだけはしておきたいこと，こうなりたくないと思っていることがありますか？

⑮もう一度生まれ変われるものとすれば，どうなりたいですか？（後悔していること）

⑯信仰を持っていますか？

⑰現在の若者への忠告は？（若い男に対して，若い女に対して）

⑱政府や自治体の老人政策についての注文は？

⑲長寿のひけつは何でしょうか？

出所：原・海野，2004：150頁。

◉「聞き出し」の実践例――――――――――――――――――――――――

　調査者：両親の暮らしむきはどうでしたか？

　対象者：暮らしむき？

　調査者：ほら，暮らしむきが良いとか，悪いとかいうでしょう？

　対象者：そりゃ，大変だったでしょう。子供は多かったし，それに，うちは
　　　　　宮大工だったから，4，5人の弟子が家の中にいつもいるわけですよ。

　調査者：でも，宮大工の棟梁と言えば，貧乏というわけではないんでしょう？
　　　　　周囲の農家と比べてどうでしたか？

　対象者：そうだね。子どもは，皆，旧制中学か師範学校へいってるしね。

　調査者：たとえば，上中下に分けると，上ということですか？

　対象者：村の中では上の部類だろうね。

　調査者：それでは，上の上と上の下に分けたらどうですか？

　対象者：うーん……。まあ，上の下というところかな。

出所：原・海野，2004：153〜154頁。

（6）1つの物語としてまとめる

　リポートは，質問項目と調査対象者からの応答だけを羅列するのではなく，対象者の生活史ライフヒストリーを1つの物語ストーリーとして描くように心がけよう。まとめ方の一例を以下に挙げておく。

　対象者の一生を，養育期，就学期，就労期，育児期などのライフステージごとに分けて書く。ステージごとに，①当時の社会状況を大まかに述べる（日本社会の状況，対象者が暮らしていた地域社会の状況），②各質問項目に対して，対象者が実際に語った内容，③対象者が語る時の様子，④対象者がその当時をどのように意味づけているか，それはなぜかを，①〜③より調査者が読み取り，述べる。⑤最後に調査全体についての意見や反省点をまとめる。なお，リポートの最初か最後に，インタビューを実施した日時，場所，対象者とあなたとの関係，インタビュー時の状況なども記しておくこと。証拠能力が大事だって言っ

たでしょ。決して忘れないように。

（7）やってみよう
①自分なりの問題設定を

上の課題は，青井和夫の「日本人の死生観を考えたい」という問題意識が出発点となっている。だからこそ，「⑮もう一度生まれ変われるものとすれば，どうなりたいですか？」とか，「⑯信仰をもっていますか？」などという質問項目もあるわけだ。

社会調査の出発点は，社会的な問題意識。やはりここは，自分なりの問題設定に基づいて，聞き取り調査にチャレンジしてみよう。参考までに，筆者の学生たちの過去の卒論テーマを紹介しておこう。さっと思い出せるだけでも「高齢者の生活満足の多様性とその理由」「社会福祉施設従事者の仕事のやりがい意識について」「ニューハーフの人生と社会的位置づけ」「自動車購入・買い換えに関する家族的要因」などがある。聞き取り調査のテーマは無限大。いろいろ考えて，とにかくやってみよう。

②事前勉強とサンプリング

事前勉強の重要性は，もはや言うまでもない。対象者と Face to Face で向き合う聞き取り調査では，「そんなことも知らないのか！」「いったい何を聞きたいのだ！」と怒られることもある。自戒も込めて強調しよう。事前勉強はしっかりしておくように！

問題意識がかたまり，事前勉強もある程度できたなら，次は対象者を捜す。聞き取り調査は，その辺の人に適当に聞けばよいなどというものではない。問題設定に合致するのはどんな人たちなのか，サンプリングは大切である。

なお，対象が決まったら，必ず事前に調査協力のお願いをしなければならない。その際には，何のための調査か，何を聞くのか，聞き取りの記録方法（録音機器の使用・未使用），予定している公表の形式（公刊する・しない，匿名にする・実名にする）などについても，あわせて伝えておくように。

③調査項目の設定

 高齢者をインタビューの対象としたとしても,「生活満足」という観点であれば,当然基礎項目も質問項目も変わってくるだろう。問題意識に答えられる情報が得られるように,調査項目をリストアップしていかねばならない。

 テーマが違えば,調査項目も違うのは当たり前。マニュアル的な説明はできないが,ヒントを2つだけ。1つは,事前勉強,特に先行研究のチェックが重要である。そしてもう1つは,後ろから考えること。つまり,最終リポートの形を考えて,こんな話で1つの章や節,あるいは項を作る,そのためには,各章節項を埋めるために,こんな情報が必要だと考えていくのである。

④調査の姿勢と調査の作法

 対象者にお話を伺うことができたならば,とにかく,「しっかりと聞き取ること」「表情や雰囲気も見逃さないこと」を心がけよう。その際,「上から目線」など厳禁。とにかく,「教えていただく」という姿勢が大事である。

 また,調査対象者がいろいろ話してくれても,記憶にだけ頼るようでは心もとない。ノートかルーズリーフを用意して,メモを取りながら話を聞くようにしよう。メモには,回答の内容のほかにも,語調の強弱,対象者の表情や目線,身振りなども記録する。それら自体が質的データの原料でもあるし,インタビューの全体像を思い出すのに役に立つ。

 ただし,対象者と向き合いながらメモを取ることになるのだから,言葉の断片や単語だけのメモにならざるを得ない。自分なりの略語や記号を工夫しておくことをお勧めする。また,メモを取ることに夢中になって,調査対象者の話を聞くことがおろそかになっては本末転倒というもの。しっかりと聞く姿勢はお忘れなく。

 また,聞き取りメモは,必ず当日のうちに聞き取りノートに仕上げなければならない。断片的な言葉の群れをつなぎ合わせて文章化し,必要な補足説明も入れ,実際の調査の様子が再現できるようなノートを作成しよう。

 なお,当たり前のことだが,他人様にお願いしてお話を伺うのである。約束の時間を守る。失礼にならない服装をする。録音する場合は,必ず許可を取る

など，基本的な礼儀は絶対に守るように。

■**Words**
「テープ起こし」と逐語録：聞き取り調査ではボイスレコーダー等に録音することも多い。最近の録音機器は小型軽量であるが，録音する場合は，絶対に相手の許可が必要である。くれぐれもお忘れなきように。そして，録音ができた場合は，録音されたインタビュー内容を文字にする「テープ起こし」（昔懐かしい言葉だが）という面倒くさい作業が待っている。これをトランスクリプションと呼び，文字に起こしたものを逐語録（トランスクリプト）という。逐語録は調査対象者の言い間違いや沈黙なども含めて，できる限りインタビュー当時の状況をそのまま再現できるように作成することが大事である。

② 参与観察法の実際

（1）参与観察法とは
①「現場」に入る

参与観察法は，調査対象とする集団・組織・地域社会に入り込み，かなり長期にわたって，人々と活動や生活をともにしながら，質的データの素材（主に原料）を収集する技法である。要するに，実際に「現場」に入るところに，この方法の真髄がある。

大人になると，「現場」を知ろうともせずに，文句ばかりつける上司との戦いが待っている。そんな上司どもはクズである。せめて，そんなクズにならないように，「現場」に入ることの価値と大切さを，この方法で学んでほしい。もっとも，「現場」に入ると言っても，入り方，つまり参与の仕方はさまざまである。暴走族の研究だからと言って，一緒に暴走する必要はない。参与観察法における調査者は，「完全な観察者」から「完全な参与者」までの間のどこかを行き来するものなのだ。本節では，「完全な観察者」に近い例と，もう少し「内側」まで入り込んだ例とを紹介しよう。

②参与観察法の働き

「現場」にて，実際に見聞きすることを真髄とする参与観察法は，最も多様

コラム

◆ さまざまな参与観察法

　参与観察法は，20世紀初頭に登場した，人類学や社会学の新しい潮流に源を持つ。それは，研究者自身が現実を直接観察することによって，ある地域や集団の全体像を記述し，新しい理論の構築を目指すというものであった。特に，西欧人にとっての異文化を理解しようと頑張って成長してきた社会人類学や文化人類学では，世界中のさまざまな地域に調査者が住み込んで，多くのエスノグラフィー（民族誌）を描いてきた。『西太平洋の遠洋航海者』（1922）などで有名なマリノフスキーらの機能主義，その後の『悲しき熱帯』（1955）などを著したレヴィ＝ストロースらによる構造主義など，新しい理論を提示しつつ，参与観察法はスタンダードな研究法として定着している。

　一方，社会学分野は，同じ社会のなかにある異文化や，新しい文化を理解するために参与観察法を用いてきた。ワースの『ゲットー』（1928），ゾーボーの『ゴールド・コーストとスラム』（1929），ハイナーの『ホテル・ライフ』（1936）などのシカゴ学派のモノグラフ，あるいは，リンド夫妻がアメリカ中西部の小都市に住み込んで参与観察を行った成果である『ミドゥルタウン』（1929），『変貌期のミドゥルタウン』（1937）など，幾多の名作が参与観察によって生まれている。

　アメリカにおいて，参与観察法を使った研究は現在でも盛んである。ネオ・シカゴ学派と呼ばれる一群もあり，イタリア系アメリカ人の階級文化を観察したガンズ『都市の村人たち』（1962）などが，すでに翻訳されている。また，カリフォルニア大学バークレー校には，現代都市民族誌センターがあり，こちらの動向も注目を集めつつある。

　外国人から見れば，あきらかに特殊な文化をもつ日本を対象にした研究だってある。イギリス人のドーアが，1951年に東京の下町に数か月間住み込んで調査をおこなった『都市の日本人』（1958），などが有名である。

　もちろん日本人による日本国内を対象とした研究も数多い。調査地で10年以上も暮らしながら参与観察をおこなった，きだみのる（山田吉彦）による『にっぽん部落』（1967），暴走族に対して，集会などにしょっちゅう顔を出す「オッチャン」としてかかわりながら参与観察を行った佐藤郁哉の『暴走族のエスノグラフィー』（1984），大衆演劇の劇団に役者として参加した鵜飼正樹の『大衆演劇への旅』（1994）などが古典となりつつある。

　なお，古典から最近の作品まで，手軽に一望してみたいという方には，松田素二と川田牧人の編著による『エスノグラフィー・ガイドブック』（2002）がお勧めである。

（E. K.）

で膨大な情報を収集できる調査法である。この特性ゆえに，主として「異質な世界を理解しよう」とするときに用いられることが多い。

　もっともわれわれの世間なんて，猫のひたい並みに狭いもの。「異質な世界」は海の向こうだけではなく，道を一本渡ったところ，扉を一つ開けた先にも存在している。世の中知らないことだらけだから，参与観察法の活躍の場は多い。そして，なにしろ「現場」で実際に見聞きできるのだから，聞き取り調査以上に，細部にわたる具体的な事実や，物事の起こる（起きた）プロセスやメカニズムなどをも知ることができ，さらには調査対象者の主観的な意味づけだって知ることができる。もちろん，アウトサイダーな人々の生活や行動を把握することにだって適している。

　まさに参与観察法とは，社会調査中最強の総合格闘技なのだ。

（2）具体的な行為を観察する——不良どもの日常は？

①「現場」で観察する

　問題とする社会事象によっては，調査者が完全に「内側」にまで入り込むことは難しい。暴走族やヤクザなどのいわゆる逸脱集団などは，その典型である。また，特定の年齢層を対象とする場合も，その例となる。哀しいことに，人間は望みどおりに年齢を変えられない生き物なのだ。

　一例を示そう。いつの世にも教師に逆らい，学校に反逆する中高生はいる。不良どもである。しかし，連中はなぜ不良なのだろう。「あいつら馬鹿だから」では，答えにならない。この問題に取り組み，「現場」に入って観察したのが，イギリスの社会学者ウィリス（Willis, P. E.）である。彼は，1970年代に，イギリス中部の工業都市にある労働者の子弟を主な生徒とする中学校（彼はこれを「ハマータウン中学校」と呼ぶ）を対象に，質的調査を実施した。調査対象は多岐にわたるが，主要な対象は学校から落ちこぼれていく「野郎ども」12人からなる集団である。彼自身が，彼らの授業を含むあらゆる学校生活と放課後の活動を，その場に出向いて観察している。そのほか，定期的に集団で話し合う場をもったほか，個別にインタビューをしたり，少年たちの日記をも参照するな

ど，さまざまな質的調査の方法を駆使して，精力的な調査を実施したのである。

②細部まで観察する

ウィリスの調査は，1977年に『ハマータウンの野郎ども』という著作となった。この本の魅力の一つは，彼が実に詳細に「野郎ども」の姿を描き出したことだ。少しだけ，紹介しておこう。「野郎ども」は，「授業中はできるだけ仲間同士で寄りそうようにして，椅子でかりかりと引っかいてみたり，教師のちょっとした指図でも不満たらたらに舌打ちしてみせたり，およそ椅子の上でとりうるあらゆる姿勢を試してみるかのように始終そわそわしている」（ウィリス，1985：35～36頁）という，実に困った連中である。

しかし，彼らは決して馬鹿なのではない。教師とのおおっぴらな敵対に至る一歩手前で身をかわす。連中は，いつでももっともらしい抗弁を用意している。「教室を歩きまわる生徒はノートするために用紙がいるのだと言うだろう。教室を離れようとしている生徒はいっぱいになった紙屑をすてにいくのであって，他の生徒が弁護して『やつのいつもの役目なんですよ』などという。半開きの机からはマンガ本や新聞やヌード写真がのぞいていて，おもしろくもない教科書に色をそえている」（ウィリス，1985：36頁）。

ウィリスは，「野郎ども」のことを詳細に観察し，丹念に彼らの話を聞くことで，教師に逆らい，学校に反逆する輩が，決してただの「馬鹿」ではないことを明らかにしていく。反逆のメカニズムは，「野郎ども」なりの文化（ここではイギリスの労働者文化）をバックボーンとして，学校文化を彼らなりの立場でよく理解したうえでの対応過程なのである。もっとも，ウィリスの考察の本質は，ここからさらに，資本主義社会の底辺に位置する肉体労働者たちの世代間再生産メカニズムへと，彼自身の苦い思いと共に進んでいくのだが。

（3）「内側」に飛び込んで観察する——異質な世界の姿をつかむ

①「内側」に飛び込む

お仕着せのパック旅行では，旅先がどんな土地なのか知ることは難しい。一

古典紹介　　　『ハマータウンの野郎ども』

　労働者階級の家庭に生まれたものの大学へ進み，研究者となったウィリスの問題関心は，もともと労働者階級の文化に向けられていた。そのなかで彼は次第に，学校に不満を持つ「落ちこぼれ」の男子生徒たちに，また，彼らが労働生活に適応してゆくさまに，注目するようになった。そして，「労働者階級の若者たちは，どのようにして，なにゆえ，伝統的に労働階級のものとされる職域をあたかも自らの意志で引き受けるようになるのか」（ウィリス，1985：428頁）という「問い」を持って，ハマータウンの「野郎ども」の世界に飛び込んでいったのである。

　「問い」に対する答えは，労働者階級の若者たちは，資本主義社会のさまざまな虚構を見破る洞察力を持ち，それが反学校文化となって現れる。しかし，彼らが自分たちの集団にこだわり，より広い視野にたつことを制約されているゆえに，資本主義社会の底辺に位置する職業を自ら選びとり，結果的に階級構造の安定に寄与しているというものであった。最終章の「月曜の朝の憂鬱と希望」というタイトルにも，労働者階級出身のウィリスの苦い思いがあらわれている。

　質的調査としてみた時，この作品の魅力は，「野郎ども」が学校というフォーマルな組織のなかでつくるインフォーマルな反学校文化を，参与観察とインタビューによって生きいきと描写したこと，それに基づく鋭い理論的考察にある。章構成は以下のようになっている。

　　　　序　章　「落ちこぼれ」の文化
　　　第1部　生活誌
　　　　第1章　対抗文化の諸相
　　　　第2章　対抗文化の重層構造
　　　　第3章　教室から工場へ
　　　第2部　分　析
　　　　第4章　洞察の光
　　　　第5章　制約の影
　　　　第6章　イデオロギーの役割
　　　　第7章　文化と再生産の理論のために
　　　　第8章　月曜の朝の憂鬱と希望

　なお，原著は1977年に，*Learning to Labour : How working class kids get working class jobs* というタイトルで出版された。訳者はあとがきで，原著タイトルを生かしきれなかったと詫びているが，『ハマータウンの野郎ども』という邦題もまた，実にたくみで意味深いネーミングである。イギリス社会のみならず，日本社会の現状を分析するためにも多くのヒントを与えてくれる名著である。　　　　　　　　　　（E. K.）

つの地域社会が本当はどんなところなのか知るためには，長期間住み込んで，地元の人々と交流しなければならない。さらには，現地に案内役をしてくれる友人ができたらしめたものだ。

アメリカの社会学者ホワイト（Whyte, W. F.）は，名門大学の大学院生であった1930年代後半に，あるイタリア系移民の密集地域（スラム地区）で，参与観察をおこなった。街かどのギャング団に，「仲間」として加わり，行動をともにしたのである。

ホワイトは，ギャング団のリーダー役をつとめていたドック（仮名）という青年と知り合うことで，その地域に受け入れられ，内側から地域の全体像を把握していった。彼らが初めて交わした会話の一部は，次のようなものである（ホワイト，2000：296頁）。

ドック：君がみたいのは，上層の人の生活か，それとも，下層の人の生活か。
ホワイト：できることならすべてをみたいのです。私はコミュニティのできるだけ完全なピクチャーを手に入れたいのです。
ドック：わかった，君がみたいと思うものは何時でも，おれが連れていってあげよう。

この出会いをきっかけにして，ホワイトはドックを頼りに，スラム地区の全体像をつかんでいった。「スラム地区の問題として言われることは，それが崩壊したコミュニティだということだ。コーナーヴィル（ホワイトが名づけたスラム街の仮名；本章筆者注）に関して言えば，そのような診断はまったく誤解を招くものだ。──コーナーヴィルの抱える問題というのは組織化されていないということではなく，それ自身の社会組織をコーナーヴィルをとりまく社会組織に調和させることに失敗しているということなのだ。このことは地元政治や闇商売の組織の発達を理由づけているし，同時に彼らの民族やイタリアという国に対する忠誠心をも物語っている」（ホワイト，2000：280頁）。

「スラム地区は，組織が未発達で整備されていない，混沌としたところだ」。ホワイト自身が育てられてきた中流以上の階層には，こういったイメージが蔓延していた。スラム地区を「外側から」ながめるだけでは，このイメージを払拭することにはならなかっただろう。ホワイトは「内側に」飛び込むことによって，そこで暮らす人々にとって，スラム地区はよく組織され統合された社会システムである，という本当の姿を知った。すなわち，スラム地区に対する旧来のイメージ（思い込み）を修正していったのである。

② 「内側」から観察する

(1) 日本の選挙運動を「内側」から

日本は極東の島国。外国人から見たら，まさに不思議の国である。次に，わざわざアメリカから日本にきて，国政選挙の選挙運動を，「内側」から観察したジェラルド・カーチス（Curtis, G. l.）の例を紹介しよう。やや長くなるが，参与観察法の一連の流れも学んでもらいたい。

アメリカで日本政治を研究していたカーチスは，1966年に日本へ渡り，選挙活動の参与観察をおこなった。この研究成果は，『代議士の誕生』(2009) という著作の形で公表されている。[*]

 *『代議士の誕生』では，政治家の氏名や地名などのほとんどが実名となっている。しかし，本書ではこれらをイニシャルで表記する。

カーチスは日本の政治体制全般に問題関心を寄せていたが，ここでは，候補者が抱える課題のひとつ「私的な選挙運動組織」，すなわち候補者の後援会に話をしぼって説明を進める。なぜ後援会がそんなにも重要なのか？ 特に，後援会が果たすいろいろな役割のうち，何が人々の支持を獲得するために有効となっているのかを明らかにしなければならない。つまり，人々が後援会に何を求めているのかを明らかにすることが，調査課題である。

(2) 観察項目を決める

事前勉強の大切さは，もはや言うまでもない。そもそも日本語という大きな壁もある。それでもカーチスは大量の文献を読み漁り，選挙運動戦略へと研究テーマを絞り込んだ。そして，文献研究では飽き足らずに，日本での参与観察

第 9 章　質的調査の実際

|古典紹介|　『ストリート・コーナー・ソサエティ』

　都市とは，決して均質な地域の集まりではない。一つの都市のなかに，まったく異なった顔を持つさまざまな地域が存在している。金持ちの住む地域もあれば，貧乏な人々が肩寄せあって暮らす地域もある。しかし，どんな地域であれ，そこには人々の日々の暮らしがあり，暮らしを支える社会組織があるものなのだ。

　W. F. ホワイトは，「スラム地区とはこのようなところだとの私のイメージに一番合っていた」（ホワイト，2000：289頁）という理由から，彼はあるイタリア系移民のコミュニティを調査地として選び，これに「コーナーヴィル」という仮名を与えた。彼は「コーナーヴィルに生活すれば，私はコーナーヴィルを理解し，また受け容れられるだろう」（ホワイト，2000：298頁）と考え，1936年の秋から3年半の間，そこでの生活にどっぷりと漬かりながら参与観察を実行した。

　ホワイトは，スラム地区の生活全体を捉えるために，特定のグループや，それらのグループのリーダーたちを対象として，徹底的な調査をおこなった。政治家（表の大物），ヤクザ（裏の大物），大学生中心の社交グループのリーダー（表の小物），ギャング団のリーダー（裏の小物）。これらのリーダーたちと接触し，各々のグループに一人のメンバーとして加わったりしながら参与観察をおこなったのである。

　ホワイトの研究成果は，1943年に *Street Corner Society : The Social Structure of an Italian Slum* として出版され，1993年には増補改訂第4版が出された。その日本語訳『ストリート・コーナー・ソサエティ』は，394頁の大著であり，参与観察法の古典として頻繁に紹介される。章構成は以下のようになっている。

　　序　論　コーナーヴィルとその住民
　　第1部　小物たち：コーナー・ボーイズとカレッジ・ボーイズ
　　　1　ドックとその子分たち／2　チックとイタリア・コミュニティ・クラブ／3　社会構造と社会移動
　　第2部　大物たち：ヤクザの顔役たちと政治家たち
　　　4　ヤクザの活動の社会構造／5　コーナーヴィルS&Aクラブにおけるヤクザの顔役／6　政治と社会構造
　　第3部　結び
　　　アペンディクス

　アペンディクスA「『ストリート・コーナー・ソサエティ』のその後の展開過程」には，彼の研究経過とその後のコーナーヴィル再訪の様子が詳細に記されている。これは，一つの読み物としても非常に面白く，参与観察法の実践に，多いに参考になるものである。

(E. K.)

に飛び込んだのである。

　参与観察法では，データ素材の収集をおこなっていく過程で，重要な観察項目を発見することも，たしかにある。そして，新たな発見に対応していく柔軟さも大切である。しかし，設計段階において立てることができる観察項目については，以下のように箇条書きで列挙しておくようにしよう。最初から何もないのでは，「現場」での膨大な情報のノイズに右往左往するだけとなりやすい。

- 後援会に集まってくるのは，どのような属性の人々か
- 後援会に集まってくる人々が求めているのは何か
- 後援会は，人々の要求にどれだけ応えているのか

(3)　調査対象を探す

　観察項目が明確にできたら，実際の調査対象を探し始めることができる。カーチスは，調査対象とすべき候補者の条件をいくつか考えた。「選挙で勝つための戦略」を観察するためには，当選の可能性が高い自民党員が望ましい。また，ゼロからの組織づくりや運動戦略の作成過程を見るには新人候補者がふさわしいと考えられた（カーチス，2009：28頁）。

　条件に見合う調査対象を探すために，カーチスは自民党の大物幹部に相談する。それによって，首尾よくＳという新人候補者を紹介してもらうことができた。

(4)　調査の許可を得る

　調査対象が決定したら，集団に出入りすることの許可を得なければならない。まずは集団の責任者からの許可が必要である。調査の目的，記録の方法，公表時に実名にするか匿名にするかなどプライバシーに関わる情報の取り扱い方針などを明確に伝え，責任者から許可をもらう必要がある。もちろん，責任者からの許可だけでなく，他のメンバーからも，観察者として参与することの許可もとりつけていかなければならない。

(5)　データ原料を収集する

- 観察項目にしたがって，しっかりと見る：観察項目は，設計段階である程度固まっている。これに従って，見るべき事象を観察することが第一に重要だ。

カーチスは，後援会の事務所に朝からはりついて，さまざまな人々がお願いをもって訪ねてくる様子を観察している。息子の就職や高校入学の世話をお願いにくる人々，敬老会の集会への出席や贈り物の寄贈を依頼にくる人々などである。S候補者と後援会のスタッフは，これらのすべてに対応するため，一日中忙しく働き続けていたのである（カーチス，2009：221～223頁）。

　事務所にとどまってばかりもいられない。S候補の後援会には，「世話人」という立場の人々が関わっていた。彼らは，選挙区内の各町内会から1～2名ずつ出ており，後援会と選挙区のパイプ役をつとめていた。カーチスは，世話人たちとも一緒に行動しながら，仕事内容や働きぶりを観察し，彼らが何を求めて集まってきているのかをつかもうとした。

　日常的な何気ない発言や会話，そして表情などにもアンテナを張っておくことが重要である。世話人がS候補のことを話題にするときに，「……先生」ではなく，「……ちゃん」という愛称を使うこと。また，その時の誇らしげな表情。カーチスは，こういったことも，データの素材として感知していった。

・観察項目の周辺も，しっかりと見る：行動や日常会話だけでなく，その周辺にも注意を向けることが大切である。どのような経緯で起こされた行動なのか，どのような雰囲気や状況で交わされた会話なのか。その際に，調査者自身がどのように関わっていたのか。こういったデータ素材を収集する過程をしっかりと記録することは，後の分析の際に，状況を再現できるようにしておくために重要である。

・観察メモをとる：観察した内容は，筆記によって記録しなければ忘れてしまう。対象者たちと生活をともにする参与観察法では，コンパクトな筆記用具を常に携帯して，観察しながら，隙を見てはこまめに観察メモをとるように心がけよう。

(6)　データの作成――観察メモから観察ノートへ

　カーチスは，調査期間中ずっと日記形式で観察ノートを作成し，観察内容を詳細に記録している。「後援会事務所の一日」は，次のように記録されている。

「午前九時。下の事務所へ下りていくと，既に一人の男が秘書の到着を待っていた。男性は，N校区の者だが，町内の世話人から，F会に頼めば息子をB（市）のホテルに就職させてもらえると聞いた，と切り出した。秘書はすぐさま近くのホテルに電話をかけて，面接の日取りを決めた。

この男性とちょうど入れかわりに，Sと同じ町内の八十代の老人会会長が入ってきた。今晩老人会の集まりがあるので酒を二，三本差し入れてほしいという頼みだった。（中略）そのうち，一人の女性が申し訳なさそうに入ってきて，息子が高校入試に落ちたのですが，どうにかならないでしょうか，と相談を持ちかけている。……Sの午後の予定は結婚式の仲人。結婚式で仲人をするのは今週三度目だ……」（カーチス，2009：219〜220頁）

1日分の観察が終了したら，かならず当日のうちに，観察ノートを作成しなければならない。観察メモをもとにして，記憶が鮮明なうちに，書きつけることが大切である。観察した内容，気づいた点，調査者の素直な感情などを，細大漏らさず記録していこう。観察ノートの集積は，調査がどのようにしておこなわれたのか，時間を追ってたどることのできる時系列的な記録となる。ただし，1日分の観察ノートには，複数の観察項目に関する内容が混在している。対象者が，調査者の都合に合わせて行動してくれるはずもない。分析を効率よく進めるためには，観察項目ごとの検索や整理ができるようにしておいたほうがよい。そのため，観察ノートの記録内容をパソコンに入力して検索機能を活用することも薦めておきたい。

なお，紛失や破損に備えて，コピーをとっておくことも忘れてはならない。ただし，対象者のプライバシー保護のためには，万が一にも紛失してはならない。コピーも含め，データ素材や作成したデータの管理には，十分な注意が必要である。

(7) データの分析

参与観察法によって作成するデータは膨大な量になる。調査課題をじっくりとにらみ，項目ごとにデータを整理しながら分析に取り組もう。ここでは，世

話人たちが後援会に求めるものは何かという部分から，一例を紹介する。

　世話人は，Ｓ候補が都市部の浮動票を獲得するためにとった組織づくり戦略のひとつである。パイプ役としての彼らに求められる主な役割は，町内の冠婚葬祭情報を後援会事務所に報告すること，そして，「後援会がどれだけのことをしてくれるのか」ということを，町内の人々に知らせることであった。この仕事に対して後援会が用意する物質的な見返りは，Ｓ候補から届く暑中見舞いや年賀状，中元や歳暮などの定期的なあいさつを越えるものではなかった[*]。

　[*]その後の公職選挙法改正によって，こういった「あいさつ」を出すことも，また受け取ることも禁止されるようになった。

　その程度の見返りのわりには，世話人たちが熱心に，そしていかにも楽しそうに，パイプ役をつとめているように，カーチスには見えた。世話人たちが後援会から物質的な見返りを得ているという事実だけでは，彼らが熱心に活動しているという事実を説明することができそうにない。

　そこでカーチスが注目したのは，精神的な見返りであった。カーチスは，世話人たちが次のようなことがらに満足感を得ている様子も感知している。

- 「世話人」という肩書きをもつことに満足している様子
- 私的な秘密会議に参加できるという立場に満足している様子
  （Ｓ候補から中央政界の「内幕ばなし」を聞くことができる食事会）
- 第三者に対してＳ候補のことを「……ちゃん」という愛称で呼んでみせることができる特権に満足している様子

　これらの様子は，別々の日時・場面において観察され，記録されたものである。バラバラの観察記録をまとめあげることによって，「世話人たちが得ている精神的な見返り」を指し示す質的データを作成していったのである。

　世話人たちが最も強く求めているのは，中心的な一員として処遇されるという，目に見えない報酬なのであった（カーチス，2009：183頁）。カーチスは，参与観察法によって収集された膨大なデータから，このことを分析結果の一つとして示している[*]。

　[*]カーチスは『代議士の誕生』発表後も精力的に研究を継続している。「日本はよく

『変わらない国』といわれますが，その反面，実に目まぐるしく，絶えず変化している国でもある。四十年近く日本の政治を見てきて，退屈したことは一度もない」。こう語る彼は，最近では春夏に日本で，秋冬に米国で生活している。(『日本経済新聞』2003年7月22日付夕刊，記事名「顕微鏡で見る日本」)

(4) やってみよう

参与観察の進め方はつかめただろうか。カーチスと同じように国政や地方政治に関心があるなら，特定候補者の選挙事務所に足繁く通ってみるのも手である。「住み込み」だけが参与観察の方法というわけではない。高齢化社会に関心をもっているなら，ゲートボールに熱中するお年寄りたちのグループに加わってみるのもよいだろう。市民運動団体の「元気なご婦人たち」を調査対象とした参与観察だっておもしろそうである。筆者の同僚は，「男らしさ」の研究のためにホストクラブのホストとなった。かつての女子学生はホストの生態を観察するためにホストクラブに通った。短期間でもよいから，なにかしらの参与観察法に，ぜひチャレンジしてみよう。

ただし，参与観察法は，安易な気持ちで実施されると皆様の迷惑となる。必ずしっかりした問題意識と調査課題をもってのぞむこと，必ず相手の許可を取るなど調査倫理を守ること，この2点は肝に銘じてから取り組むように。

③ ドキュメント分析の実際

(1) ドキュメント分析とは
①多様で豊富なドキュメント分析の材料

ドキュメントとは記録のことである。自伝や手紙，ブログへの書き込みなどの個人的記録も，雑誌や新聞の記事，あるいは行政や企業の会議録やパンフレットなどの公的記録も，ドキュメント分析のための大切なデータ素材である。つまり，何らかのドキュメントを素材として分析し，人々の生活ぶりや人々の生活に影響を与える事がらといった社会的事実を読み取り，社会について考える方法こそが，ドキュメント分析なのである。

ドキュメント分析の材料は，実に多様で豊富である。文字で記録されたデータ材料だけをみても，新聞記事や，雑誌記事，本など活字で印刷されたもの，ホームページなど電子メディア上の文章，さらには手紙などの手書きの文章まで，じつに多様で豊富である。また，写真やポスター，絵画などの静止した画像はもちろん，テレビの番組やCM，映画などの動く画像だって材料にできる。動く画像にはたいてい音も入っている。ラジオ番組や歌などの聞く記録も材料候補である。おまけにドキュメントはノンフィクションに限定されるものではない。小説やテレビドラマなどの虚構（フィクション）だって材料とすることができる。ドキュメント分析のデータ材料候補には限りがないのである（第8章第1節「質的データの素材」，コラム「さまざまなドキュメント分析」，および第Ⅳ部1「写真観察法——ビジュアル調査をやってみよう」参照）。

②ドキュメント分析の働き

　材料が多様であるように，ドキュメント分析の働きも実に多様である。日記や手紙，自伝などを材料にすれば，個々人の生活や人生を再構成して，そこから社会のあり方や変化について考えられる。地域や企業のホームページや紹介パンフレット類，市町村史や社史などを材料とすれば，当該の地域社会や企業のあり方を，さまざまな側面から明らかにすることもできるだろう。

　あるいは，新聞や雑誌，TVや映画などのマス・メディアを材料にして，それらに隠されているメッセージを読み解くことで，普段はあまり考えない社会の構造や規範について考えることができる。本節では，雑誌と新聞をデータ材料としたドキュメント分析をやや詳しく紹介しておこう。

　そして，ドキュメント分析最大の強みは，社会事象をかなり長い時間の幅で捉えることができる点にある。ある社会現象の今と昔を比較しようとする時や，50年や100年といった時間の幅で変化の経緯をとらえようとする時，ドキュメント分析は強い。例えば，後掲のコラム「会議録を用いたドキュメント分析」にあるように，国や自治体による長年にわたる政策や事業が決定されていった過程，変更されていった経緯などを，会議録を材料に読み取ることができる。また，社会問題や社会通念の成り立ちを追求することだってできる。いま大流

◈ さまざまなドキュメント分析

　ドキュメント分析の材料は，多種多様。いくつか紹介しておこう。

遺　書：作田啓一（1960ほか）は，BC級戦犯の遺稿集『世紀の遺書』を分析し，①贖罪死（罪に対する償いとしての死），②とむらい死（すでに逝った仲間達への弔い），③いけにえ死（自分が所属している集団，メンバー〔国家，天皇，上官，同僚，部下〕のための自己犠牲としての死），④自然死（刑死でも，それを運命，宿命とし受け入れる）の4タイプに分類し，日本社会の特徴についてまで考察を拡げている。

自　伝：浜口恵俊（1974）は，日本経済新聞に掲載された「私の履歴書」という各界名士の自伝を活用して，日本人のキャリア形成についての分析により，日本社会の特徴として，集団主義ではなく，間人主義という考え方を提唱した。

流行歌：見田宗介（1963＝1973）は，1868年から1963年までに出された日本の流行歌451曲分の歌詞を材料にドキュメント分析をおこなった。見田は，流行歌には人々の切実な情念や願望が託されているととらえ，それらの分析によって，「怒りの歴史」や「郷愁とあこがれの歴史」など，いくつもの違った角度から日本人の心情の深層とその推移を描き出している。

小　説：プラース（Plath, W. D.）は，『日本人の生き方』（プラース，1985）で，小説を材料としたドキュメント分析に挑んでいる。扱った小説は，『菩提樹』（丹羽文雄），『細雪』（谷崎潤一郎），『恍惚の人』（有吉佐和子），『四十八歳の抵抗』（石川達三）の4点である。成人後の長い年月を，日本人はどのように受けとめ成熟していくのか。プラースは，小説を材料としたドキュメント分析によって，このことをつかもうとしたのである。

女性雑誌の写真：落合恵美子（1990）は，女性雑誌に掲載された女性のグラビア写真を材料に，主に1950年代から80年代半ばまでの女性の描かれた方から，性役割の変遷を分析している。

映　画：坂本和鶴恵（1997）は，1950年ころからの家族像の変化を，映画を通して分析している。1950年前後の母親が不幸を甘受するというパターンを中心とする「母ものブーム」から，明るいホームドラマの隆盛とその衰退を論じて，日本における「家族の物語」の変遷をつかもうとしたのである。

絵　画：アリエス（Aries, P.）は，絵画作品を材料として，近代以前と近代とで，「子供に対するまなざし」が異質であることを描き出している（アリエス，1980）。近代以前では，赤ちゃんの時期を過ぎた人間は「大人の縮小版」として描かれていた。そこでは，体型・服装など，すべてが「大人」と同じように描かれていて，違っているのは「小さめであること」だけであった。近代に入り，子どもを特別な存在として

見つめるようになってから，〈子ども〉が誕生したのである。学問分野としては社会史の研究に属するが，アリエスのおこなった研究は社会学でも注目を集めた。

(E. K.)

行の「環境問題」だって，かつては「公害問題」という言葉のほうが一般的だった。いつから，どのような経緯で，「環境問題」なる社会問題が成立してきたのか，新聞記事検索などから明らかにすることができるだろう。さらには，流行歌だって大切なデータ材料だ。「歌は世につれ，世は歌につれ」である。はやり廃りの中にだって，社会の仕組みは見え隠れするものなのだ。

また，ドキュメント分析は，その分析手法も多様である。データ材料が多種多様であれば，その調理法である分析手法も多様となる。同じ材料だって，目のつけどころを変えるだけで，まったく違った料理になる。一本の大根が，ふろふき大根にもなれば，千切りにしてみそ汁の具にもなれば，大根おろしにもなるようなものだ。ただし，最も基本的な分析手法は，一つの対象を分解する方法と，多くの対象を分類・整理する方法である。本節では，誰でも容易に目にすることのできる雑誌と新聞をデータ材料として，文章を分解してそこに含まれている論理構造を読み解こうとする分析手法と，さまざまな文章を分類・整理することで，メッセージの意味を読み解こうとする分析手法を紹介しよう。

（2）分解して読み解く——身上相談から読み解く不幸の要因連関

いつの世にも不幸は絶えない。それでは，不幸はどのような要因群によってもたらされているのだろうか。このような問題設定に応えるための一つの有力な材料が，新聞等の誌上に掲載された身上相談なのである。

見田宗介は日本社会における不幸の諸要因の連関をとらえようとした。そのために，『読売新聞』（東京版）で1962年の1年間に掲載された身上相談304件を材料にドキュメント分析をおこなったのである（見田，1984）。

見田は身上相談の中に示されている不幸の事態と諸要因（顕在的な諸要因）を読み取り，それらの連関を図示している。このほかに，相談の中には直接示さ

れていない潜在的な諸要因を推測し，図中に盛り込んでまとめている。以下に一例を挙げよう（見田，1984：30～34頁）。

①要素の抜き出し

まず身上相談（データ材料）の中から，不幸の事態と不幸の要因を指し示すものを見つけ出し，抜き出すことが分析の第一歩である。次のデータ材料では，下線を施し，丸数字を打った12カ所が着目すべき要素である[*]。

  ＊下線と丸数字は本章筆者による。また，原文の漢数字はアラビア数字に改めて表記している。

データ材料

　私は金融機関に勤務する27歳の女性で，①高齢の父母と3人ぐらしをしています。いくつかあった縁談も，両親も私も幸福になれるようにと望んだため，②まとまらず，現在に至っています。自分では気の進まぬ結婚をするくらいなら，独身で勤め続け，③両親をみてあげようと思っていますが，近隣や職場で理想が高すぎるとか，④オールドミスとかげ口をきかれ，職場ではけむたい存在ではないかと思うにつけ，⑤居づらい思いがし，⑥明朗さも失いがちな日々となってしまいました。私たちの職場では共かせぎができず，⑦女子は結婚すると退職しなければなりません。それで，⑧経済力をつけたいと洋裁を習いはじめ，こんど後期の勉強を，⑨東京の本校でおさめ師範免許をとるつもりでいますが，そうなると今の職場をやめねばなりません。⑩東京でどうやって勤め口をさがせばよいのか，⑪家や両親をどうすればよいのか，新聞の求人欄をみても，⑫現在の給料の半分にもならないので思案にくれています。（長野・R子）　　　（『読売新聞』東京版，1962年10月20日）

②データ材料に示された顕在的な諸要因連関の読み取り

12の要素のうち，見田は⑨「東京で洋裁の師範免許をとりたい」という望みに注目し，投書者が「焦燥」という不幸の事態を訴えていると読み取っている。

したがって，不幸の諸要因の連関は，⑨を中心に据えて考察される。例えば，

第9章　質的調査の実際

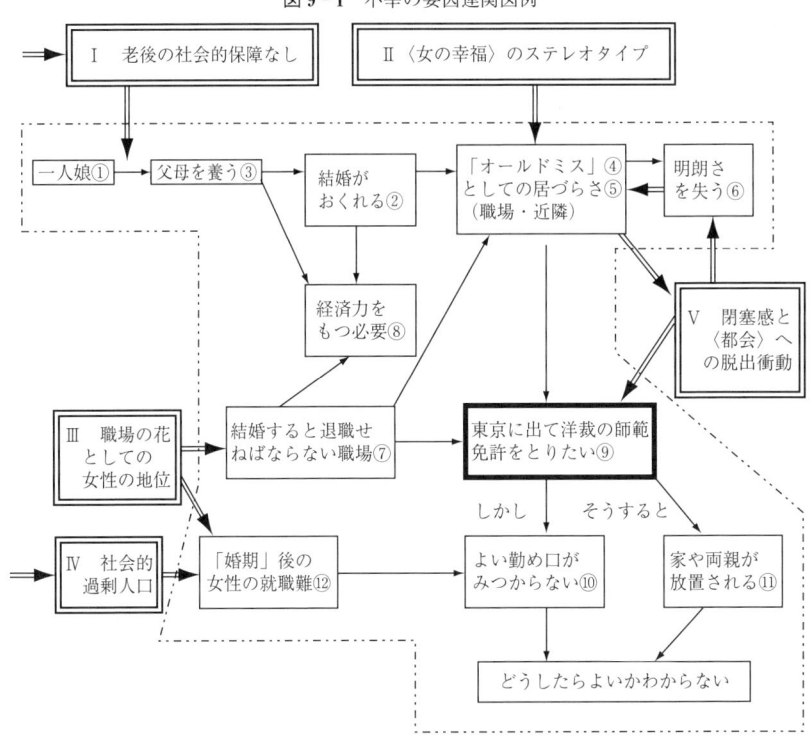

図9-1　不幸の要因連関図例

[図：不幸の要因連関図。主要素として以下が含まれる：
I　老後の社会的保障なし
II　〈女の幸福〉のステレオタイプ
III　職場の花としての女性の地位
IV　社会的過剰人口
V　閉塞感と〈都会〉への脱出衝動

個別要因：
①一人娘
③父母を養う
②結婚がおくれる
④「オールドミス」
⑤としての居づらさ（職場・近隣）
⑥明朗さを失う
⑧経済力をもつ必要
⑦結婚すると退職せねばならない職場
⑨東京に出て洋裁の師範免許をとりたい
⑫「婚期」後の女性の就職難
⑩よい勤め口がみつからない
⑪家や両親が放置される
→どうしたらよいかわからない]

出所：見田, 1984：31頁。ただし一部手を加えている。

⑨の望みをもたらしているのは，⑤「職場に居づらいこと」ではないか。⑨のように望むけれど，⑪「家や両親が気がかり」といったように，である。

③潜在的な諸要因の推測

次に見田は，顕在的な要因の特定部分に着目し，それに影響を与えている他の要因を推測している。これにより見田は下記の5つの潜在的な諸要因を導き出し，それぞれの要因について他の要因との連関を叙述している（見田, 1984：31〜32頁）。各叙述部分の趣旨は見田に依拠しながらも，分析過程をわかりやすくするために本章筆者が手を加えている。

第Ⅲ部　質的調査の方法

Ⅰ　老後の社会保障がないこと

一人娘だから父母を養わなければならず，結婚が阻害される（①〜③）のはなぜか。これをもたらす要因として，老後の社会保障がないことがあげられる。

Ⅱ　〈女の幸福〉のステレオタイプ

一定年齢以上の女性が職場や近隣で居づらい思いをさせられる（④，⑤）ことには，〈女の幸福〉は家庭にのみあり，独身女性は人生の失敗者であるという通念自体が，大きな要因として働いていると考えられる。

Ⅲ　職場の「花」としての女性の地位

結婚すると退職しなければならない（⑦）という慣行には，職場において実質的な戦力として女性に期待がされていないことが影響しているであろう。この要因は同時に，「婚期」後の女性の就職難（⑫）にも作用しているといえる。

Ⅳ　社会的過剰人口

「婚期」後の女性の就職難（⑫）には，その他にもうひとつ，社会全体として，就職希望者に対して求人数が少ないという要因も働いていると考えられる。

Ⅴ　閉塞感と〈都会〉への脱出衝動

図9‐1中の④，⑤から⑨の流れを見てみよう。現在の職場・居住地に居たくないということと，東京に出て資格をとるということは，必ずしも直結しない。まず④，⑤からは周囲の口もうるさいし結婚の機会も少ない〈いなか〉の閉塞感という要因が導かれる。そしてこの閉塞感と表裏一体となっているのが〈いなか〉の対極である〈都会〉への脱出衝動なのである。④，⑤と⑨との間には，閉塞感と〈都会〉への脱出衝動という要因が媒介していると考えられる。

④図にまとめる

分析の結果，図9‐1のような不幸の要因連関図がまとめあげられる。これは見田による原図（見田，1984：31頁）に，解説の便宜上筆者が手を加えたもの

である。例えば図中の一部分を二点鎖線（—··—··—）で囲み，②の顕在的な諸要因の連関部分（内側）と，③の潜在的な諸要因の連関部分（外側）とを見分けやすくしている。

（3）分類・整理して読み解く——女性雑誌は何を伝えているのか？

マス・メディアは，われわれに多くの情報を提供してくれる。しかし，その情報は中立的なものとは限らない。どこまで意識的かは別にしても，時代や社会を反映した，なんらかの主張が盛り込まれているものである。報道統制のような恐ろしい事態だけではなく，いつの世でも，マス・メディアはドキュメント分析の格好な材料である。

諸橋泰樹は1990年代初頭においてマス・メディアが主張する性役割をとらえようとした。そのために，さまざまな女性雑誌の記事や広告などを材料にしたドキュメント分析をおこなっている。その成果である『雑誌文化の中の女性学』（諸橋, 1993）から分析例をとりあげてみよう。

①**数えて傾向を読み取る**

諸橋は1988年と1989年に創刊された20以上の女性雑誌のうち，若い女性向けの11誌*を選んだ。条件をそろえるためにすべて1990年6月号とし，すべての記事と広告を分析の対象とした。分析の単位はひとまとまりの記事あるいは広告である。さらに分類の基準として，「ファッション」，「美容」，「痩身・整形」，「恋愛・結婚・性」など10数個のカテゴリーをあらかじめ設定した。

  * 『Ray』，『She's』，『Vingtaine』，『SPUR』，『le coeur』，『SIGN』，『CaraWay』，『卑弥子 JAPON』，『Hanako』，『日経 Woman』，『CREA』の11誌である。

分析は次の手順でおこなった。まず1誌について，各々の記事や広告を，「これはファッション，これは美容」というように分類していき，カテゴリーごとの合計頁数（0.1頁単位まで）を出す。それぞれのカテゴリーがその雑誌全体の頁数の中でどれだけの比率を占めているかを計算する。この手順を各誌についておこなったのである（諸橋, 1993：55～56頁）。

この結果，『Ray』や『She's』などのいわゆるファッション誌では，「ファッ

ション」,「美容」,「痩身・整形」という「美容演出三分野だけで全体の半数以上のページをついやしていること」(諸橋, 1993：58頁) が明らかになった。「美容」と「ファッション」が際立っていることは, ファッション誌に限らず, 若い女性向け雑誌の全体的な傾向でもあった。「ファッション」は11誌中5誌で構成比1位, 1誌で2位。「美容」は11誌中1誌で1位, 3誌で2位, 2誌で3位であった。諸橋が「女性雑誌は美容・ファッションの記事と広告に尽きる」(諸橋, 1993：55頁) と表現しているのもうなずけよう。

ここでの分析の進め方について確認しよう。分析の対象, 分析の単位, 分類の基準を明確にした上で, 分類して数え, 数字で傾向を読む, ということである。質的データ素材を量的に分析していく場合の一例と言える。本節の主役である質的な分析が本領を発揮するのはここから先である。

②記事のタイトルや見出し文などから主張内容を読み取る

諸橋は分析対象素材を1990年前後に発刊された若い女性向け雑誌全般に広げ, 記事名や特集名, 見出し文などから, 女性雑誌の主張内容をより具体的に読み取っている (諸橋, 1993：57〜64頁)。以下, データ材料としての女性雑誌中の文章と, そこから諸橋が読み取った内容 (⇒以下) を挙げていこう。

＊データ材料(1)〜(3)の下線は原著での傍点, データ材料(4)の下線は本章筆者による。

データ材料 (1)

- 「前髪＆サイドのヘアアレンジでこんなに顔が小さく<u>見える</u>！」
  『CanCam』(1991年12月号)
- 「スリムに<u>見える</u>服選びのコツ」　　　　　『Ray』(1990年6月号)
- 「シャドウの二色使いは, 華やかでしかも好感が<u>持たれる</u>メイク」
  『COSMOPOLITAN』(1991年9月号)

⇒自分が人にどう「見える」のかが, 女性雑誌最大のポイント。

(諸橋, 1993：62頁。傍点は原著者による)

第9章 質的調査の実際

データ材料（2）
- 「マスカラを上手につけて目元を自然な感じでバッチリ見せよう！」
『COSMOPOLITAN』（1991年9月号）
- 「清潔セクシーが目標！　夏は肌を見せる」　『Vingtaine』（1990年6月号）
- 「泳ぐだけなく，見せることも意識する。可愛らしさが基本です」
『卑弥子 JAPON』（1990年6号）

⇒「見られる身体」は「見せる身体」として主体的演出性をおびてゆく。
（諸橋，1993：62頁）

データ材料（3）
- 「仕事シーンの自分をどう見せたいかで，自然と服は決まってくるもの」
- 「脚を組んでもスキがない。スカート丈でも仕事への姿勢をアピールできる」
- 「ほら！　眉とアイ・メイクを変えると表情の演出思いのまま／太めの眉でデキる女のイメージに」
- 「健康的で，しかも知性を感じさせるアイシャドウの一色使い」
いずれも『COSMOPOLITAN』（1991年9月号）

⇒仕事をしているように・知的なように，そう見えることが重要なのであって，"中身"は問題ではない。　　（諸橋，1993：63頁。傍点は原著者による）

データ材料（4）
- 「アイシャドウを完全にマスターすると，美人度が確実に120％アップします！」　　　　　　　　『COSMOPOLITAN』（1991年9月号）
- 「この秋，アイ・メイクであなたは変わる!!」
『COSMOPOLITAN』（1991年9月号）
- 「『口紅』一本のメイク術」　　　　　　　　　『ViVi』（1991年12月号）
- 「細いグラマーになる膝上15センチのマジック」
『CLiQUE』（1990年5月20日号）

⇒実体はどうあれ,「マジック」でそう見えさえすればいいということを女性雑誌は教え,「マジック」のアイテムとマニュアルを提供する。

(諸橋,1993:61~62頁。傍点は原著者による)

　つまり,バブル時代前後の女性雑誌が発信していたメッセージとは,中身や実体はどうでもよく,他人からどう見えるかが重要だから,場面に応じて好感を持たれるように見せる必要があると説き,見せるための方法を教えましょう,ということだったのである。諸橋はデータ材料を分類・整理するドキュメント分析の手法によって,女性雑誌が読者(女性)たちに対して主張している内容を明らかにしたのである。

　なお,多くのデータ材料の分類・整理のためには,KJ法が役に立つ。本章末のコラムでKJ法を紹介しているので参照してほしい。

（4）やってみよう

　以上,2つの先行研究を紹介した。お気づきのように,どちらもちと古い。見田は1960年代初頭（高度成長が始まった頃）の不幸の諸要因連関を読み取り,諸橋は1990年頃（まさにバブル時代である）の女性雑誌の主張内容を読み取った。これらの分析結果と,現在の不幸の要因や,女性雑誌の主張内容とは違っていて当然である。世紀が代わり社会も変化しているのだから。古い分析結果をそのまま使えるわけではないが,分析手法は現在でも立派に通用する。身の上相談や女性雑誌は現在もあるのだから,ぜひ現代の不幸の要因連関や女性雑誌の主張内容を読み解くことにチャレンジしてみてはいかがだろうか。

　また,テーマや材料はいくらでもある。自分なりの問題意識に基づいた,ドキュメント分析をしてみよう。参考までに,筆者の学生たちが過去に行ったドキュメント分析の例をあげれば,「少年犯罪の語られ方」の変化を新聞記事検索によって明らかにしようとした論文,「住宅」や「お墓」の広告・パンフレットを材料に,日本人の家族観や死生観を論じた研究,明治時代からの各種辞書・辞典を材料に,「不倫」という言葉の意味の変遷を追ったものなどがあ

第 9 章　質的調査の実際

コラム

◆ 会議録を用いたドキュメント分析

　ドキュメント分析で用いる素材のひとつに会議録がある。会議録は，議会（国会・県・市議会）・官公庁の設置する審議会や委員会・民間企業の会議など，さまざまな会議における発言内容等を記録したもので，議事録とも呼ばれている。最近では，会議録がウェブ上で閲覧できることも多くなり（例えば国立国会図書館が設置している国会会議録検索システム，各都道府県庁・市町村役場等が開設しているホームページ上の会議録検索システム等），収集・利用しやすい素材になってきているが，注意しなければならない点も指摘できる。ここでは，2003年度に関西学院大学社会学部・大谷研究室が実施した国勢調査に関する調査研究を事例として，会議録分析の実際を紹介してみよう。

　この研究では，1920年から17回実施されてきた国勢調査を多角的に検討したが，ドキュメント分析が使用されたのは，「どのような議論を経て国勢調査の質問文が変更されているのか？」というテーマであった。

　総務省統計局への聞き取り調査によって，国勢調査の質問文は，統計調査部国勢調査課で具体的に検討された後，有識者で構成された統計審議会（専門部会は人口・労働統計部会）で審議されていることが判明した。そこで，国勢調査に関連する2つの議事録（「統計審議会会議事録」「人口・労働統計部会議事録」）を入手しようとした。

　「統計審議会議事録」は，総務省統計局が1969年以降毎年発行する『統計基準年報』（大学図書館等で入手可能）に記載され，1995年度以降は統計局のホームページ上にも掲載されている。「人口・労働統計部会議事録」は，総務省統計局統計基準部で過去10年分の議事録までが入手可能であった（保存期間が10年間ということである）。

　このような資料的制約を鑑み，分析では2000年の国勢調査が議題とされた第44回〜48回の人口・労働統計部会議事録を使って，ドキュメント分析をおこなった。

2000年国勢調査が議題とされた人口・労働統計部会

実施回	開催日	開催時間
第44回	1999年3月11日	13：30〜15：50（140分）
第45回	1999年6月21日	14：00〜16：05（125分）
第46回	1999年7月19日	14：00〜16：15（135分）
第47回	1999年8月18日	14：00〜17：05（185分）
第48回	1999年9月28日	14：00〜16：00（120分）

　まず全5回の議事録を句点毎に文章に分け（全654文），KJ法を用いて内容をまとめた。結果は「調査方法について（268文）」，「結果・集計について（162文）」，「調査

事項・記入要領について（74文）」,「質問文変更について（44文）」,「その他（110文）」という内容であった。すなわち人口労働部会の議論（全5回11時間45分）では「調査方法について」の議論が最も多く，質問文の変更に関しては議事録の文章量（44/654）からすると，あまり時間が割かれていなかった実態が判明した。

次に実際の調査票を入手し，2000年と1995年の調査票をワーディングレベルまで詳細に比較してみたところ，2000年調査票で変更されていた点は以下の7点であった。

① 「現在の場所に住んでいる期間」の質問が新規に追加された。
② 「一週間に仕事をした時間」の質問が新規に追加された。
③ 「従業地または通学地までの所要時間」の質問が削除された。
④ 「居住室数」の質問が削除された。
⑤ 「従業地までの利用交通手段」の質問の選択肢の一部を削除した（JRとJR以外の区分をなくした）。
⑥ 「就業状態」の質問文の一部を変更した（洋裁学校→専門学校）。
⑦ 「従業上の地位」の質問文の一部を変更した（雇用されている人→常雇・臨時雇）。

次に上記の7点に関して，どのような議論が展開されたのかを，議事録から言及されている文章を抜き出していった。以下の関連文章数の数字はその文章数であり，後の文章は議論内容の整理である。

① （関連文章数12）既存項目の5年前の住居の所在地だけでは移動頻度や居住期間の長さに関する情報が得られないため，現住居での居住期間を採用することになる。このことから定着性と移動性の両方を把握することにメリットがある。地域行政のための有用な基礎資料を提供し，また移動頻度は居住の安定性ということであり，生活の質につながるものである。
② （関連文章数1）常雇・臨時雇との組合せにより正社員やパートの分析が可能になり，結果利用が非常に高まるものとなる。
③ （関連文章数2）従業地又は通学地までの利用交通手段等から時間は推測が可能であり，社会生活基本調査で結果利用が可能であるため，削除しても大きな支障は生じないものである。
④ （関連文章数5）削除項目として，(1)居住室の数については，住宅の床面積の合計である程度代替可能であり，住宅土地統計調査でも市区別の結果が得られる。(2) 1居住室当りの床面積が多様化するなど居住室等の社会的意義の変化を考慮した。(3)近年の居住形態の多様化に伴い，居住室の大きさが多様化し，居住室数を把握する積極的な意味が薄れてきている。
⑤ （関連文章数0）議事録に記載なし。
⑥ （関連文章数2）洋裁学校は死語になりつつあるため，専門学校に例示を変更する方が適切である。

⑦（関連文章数 27）常雇・臨時雇に区別するのは評価できる。常雇・臨常雇・臨時雇という提案について，現在は労働基準法との整合性を取っているので，今後の課題とする。

上記の議事録の分析で，どのような議論から質問文の変更がおこなわれたのかについての概略は理解可能となった。しかし，⑤の「従業地までの利用交通手段」に関する記述は議事録には記載がなかった。そこで別途⑤の変更に関する関連資料を探したところ，国勢調査課が審議会で配布した資料（資料2「前回調査等との主な変更点について」）を入手することができた。その資料には，「JR と JR 以外を区分する必要性が低下しているため廃止する」との説明が記載されていた。

以上のドキュメント分析をとおして，以下の2つの「国勢調査の実施にあたってどのような議論が展開されているのかの実態」が明らかとなってきたのである。

- 国勢調査の質問文の検討は，主として統計調査部国勢調査課が中心となっておこなっており，専門家による検討であるべき審議会ではあまり時間が割かれていない実態。
- そもそも最初に審議会に問題提起されるのが，調査実施のわずか1年半前（1999年3月11日）であり，調査票の本格的な再検討は不可能に近い実態。

国勢調査は約700億円の国家予算と市町村職員の事務労働および全ての日本常住者の調査協力のもとでおこなわれる国家の一大事業である。現状の国勢調査は，質問の方法だけでなく，調査拒否への対応，調査結果の集計，利用の方法を含め多くの問題点を抱えている。上記のドキュメント分析は，今後国勢調査に関する本格的な専門的検討が必要であることを強く示唆していると言えよう。

＊この点は，ドキュメント分析にあたっての注意点を示唆している。それは「会議録が必ずしもその会議で議論された内容をすべて記載しているとは限らない」という事実である。さらに注意を要するのは，会議録があくまで当該機関が作成した資料であるという事実である。すなわち，会議録には，当該機関に都合の悪い部分が載せられていない危険性も存在するのである。会議録のドキュメント分析はそうした危険性を十分考慮をした上で実施すべきであろう。

〈参考文献〉
関西学院大学社会学部大谷研究室『国勢調査の多角的分析——日本最大の全数調査の実態と問題点』2004年3月。

(S. O.)

る。筆者のもっともお気に入りは，「資本主義社会における遊園地化された外国」という卒論である。ちょっと紹介しておこう。

1990年代中頃，電車の車両内に吊るされた女性雑誌の中吊り広告を読みなが

ら、「女性雑誌って、外国のことをどのように描いているのだろう？」という疑問に目覚めた女子学生がいた。彼女の場合、問題設定と対象はまあまあはっきりしていたほうであろう。しかし、最初のハードルは、どうやって女性雑誌の広告を収集するかという問題であった。だって、電車の中吊り広告を収集するのはなかなか大変そうだもの。

　ドキュメント分析の場合、絶対に侮ってはならない材料の宝庫は図書館である。彼女の場合も、図書館所蔵の新聞縮刷版がデータ材料となった。新聞の下段にも、女性雑誌の広告は多く掲載されている。そこから彼女は、約半年分の女性雑誌の広告から、外国の国名、地名が含まれている文章を抜書きし、それらを分類・整理していったのである。

　彼女の分析では、女性雑誌の広告の見出しにある外国は、テロも、人種差別も、犯罪も決して語られることがなく、土地の人々との「ナマ」の触れ合いを勧めるものでもなかった。女性雑誌の見出しは、安全で美しい街並みや風景の中で、ファッションとグルメを楽しむことのみ（当然、お金はかかるわけだが）を伝えようとしていることを明らかにしたのだった。まるで、楽しむことのみを目的に最初から設計されている遊園地でもあるかのように。

　以上は、ほんのちょっとした例にすぎない。ドキュメント分析のデータ材料は多様で豊富。きっと、あなたの問題関心に応えるデータ材料があるはずだ。おまけに、分析途中でも補充ややり直しもしやすいという利点（だって、ドキュメントは逃げないからね）もある。さあ、レッツ・トライ！　自分なりのドキュメント分析をぜひ実践してみよう。

コラム

◆ドキュメントデータをまとめるために　KJ 法の活用

　ドキュメント分析ではたくさんのドキュメントをもとにして社会について考えていく。データ材料は新聞記事や会議録や雑誌記事、はたまたネット上の発言などである。調査企画・設計に基づいて、求めるドキュメントを収集し終えた段階で、目の前にあ

るのは数百枚かそれ以上におよぶ記事の切り抜きやコピーの山である。あるものは小さな囲み記事、あるものは数ページにわたる文書など、ドキュメント分析で扱うデータは不定形で、どこから手をつけてよいやら途方に暮れるかもしれない。

このような時に活用したいのが川喜田二郎の発案によるKJ法である。データをまとめるためのKJ法は、①カード作り（紙切れ作り）、②グループ編成、③図解化（KJ法A型図解法）、文章化（KJ法B型図解法）の順番でおこなう（括弧内は原典での呼称）。

①カード作り

集めてきたすべてのデータ材料を1つずつ丹念に読み、重要な部分（キーワードや文章）を「一行見出し」として1件1枚ずつカードに抜き出していこう（川喜田は名刺大のカードを推奨しているが、筆者らがよく利用するのは7.5センチメートル角の付箋紙である）。どの記事から抜き出したかがわかるように、データ材料（記事の切り抜きやコピー）には連番をつけておき、カードにも該当番号を記しておくとよいだろう。

②グループ編成

グループ編成は、小チーム編成⇒中チーム編成⇒大チーム編成、の順番でおこなっていく。小チーム編成の手順は以下の通りである。

1）カード拡げと眺め読み

大きな机の上に模造紙を敷き、その上に転記されたカードを並べていく（付箋紙だと風で飛ばない）。並べ終わったらすべてのカードを数回眺め読みする。

2）小チーム作り

次にカード群を仕分けして小チームを作っていくのだが、手続き上で重要なところなので、原典を引用する。引用中の「紙切れ」は本コラムでは「カード」と表記している。

「やがて紙きれ同士のあいだで、その内容の上でお互いに親近感を覚える紙きれ同士が目についてくるだろう。「この紙きれとあの紙きれの内容は同じだ」とか、「非常に近いな」と感ずるもの同士が目にとまる。そう気がつけば、その紙きれ同士をどちらかの一ヵ所に集めるのである。このようにして、まもなく紙片群があちこちにできる。いわば紙きれ同士の小チームができていくのである。」

（川喜田，1967：74頁。傍点は原著者）

3）表札作り

カード群の小チームへの仕分けができた段階で、それぞれの小チームの表す内容を、新しいカードに一行見出しで表記する。これを小チームの一番上に「表札」として貼り付ける。

以上で小チーム編成は終了である。「小チームの編成がひととおり終わったら，

まったく同じ手続きで小チーム同士を編成して，いくつもの中チーム」(川喜田,1967：75頁）を作っていく。同様に，中チーム同士を編成して大チームを作っていく。

③図解化，文章化

　グループ編成によってだけでも，集めたデータ材料が意味のあるまとまりになっていることだろう。さらに，図解化（KJ法A型図解法）もしてグループ間の関係を明瞭にしよう。

　グループ化されたカードの内容をよく読んで，「その結果，これらの紙きれをどういうふうに空間的に並べたら，論理的にもっとも納得がゆくかについて考え，そのような配置のしかたを探す」（川喜田，1967：81頁）のである。並べられた配置が適当かどうかは，並べた内容を口に出して説明できるかどうかで判断すればよい。うまく説明できない時は配置がよくないのである。うまく配置の説明ができたら，グループ間を線でつないだり，グループを示す「輪どり」をしたりして，図解化は完成である。

　なお，グループ編成後に図解ではなく，文章化に進むB型もあり，川喜田によればA型による図解の後，文章化するとよいとされている。

　不定形のデータ材料を論理的に整理する方法として KJ法を紹介した。KJ法の過程では，「小グループから大グループへ」や，「どのグループにも入らないカードは無理にグループに入れない」などのルールがあるが，本コラムではすべてを紹介しきれない。KJ法全体の詳細な手続きやルールについては，原典（川喜田，1967），手順や留意点がより詳細に解説されている続編（川喜田，1970）などを読んだ上で，実践することを薦める。

〈参考文献〉

川喜田二郎　1967『発想法――創造性開発のために』中央公論社。

川喜田二郎　1970『続発想法――KJ法の展開と応用』中央公論社。

川喜田二郎　1996『KJ法――混沌をして語らしめる』（川喜田二郎著作集5）中央公論社。

(H. K.)

―――――――――――――――――――――――――――――――――

〈参考文献〉

P. アリエス（杉山光信・杉山恵美子訳）1960＝1980『〈子供〉の誕生』みすず書房。

P. E. ウィリス（熊沢誠・山田潤訳）1977＝1985『ハマータウンの野郎ども』筑摩書房。

鵜飼正樹　1994『大衆演劇への旅――南条まさきの一年二か月』未來社。

落合恵美子　1990「ビジュアル・イメージとしての女――戦後女性雑誌が見せる性役割」『日本女性生活史　第5巻　現代』東京大学出版会，203〜234頁。

G. I. カーチス（大野一訳）1969＝2009『代議士の誕生――日本保守党の選挙活動』

日経BP社。
H. J. ガンズ（松本康訳）1962＝2006『都市の村人たち――イタリア系アメリカ人の階級文化と都市再開発』ハーベスト社。
きだみのる　1967『にっぽん部落』岩波書店。
J. F. グブリアム＆J. A. ホルスタイン（中河伸俊・湯川純幸・鮎川潤訳）1990＝1997『家族とは何か――その言説と現実』新曜社。
坂本佳鶴恵　1997『〈家族〉イメージの誕生――日本映画にみる「ホームドラマ」の形成』新曜社。
作田啓一　1960「戦犯受刑者の死生観について」『ソシオロジ』24号。
佐藤郁哉　1984『暴走族のエスノグラフィー――モードの叛乱と文化の呪縛』新曜社。
杉山光信　1989『現代社会学の名著』中公新書。
C. レヴィ＝ストロース（川田順造訳）1955＝2001『悲しき熱帯〈1〉〈2〉』中公クラシックス。
ハーベイ・W. ゾーボー（吉原直樹ほか訳）1929＝1997『ゴールド・コーストとスラム』ハーベスト社。
R. P. ドーア（青井和夫・塚本哲人訳）1958＝1962『都市の日本人』岩波書店。
W. I. トーマス＆F. ズナニエツキ（桜井厚抄訳）1958＝1983『生活史の社会学』御茶の水書房。
中河伸俊　1999『社会問題の社会学――構築主義アプローチの新展開』世界思想社。
中野卓編　1977『口述の生活史――或る女の愛と呪いの日本近代』御茶の水書房。
N. S. ハイナー（田嶋淳子訳）1936＝1997『ホテル・ライフ』ハーベスト社。
浜口恵俊　1974『日本人にとってキャリアとは――人脈のなかの履歴』日本経済新聞社。
W. D. プラース（井上俊・杉野目康子訳）1980＝1985『日本人の生き方』岩波書店。
U. フリック（小田博志ほか訳）1998＝2002『質的研究入門――〈人間科学〉のための方法』春秋社。
H. S. ベッカー（村上直之訳）1973＝2011『完訳　アウトサイダーズ――ラベリング理論再考』現代人文社。
W. F. ホワイト（奥田道夫・有里典三訳）1993＝2000『ストリート・コーナー・ソサエティ』有斐閣。
前川隆　1981『被相続者の精神史――或る日系ブラジル人の遍歴』御茶ノ水書房。
前川隆　1986『ハワイの辛抱人――明治福島移民の個人史』御茶の水書房。
松田素二・川田牧人編著　2002『エスノグラフィー・ガイドブック――現代世界を複眼でみる』嵯峨野書院。
B. K. マリノフスキー（増田義郎編訳）1922＝2010『西太平洋の遠洋航海者』講談社

学術文庫。

見田宗介 1967→1978『近代日本の心情の歴史――流行歌の社会心理史』講談社。

見田宗介 1963→1984「現代における不幸の諸類型――〈日常性〉の底にあるもの」見田宗介『新版　現代日本の精神構造』弘文堂，1～56頁。

E. モラン（杉山光信訳）1969＝1973『オルレアンのうわさ』みすず書房。

諸橋泰樹 1993『雑誌文化の中の女性学』明石書店。

R. S. リンド＆H. M. リンド（中村八朗抄訳）1929，1937＝1990『ミドゥルタウン』青木書店。

L. ワース（今野俊彦訳）1928＝1994『ユダヤ人問題の原型・ゲットー』明石書店。

(木下栄二)

第IV部
実習と実践

第Ⅳ部　実習と実践

　第Ⅳ部では，学部生が自ら社会調査を実施したり，社会調査に基礎を置いた卒業研究（卒業論文）に前向きに取り組んでいくことを想定して，その羅針盤となるような「実習と実践」編を用意する。「実習」では「写真観察」と「非参与観察」という観察法を，「実践」では卒業論文を取り上げる。

　ここで目指しているのは，学生一人ひとりがセンス・オブ・ワンダーを磨き，ソシオロジカル・イマジネーション（社会学的想像力）を働かせて，問いを立て，調査研究を構想し，自ら"社会学すること（Doing Sociology）"を実習・実践してみること，である。「センス・オブ・ワンダー」については，本書第2章（24～26頁）で詳しく説明してあるので，再説はしないが，「社会学的想像力」については，27頁や73頁に用語が出ているものの，説明が後回しになっているので，まずは次頁のコラムを参照してほしい。

　観察法は，社会を，組織や集団を，まちや人々を「観察（observation）」する「見る（観る）社会調査」の総称である。社会学の実証研究が「社会を見る／観ること」から始まることを踏まえれば，「観察法」は社会調査の最も根源的な方法と言うことができる。観察法の代表選手は「参与観察」であり，よく知られ，王道を歩んでいるが（第Ⅲ部を参照のこと），あまり使われていない写真観察や非参与観察もある。参与観察に比べるとかかる時間や労力が少なくて済み，職人技を必要としない点で，学部生にとっては敷居がずっと低い。ここでは，手軽にできる，しかしコストパフォーマンスの非常に高い，またセンス・オブ・ワンダーと社会学的想像力を養う意味においても，お薦めの調査手法としてこの2つを取り上げ，実習してみる。

　もう1つは，卒業論文である。多くの学生にとっては，問題意識を持つこともできず，従って何を研究テーマにすればよいのかもわからず，何度となく行き詰まり，焦り，苦しみ，悩みの種となる代物だ。「実践」編では，社会学科3年生のKさんが，卒論と真正面から向き合って，センス・オブ・ワンダーと社会学的想像力を働かせ，研究を着想するところから研究計画を固めるまでの，約1年間の紆余曲折のプロセスを「物語」風につづってある。

コラム

◈社会学的想像力（ソシオロジカル・イマジネーション）の働き

　アメリカの社会学者でラディカル社会学の先駆をなし，各方面に大きな影響を与えたライト・ミルズ（Mills, C. W.）が著した古典的名著の1冊が，*The Sociological Imagination*, 1959, 1967, 40周年記念版 2000, Oxford University Press（鈴木広訳『社会学的想像力』紀伊国屋書店，1965，新装版 1995）。ミルズはこの中で，T. パーソンズに代表される「誇大理論（grand theory）」とラザースフェルドに代表される「抽象化された経験主義（abstracted empiricism）」を共に批判し，それらを乗り越えていくために，「社会学的想像力（人間と社会との，個人生活史と歴史との，自己と世界との相互浸透を把握するのに欠くことのできない能力）」の復権を説いた。

　「私的」と思われるような個別具体的な事柄の中にも，しっかりと社会性（歴史的・文化的な諸状況）が入り込んでいる。そうした「個人環境にかんする私的問題」（〈私・個別・部分〉性）と「社会構造にかんする公的問題」（〈社会・公共・全体〉性）とを関連づけるのが，「社会学的想像力」の働きである。ミルズはいう。「社会観察というものは，高度の熟練と鋭敏な感覚とを必要とすることが忘れられている。発見というものは，創造的精神が社会的現実の真只中に身を置くときにのみ生まれるということが忘れられている」と（引用はすべて訳書による）。

　社会学的想像力を働かせるのに，センス・オブ・ワンダーが重要な土壌となるのは，いうまでもない。

　さらに，近年，ビジュアル調査法が社会学的想像力を活性化させる技法のセットからなっていること，ビジュアル調査戦略が社会過程の特殊性をつかみ，特殊なものの中にある一般性を描き出し，両者の関係を照らすことにおいて，社会学的想像力を発展させるのによく適していることが強調されるようにもなっている（C. ノウルズほか，2004＝2012；APPENDIX 1 C [75]）。　　　　　　　　　　　　　（N. G.）

コラム

◈観察する人たち

　テクニックとしては今ひとつ完成していない印象のある観察法だが，実は日本にも観察法を駆使した立派な先輩たちが大勢いる。まずは『日本の下層社会』（1899）で

有名な横山源之助(1871-1915)が,近代的社会調査の中における観察者の最初の一人としてあげられよう。彼は「天涯茫々生一夜闇冥をつんざきて夜の東京を観る,神田万世橋より銀座通大時計の前まで幾人の車夫に出会せしや,其中空車を曳き来るものと客をのせ来りしものとの比例,屋台幾つありしや其種類,人の往来及び其数を統計しぬ。」(「深更の東京」『毎日新聞』明治28年5月10日付)と述べて,空理空論を排して,まず目の前に展開する社会的現実を知ることの重要性を主張する。目の前にある社会的現実を認識すること,これこそがまさに非参与観察法の神髄である。

次に,考現学で有名な今和次郎(1888-1973)の存在を忘れてはならない。日本民俗学の大立て者であり『遠野物語』などで有名な柳田国男(1875-1962)が,民話や伝説など「目に見えないもの」を言葉で収集する名人だとしたら,柳田の門下でもあった今は,まさに「目に見えるもの」を収集する名人であった。女性の服装から家屋の構造,看板の意匠,まさに何でもかんでも観察した今の姿勢は,考古学が古い過去の社会を遺物・遺跡から考えるのであれば,現在目の前にある事象からこそ現代を考えることができるという考現学へと結実していった。

そして,考現学は風俗学,路上観察学へと発展を続け,現在も南伸坊をはじめ多くの優秀な観察者を排出している。「街が呼んでいる」とばかりに,既存の学問からも芸術からも自由に,彼らは思いのままに観察対象を広げていく。「女子高生制服ウォッチング」なんてものもあれば,建物のカケラを集めてみたり,古いポスター(水原弘や由美かおるのポスターなんて今でもあるのだろうか)の残存状況調査,さらにはマンホールの蓋まで観察している。なかでも町の各種建造物に組み込まれたまま保存されている無用の長物的物件(たとえば,壁にめり込んでいて絶対に開かない門,2階の壁に貼りついてどこにもいけない階段など)であるトマソン物件の探索は楽しい。

日本には,輝かしい観察の伝統があり,多くの先輩たちがいる。教科書の中だけで社会がわかるものではない。きみも教室を飛び出して,街にでて,心のおもむくままに観察対象を探してみよう。

〈参考文献〉
• 横山源之助について
川合隆男 1994「横山源之助と社会観察」石川淳志・橋本和孝・浜谷正晴編著『社会調査——歴史と視点』ミネルヴァ書房,96〜123頁。
立花雄一 1979『評伝 横山源之助』創樹社。
• 考現学について
今和次郎 1987『考現学入門』筑摩書房(ちくま文庫)。
• 路上観察学について
赤瀬川原平・藤森照信・南 伸坊編著 1986『路上観察学入門』筑摩書房。

(E. K.)

1　写真観察法——ビジュアル調査をやってみよう

1　はじめに——ビジュアル調査法とは

　ビジュアル調査が，日本でもようやく注目されるようになってきた。「見る（観る）社会調査」の一種で，社会を凝視・観察し，「見る」ことのできるデータを集めて分析し，結果を「見える」ように提示する社会調査のことである（詳しくは，コラムを参照のこと）。

　調査の現場でカメラやビデオカメラが使われることは，ずっと昔からあった。報告書に写真やスケッチや図が添えられることも，ずっと昔からあった。でも，多くの場合，カメラやビデオカメラは，調査現場のあれこれを参考までに記録する補助的なツールと位置づけられていた。写真やスケッチも，そこで調査を行ったことの証しだったり，調査報告書の空きスペースを埋める挿絵程度のものと見做されていた。

　ビジュアル調査は，「見る」ことをもっと前向きに積極的に位置づける。「見る」ことで調査データを集める。集められた「見える」データを，さらに何度も「見る」ことで洞察を深めていく。結果を「見える」ように示すことで，言葉と数字で表現するのとは違った力を帯び，専門家以外（大学生や高校生）にも広く伝えることが可能となる。

　これを使わない手はない。だから，やってみよう。

コラム

◆ビジュアル調査法とは

　ビジュアル調査法（visual research methods）とは，ビジュアル素材を現地で生成または収集し，整理・加工・保存・管理（＝データ化）して，そのデータを分析・解

釈する社会調査の一手法である。調査研究のプロセスで，①カメラやビデオカメラを調査の道具（ツール）として素材を生成／収集する，②ビジュアル素材をデータ化して研究の対象とする，③それらのデータを「見ること」に軸足を置いて分析し解釈する，④調査研究の成果をビジュアル（視覚的）に表現する，のいずれかまたは全てが組み込まれている。

　ビジュアル素材とは，ビジュアルに記録／制作された諸資料をいい，写真・ビデオ・映画・TV番組・絵画・ポスター・イラスト・スケッチ・マンガ・絵葉書などの「視覚イメージ／視覚表象（リプレゼンテーション）」がすべて含まれる〈広義のビジュアル素材〉。社会調査で「ビジュアルに記録する」営みは，調査者がフィールドで写真やビデオを「撮影する」こととほぼ同義であるので，実際には写真（静止画像）とビデオ（動画像）が中心となる。ただし，調査のプロセスで"既存の"ビジュアル素材を入手して使うこともあるので，広義のビジュアル素材を軽視するものではない。また，本来，視覚に訴える「映像」と聴覚に訴える「音声」とは別物であるが，ビデオには音声が収録されることが多いので，ビジュアル素材には動画と一体化している音声も含まれる。なお，内容分析，記号論，図像解釈学，カルチュラル・スタディーズ（映画研究やTV番組研究），表象文化論，視覚文化論などのような既存のビジュアル素材それ自体を「分析・解釈・読解する方法」（＝ビジュアル文化の社会学的研究）は，現地調査を必須としないので，ここで言うビジュアル調査法には該当しない。

　データ収集を促進するための道具として，カメラや画像を用いる「現地調査の方法」としてのビジュアル調査は，A．調査者が写真やビデオを撮影するケースと，B．画像を利用してデータ収集にあたるケースとに分けることができる。Bの代表格は，「写真誘出インタビュー法（photo-elicitation interview）」である。インタビューでの「探り」として写真を用いるものであり，インタビュイーとのラポール形成やインタビュイーの反応を引き出す「触媒」として写真が使われる。また，次項で扱う「集合的写真観察法（collective photographic observation）」も同列である。これらは，フィールドワークでの様々な発見・発想を引き出し洞察を深める道具として，写真（静止画）を最大限に利活用する点に特色がある。

　ビジュアル調査の主潮流は，画像を手段／触媒として用いるBではなく，Aにある。これには，ビジュアル・エスノグラフィー，ビジュアル・ナラティブ，ドキュメンタリー写真術，写真目録法（GT法との組み合わせによる），写真日記／ビデオ日記，日記写真・日記インタビュー法（DPDIM），ビデオに記録された会話やインタビューの分析，人類学的な映像利用（映像人類学），写真投影法などなど，多種多様な方法がある。これらはまた，実際の調査でカメラやビデオカメラを使い，撮影された画像を「研究の主データとして」位置づける点に特色がある。　　　　　　　（N. G.）

1 写真観察法

② 集合的写真観察法──社会のプロセスと構造の可視化と可知化

　以下で実習するのは，「写真観察法」というビジュアル調査の一方法である。その前に，写真観察法の一種である「集合的写真観察法」を取り上げておきたい。『社会調査へのアプローチ』の第2版（2005年）では，以下のコラムを掲載した。

───────────── コラム ─────────────

◆集合的写真観察法──新しいビジュアル・リサーチ・メソッド

　写真は，「無意識が織り込まれた空間」であり，撮影者の意図を離れて自由に読み解くことを可能にするメディアである。従って，そこに写り込んでいる「物語素」の一つひとつに応じたテクスト（物語）の抽出が可能となる。しかも，1枚1枚の写真には，その場所の歴史や社会構造，社会のプロセスがありありと写り込むことがある。写真は，「社会の探索のためのツール」，「集合的心理の標識」として，社会学の研究，社会の解読のための格好な素材となるのである（W. ベンヤミン，R. バルト，H. ベッカー，P. ブルデュー，J. ボードリヤール，飯沢耕太郎，西村清和らの写真論・写真行為論・写真メディア論を参照されたい）。写真のもつこうした特性を踏まえ，観察（オブザベーション）の一変種として，写真行為を基に社会をまなざし，調査・分析するという研究が行われている。

　"一瞬"に凝縮されたドラマ。1枚の写真を通して，複雑に変化する「東京」と「東京人」を社会学の眼で読み解く！ 「東京人」観察学会（日本大学文理学部社会学科・後藤ゼミ）が取り組んでいる，"写真で語る：「東京」の社会学"というプロジェクトがそれだ。私たちが生きている社会，その中でうごめいている人間，事象の細部の中に宿っている「社会的な意味」や「人々の意図」をくみ取って，文字通り動詞型の「社会学すること（Doing Sociology）」に学生たちが内発的・積極的に取り組める，学部学生を対象とする「社会学の教育・実習プログラム」として構想・開発され，1994年に始められたものである。

　「東京」や「東京人」を象徴的に表すと考える場面を1枚の写真におさめて，適切なタイトルを掲げると共に，社会学的な言説で短い（400字程度の）解説を加えることによって創り上げられた数百点のレポート群（＝「東京」における多元的なリアリティが刻印された質的集合データ）の中から選び出された数十点（毎年30点前後）を，

第Ⅳ部　実習と実践

ゼミの場において,「各人の視点（まなざし＝現実認識／東京認識）から写し取られた1枚1枚の写真は,「東京」や「東京人」の諸相をどれほど鮮やかに描き出し, そこにいかほどの社会学的な知を織り込むことができるのか」という観点から, 集合（集団）的に解釈し直して, タイトルや解説文に手を加えた新しい作品群（"オムニバスとしての「東京」の社会学"）に仕上げていく。また, 写真に写り込んでいる集合意識や集合現象をくみ取って社会学的に分析するために, 現地でのインタビューや観察その他のフィールドワーク（データに裏打ちされた「場面の再現」と「関係者の主観的意味の理解」）が並行して実施されることによって（＝マルチメソッド・アプローチ),〈解釈〉に幅と深みと実証性が担保される。

作品化プロセスにおける〈まなざし〉と〈対話〉を介してのドラマティックな相互作用は, ゼミの学生たちの「東京」や「東京人」に対する"センス・オブ・ワンダー"（感応力／感覚の主体性）を研ぎ澄まし,"ソシオロジカル・イマジネーション"（社会認識のための想像力／洞察力）と表現力（構想力）を質的に高めていく。そしてそれはまた, リアリティを嗅ぎ取り, 読み込み, 様々な実証データを収集・分析し, 共通の言葉を紡いでいくことによって, それまで捉え切れていなかった諸事象の背後に見え隠れしていた社会のプロセスや構造の"可視化"と"可知化"をも促す。

「集合的写真観察法」と称されるこの方法は,「新しいビジュアル・リサーチ・メソッド」として地歩を着実に固めつつある。

〈既発表作品より〉

「公共性」と「私性」の折り合い
―― 携帯電話のアイロニー ――

京王線・新宿駅の中央改札口付近。利用者のいない公衆電話がずらりと並んでいるその向こうに, 携帯電話で通話している若者が1人。二重の意味で皮肉な光景と言って良い。

1　写真観察法

> 　1つは，公衆電話が街のオブジェになりつつあるという点で。NTT によれば，PHS や携帯電話が普及し始めた1994年度以降，公衆電話の設置数も利用者も大幅に減少しているという。2つは，にもかかわらず，公衆電話近辺は安心して電話をかけられる場所であり続けているという点で。コンサート会場や病院，電車，教室内などで，着信音を鳴らされたり，話しを聞かされたりでいやな思いをさせられる人は多い。携帯（＝私）電話は，公共性の高い空間をもたちどころに「私化」し，不快指数を一挙に高める暴力性を有しており，どこででも送受信できる利点が最大の欠点にもなる。
> 　だから，TPO をわきまえて携帯電話をかけようとすると，ついつい公衆電話に近づいてしまうのだ。
>
> 　　　　　　　　　　　　　1998年7月8日(水)午後3時頃　京王線・新宿駅にて撮影

Ⓒ「東京人」観察学会（日本大学文理学部社会学科・後藤ゼミ）

〈写真の説明（物語）力〉

　この写真は，前頁の写真が撮られた1998年7月からちょうど6年経った2004年7月に，同じ場所でほぼ同じアングルで撮影したものである。10数台の同一タイプの公衆電話（写真には全てが写っていない）が一列にズラーッと配置されていた1998年と，合計8台・3種類の公衆電話がコーナーを使ってコンパクトに配置されている2004年。ここから何を物語れそうか，考えをめぐらせてみてほしい。写真は，社会的なリアリティを的確かつ瞬間的に（何よりもビジュアルに）伝えてくれる「説明（→物語）力」を蔵している。

（N. G.）

③ 写真観察法のススメ——手順と実際

「集合的写真観察法」は，肉眼では捉えきれない都市の意識や無意識が写り込む（"機械の眼"が切り取った）写真を凝視し，対話とフィールドワークと文章化の作業を，継起的かつグループワークとして重ねていくことで，一人ひとりの認識作用が融合し集合的な解釈枠組や解釈（間主観性）が織りなされて，見えない／見えにくい／見え隠れしている「社会のプロセスと構造」（不可視性）を可視化（視覚化）し可知化（知覚化／言語化／価値化）する，ビジュアル調査の"特異な"方法である。グループでないとできないし，大学の調査実習やゼミナールのような場でないと成立しにくい。だが，写真観察なら1人でもできる。ここでは，頭に「集合的」がつかない「写真観察法」をより一般的なビジュアル調査の方法と位置づけて説明し，写真観察の実習に取り組んでみることにしたい。

手順は，以下の通りである。
①日常風景を凝視・観察して，写真を「撮る」
②写真"を"見て，「感じ」て，小さな物語素を抽出する
③写真"で"見て，より大きな社会的世界を「読む」
④調べて，分析・解釈・考察し，言葉を添えて写真"で"「物語る」
「撮る」→「感じる」→「読む」→「物語る」の四段階に分けて，解説していこう。

（1）写真を撮る——まちや人を凝視・観察する

第1段階は，まちや人から「？」や「！」を見出して，写真を「撮る」こと，である。

あなたが今日，自宅から大学へ来るまでに，何を目にとめ，記憶しているか，思い出してみて欲しい。ほとんど覚えていないのではないだろうか。人は，

「見ているようで見ていない」し，「見えているようで見えていない」し，「見たいものしか見ない」のが通例だ。逆に言えば，「見ようとしない限り見えてこない」。だから，あなたがどこかのまちを歩く際には，ただ漫然と見るのではなく，何かおもしろいものがないかを強く意識して，四方八方をよく観察しながら歩いてみよう。「見つめた分だけ（何かが）見えてくる」はずである。

立ち止まって日常風景を凝視し，まちや人から何かしらの「？」や「！」を瞬間的に感じ取ったら，深く考えずにともかく，手当たり次第写真を撮ろう（コラム「トマソン物件を探せ」も参照のこと）。撮って，撮って，撮りまくろう。多ければ多いほど良い。たくさん撮りためることで，思いのほか写真（の表現／説明）力の高い写真が含まれていたり，撮影時には気にもとめていなかったものが写り込んでいて思わずビックリするようなことがあったり，などといった可能性が高くなる。

カメラは，人が「見ていない／見えていない／見たくない」ものまで「自動筆記」（J. ボードリヤール）する。撮影者の肉眼ではとらえきれなかったり，また文化的バイアスのもとで見逃してしまう微細なディテイルをも公平に記録するのである。このことは，社会調査の方法論上，カメラ（写真）の最大の強みとなる。だから，写真を観察することで，撮影者が見落としていた発見や発想がもたらされる。写真をデータとして利活用すること，写真観察法の，何よりの利点と言えるだろう。

コラム

◉ トマソン物件を探せ

トマソン物件とは，人間に純粋な昇降運動だけを強いる「純粋階段」や，決して開くことのない「無用門」など，本来の機能を失ったまま不動産等に付着していて美しく保存されている無用の長物のことである。なお，トマソンという名は，1980年代初頭に，読売ジャイアンツにて空振り三振を繰り返した元大リーガー，トマソン選手にちなんでいる。彼の芸術的な空振りに感動した赤瀬川原平が，まったく世の中の役に立たない超芸術という意味で，街中にある無用の長物をトマソン物件と命名したので

第Ⅳ部　実習と実践

ある（トマソンさんは，きっと知らないと思うけど）。

　トマソン物件の探索は楽しい。取りあえず，カメラをもってブラブラして，「ナンだこれ？」「なんの役にたつのかわからない！」という代物を探してみよう。自分のまわりを意識して見ることは，社会調査の大切なトレーニングだ。そして，トマソン物件を見つけたら写真を撮って，簡単なリポートを作ってみよう。リポートはトマソン物件の写真を1枚以上添付して，いつどこで撮影したものか，なぜトマソン物件と考えたのか，そのトマソン物件に名前をつけるとしたら何か，そして探してみた感想までを1,000字程度にまとめてみよう。

　参考までに，実際に学生が提出したリポート例を示しておく。

レポート例……………………………………………………………………………………

(1)　高所ドア
　　撮影日時：2011年12月22日
　　場　　所：奈良県橿原市
　私がこの建造物をトマソンだと思った理由は，外壁にドアが付着しているが，それへ通じる階段や通路がないなど，そのドアへのアクセスが不可能となっているからだ。また，一般のドアのあるべき姿から言って常識外の高さに設置されているからだ。「使いようがなくて無用になっているけれども，何かたたずまいが変な物」というトマソン物件の代表格といっても過言ではない。物件そのものの異常性ではなく，物件の位置の異常性がこのトマソンの特徴であり，他のトマソンとは異なっている。もし，この建造物の中の人が，間違えてこのドアを開けてしまったらと考えると，想像しただけで恐ろしくなる。

(2)　原爆タイプ
　　撮影日時：2011年12月22日
　　場　　所：奈良県大和高田市
　私がこの建造物をトマソンだと思った理由は，壁面を塗り変えればいいものを，以前存在した建物の痕跡をわざわざ残してあったからだ。赤瀬川源平が，原爆によって影が建物に焼き付く光景に酷似しているところから「原爆タイプ」と名付たものだ。密集市街地

で，建物と建物の間に唐突に駐車場が現れたときなどにこの物件が見つかる可能性が高い。都市再開発や地上げなど，バブルの爪痕を色濃く残すトマソンである。

(3) トマソン物件を探してみて

私は，このレポートを完成させるにあたって，カメラを片手に様々な場所を散策した。普段利用している道や，今まで行ったことのない道を歩いたりした。普段よく通っている場所にトマソン物件を発見したときは，探していたものを見つけることができた喜びと，いつも何気なく通っている道にこんな物件があったのかと普段の自分の視野の狭さに気付くことができた。これからは，視野を広く持ち，どのようなことにも興味・関心を持ちたいと思う。

トマソン物件について調べてわかったことは，バブル時代に乱立された豪華な建築物がバブル崩壊後一気に取り壊され，様々な理由で部分的に残った建築物だということだ。バブル崩壊は私の生まれてくる前のことで，あまり私の人生に関わりのないものだと思っていたが，意外に身近な場所にバブル崩壊の象徴があったのだと気付かされた。

……………………………………………………………………………………………

以上は一例にすぎない。トマソン物件にはさまざまタイプがある。詳しくは，赤瀬川原平の『超芸術トマソン』を見て欲しいが，彼が気づかなかったトマソンだって続々誕生している。筆者最近のお気に入りは，昔は立派に橋だったのに，川が埋め立てられて，欄干のみ美しく保存されている「川のない橋」と，壁に付着した立派な灰皿が，「禁煙」のステッカーを張られてたたずむ「禁じられた灰皿」などだ。

トマソン物件には，人の世のうつろいや諸行無常が詰まっている。ぜひ，トマソン物件探しにチャレンジしてみよう。

〈参考文献〉

赤瀬川原平 1987『超芸術トマソン』ちくま文庫。

(E.K.)

（2）写真"を"見る——センス・オブ・ワンダーを働かせて物語素に感応する

第2段階は，写真"を"見て「感じる」こと，である。

たくさん集められた写真は，「社会をのぞき込む窓」となり，ある社会事象に関する多元的なリアリティが刻み込まれた質的データ群を構成する。そこでまず，写真を1点ずつ，改めて凝視・観察し，微細な点まで注目して，何がどう写っているのかについて整理してみるのである。

写真をたくさん見ていくと，徐々に「写真を見る目」が養われ，センス・オブ・ワンダーと視認性が高まって「感応」するようになっていく。写真の中から，「？」や「！」（小さな物語の素材）を次から次へと発見することができるようになるのだ。語るに値すると考える「物語素」を見出すことができた写真を残し，そうでないものは対象から外そう。同じ事象が写っている写真が何枚もある場合は，その中で写真力が最も高いものを選ぶようにすれば良い。なお，写真力不足だが素材としては捨てがたいという場合は，取り直しもありだ。

（3）写真"で"見る——社会学的想像力を働かせて社会的世界を読む

第3段階は，写真"で"見て「読む」こと，である。

写真に写り込んでいる「物語素」の一つひとつに応じて，どのように物語っていくかを構想することのである。ポイントは，写真から，社会学的な視点（アイディア・仮説・概念・命題など）を見出して，如何なる意味世界を探求するかである。

1点ごとに，さらに凝視・観察を深め，物語素に対応させた「調査研究のテーマ」を考えてみよう。

そして，「新たにテーマ・焦点化した事象」を，写真を介して（間接的に）観察し，社会学的想像力を働かせて「写真の背後に隠れているより大きな社会的世界」を読んでみるのである。

（4）写真"で"語る——フィールドワークと分析・解釈・考察を重ねて物語る

第4段階は，写真"で"語る，調べて「物語る」こと，である。

最後に行うのは，作品化することにした各写真に写っている／写っていない場面・現場に立ち降り，フィールドワークを行って実証データを収集・整理・加工・分析し，言葉に置き換えたテクストを写真に「寄生」させて，その写真と共に語ることである。データの分析・考察・解釈，ファクト・ファインディング（事実認定）とその社会学的なインプリケーション（含意）の探究を深めて，物語る＝言語化する，のである。

フィールドワークは，参与観察，直接観察／非参与観察（第Ⅳ部2を参照のこと），関係者へのインタビュー，アンケート，尾行（追跡）調査，踏査とマッピング等々，必要に応じて，また使える手法なら何を使ってもよい。勿論，テーマに関する先行研究成果などの関連文献や史・資料を集めて読み込むことも大切だ。

それらを土台として，調査研究の成果を「形」にしていこう。作品のタイトルと解説文の案を作成し，友人を集めて発表し，意見をたくさん出してもらったらよい。それによって不十分な点が見えてくるので，その都度，フィールドワークと対話と文章（言語）化を繰り返し，少しずつ完成度を高めていくのである。

④ Let's try──写真観察をやってみよう

では，実習をはじめよう。課題は，次頁の通りとする。ただし，「東京と東京人」の代わりに，「大阪と大阪人」でも「会津と会津人」でも「熊本県と熊本県民」でも「京都大学と京大出身者」でも，何にしてもよいだろう。

まず，デジタルカメラとフィールドノート（野帳）を持ってまちに出よう。そして，たくさんの写真を撮ろう。事前の準備としては，カメラのバッテリーがフル充電してあるかどうか，時刻が合っているかどうか，メモリーカードやHDDなどの記録媒体の容量が十分かどうか，画像サイズを大きく（高画質に）してあるかどうか，GPS機能や方位センサー付きの機種なら起動してあるかどうかなどをチェックし，必要に応じた手立てをしておくこと（予備のメモリーカードやバッテリーを用意するなど）。実際の撮影の際には，正確な撮影日時，場所，何を撮ろうとしたものかを，その都度フィールドノートに記録しておくことを忘れないように。

写真を撮影した後には，撮りためた画像を整理・加工・保存してデータ化する。オリジナルの画像（未処理のローデータ）は，カメラからPCやポータブルHDDやフォトストレージなどに取り込んで，何も手を加えず（加工・編集をせ

> **写真観察レポート**
>
> 〈課題〉 あなたが今日の「東京」(より一般化すれば，現代都市／現代社会にまで広がり得る)や「東京人」(都会人／現代人)を象徴的に表すと考える場面を1枚の写真におさめ，写真に写っている現地・現場でフィールドワークを行って，適切なテーマ(作品タイトル)を掲げると共に社会学的な言説で300～400字程度の解説を加える。
>
> 〈レポートの体裁〉 A4の用紙1枚に，写真をほぼ半分の位置から上側に1点のみを貼付または入れ込み，レポートの最上部に学科・学年・番号・氏名を，写真の上にはやや大きめに作品タイトルを，写真の下には解説文を，最終行には撮影日時と場所(詳細な住所)を記す。
>
> 〈取り組む期間〉 2か月間
>
> 〈留意事項〉 ①"各人の視点(まなざし＝現実認識)から写し取られた1枚の写真は，どれほど鮮やかに「東京」や「東京人」の諸相を描き出し，また，そこにいかほどの社会学的な知を織り込むことができるのか"を意識して，課題に取り組む。②写真は，可能な限り高画質で撮影しプリントする。③写真をたくさん撮影した上で最も相応しいものを選んで1事象に1枚の写真を使うこととし，また1事象につき1点のレポートを作成することを原則とする。

ずに)保存する。「20130115Shinjuku01_03.jpg」のような，撮影年月日＋地名＋整理番号などを入れ込んで，分かりやすくまた後で使いやすいように適切なファイル名を付けておく。その上で，オリジナル画像に必要最小限の加工・編集を施す。フォトレタッチソフトを使えばいかようにも修正(レタッチ)できるが，「オリジナルの記録・再現」の原則を遵守し，オリジナルを歪めないように注意する。色調(明るさやコントラスト)の適度な補正，不要な部分の削除(トリミング)，赤目の除去，カラー画像のグレースケールへの変換等々は許容範囲に入るだろうが，色を変えたり，画像を必要以上にシャープにしたりコントラストをつけ過ぎたり，逆にある部分をぼかしたり取り除いたり，変形させる等々は慎むべきだ。最小限の加工・編集をした画像のファイルは，研究データ用として，オリジナルとは区別して保存・管理する。

　そしていよいよ，写真"を"見て「感じる」→写真"で"見て「読む」→

1 写真観察法

2012年7月18日(水)21時00分
西台住宅5号棟(東京都板橋区高島平9丁目1)にて撮影

フィールドワークを行って写真"で"「物語る」ことになる。

　写真がないと理解しにくいので，先のコラムで紹介した「東京人」観察学会の"写真で語る：「東京」の社会学"プロジェクトによる写真を1点だけ掲げる。

　この写真は，団地の下で地下鉄の車両がズラーッと並んでいる場面を撮ったものであり，車両基地（夜の9時に明かりが煌々とついていることから単なる車庫ではなさそうだ）が団地に併設されている点に東京らしさが見出された。

　次に，写真を凝視することで浮かび上がってくるこの「東京性（小さな物語素）」の背後に見え隠れする「より大きな社会的世界」を，読み込んでみる。人が住まう／生活する場である団地と車両を点検したり修理したりする車両基地・検修場とが同居するなどということは，本来はあり得ない。にもかかわらず，ここにこうして現実にあるということの背景や理由はどのようなことなのかが想起・想像される。

　そこで今度は，写真に写っている／写っていない現地・現場に立ち降りて，フィールドワークを行うことになる。この団地で生活している居住者にインタ

第Ⅳ部　実習と実践

ビュー（聞き取り調査）したり，東京都住宅供給公社その他の関係機関でヒアリングを行えばよい。

　最後に，フィールドワークによって得られた実証データを分析し，主題化した「社会的世界」を物語る。解釈したことを言葉に替え（言語化し），相応しい作品タイトルと短めの解説文を写真に添えたレポートを作ってみるのである。例えば，こんな具合に。

電車と一緒におはよう，おやすみ
──暮らし続けて42年──

【前頁に掲載の写真を入れる（省略）】

　部屋の灯りが漏れる何の変哲もない夜の団地。しかし，よく見ると下には電車がずらりと整列している。1968年に開設された都営地下鉄三田線西台駅に隣接する志村車両検修場と，その2年後に車庫上部の有効活用のため人工地盤と共に建てられた公営住宅だ。車庫の上に建つ団地は，他に類を見ない。

　検修場では主に，早朝（4:30頃）に試運転作業，日中に車両の点検作業が行われ，終電後（0:25）には回送電車が入庫する。後藤ゼミが団地の居住者36人に行ったインタビュー調査によると，「音（試運転のベルやエンジン音）が聞こえる」と答えた27人のうち25人は「生活をする上で気にならない」と答えた。また，居住歴20年を超える者は21人，60歳以上は31人と高齢化も進む。駅近という利便性や低廉な家賃，そして「慣れ」が彼らの耳栓となったのだ。

　この異様な団地には，高度経済成長のまっただ中の人口急増期に量産主義に走らざるを得なかった当時の東京が，ある意味で"最も露骨に"表象されている。

2012年7月18日（水）21時00分
西台住宅5号棟（東京都板橋区高島平9丁目1）にて撮影。

　さあ，今度はあなた自身が，デジタルカメラとフィールドノートを持ってまちに出よう。写真観察というビジュアル調査法が，あなたの出番を待っている。

〈参考文献〉
- ビジュアル調査法の方法論的な特徴や具体的な研究事例に関しては，以下を参照されたい。

キャロライン・ノウルズ, ポール・スウィートマン編（後藤範章監訳）2004＝2012『ビジュアル調査法と社会学的想像力——社会風景をありありと描写する』ミネルヴァ書房.
後藤範章 2010「ビジュアルな記録を利用する」谷富夫・山本努編著『よくわかる質的社会調査 プロセス編』ミネルヴァ書房.
後藤範章 2011「特集解題：映像フィールドワークと都市社会学」日本都市社会学会編『日本都市社会学会年報』第29号.
後藤範章 2011「その『まち』らしさを新／再発見するビジュアル調査法の可能性」松山大学総合研究所『地域研究ジャーナル』第21号.
後藤範章 2013「ビジュアル調査法」社団法人社会調査協会編『社会調査事典』丸善出版.
山中速人 2009『ビデオカメラで考えよう——映像フィールドワークの発想』七つ森書館.
• 集合的写真観察法に関しては，以下を参照されたい.
後藤範章 2009「ビジュアル・メソッドと社会学的想像力——『見る』ことと『調べる』ことと『物語る』こと」日本社会学会編『社会学評論』第60巻第1号, 有斐閣.
後藤範章 2009「ビジュアル調査法の展開と可能性——集合的写真観察法」社団法人新情報センター『新情報』第97号.
• 写真観察法に関しては，以下も参照のこと.
関根康正 2011「フィールドワークへの招待——写真観察法」日本文化人類学会監修『フィールドワーカーズ・ハンドブック』世界思想社.

（後藤範章）

2　非参与観察法——まわりを見よう

1　はじめに——非参与観察法とは

　非参与観察法（non-participant observation）とは，「観察者（調査者）が，局外者や第三者として（非参与），調査対象をありのままに（非統制）観察」（安田・原, 1982）する方法である。もっともこれは可哀想な調査法。たいていのテキストでは欠点ばかり書かれてまともに相手にされていない。しかし，ホントはとっても役に立つ良い奴なんだ。口下手・話し下手の人でも大丈夫だし，面倒な質問文も考えないですむ。そんなお手軽なヤツでありながら，実際の行動場面を対象にするこの方法は，とってもリアリティを感じやすい。

　ここでは，数ある非参与観察法の中でも，人々の日常の行動を，数字にして考える量的調査のひとつとしての方法を実践してみよう。そして，現実からデータを作ること，データを整理してみることの難しさと面白さを楽しんでみてほしい。

　＊人々の日常をありのままに観察する方法のほかに，意図的に実験室的状況を作って観察する方法（実験的観察法）もある。詳しくは次頁のコラムを参照。

2　非参与観察法を始める前に！

（1）問題と仮説

　非参与観察法は社会調査の技法の1つ。社会調査を始めるには，それなりの用意がいる。いきなり観察しようと外にでても呆然と立ちつくすだけだ。第一に必要なことは何か？　そう，まずは問題を立てねばならない。今回はあまり堅苦しく考えないで「A大の女の子は派手だ」と疎ましく（羨ましく？）思っている貴方の「思い」を出発点に始めてみよう。

コラム

◉実験という発想とホーソン効果

　まったく同一のロウソク2本に同時に火をつけて，片方のロウソクの炎だけをコップで覆ってみたとしよう。コップで覆われたロウソクの炎は消え，覆っていないロウソクの炎は燃え続ける。このとき，コップで覆われたロウソクを「実験群」と呼び，覆っていないロウソクを「統制群」と呼ぶ。2つのロウソクの違いは，コップで覆うという新しい要因を加えるか加えないかの1点だけだから，炎の消えた原因は，コップで覆ったことだと明白になる。また，実験動物という言葉を聞いたことがあるだろう。例えば，年齢，健康状態，飼育方法など重要な要因がすべて同一な2匹の猿の1匹にだけエイズウイルスを注射する。エイズウイルスを注射された猿だけがエイズに感染し，もう一匹は感染しない。ゆえに，エイズウイルスがエイズの原因だと明らかになる。

　特定のある要因以外の条件を同じにして，その要因の効果を測定する点で，実験的観察法は最も科学的な方法である。しかし，この方法を人間集団や社会に適用するには倫理的な問題も含めて，極めて多くの重大な問題がある。特に調査法と関連する問題のひとつに，「観察すること自体が，観察しているものを変えてしまう」という社会科学における大問題がある。そこで以下，この問題との関連で，産業社会学等にも大きな影響を与えたホーソン実験を紹介しよう。この研究そのものの知見も重要だが，同時に社会調査は失敗からこそ学ぶべき点も多いということの好例でもある。

　ホーソン実験は1924年から1932年まで，シカゴ郊外のホーソン工場でおこなわれた。初期の目的は，生産高に対する照明効果の探求という単純なものであった。そのため，同等な熟練度をもつ労働者を2つの集団に分けて，片方のグループの照明は一定（統制群）にして，片方のグループの照明のみ変化（実験群）させる実験から始まった。しかし，どちらのグループでも生産性が向上したのである。この結果は，実験する側に大きな衝撃を与えた。そこで，エルトン・メーヨーをはじめとする研究者が招かれて大規模な実験室的状況を作っての研究が開始された。

　ここでは研究の経緯について詳述する余裕がないので重要な結論だけ先取りしていおう。彼らの結論は，生産高に影響しているのは照明をはじめとする物理的環境というよりも，むしろ労働者の態度であるというものであった。実験されているというその状態そのものが労働者のやる気を引き出し，物理的環境の如何にかかわらず生産高を向上させたのである。つまり，変数を統制しようとして，「実験してますよ。頑張ってね」という新たな変数を状況の中に持ち込んでしまったのである。

　この結論に至った調査の失敗は，「社会学における実験の統制が，その実験へ新たな変数を持ち込む」「人間状況の中で変数を統制しようとする試みが，その状況に新

たな変数を持ち込む」というホーソン効果と呼ばれる社会調査論上の重要な認識となった。ホーソン効果の意義は，実験的方法のみならずわれわれが社会について調査しようとする際に，常に調査すること自体が，社会への働きかけであり，社会そのものを変化させる可能性のあることに留意させる点で極めて大きいと言わねばならない。

〈参考文献〉
G. イーストホープ（川合隆男・霜野寿亮監訳）1982「実験的方法」『社会調査方法史』慶應通信，29〜53頁。

(E. K.)

―・―

「A大の女の子は派手だ」という肯定文では，調査は始まらない。問題は疑問文，つまり「A大の女の子は派手かな？」にしなければならない。そして，そこには「他大学よりもA大の女の子は派手だ」，つまりは「大学によって女の子の派手さは異なる」という仮説が暗黙のうちに想定されている。

それでは仮説を陽の当たる場所に出そう。「大学によって女の子の派手さは異なる」がまずあって，「A大の女の子は派手」というきみの「思い」は仮説の持つ可能性のひとつとなる。「どの大学でも女の子の派手さは変わらない」（どこでも一緒よ），「A大よりも他大学のほうが派手」（なによ，わがB大学のほうがA大より派手よ）という人々がきみの「思い」への対抗馬だ。

仮説と対抗馬の次には，きみの「思い」が成り立つ理由も考えねばならない。「大学も偏差値で異なる。偏差値の低い大学の学生は，勉強よりも遊びに夢中だから見た目も派手になる」とか「大学ってそれぞれ昔からの学風がある。おしゃれな大学もあれば質実剛健なところも」とか「学費の高い大学の学生は金持ちだから派手なんじゃないの」とか，まずはいろいろ考えよう。

（2）観察事象

仮説ができてもそれだけじゃ調査は始まらない。だいたい「派手」って何よ？　仮説を構成する概念に調査可能なように操作的定義を与えてあげねば進まない。今回の仮説では「大学」が独立変数に，女の子の「派手さ」が従属変数になっている。「大学」もどことどこを比較するか，厳密に考えれば大問題

だが，それ以上に悩ましいのは「派手さ」をどう見るかだ。非参与観察法の場合，見てわかる何らかの事象，つまり「派手さ」を示す観察事象を決めないことには始まらない。つまり「△△を着ている（身につけている）人は派手」と決めることが操作的定義になる。

これは意外と難しい作業だ。「やっぱり派手な娘はイヤリングとか指輪とか，飾り物をいっぱい身につけていると思う。飾り物の有無とか量で派手さを見ようよ」とか，「飾り物って観察しにくい。イヤリングなんか髪に隠れてしまう。逆に考えたら，うちの大学が地味に見えるのは，ジーパンの女の子が多いからだ。ジーパンの着用率だけでも結構派手さってわからないかな」とか，「ジーパンだけじゃさすがに寂しい。せめて靴にしよう。ハイヒールとスニーカーで着るものも変わるから」などといろいろ考えねばならない。

この場合の留意点は，観察可能性と妥当性だ。いくら派手さを示すものでも，観察できないのでは仕方ない。観察相手はこちらのことなどかまってくれない。歩いている人の指輪をチェックするのは至難の業だ。また，いくら観察し易いモノでも，それが「派手さ」を示すモノでなければ仕方がない。どれだけ「派手」に迫れるか，つまり観察事象の妥当性にも注意がいる。

（3）カテゴリーの設定

とりあえず観察事象を靴にしよう。若干妥当性は下がるが，ジーパンよりはマシだし，観察も比較的容易だ。ところが靴にも，様々な分類の仕方がある。ブランドを見るのも一興だが，これは観察が難しい。とりあえず，ハイヒールとか，スニーカーとか靴の形態で分類しよう。

靴の形態を分類すると決めたら，次は分類区分を考えねばならない。この区分をカテゴリーと呼ぶ。「スニーカー，革靴，ハイヒール，サンダルなんてのもあるよね」「まさか下駄の子はいないよね」とか靴の形態区分，つまりカテゴリーもいろいろとあって悩んでしまう。分類する軸（この場合は「靴の形態」）を決めても，カテゴリーも自動的に決まるとは限らない。これも観察可能性と妥当性を考慮しながら調査の前に決めなければならないのだ。なかなか面倒く

さい話だが，無精な人のために簡単な例を挙げよう。「ハイヒールの女の子は派手な格好しやすいよね。だからハイヒールとそれ以外でいいんじゃない」。

③ Let's try──非参与観察法の実習をやってみよう

（1）何を学ぶか

さて前節までのお勉強が終わったら，いよいよ非参与観察法にチャレンジしてみよう。一人でもできるけど，できたら数人のグループになってきみたちオリジナルの調査を実施しよう。

この実習から学んでほしいことは以下の通りである。

①自分の周囲を観察する目を養う

社会とは，遠く離れた世界に存在しているわけではない。常にわれわれは社会の中で生きている。社会について考えるためのデータは，われわれの目の前にいつでもあるのだ。ふだんはぼんやりと見ている目の前の事象を整理することが，社会調査の第一歩である。

②問題・仮説・概念の操作的定義の実践

非参与観察法にとっても，問題・仮説・概念の操作的定義など社会調査の基本の道具は大切だ（第3章参照）。自分たちで簡単な調査を設計することで，これらの道具を実際に使ってみよう。

③数字を使って考える

観察結果は数字の形となる。数字はそれだけでは意味を持たないが，ちょっと工夫するといろんなことを語ってくれる。数字を使って考えたり，表現したりするテクニックも勉強しよう。

④調査結果を人に伝える

調査が終わったら，結果を整理してリポートにまとめてみよう。非参与観察法からも立派な調査結果が得られる筈だ。調査リポートの書き方についても勉強しよう。どんなに素晴らしい調査をしても，それを他人に伝えることができなければ，何の意味もないのだから。

（2）実習の手順

①問題・仮説・観察事象の確定

グループができたら，みんなで話し合って問題・仮説・観察事象を確定しよう。前節や資料を参照してほしいが，特に問題と観察事象の関連には注意が必要。くれぐれも観察可能性と妥当性をおろそかにしないように（コラム参照）。

②観察対象・方法を決める

女子学生の「派手さ」を「ハイヒール」で見ると決めたとしても，「どこで」「いつ」「誰が」「どれだけ」見るかも決めねばならない。比較の場合には，できるだけ条件を同じにする必要もある。A大学の学園祭期間とB大学のテスト期間を比較しても話にならない。

③観察票を作る・約束事を決める

調査に出かける前にグループで共通の観察票（資料参照）を作ろう。現場で簡単に書き込めて整理が簡単になる。また，観察の際の約束事も決めておく必要がある。「ハイヒールってどんなの？」なんて奴が現れたら大変だ。グループで共通理解を作っておこう。

④いざ観察

暑かったり寒かったり，変な目で見られたりといろいろ大変だが，観察現場ではとにかく無口で頑張ろう。かつて公衆トイレで用を足したあとに手を洗うという事象を観察したグループがあったが，場所によっては臭くて閉口したそうだ。それと大事なことをもうひとつ。観察現場では，現場に来る前に考えていたこと以外にも，いろいろなことに気づくものだ。この「気づき」もとっても大切。是非，現場での「気づき」もメモしておこう。

コラム

◆参考例と注意点

非参与観察法の実習では，普段何気なく見過ごしている身の回りの事象を整理すること，つまり「見えているものをきちんと見る」ことも目的のひとつ。だから，何を

調査するかは，堅苦しく考えるよりも，素朴な疑問から出発したほうが面白い。教科書を暗記したって，社会はわからない。まずは，日常の素朴な疑問や関心を大事にしよう。

しかし，注意すべき点もいくつかある。第1に，非参与観察法も，どんな問題設定にも最適というわけではない。たとえば，「みんな昼飯は何を食べているのだろう？」という疑問はよいとしても，「じゃあ，学生食堂の人気メニューは何かを観察してみよう」となると感心できない。なぜなら，そんなことは，食堂の人に聞いたほうがはるかに早い。「見る」ことの力が発揮できる問題設定にすることを忘れてはいけない。

第2に，どんな調査でもそうだが，問題と仮説，仮説と指標とがうまく適合しているかも，慎重に考えねばならない。「若者のマナーはなっとらん」と思ったからといって，若者ばかりを観察しても，比較対照がなければ証拠能力ゼロだ。常に反対者がいることを意識しながら，問題を仮説に発展させよう。また，マナーを測る指標は何かな？　マナーといってもいろいろある。マナーのすべてを見ることはできないので，観察事象が自分の問題意識と適合的であるかどうかは思案の為所である。なかなか厄介だが，これらをうまく設定できるかが調査の成否を左右する。

もっとも思案ばかりしていても始まらない。レッツ・トライ！　試行錯誤も大切だ。それでは参考までに，筆者のクラスの例を少し紹介しておこう。よくある例のひとつが，「授業態度」に注目した「授業時間別の居眠りする者の比率」などの観察だ。「昼食後は眠くなる。だから3時間目は居眠りが多い」と考えるようだが，実際には教員の授業のやり方のほうが，学生の居眠りに大きな影響を持つとの結果が，毎年のように提出されてくる。教員としてはドキッとしてしまう。

また，「マナー」や「ルールの遵守」に着目するグループもある。例えば，「赤信号，みんなで渡れば怖くない」というギャグを検証しようとした学生たちもいる。交差点の信号で，「一人か，連れがいるか」を独立変数に，「赤信号を守るか」を従属変数としての観察である。結果は，「一人」のほうが信号無視をする比率が高かった。ギャグと違って現実に，「赤信号，みんなで待てば苦にならない」のかもしれない。あるいは「若者はマナーが悪いか？」を問題として，マナーの善し悪しを「煙草のポイ捨て」で見たグループもある。駅の喫煙コーナーやバス停などでの喫煙者を，若者と年長者に分けてポイ捨てする人の比率を見たのだが，若者も年長者もマナーの悪い奴は悪いらしく，結局差異はなかった。もっとも，喫煙者しか対象とならない，年齢も見た目で判断せざるを得ないなど欠点もある。最初の問題設定に対して，調査では限定的な解答しか得られない場合もあることは意識しておかねばならない。

そのほか，男と女というジェンダーの違いに注目するというように，いわば独立変数のほうから発想する場合もある。「男女の自意識」「男女の清潔感」に差異がどの程度あるのか，「ショーウィンドウに映る自分の姿をチェックするか」「学校や駅のトイレで用を足した後に手を洗うか」といったことを観察事象にして，男女の比率の差異から，ジェンダーについて考察の手がかりを得ようとした学生たちもいる。

以上の例はあくまでも参考にすぎない。諸君自身の疑問や問題意識を大切にして、非参与観察法に挑んでみよう。　　　　　　　　　　　　　　　　　　　　(E. K.)

資料　観察票の例（女子学生のハイヒール着用比率の観察）

観察テーマ：女子学生の派手さ
観察事象：女子学生の靴
カテゴリー：①ハイヒール，②ハイヒール以外

観察対象：
観察日時：　　　　月　　　日（　）　　　時　　分〜　　時　　分（　　分間）
観察場所：

約束事：・踵がだいたい3cm以上のものはハイヒールとする。
　　　　・対象は女子学生に限定する（先生とか年輩の人の靴はカウントしない）。

観察表

ハイヒールの女子学生	ハイヒール以外の女子学生

その他の気づいた点の記入欄

④ リポートを書く

（1）必要な項目

　観察が終わったら，今度はそれをリポートにまとめてみよう。社会調査というものは，調査者だけが悦に入っていても仕方がない。調査結果を，他者に伝えなくては意味がない。ここでは数人のグループで手分けして観察をおこなった結果をまとめるという前提で，リポートの書き方の1つの例を示して，調査リポート作成の際の注意事項を考えてみよう。

　まず，リポート作成の際に一番気をつけねばならないのは，リポートは他者にわかってもらえなければ意味がないということだ。走り書きやメモ書きのようなリポートは論外だ。表やグラフも見やすく作って，とにかく相手に理解してもらえるように努力することが大切だと肝に銘じておこう。

　さて次に，リポートに最低限必要な項目を押さえておこう。名前やクラスを書き忘れないようにするのは当たり前だが，その他にも必要な項目はいろいろある。まずは5W1Hだ。例1を参考に，①問題，②仮説，③観察事象，④カテゴリー，⑤観察実施時の約束事，⑥観察対象，⑦観察日時，⑧観察場所をしっかり書こう。「誰が（Who）」「なぜ，何のために（Why）」「何を（What）」「どのように（How）」「どこで（Where）」「いつ（When）」実施した調査かを示すことは，あらゆる科学の基本である。5W1Hをいつも忘れないようにね。

　そして，観察結果を表やグラフの形で見せるのも当然のこと。今回のリポートではグループで手分けして観察をおこなった場合を考えているので，⑨各自の観察結果の表と，⑩グループみんなの観察結果を集めた表を別々に作ること。

リポートに必要な項目

①問題，②仮説，③観察事象，④カテゴリー，⑤観察実施時の約束事，⑥観察対象，⑦観察日時，⑧観察場所，⑨各自の観察結果（表），⑩観察結果（グループ全体の集計）（表），⑪ポイントを抜き出した表・グラフ，⑫調査時の印象，⑬調査結果の考察

リポートの例1（前半部分）

---

①問題：女子学生の派手さ

　A大学の女子学生は派手だと思う。まずは，大学によって女子学生の派手さが異なるかどうかを立証してみたい。もし，明白な違いが存在するのなら，それは大学の多様性を考える一つの鍵となるのでないだろうか。

②仮説：・A大学とB大学では，女子学生の派手さが異なる
　　　　・A大学の女子学生のほうが派手である
　　　　・A大学の方が，B大学よりも偏差値が低く，かつ学費が高い。偏差値が低いことは，勉学よりも遊びにウエイトを置きやすいのではないだろうか。

　遊びの時の格好は派手になりやすい。また，学費の高さは，家庭の経済状況がある程度裕福であることを予想させる。裕福であれば，派手な服装もしやすいのではないだろうか。

③観察事象：女子学生の靴
④カテゴリー：・ハイヒール
　　　　　　　・ハイヒール以外
⑤観察実施時の約束事：
　　　・踵がだいたい3cm以上のものはハイヒールとする。
　　　・対象は女子学生に限定する（先生とか年輩の人の靴はカウントしない）。
⑥観察対象：A大学とB大学の女子学生
　　　　　　（通学時の女子学生の靴を観察する）
⑦観察日時：7月1日(月)　AM10時～AM11時
　　　　　　7月2日(火)　AM10時～AM11時
　　　　　　7月3日(水)　AM10時～AM11時
⑧観察場所：A大学正門とB大学正門
　　　　　　（自分は，7月1日のA大学正門前の観察と，7月2日のB大学正門前の観察に参加した。）

　調査結果が何を語っているのか，⑪ポイントを抜き出した表やグラフも作成して，きちんと相手に説明できるリポートを目指そう。

　また，⑫調査時の印象も忘れないように。調査現場では，調査前には考えもしなかった様々なことに気づくもの。結果を解釈するためにも，調査現場での「気づき」はとっても大切だ。

　最後にくるのが，⑬調査結果の考察である。調査結果が何を語っているのか，

言葉でいえなければ話にならない。ここでまず意識しておいてほしいことは，印象と考察はまったく別ものだということだ。印象には，なぜそのような印象をもつかについての根拠の提示は必要ないが，考察の場合は，なぜそのように考えられるのか，その根拠を明示することが絶対必要となる。そして，この根拠は常に観察結果の中に求められなければならない。

（2）結果を提示する
①個人表の作成
まずはきみ自身の観察結果をまとめた表を作ろう。例2の個人表を参考に，表頭と表側，そして％の使い方の2点に注意しよう。

(1) 表頭と表側：例2はいわゆるクロス表になっている。この場合，表の上側（ハイヒール・ハイヒール以外）を表頭，表の左側（日付や場所が書いてある方）を表側と呼ぶ。上にあれば表頭で，左横にあれば表側だ。多くの場合，従属変数を表頭に，独立変数を表側におくのが慣例である。つまり，ハイヒールを履こうが日付や場所は絶対に変わらない。ゆえに日付や場所は独立変数となる。しかし，ハイヒールを履いたりスニーカーを履いたりは，日や場所によって変わるじゃないか。だから，こちらは従属変数なのだ。

(2) ％の使い方：例2では（ ）の中に％（パーセント，百分率）を記入している。％は小数点以下第2位を四捨五入して，第1位まで載せるのが慣例だ。そして，もっと大切なことは，独立変数の各カテゴリーごとに％を算出するということだ。例2では7月1日にハイヒールを履いていたのは33.3％，7月2日は25.0％となっている。つまり独立変数に位置する日にちの違いによって，ハイヒールの着用率が異なることがわかる仕掛けになっている。

②全体表の作成
グループで手分けして観察をおこなっているという前提なので，ほかのメンバーの観察結果も合わせた表を作ろう。面倒くさがらずに，せっかく苦労して観察したのだから，得られたすべての情報がわかるようにしようじゃないか。

例3の全体表のように，小計と総計も忘れずに。

③ポイントを抜き出したグラフを作る

全体表を睨みながら，どんなリポートを書くかを考える。それは，全体表の膨大な情報の中から，必要な情報はどれかを考えることでもある。例ではまず第一に，3日間合計のA大学とB大学のハイヒール率の比較のグラフを作ろう。もともと大学比較が目的なのだから，このグラフは絶対必要だ（例4-1）。全体表の大学別小計を使えば簡単さ。

さらに全体表をよく見てみよう。どうも日によってハイヒールの比率が違うようだ。大学ごとに日毎のハイヒール率のグラフも作ってみよう（例4-2）。

（3）調査の印象を書く

先述したように，調査の時の印象はとっても大切。ここでは何でもいいから思ったことを書いておこう。なあ〜に，印象だもの，何を書いたって減点されるはずはないのだから（例5参照）。

（4）調査結果を考察する

どんな調査リポートでも一番大切なのがこの部分。風雨にメゲズ頑張っても，ここで転けたらすべては徒労。大切なことは，第1に調査によって何がわかったのか，つまり，調査結果の示している事実は何かを丁寧に記述することだ。第2に，調査結果の示している事実は，なぜそうなったと思えるのか，あるいはどんなことを意味していると考えられるのか，説明の部分も丁寧に書くことだ。

リポートの例2

⑨各自の観察結果

	ハイヒール	ハイヒール以外	計
7月1日(月) A大学正門前	50 （33.3）	100 （66.7）	150
7月2日(火) B大学正門前	55 （25.0）	165 （75.0）	220
計	105 （28.4）	265 （71.6）	370

第Ⅳ部　実習と実践

リポートの例3

⑩観察結果（グループ全体の集計）

	ハイヒール	ハイヒール以外	計
A大学　7月1日(月)	50　(33.3)	100　(66.7)	150
7月2日(火)	30　(30.6)	68　(69.4)	98
7月3日(水)	34　(29.6)	81　(70.4)	115
A大学小計	114　(31.4)	249　(68.6)	363
B大学　7月1日(月)	52　(26.7)	143　(73.3)	195
7月2日(火)	55　(25.0)	165　(75.0)	220
7月3日(水)	25　(11.9)	185　(88.1)	210
B大学小計	132　(21.1)	493　(78.9)	625
総　　計	246　(24.9)	742　(75.1)	988

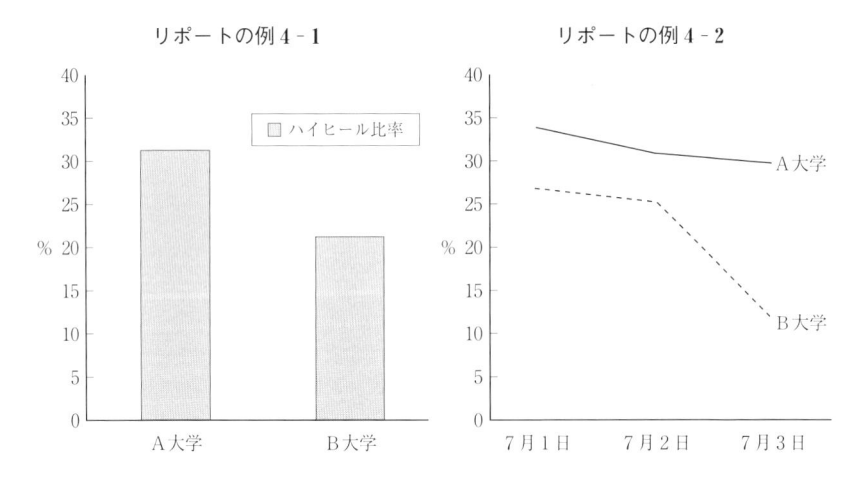

リポートの例4-1

リポートの例4-2

リポートの例5

⑫調査時の印象

　A大学とB大学の両方で観察したが，思っていたほどA大学の女子学生も派手ではないと感じた。むしろ印象に残ったのは，私たちの大学が，駅から1km以上歩かなくてはならないのに対して，A大学ではスクールバスがキャンパスの中まで入ってくることだ。私たちの大学でもスクールバスがあればいいのにと，とても羨ましく思った。

(その他の例)
- 雨が降って，傘をさしながらの観察がとてもかったるかった。
- ハイヒールにもいろいろな形があっておもしろかった。などなど

リポートの例6

⑬調査結果の考察

　大学によって女子学生の「派手さ」は異なることを立証しようと，私たちのグループは，A大学と私の通うB大学の女子学生の靴について観察した。「派手さ」を見るために，靴の中でも特にハイヒールに注目した。そして，両大学の女子学生はそれぞれ，どのくらいの人がハイヒールを履いているのか，7月1日から3日までの3日間，両大学の正門前で，登校中の女子学生の靴を観察した。ハイヒールを履いている人は，確かに「お姉さん」という感じがして「派手」だと思った。ハイヒールを「派手さ」の指標とすることは，ある程度は妥当性があると思う。

　調査結果だが，まず3日間合計での両大学のハイヒール率をグラフ1に示す。A大学では観察総数363名（延べ数，B大学も同様）のうち114名（31.4％）がハイヒールだったのに対して，B大学では観察総数625名中，132名（21.1％）がハイヒールだった。A大学のほうが，10.3ポイントもB大学よりも通学にもハイヒールを履いている女子学生が多いことがわかった。このことは，私たちの仮説通りの結果と言える。つまり，大学によって女子学生の「派手さ」は異なっており，A大学のほうがB大学よりも「派手」であることを示す結果であるといってよいと思う。

　しかし，仮説を立てた当初の予想から考えると，以下の2点が予想外であった。第1は，A大学でもハイヒール率が31.4％だったことである。A大学の女の子はみんな派手だというイメージをもっていたので，当初の予想ではもっと多くの女子学生がハイヒールを履いているものだと思っていた。いわゆる「派手」という人が，どのくらいの比率でいたら，その大学は「派手」とイメージされるのだろうか。調査以前には考えていなかった新しい疑問が生じた。

　予想外の第2は，日によって両大学のハイヒール率が異なることである。3日間それぞれの両大学のハイヒール率をグラフ2に示す。これを見ると，7月1，2日における両大学のハイヒール率の差異は，それぞれ6.6ポイント，5.6ポイントに過ぎない。しかし，7月3日は，A大学のハイヒール率が29.6％と前日，前々日とあまり変わらないのに対して，B大学では11.9％であり，A大学との差異も17.7ポイントと大きくなっている。このように両大学のハイヒール率の違いが日によって異なることは，私たちが当初考えていた仮説の理由では説明できない現象だ。このことを説明するために私が考えた解釈は以下の通りである。

　まず7月3日と他の日の違いは何であったかを考えると，他の日が晴れていたの

> に対して，この日だけが朝から雨だった。私は，この天候の違いに注目したい。雨の日は，歩きにくいので，ハイヒールよりも歩きやすいスニーカー等を履こうと考えるのではないか。特に駅からかなり歩くB大学では歩き易さは大切だ。他方，A大学はスクールバスがあるので，天候によって歩きやすさを考える必要は少ないのではないだろうか。つまり，通学条件の違いが，どんな靴を履くかに影響していて，それが雨の日には特に大きな違いとなってあらわれるのではないかという解釈である。
>
> 　このように考えると，A大学とB大学の女子学生のハイヒール率の違いは，仮説の理由で考えた偏差値や学費ではなく，むしろ通学条件であるという可能性も高いと思える。今度は，偏差値や学費の他に，通学条件にも注目して，もっと多くの大学でも調査をおこなって，女子学生のハイヒール率，そして「派手さ」を規定する要因を確かめてみたいと思った。

　そして，この2つをしっかり区分することも忘れないように。それでは，例に基づいて考察を書く際の注意点をいくつか述べておこう。

　①何の調査だったっけ？

　まずは何の調査だったのか，簡単にまとめておこう。難しく考えることはない。項目①から⑧までを簡単な文章にまとめればよいだけだから（例6，第1パラグラフ参照）。

　②仮説は当たっていたのかな？

　苦労を重ねて手に入れた調査結果をいよいよ述べる時がきた。調査結果提示のポイントは，仮説に併せて論点を整理することだ。この場合は，当然A大学とB大学の違いが最初にやってくる。また，結果の提示に際しても，調査結果の示す事実の部分と，その説明・解釈の部分は別のセンテンスにすることも鉄則だと覚えておこう（例6，第2パラグラフ）。

　③数字の意味

　仮説が当たっていてもはずれていても，ちょっと気になるのが，数字の読み方だ。例では，「みんな派手だと思ったのに，3割か」と頭を傾げているが，ホントに数字は難しい（例6，第三パラグラフ）。なぜならば，数字はそれだけでは意味をなさないし，数字とイメージの間には距離がある。

たとえば同じ3割でも，プロ野球の打者の打率ならば立派なものだ。でも，もし3割がチームの勝率だったらえらいことだ。何を示すのかによって，3割だって多くもあれば少なくもある。また，同じ3割打者でも強打者として名を残す選手もいれば，あまり記憶に残らない選手もいる。数字が同じでもイメージも同じとは限らないところが，世の中の面白いところだ。

数字とイメージの関連はとても難しい問題だが，せめて数字と観察事象との関連には気をつけよう。かつてバイクのヘルメットの着用率について観察したグループがあったが，「85％の人がヘルメットをしていた。ヘルメットの着用率は8割以上とかなり高く，バイク通学者の安全意識は高い」なんて書いてきた。当然厳重注意である。だって，本来100％じゃなきゃやばいのだから。

④仮説を越えて

調査によって得られる情報量は莫大なものがある。まずは仮説に併せて情報を読んでいくことが第一だが，それだけではつまらない。全体表をじっくり見てみよう。思いもしなかった論点が浮かんでくる時もある。例では，日によってハイヒール率の差異が違うことに気がついている。新しい論点は，時には仮説そのものの再検討を要請する。

面白いじゃないか。「新しいこと考えるなんて面倒」なんて無精はいわないで，どんどん新しい論点を探してみよう。調査の本当の面白さは，調査をすることによって，調査者自身が成長していくことなのだから。

〈参考文献〉

安田三郎・原純輔 1982『社会調査ハンドブック』有斐閣。

(木下栄二)

3 　Kさんの卒論はじめて物語

１　はじめての卒業論文——卒論に向き合う

　Kさんは，東京都内の私立大学社会学科の３年生。あと１か月で４年生に進級するという時期で，卒論執筆に向けて積み重ねてきた１年間の成果を凝縮させて，「研究計画書」を３月末までに作成し提出することになっている。就職活動も本格化し気が重いのだが，面接対策（自己PR）にもなると言われ，それなりに力を傾けた結果，「形」が整ってきた。

　でも，振り返ってみると１年前はまったくの空っぽで，途中で何度行き詰まり，投げ出しそうになったことか……。

　高校時代の友人から聞いた話によると，卒論への対応は，大学や学部・学科，研究室・ゼミによってマチマチで，随分と開きがあるようだ。中には１年生の前期に開講する「入門演習」で研究の仕方や卒論の書き方を詳しく教え込むところもあるようだし，逆に４年生になって初めて卒論ゼミが始まるところもある。卒論が必修のところも選択のところも，学部・学科としては選択制を敷いていながら所属する研究室やゼミでは必修扱いになっているところもあるようだ。Kさんの学科では，ゼミの担当教員からゼミの時間とは別に研究指導を受けながら，３・４年の２年間を掛けて卒論に取り組んでいくようになっている。

　ところで，Kさんが初めて強く卒論を意識し，卒論に正面から向き合うようになったのは，３年生の４月だった。いよいよゼミも始まり，何か本物の大学生になったような気がして，ウキウキしていたのだが，ゼミと卒業論文を担当するG先生の次の言葉でいっぺんに憂鬱になった。

　G先生は，卒論が教員からテーマや課題が事前に与えられるレポートとは根本的に違うこと，何よりも自分で「問い」を立てて自分で「答え」を見出すプロセスに長い時間とエネルギーを注いでいくものであること，学術的な作法と

手順にのっとって一定の結論を導き出し、それを言葉にし論理的に展開させて書き上げるものであること、を力説した。「問い」を立てるとは、学術的な問題を提起することであって、先行研究の成果を踏まえての問題意識が明確になっていることを大前提とする。だからこそ、専攻する社会学という学問に基礎を置いた「学術的な研究の土俵」にのせないといけない。そのためには、立てた「問い」に関連する先行研究をレビューして、成果（到達点）と残されている課題を引き出し、自分の研究の独創性（オリジナリティ）を打ち出すことも不可欠だ。研究の方法も無手勝流では勿論なく、「問い」に対する「答え」を引き出せるアプローチとして最良の（科学的な）方法を選んで用いないといけない。就職活動と両立させることも、卒論には指導教員と二人三脚で一緒に作り上げていく側面があるので、指導教員を最大限に利活用していくことも大切だ。何はともあれ、まずは何を「テーマ」として卒論を書くのかについてよく考え、固めるところから始めよう。

　3年生になる2か月ほど前に、優れた卒論を書いた4年生12人によるプレゼンと質疑応答が半日かけて行われた学科主催の卒業論文発表会に参加した際には、その場で沢山の刺激を受けたものの、自分が当事者となって卒論に取り組んでいく真実味がどうしても湧かなかった。他人事だった卒論が3年生になった途端に「自分事」になったことを噛みしめつつ、「予想していたよりもはるかに面倒くさいもの」であり、Kさんは自分には到底出来そうにないと不安感にさいなまれたのであった。

② 研究の着想──センス・オブ・ワンダーを働かせて、ネタを探る

　卒論のテーマを決めることは、一筋縄ではいかず、学部生にはとても難しいことだ。

　大多数の学生は、大学に入るまで、教師が作った問題に答えていかに高い点数を獲得するかを競い合ってきた。問題は作るものではなく解答するものであって、正解も1つしかなかった。学習するとは、正しい知識を注入し記憶量

を増やす受動的な営みであり続けた。大学に入って，学問するとは，自ら「問い」を立てるところから始まる主体的／能動的な営みであり，いくつもあり得る答えの中から「ある答え」を理詰めで導き，説得力ある結論に仕立て上げることに傾注するものだと説かれても，直ぐには理解できないばかりか，大教室でただ教師の話を聞いてノートを取っているだけの受け身の授業が圧倒的に多い中では戸惑うばかりだ。

　G先生によれば，いきなり学術的な作法に沿った本格的な研究テーマを立てることはできないだろうから，スタート段階は「思いつき」でよいのだそうだ。しかも，「(ラフな／最初の) テーマの決め方」には次のようないくつかのパターンがあるので，背伸びせずに「身の丈」にあったやり方を選択すればよい，とも。

　1) 大学の授業を受けていて「面白い」と思ったことを膨らませて，テーマにしてみる。
　2) 授業で課せられたレポートの課題をもう一歩深めて，テーマにしてみる。
　3) 調査実習の授業で取り組んだ調査のテーマを，そのまま研究のテーマにしてしまう。
　4) 読んだ本の中で最も感銘を受けた箇所を基にして，テーマを考えてみる。
　5) 就職したい業種・職種や入社したい企業 (片思いの相手) のことを徹底的に調べ，抱いた興味・関心と交差するより一般的な内容をテーマにしてみる。
　6) 自分の趣味や好きなことに着目して，何故，いつから，それを趣味にするようになった／好きになったのか，他者から影響を受けているとしたら誰／何からなのかなどを探ってみて，テーマを導き出す。
　7) 広く複雑な社会的世界から，日頃「？」や「！」を感じるものを言葉に表して (言語化して) みて，テーマを探究してみる。

　要は，面白いとか何故とかビックリするといった「感情」を言葉に変換してみるところから，徐々に問題意識や思考が深まり，テーマが見えてくるようになるのだという。「卒論の骨格」を固めるのはまだずっと後にしても，とりあ

3 Kさんの卒論はじめて物語

えず仮のテーマを決めよう。そうしなければ，先には進めないのだから。

　そこでKさん，自分のことを振り返ってみた。中学・高校時代に吹奏楽部に所属してフルートを演奏し，充実感や楽しさを味わった。だから，大学に入学した直後，迷うことなく憧れていた交響楽団に入った。ただ，フルートを演奏することに変化はなかったが，大きく変わったことがあった。中学・高校時代は誰もが知っていて演奏時間も短いポピュラーな音楽ばかりを演奏していたが，大学のオケ（オーケストラ）で演奏するのはクラシック音楽一辺倒であった。Kさんのオケは，毎年2回，都内の大きなコンサートホールで定期演奏会を催し，昨年の12月には，昭和女子大学人見記念講堂でラフマニノフのピアノ協奏曲第2番やシベリウスの交響曲第2番などを演奏し，好評を博した。日頃の練習の成果を土台にして，大勢の聴衆の前で仲間と共に大曲を演奏し切ることは，聴衆との一体感が大きければ大きいほど，身体が何とも言えない感動で包まれる。Kさんは大学に入ってからクラシック音楽に出会ったのだが，それまでの2年間の活動を通して，大のクラシック音楽ファンになっていた。

　今，私が一番好きで関心のあることと言えば，クラシック音楽だ。社会学では何でもテーマにできるし，ありとあらゆる「○○（連子府）社会学」があるので，きっと「音楽社会学」という領域があって，クラシック音楽を扱った研究例があるに違いない。「そうだ，これをテーマにしよう！」。

　そう思い立ったKさん，自分の頭で考える前に，CiNii Books（大学図書館の本を探す）を使って，「音楽社会学」をキーワードとしてタイトル欄に打ち込み文献（図書）検索をしてみた。13点がヒットしたが，マックス・ウェーバーの『音楽社会学』（山根銀二訳による1930年出版の鐵塔書院版，同じ訳者による1954年出版の有斐閣版，安藤英治・池宮英才・角倉一朗訳と同訳解による1967年出版の創文社版2種類），ウェーバー『音楽社会学』がサブタイトルの一部になっている著作（和泉浩『近代音楽のパラドクス』ハーベスト社，2003年）とウェーバーが5点も占めており，断然目立っていた。「音楽」を社会学的に研究するためにはウェーバーを避けて通ることができそうにないと受け止め，320もの大学図書館で所蔵されている安藤英治ほか訳解の1967年の創文社版がKさんの学部図書館にも

所蔵されていることを確認し，貸し出し番号をメモして早速借り出した。

　だが，この本はＫさんが想像していたものとはまったく違っていた。元々『経済と社会』という大著の付論を訳して１冊にしたもので，『経済と社会』を構成する他の章も訳出され，『支配の社会学』『宗教社会学』『都市の類型学』などの書名で出版されているようだ。ウェーバーと言えば，「社会学の巨人」として１年生の時からいろんな授業で何度となく聞かされた。ウェーバーの「プロ倫（プロテスタンティズムの倫理と資本主義の精神）」絡みで取り上げられた「世俗外禁欲と世俗内禁欲／カソリックとプロテスタント／南欧諸国と北欧諸国／ラテンとアングロサクソン」の社会的位相やヨーロッパ諸国のフットボール（サッカー）・リーグにおけるダービーマッチの社会的背景の話とか，ウェーバーの合理化論絡みで取り上げられたリッツァの「マクドナルド化」論の話など，面白いと思ったことも多々あった。レポート課題で読んだ「プロ倫」と同様，最初は難解であっても読み進めていくうちに次第に前のめりになっていくだろうと予想していたのだが，「西欧の和音和声的音楽」を主題に「合理化」に絡めて論じたこの本は，まったくのちんぷんかんぷんで直ぐに断念してしまった。いきなりの「挫折」で少しへこんだが，訳者によれば「余程の専門家でないかぎり内容を充分に理解することができない名負ての難論文」のようだし，「ウェーバーの音楽社会学」は私が求める「クラシック音楽の社会学的研究」の方向性に合致しなかったことが分かっただけでも前進したと言うべきだ，と自分に言い聞かせるＫさんであった。

　その時にふと，なぜかＧ先生の言葉が頭をよぎった。「センス・オブ・ワンダーを働かせて，自分の身の回りから不思議なことや驚かされること（「？」や「！」）を見出そう。それを出発点として考えをめぐらせていけば，研究のネタが見いだせるはずだ」。

　Ｋさんは思い浮かべた。オケの仲間とは，いつもクラシック音楽のことで話が盛り上がる。モーツァルト，ベートーヴェン，チャイコフスキー好きな人も，ブルックナー，ブラームス，マーラー好きの人も，メンデルスゾーン，ベルリオーズ，ドビッシー好きの人もいて，好みは多種多様だが，お互いに「誰それ

の何番は……だから聴いてみて」と，CDを貸したり借りたり，次の定期演奏会の楽曲のCDで，指揮者・オーケストラ別に聴き比べて批評し合ったり，毎週，TVで放送されるクラシック音楽番組，毎年末・年始に恒例となっている第九演奏会やウィーン・フィルのニューイヤーコンサートのTV中継を見ての感想を述べ合ったり。こうすることで，単に知識が増えるということ以上に，新鮮な刺激を相互に与え合うことで，お互いを高めることができるし，クラシック音楽に関する経験値に加えて認識も深まるので，Kさんのクラシック音楽好きは益々拍車がかけられる（Kさんにとっては，オケの仲間という「重要他者（significant others）」の存在が大きいようだ）。

　だが，所属するゼミの仲間にこの話題を振っても盛り上がることはまずない。「中学か高校の音楽の授業で聴いた時に眠ってしまった。だから，それ以前もそれ以降もまったく聴いていない」「ハイソで敷居が高いと感じるので，興味・関心が全然わかない」「映画やCMなどで使われるサビの部分しか知らない」「なじみがないので，ついつい敬遠してしまう」「ポピュラー音楽のように聞いていても身体が反応しないし気持ちも乗ってこないので，退屈」「堅苦しくてつまらない」などといった感想が多く，最近は話題にすることもなくなった。他方で，2001〜2010年の10年間，クラシック音楽や演奏家をテーマとする『のだめカンタービレ』（マンガ，テレビのドラマやアニメーション，映画，小説）の大ヒット*に代表されるように，クラシック音楽が社会現象にもなっている。中学校や高等学校の吹奏楽部，管弦楽部，合唱部などの部活動は，昔から随分と人気が高いと聞く。所属する大学オケの団員も，裕福な家庭の学生もいるが，私を含む大半が学業とアルバイトと楽器の練習に折り合いを付け，アルバイト代で団の会費などをまかなっている。他のサークルに入っている学生と変わりがないように感じる。

　それにしても，オケの仲間は，クラシック音楽をいつから，何を切っ掛けとして，どうして好きになったのだろう？　親が好きで，小さい頃からクラシック音楽がよく流れる家庭環境で育った人が多いのだろうか？　ピアノを習っていた人がやはり多いのかな？　家庭でクラシック音楽を聴くことがなくても，

大きくなってから，たまたまつけていたラジオの FM 放送で流れたクラシック音楽に魅せられて聴くようになったとか，テレビで有名なピアニストの演奏をクローズアップで目にしてその超絶技巧にビックリ仰天したとか，友達から『のだめカンタービレ』を借りて読み興味を持つようになったとか，高校の音楽の授業でクラシック音楽と運命的に出合ったなどといった人も，中にはいるに違いない。逆に，ゼミの仲間は，どうしてクラシック音楽との接点を持ち得なかったのだろう？　クラシック音楽の無関心層でたまたま占められているだけなのだろうか？　それぞれにもっともらしい理由があったりするのだろうか？　ピアノを習っていた人も少なく，「のだめ」に目もくれず，高校時代の芸術科目も音楽ではなく美術や書道を選択した人が多いのかな？　音楽をとったけれど，授業中に聴いたクラシック音楽に退屈さを感じてしまい辟易した人もいるかも。まてよ，社会学科に入ってくる学生は，もともとポピュラー音楽に代表される大衆文化との親和性が高くて，クラシック音楽と縁遠い自らのありようが結果として社会学科を選択させたなどと言うことが，もしかするとできたりして……。

　でも，クラシック音楽を固定観念，ステレオタイプ的なイメージで捉えてしまい，「食わず嫌い」の人が多いのは残念でならない。この点は，クラシック音楽の世界をさらに広げて音楽文化，もっと言えば人びとの生活文化そのものを豊かにしていくには，乗り越えていくべき課題となるように思う。こうした点は，卒論でクラシック音楽を取り上げて論じる目的や意義にもからんでくるだろう。それはともかく，演奏したり好んで聴いたりする人びと，逆にクラシック音楽を好まないあるいは敬遠する人びとって，そもそもどのような人びとなのだろう？　好きになったり嫌いになったりするのに，個人の属性や社会的な背景の違いがどの程度関係するのだろう？　好きと嫌いとの間の隔たりは，どのようにして形成されるのだろう？　オケの仲間とゼミの仲間との間に横たわる落差は，一体何を意味するのか？　特異で特殊なのは，ゼミの仲間か，それともオケの仲間か？

　そんな素朴な疑問を，次から次へと思い浮かべる K さんであった。

③ 研究の構想——文献を読み進め，問題意識を深める

　しかしながら，こうした「？」がそのまま研究のテーマや課題を導いてくれるわけではない。「クラシック音楽ファンに関する研究」では，漠然とし過ぎている。まだまだ問題意識が浅いままなので，研究テーマが固まらないのだ。どうしたら良いのかまったく分からなかったKさんは，連休が明けた5月のある日，G先生を研究室に尋ねて相談した。すると，「まずは社会学の分野でクラシック音楽を扱った研究例を論文まで広げて検索し，手当たり次第引っ張り出してみよう。検索結果を眺めて，少しでも興味を引いた論文のタイトルを重ねていくだけでも，自分の『関心のありか』が見えてくる。その上で，最近はブラウザ上で本文を読むことができるケースが多くなっているので，1，2編でもよいから実際に論文を読んでみたらよい。ヒントがいくつも見つかるだろうし，論文中に引用・参照されている文献の中から次に読みたい／読むべき文献が芋づる式に上がってくるので，それらも読み進めていこう。先行研究成果と対話しながら思考を熟成させていく連鎖的なプロセスにのせることができれば，少しは面白さを感じるようになり，問題意識が深まっていって，研究テーマが段々と『形』になっていくはずだ」，と。

　Kさんは，半信半疑ながら，ともかく実践してみた。

　4月のゼミの時間に学術研究情報の検索にはGoogleやYahoo！などの一般的なサーチエンジンは使い物にならないと教わったので，コンピュータ室で実習した際に利用した国立情報学研究所のGeNii（学術コンテンツ・ポータル）を使うことにした。CiNii（Nii論文情報ナビゲータ），Webcat Plus，KAKEN（科学研究費補助金データベース），NII-DBR（学術研究データベース・リポジトリ），JAIRO（学術研究リポジトリポータル）という5つのデータベースの横断検索ができるので，「クラシック音楽　社会学」をキーワードとして検索してみると，全部で14件がヒットした。思いの外，件数が少ない。そこで，CiNii Articles（日本の論文を探す）の「キーワードによる全文検索」（入力欄に入力した文字列が登録されて

いる論文本文のテキストに合致する論文を探し出す）により，「クラシック音楽　社会学」で検索してみると，39件がヒットした。Google Scholar でも同様に検索（日本語のページを対象に）してみると，89件がヒットした（引用部分を含めると125件）。なお，日本社会学会の「社会学文献情報データベース」により「クラシック音楽」で検索してみると，何と0件だった（「音楽」では56件ヒットしたが）。

　他のキーワードでも検索を重ねた結果，社会学の領域でクラシック音楽に関連性のある研究は，1980年代より今日に至るまで，数は多くないにしても継続的に行われていることが確認できた。Kさんはその中で，片岡栄美「家庭の文化環境と文化的再生産過程：正統文化と大衆文化」(1998年)，加藤善子「『「芸術」としての西洋音楽』芸術的趣味としてのクラシック音楽の成立：職業音楽家・愛好者形成の一側面」(1998年)，同「『新中間層』が西洋文化を担ったのか：クラシック音楽趣味から見る日本の上層中産階級」(2000年)，西島央「クラシック音楽愛好に関する社会学的考察：コンサート会場参集者に対するアンケート調査をもとに」(2003年)，同「誰がクラシックコンサートに行くのか：東京・新潟・鹿児島のコンサート会場におけるアンケート調査をもとに」(2004年)，辻竜平「文化資本と社会関係資本の関連性：クラシック音楽祭参加者への調査によるアプローチ」（科研費，2011-14年）といったタイトルに引きつけられた。

　「煎じ詰めると，どうも私の関心は，クラシック音楽の愛好者やコンサートの聴衆がどのような人びとで，どのような理由や切っ掛けや社会的背景があって愛好するようになる／しているのかを，社会調査によって解き明かしたい，といったところにあるようだ」，とKさんは思った。さらに，「芸術＝高級・正統文化と娯楽＝大衆文化」「文化的再生産」「社会階級・階層」「文化資本」「社会関係資本」「地域性」などといった切り口でアプローチすれば，社会学の研究の土俵にのせることができるようだということも分かった。

　クラシック音楽の愛好者やコンサートの聴衆が社会的にどう形成され構成されているのか，クラシック音楽趣味が社会階層や文化資本や地域や家庭／学校／社会教育とどのような関連性を持つのかといった「問い」なら私にだって立てられるし，データを集めて分析・考察し「答え」を導き出せるかも知れない。

そんな手応えを感じたKさんは、「クラシック音楽愛好者の社会的構成に関する研究」という「仮の」テーマをひとまず立てて、夏休みが終わる頃までに、文献検索した中で頻出頻度が特に高かった片岡栄美氏を中心に据えて関連する論文を片っ端から読んでみることにした。同氏は、この種の研究領域で早い段階から今日に至るまで終始リードしてきているキーパーソンであるようだし、何よりも社会調査に基づく実証的な研究を進めている点に共感を覚えたからである。

Kさんは、日本教育社会学会、数理社会学会、日本家族社会学会、日本教育学会といった学会の学術雑誌や大会発表要旨集、SSM全国調査報告書などに掲載された片岡氏の論文等12点を、次々に読破していった。クラシック音楽に言及されているものも7点あったが、クラシック音楽の愛好者やコンサートの聴衆がどういう人びとなのかに焦点を当てているわけではなかった。その問題関心は、一貫して「文化資本の再生産と社会階層の再生産との関連」「文化的再生産の因果的メカニズム」「文化の持つ階層論的な意味」、一言で要約するなら「文化と社会階層との関係」を究明することに振り向けられていた。同氏にとって、クラシック音楽は、「社会階層構造における文化資本の位置づけ」「文化資本が世代間で再生産されるメカニズム」「母親もしくは女性が文化資本の相続に果たす役割」「家族を通じた文化資本相続の意味」「家庭の文化環境の高さが正統文化活動を促進させる効果」「なぜ高学歴や高地位の親を持つ家庭の子どもが高い学歴を達成できるのか（家庭背景変数の効果）の意味」等を解明する上での有力な分析指標と位置づけられるものなのである。

1992年に同氏が神戸で実施した調査、同氏が重要な役割を担った1995年のSSM全国調査の結果に従えば、クラシック音楽のコンサートに行くことは、美術館で絵画を鑑賞することと並んで文化評価／威信スコアの高い活動である。クラシック音楽は正統／高級／教養文化を代表すると共に、「小学生の頃、家でクラシック音楽のレコードを聴いたり、クラシック音楽のコンサートに行ったことがありましたか」という設問は、「日本における（幼少時の）相続文化資本を測定する指標」の1つとして、同氏の長年に渡る調査研究によって定式化されたものでもある。

片岡氏は、日本における文化的再生産のメカニズムに、時代の移り変わりに伴う変化やジェンダー差をも見出しているが、幼少時におけるクラシック音楽に代表される芸術文化資本の体験には「階層差」が認められ、「階層的基盤を持つ家庭の文化環境（文化資本）が、学歴達成や地位達成に有意な効果を持つ」こと、「相続文化資本が、階級のハビトゥスとして、成人後の文化資本を規定する」ことを解き明かそうとしたと言えるであろう。

Kさんにとって、社会学の学術論文を読んだのは、初めての体験だった。意外なことに、難解ながら読んでいて面白かった。目から鱗が何度も落ちた。問いの立て方、先行研究の批判的検討、理論的な枠組みの提示、調査データの分析、論理的な展開と結論の導き方、どれをとってもスゴイ。自分にはとてもまねすることなどできないが、卒論で目指すべき理想のモデルになると思った。

でも、すべてに合点がいったわけではなかった。

そもそも、クラシック音楽は、文化威信が高く、上層の階層に好まれる、ハイカルチャーと言い切れるのだろうか？　特定の階層内に閉じられているものではなく、今日にあってはむしろ、誰に対しても開かれているポピュラー・カルチャーと言うことだってできるのではないだろうか？　いや、「クラシック音楽は大衆文化だ」と言い切ることは現状では難しいかも知れないが、その可能性が少しずつ大きくなってきているし、これからもっともっと大きくなっていくはずである。それが私の感覚だ、希望的観測かも知れないが……。

夏休み明けの卒業論文の時間。3年生による中間発表が行われた中で、Kさんはここまでを整理し、テーマに「実証的」を加え「クラシック音楽愛好者の社会的構成に関する実証的研究」として発表した。G先生からは、先行研究を丹念に読んで整理・検討して疑問点を引き出し、そこを研究の出発点にしていることは、研究にとって不可欠で正当なプロセスを丁寧に踏んでいると言えるので大変素晴らしい、と珍しく褒めてもらった（これまでの取り組みが無駄でなかっただけでなく、評価してもらえたので、うれしかった！）。その上で、今後取り組むべき研究の課題が「あと一歩で形になる」ところまで来ているので、質問やコメントを投げかけ後押しして欲しいと皆に促した。様々な意見や疑問が

返ってきたが，中でも「クラシック音楽はやはり正統・高級・教養文化であって，大衆文化には含まれないと思う。だから，片岡氏の言っていることの方が納得できる」「大衆文化と言えるのなら，その理由を示すべきではないか」という意見がぐさりと胸に突き刺さった。

確かに，自分の皮膚感覚だけでは話にならない。「今や，クラシック音楽は大衆文化になりつつある」と胸を張って言えるだけの根拠や論拠が必要だし，それがなければ説得力を持ち得ない。

そこで，見落としていた重要な点があるかも知れないと思い，片岡論文を見直してみた。片岡氏の論文では，重回帰分析，共分散構造分析，パス解析，ロジスティック回帰分析といった高度な統計手法による分析結果が図や表に表されているのだが，調査票調査の単純集計結果やクロス集計結果がどうなっているかについてはほとんど取り上げられていないので，言うところの「人びとの芸術文化資本経験」の実態がつかめない。そうした中，2001年の日本教育学会『教育学研究』68（3）所収論文「教育達成過程における家族の教育戦略：文化資本効果と学校外教育投資効果のジェンダー差を中心に」の中に，1995年 SSM 全国調査に基づく「出身家庭の文化的環境」という表があり，「子ども時代の家庭での文化的経験」の属性別の構成比が掲載されていた。「家でクラシック音楽のレコードを聴いたりコンサートに行く」で，「よくあった」と「ときどきあった」と答えた者は，全体で12.1％と驚くほど少ない。年齢別では50—69歳8.9％，35—49歳11.6，20—34歳19.1％と若い層ほど，性別では男性9.7％，女性14.3％と女性ほど，父親の学歴別では義務教育6.5％，中等教育18.1％，高等教育32.9％と高学歴ほど，本人の学歴別でも中卒3.4％，高卒9.5％，大卒26.1％と高学歴ほど，父親の職業別では最少の農業3.2％から専門職27.9％／管理職29.2％までと職業威信が高い職業ほど，それぞれ経験率が高い結果が示されていた。

Kさんは，はたと思った。経験率の高低と社会階層という2変数間には，統計的に有意な関連性が確かに認められ，関連の度合いも強いのだろう。しかし，1995年当時にあっては，すべての層で，子ども時代にクラシック音楽を聴いた

りコンサートに行ったことが「ない」人の方が圧倒的に多く，未経験者こそマジョリティなのだ。階層によってデコボコがあるにせよ，経験者はいずれも少数派でしかない。そうした中にあって，年齢の若い人ほど経験率が高いことは，クラシック音楽が時代の進展につれて浸透してきていることを暗示している。また，高学歴者ほど経験率が高いことは，大学進学率が50％を超えている（高等教育の大衆化が進んでいる）日本社会にあって，今後ますますクラシック音楽が多くの人に聴かれるようになる，ということだって言えるのではないだろうか，と。

④ 研究テーマの明確化──問いを立て，調査を企画し，学術研究の土俵にのせる

　片岡氏は1992年の数理社会学会『理論と方法』7（1）の特集「階層・移動研究の展望」に寄せた論文「社会階層と文化的再生産」で，こうも述べている。「『三つ子の魂百までも』というけれど，幼少時に家庭で相続した文化資本の効果は，成人後まで持続するのである」，と。人間性や人格が形成される上で家庭環境要因が重大な働きをなすことは確かなことにしても，大学の「社会学概論」の授業で学んだ社会化論や準拠集団論やメディア研究などによれば，「人間は死ぬまで（成人後も）変わり続ける」。こうした「社会学的な人間観」と相容れないようにも感じる。

　そう考えたKさんは，クラシック音楽に関わる先行研究をもっと幅広く検索し，読みたい／読むべきと思われた文献を数か月かけて読み進めていった。ネットや図書館を使って手に取った書籍や論文は数10点に及んだが，実際に読んだのは20点ほどで，そのうち卒論に使えそうな文献は10数点に絞られた。

　先行研究をレビューし，思考を深めていったKさんは，「クラシック音楽」を（文化や階層の）「再生産」プロセスではなく，生涯にわたって「変化」し続ける人びとの日常生活のプロセスに即して捉えてみることにした。そのことで，大好きなクラシック音楽の可能性を未来に向かって拓いていきたい，とも思った。

　Kさんが固めた「問い」は，次のようなものである。

　クラシック音楽に対しては，教育社会学の米澤彰純氏が1998年の論文の中で

述べている通り，「片岡（1996）が文化威信の分析で示したように，一般的には我が国においても，クラシック音楽は正統文化の一翼を担う文化であり，比較的高い社会階層に属する人びとの趣味と見なされる傾向がある」（米澤彰純「クラシックコンサートに集う人々――文化活動と市場の日本的あり方」片岡栄美編『1995年SSM調査シリーズ18 文化と社会階層』所収）。こうした先有傾向こそが，多くの人をして「ハイソで近づきにくい」と感じさせてしまう要因なのではないか。だが，クラシック音楽になじみがない人でも，何かしらの出会いや切っ掛けさえあればクラシック音楽のファンになっていくことが確実にある。それは，私の個人的な経験に照らしてみれば理解できることだ。同氏は，1995年SSM調査データの分析によって，片岡氏とは違って，クラシックコンサートに集う人々が「多様な集団から形成され」，階層ではなく趣味（嗜好性）による説明可能性が最も大きいことを導いている。また，米澤氏が示唆しているように，「大衆消費社会」において，「クラシック音楽を産業として供給する主体」は「クラシック音楽が階層的に閉じられている」構造を打ち破って，「大衆消費者を顧客」とし「大衆的な人気」を獲得すべく，ありとあらゆる努力を傾けている。マス・メディア（テレビ，新聞，出版，映画）でも，広告・宣伝はもちろんのこと，クラシック音楽関連のTV番組や記事や諸々の情報が大量に流布され，多くの人びとが日常的に接している。マス・メディアに限らず，学校の音楽の授業，身近なところにいるクラシック音楽好きな重要他者，ブログやSNSやツイッターを含むネットの世界などを通じて，影響を受ける人も少なくないはずだ。「大衆消費時代」にある今日の日本にあって，クラシック音楽はすべての人びとに回路が開かれ，クラシック音楽市場もまたすべての人びとに開かれた空間のもとで成立しているのである。

　同じく教育社会学の西島央氏は，2002年の東京23区，新潟市，鹿児島市で実施したクラシックコンサート会場参集者を対象とした調査結果を分析した論文の中で，次のような興味深い指摘を行っている。「『常連』のはずの年配の世代は，若い時分から足を運んでいたわけではなく，実は大人になってからなにかをきっかけにクラシックコンサートに初めて接し，『常連』になっていったと

考えられる」(西島「誰がクラシックコンサートに行くのか――東京・新潟・鹿児島のコンサート会場におけるアンケート調査をもとに」『東京大学大学院教育学研究科紀要』第43巻, 2004年所収), と。このことは, クラシック音楽に無縁だった人が「常連」に変化していく社会的・集合的な現象を捉えられる可能性を示唆している。

卒論に取り組む最初の段階から, 研究にオリジナリティを与えるには社会調査を行って自分で立てた「問い」に対する「答え」を実証的に導き出したいと考えていたKさんは, こうして, クラシック音楽の愛好者を「クラシック音楽のコンサートに最近の1年間に1回以上行った人」と操作的に定義した上で, 人は何故, あるいは何をきっかけ／媒介として, クラシック音楽と出会い, ファンとなり, コンサートに通うようになるのかという「問い」を立てた。そして, Ⅰ. 幼少時にクラシック音楽がよく流れていた家庭環境であったかどうか (相続文化資本の所有【＋】／非所有【－】), Ⅱ. ここ1年の間にクラシック音楽コンサートへ行った経験の有【＋】／無【－】とを組み合わせて, ①相続文化資本を受け継ぎ, 現在もクラシック音楽を愛好する人【＋＋タイプ】, ②相続文化資本を受け継いだが, 現在はクラシック音楽を愛好していない人【＋－タイプ】, ③そうした相続文化資本を持っていないが, 成長してからクラシック音楽を愛好するようになった人【－＋タイプ】, ④相続文化資本を持っておらず, 現在も愛好していない人【－－タイプ】の4類型に分け, それぞれに該当する人びとを対象とする調査を行って比較・分析し, クラシック音楽を愛好する／しない「メカニズム」を究明すると共に, 今日の日本社会にあってクラシック音楽が「大衆化」していることを実証しよう, と企てた。

調査に関しては, 3年次に履修した「社会調査実習」や「データ分析実習」でSPSSを使ってデータ分析を行い, レポートを書いていることもあって, 大学の授業の履修生を対象とする量的調査 (調査票調査) を集合調査法によって実施し, 統計的な分析を施すことを想定していた。だが, G先生に相談すると, 仮に500サンプル取ったとしても, とりわけ②や③のタイプに該当するサンプルを一定数確保するのは困難なので, 4類型を独立変数として統計的に分析するのは有効とは言えない。むしろ, オケの仲間やゼミの仲間に全面的に協

力してもらって，まずグループ・インタビューを何回か行い（パイロット・スタディ／試験的な調査として），実態の把握，問題の発見，仮説の探索を目指すと共に，4類型別に該当者を引き出す。次に，より相応しいと思われる個人を対象として，その人のライフヒストリー（生活史／生活歴）を聞き取るつもりでインテンシブなインタビュー調査を行い（もっとも語ってくれそうなインフォーマントを対象に非構造化インタビューで始め，内容を固めていくのに応じて，徐々に半構造化に移行するというやり方でよい），類型毎に詳細なプロセスを明らかにするようにしてはどうか。その際，研究上はことに③と②がキモになるので，③何故，何をきっかけ／媒介として，クラシック音楽と出会い，ファンとなり，コンサートに通うようになったのか，②逆に相続文化資本を持ちながら，なぜ，何をきっかけ／媒介として，クラシック音楽を聴かなくなり，コンサートにも行かなくなったのか，を探ってみよう。対象者が十分に確保できない／不足するようなら，スノーボール・サンプリングによって次から次へと可能な限りたくさんの人にインタビューできるように努めれば良い。丹念に調査を重ねてデータを収集・整理し，社会学的想像力（315頁のコラムを参照）を働かせながら，類型別に／類型間を分析・考察するようにすれば，因果の関係を見出して仮説を検証することも十分に可能だ，とアドバイスされた。「なるほど！」と思うKさんであった。

卒論のテーマに関しては，クラシック音楽コンサートでの演奏家の演奏スタイル，聴衆の聴くスタイル，会場を包み込む独特の空気感が形成された歴史的経緯や社会的背景，それらの変化の兆し／方向性についても関心があるので，「クラシック音楽の大衆化に関する実証的研究——大衆消費時代におけるクラシック音楽のコンサートと聴衆に焦点をあてて」とした。

あと2か月ほどで4年生になる，3年生の2月半ばのことだった。

⑤ はじめての研究計画書——卒業研究を本格的に始動する

いよいよはじめての本格的な「研究計画書」を提出する期限が迫ってきた。

第Ⅳ部　実習と実践

　G先生の話では，「研究計画書」を見れば，卒論を書き上げていく上での基礎体力がどの程度ついているかが直ぐに分かるそうだ。ここまで来たのだから，あと一歩。今までに取り組んだこととこれから取り組んでいくこと，やりたいこととやれることとやるべきことを意識的に区別しつつ，就職活動やゼミや授業やサークルやバイトやその他のことと折り合いをつけて，いつまでに何をどのように進めていく／いけるのかの道筋を示すことが大切だ。

　あれこれ考えを巡らせ，3月末にKさんは研究計画書をG先生に提出したが，そこには次のような内容を盛り込んだ。

> 1. **研究テーマ**：クラシック音楽の大衆化に関する実証的研究——大衆消費時代におけるクラシック音楽のコンサートと聴衆に焦点をあてて
> 2. **研究の課題と目的**：クラシック音楽は，文化威信が高く上層の社会階層に好まれる正統文化ないし高級文化と位置づけられ，社会学の研究においても，クラシック音楽の愛好者やコンサートの聴衆を，幼少時に相続される文化資本が成人後まで持続するという文化的再生産論ないし社会階層論的な視点から捉え分析する傾向が強い。しかしながら，今日にあっては，クラシック音楽の「大衆化」が進みつつあり，クラシック音楽のコンサートと聴衆のあり方にも変化が見られるようになっている。クラシック音楽はすべての人びとに回路が開かれ，クラシック音楽市場もまたすべての人びとに開かれた空間のもとで成立する「大衆消費時代」にあって，クラシック音楽に無縁だった人であっても，何かしらの出会いや切っ掛けさえあれば，人は容易にクラシック音楽ファンに「変身」し「常連」になっていくことができるのである。
> 　本論文では，社会環境がこのように変容・変質しつつある「転換期」にあって，クラシック音楽のコンサートの聴衆や愛好者のあり方を実証的に明らかにすることで，人はどのようにしてクラシック音楽と出会い愛好するようになるのか，またクラシック音楽の「大衆化」を促進させるメカニズムがどのようなものであるのかを社会学的に究明することが研究課題となる。そしてさらに，このことによって，クラシック音楽を「大衆文化」として定着・発展させ，クラシック音楽の可能性を未来に向かってより一層拓いていくことが最終的な研究目的となる。
> 3. **研究の方法**：社会学を中心とするクラシック音楽関連の先行研究成果を批判的に読み込み検討する（文献研究）と共に，次のような4種類の実証的研究を進める。
>   ①既存統計（主に総務省の「社会生活基本調査」）を用いて，クラシック音

楽鑑賞の行動者率と年間平均行動日数の経年変化（1986・91・96・2001・06年），並びに年齢別・性別・年間収入別・職業別・学歴別のデータ分析によって，クラシック音楽の愛好者が「大衆化」しつつあるマクロ・トレンドを明らかにする。

②東京圏のコンサートホールの所在地や座席数，そこで開催されたクラシック音楽コンサートの内容・料金や回数などを調べて整理・加工（＝データ化）し，図表で示すことで，東京圏におけるバラエティに富んだクラシック音楽コンサートの実態の一側面を明らかにする。

③東京オペラシティのコンサートホール（1,632席）で開催されたクラシック音楽コンサートにおいて，2階席より，1階席（大半がS席）の聴衆を直接観察（Direct Observation）して，データ（年齢・性別・身なり，その他の特記事項などに関する）を取って分析し，聴衆が多種多様であることを明らかにする。

④Ⅰ．幼少時にクラシック音楽がよく流れていた家庭環境であったかどうか（相続文化資本の所有【＋】／非所有【－】），Ⅱ．ここ1年の間にクラシック音楽コンサートへ行った経験の有【＋】／無【－】を組み合わせて，①【＋＋タイプ】，②【＋－タイプ】，③【－＋タイプ】，④【－－タイプ】の4類型に分け，それぞれに該当する人びとを対象としてインテンシブなインタビュー調査を実施し，人は何故，あるいは何をきっかけ／媒介として，クラシック音楽と出会い，ファンとなり，コンサートに通うようになるのか（クラシック音楽を愛好する／しない社会的メカニズム）を解き明かす。

4. 論文の構成案（章立て）：

はじめに——私のクラシック音楽との出合いと経験

序　論——研究の課題と方法

第1章：クラシック音楽をめぐる先行研究に関する批判的検討——文化的再生産論と社会階層論的な研究を中心として

第2章：クラシック音楽のコンサートと聴衆の社会史——歴史社会学的考察

第3章：クラシック音楽鑑賞の行動者率と年間平均行動日数の経年変化——社会生活基本調査によるデータ分析

第4章：東京圏のコンサートホールでのクラシック音楽コンサートの実態——コンサート会場に関するデータ分析

第5章：クラシック音楽コンサートの聴衆の実態——直接観察データに基づく分析

第6章：クラシック音楽を愛好する／しない社会的メカニズム——4類型別のインタビュー調査によるデータ分析

第7章：結論——まとめと今後の課題

> おわりに——クラシック音楽のより一層の大衆化をはかるために
> **5. 今後のスケジュール**:(省略)
> **6. 参考文献一覧**:(省略)

　卒論を執筆する準備や構えは，随分と整った。テーマと方法が決まり，研究の骨組みを固めることができ，何をいつまでにやらねばならないのかがハッキリしたので，書けそうな自信が深まった。だが，これでようやく研究のスタートラインに立てただけで，課題にアプローチするのはこれからだ。予想や予定通りにはいかないだろうし，さらに必要な文献を読み進め，調査を行い，データを分析し解釈していく中で，研究計画書のアップグレードも随時図っていかなければならない。就職活動もしばらく続きそうなので，時間のやりくりが大変だろうが，研究することの楽しさや醍醐味を感じるようになってきたので，「私にしか作れない作品を完成させ，4年間の大学生活の集大成とし，有終の美を飾りたい」。そう念じるKさんであった。

〈付記〉
　この物語は，Kさんが2012年1月に提出した卒業論文とそこまでに至るプロセスをモデルにしています。しかし，事実ではないことを加えたり，また相当脚色もしていますので，半ばフィクションと受け止めて下さい。

〈注〉
＊二ノ宮知子によるマンガ作品『のだめカンタービレ』は，講談社の女性漫画雑誌『Kiss』に2001～2010年に連載。単行本は全25巻発行され，累計発行部数が3,000万部を超えている。テレビでは，フジテレビでドラマ化され，2006年に全11話が，2008年に続編のスペシャルドラマが放映，いずれも20％前後の高視聴率を得た（関東地区）。テレビアニメーションは，2007年と2008年と2010年の3期にわたって，23話，11話，11話の合計45話が放映された。映画（原作：二ノ宮知子／総監督：武内英樹／主演：上野樹里・玉木宏）は，2009年と2010年に前後編に分けて公開され，観客動員数がトータルで500万人を上回る大ヒットとなった。小説や音楽CD，DVD，関連グッズも販売されている。

　　　　　　　　　　　　　　　　　　　　　　　　　　　　　　　　（後藤範章）

APPENDIX

APPENDIX 1
参照してほしい209冊の文献セレクション
―― 社会調査をもっと深く学びたいあなたのために ――

　各章でもそれぞれ参考文献を掲げてあるが，社会調査をさらに深く掘り下げて学んでもらうために，私たちが厳選した209点の文献をまとめて紹介しよう（1999年11月発行の初版では100点，2005年2月発行の「第2版」では145点を掲載したが，今回，2005年以降に出版されたものを中心に増補改訂した）。それぞれ特色（一長一短）があり，中には記述内容が本書で述べてきたことと食い違うものもある。しかし，社会調査に関する標準的で完全無欠なテキストはない。本書は，社会調査の新しいスタンダードを築き上げようと編まれたが，不十分な部分もある。以下の文献は，そうした欠を補い，"学び"を深化させてくれるはずである。

　編集にあたっては，A～Fまでの6つのカテゴリーに分け，それぞれ発行年の新しいものから（同一年は五十音順に）配列した。また，海外の文献は邦訳のあるものに限定したことを付記しておきたい。

A．社会調査法や社会調査論に関する代表的な入門書／専門書

[1] 島崎哲彦編著（2011）　社会調査の実際：統計調査の方法とデータの分析［第9版］　学文社
[2] 杉山明子編著（2011）　社会調査の基本　朝倉書店
[3] 篠原清夫・清水強志・榎本環・大矢根淳編（2010）　社会調査の基礎：社会調査士A・B・C・D科目対応　弘文堂
[4] 山田一成（2010）　聞き方の技術：リサーチのための調査票作成ガイド　日本経済新聞出版社
[5] 小田利勝（2009）　社会調査法の基礎　プレアデス出版
[6] 佐藤健二・山田一成編著（2009）　社会調査論　八千代出版
[7] 新睦人・盛山和夫編（2008）　社会調査ゼミナール　有斐閣

1　参照してほしい209冊の文献セレクション

[8]　玉野和志（2008）　実践社会調査入門：今すぐ調査を始めたい人へ　世界思想社
[9]　谷岡一郎（2007）　データはウソをつく：科学的な社会調査の方法　筑摩書房（ちくまプリマー新書）
[10]　森岡清志編著（2007）　ガイドブック社会調査［第二版］　日本評論社
[11]　新睦人（2005）　社会調査の基礎理論：仮説づくりの詳細なガイドライン　川島書店
[12]　小林修一・久保田滋・西野理子・西澤晃彦編著（2005）　テキスト社会調査　梓出版社
[13]　ティム・メイ（中野正大監訳）（2001＝2005）　社会調査の考え方：論点と方法　世界思想社
[14]　K. F. パンチ（川合隆男監訳）（1998＝2005）　社会調査入門：量的調査と質的調査の活用　慶應義塾大学出版会
[15]　盛山和夫（2004）　社会調査法入門　有斐閣
[16]　原純輔・海野道郎（2004）　社会調査演習［第2版］　東京大学出版会
[17]　林秀夫（2004）　郵送調査法　関西大学出版部
[18]　林知己夫編（2002）　社会調査ハンドブック　朝倉書店
[19]　岩永雅也・大塚雄作・高橋一男編著（2001）　社会調査の基礎［改訂版］　放送大学教育振興会
[20]　原田勝弘・水谷史男・和気康太編著（2001）　社会調査論：フィールドワークの方法　学文社
[21]　大谷信介・木下栄二・後藤範章・小松洋・永野武編著（1999）　社会調査へのアプローチ：論理と方法　ミネルヴァ書房
[22]　石川淳志・佐藤健二・山田一成編（1998）　見えないものを見る力：社会調査という認識　八千代出版
[23]　中道實（1997）　社会調査方法論　恒星社厚生閣
[24]　栗田宣義編（1996）　メソッド／社会学：現代社会を測定する　川島書店
[25]　井上文夫・井上和子・小野能文（1995）　よりよい社会調査をめざして　創元社
[26]　戸田貞三（1933→1993）　社会調査［戸田貞三著作集10］　大空社
[27]　C. C. レイガン（鹿又伸夫監訳）（1987＝1993）　社会科学における比較研究：質的分析と計量的分析の統合に向けて　ミネルヴァ書房
[28]　盛山和夫・近藤博之・岩永雅也（1992）　社会調査法　日本放送出版協会
[29]　宝月誠・中道實・田中滋・中野正大（1989）　社会調査　有斐閣
[30]　飽戸弘（1987）　社会調査ハンドブック　日本経済新聞社
[31]　大橋隆憲・宝光井顕雅・吉原直樹編（1985）　社会調査論：社会科学としての社会調査　法律文化社

369

APPENDIX

- [32] 福武直（1984）　社会調査［補訂版］　岩波書店
- [33] 直井優編（1983）　社会調査の基礎　サイエンス社
- [34] S. & B. ウェッブ（川喜多喬訳）（1931＝1982）　社会調査の方法　東京大学出版会
- [35] P. H. マン（中野正大訳）（1968＝1982）　社会調査を学ぶ人のために　世界思想社
- [36] 西平重喜（1985）　統計調査法［改訂版］　培風館
- [37] 安田三郎・原純輔（1982）　社会調査ハンドブック［第3版］　有斐閣
- [38] 島崎稔（1979）　社会科学としての社会調査　東京大学出版会
- [39] 西田春彦・新睦人編（1976）　社会調査の理論と技法：アイディアからリサーチへ（Ⅰ・Ⅱ）　川島書店
- [40] 岡田至雄（1974）　社会調査論　ミネルヴァ書房
- [41] 安田三郎（1970）　社会調査の計画と解析　東京大学出版会
- [42] 井垣章二（1968）　社会調査入門　ミネルヴァ書房
- [43] 福武直・松原治郎（1967）　社会調査法　有斐閣
- [44] G. A. ランドバーグ（福武直・安田三郎訳）（1942＝1952）　社会調査　東京大学出版会
- [45] 林知己夫（1951）　サンプリング調査はどう行うか　東京大学出版会

B. 確率論や統計学，多変量解析その他の統計手法に関する入門書／専門書

- [46] 浅川達人（2011　ひとりで学べる社会統計学　ミネルヴァ書房
- [47] 土田昭司・山川栄樹（2011）　新・社会調査のためのデータ分析入門：実証科学への招待　有斐閣
- [48] 松原望・松本渉（2011）　Excelではじめる社会調査データ分析　丸善出版
- [49] 川端亮編著（2010）　データアーカイブSRDQで学ぶ社会調査の計量分析　ミネルヴァ書房
- [50] 津島昌寛・山口洋・田邊浩編（2010）　数学嫌いのための社会統計学　法律文化社
- [51] 廣瀬毅士・寺島拓幸編（2010）　社会調査のための統計データ分析入門　オーム社
- [52] 岩井紀子・保田時男（2007）　調査データ分析の基礎：JGSSデータとオンライン集計の活用　有斐閣
- [53] 小杉考司（2007）　社会調査士のための多変量解析法　北大路書房
- [54] 天野徹（2006）　社会統計学へのアプローチ：思想と方法　ミネルヴァ書房

[55] 柳井晴夫・岡太彬訓・繁桝算男・高木廣文・岩崎学編（2003） 多変量解析実例ハンドブック　朝倉書店

[56] J. ベスト（林大訳）（2001＝2002） 統計はこうしてウソをつく：だまされないための統計学入門　白揚社

[57] 林知己夫・鈴木達三（1997） 社会調査と数量化：国際比較におけるデータの科学［増補版］　岩波書店

[58] 土田昭司（1994） 社会調査のためのデータ分析入門：実証科学への招待　有斐閣

[59] 東京大学教養学部統計学教室編（1994） 人文・社会科学の統計学（基礎統計学Ⅱ）　東京大学出版会

[60] 石村貞夫（1992） すぐわかる多変量解析　東京図書

[61] G.W. ボーンシュテッド・D. ノーキ（海野道郎・中村隆監訳）（1988＝1990） 社会統計学：社会調査のためのデータ分析入門　ハーベスト社

[62] 古谷野亘（1988） 数学が苦手な人のための多変量解析ガイド：調査データのまとめ方　川島書店

[63] 有馬哲・石村貞夫（1987） 多変量解析のはなし　東京図書

[64] P.F. ラザースフェルド（西田春彦ほか訳）（1972＝1984） 質的分析法：社会学論集　岩波書店

[65] 岩下豊彦（1983） SD法によるイメージの測定：その理解と実施の手引　川島書店

[66] 田中豊・脇本和昌（1983） 多変量統計解析法　現代数学社

[67] P.G. ホーエル（浅井晃・村上正康訳）（1976＝1981） 初等統計学［第4版］　培風館

[68] 森田優三（1981） 新統計読本　日本評論社

[69] 池田央（1980） 調査と測定　新曜社

[70] B.S. エヴェリット（山内光哉監訳）（1977＝1980） 質的データの解析：カイ二乗検定とその展開　新曜社

[71] 安田三郎・海野道郎（1977） 社会統計学［改訂2版］　丸善

[72] 柳井春夫・岩坪秀一（1976） 複雑さに挑む科学：多変量解析入門　講談社（ブルーバックス）

[73] D. ハフ（高木秀玄訳）（1954＝1968） 統計でウソをつく法：数式を使わない統計学入門　講談社（ブルーバックス）

[74] H. ザイゼル（木村定・安田三郎訳）（1947＝1962） 数字で語る：統計数字の分析と解釈　東洋経済新報社

APPENDIX

C. 質的方法に主眼を置いてまとめられた調査の入門書／専門書

[75] C. ノウルズ・P. スウィートマン（後藤範章監訳）（2004＝2012） ビジュアル調査法と社会学的想像力：社会風景をありありと描写する　ミネルヴァ書房
[76] 日本文化人類学会監修（2011） フィールドワーカーズ・ハンドブック　世界思想社
[77] 山北輝裕（2011） はじめての参与観察：現場と私をつなぐ社会学　ナカニシヤ出版
[78] 小田博志（2010） エスノグラフィー入門：〈現場〉を質的研究する　春秋社
[79] 工藤保則・寺岡伸悟・宮垣元編（2010） 質的調査の方法：都市・文化・メディアの感じ方　法律文化社
[80] J. P. スプラッドリー（田中美恵子・麻原きよみ監訳）（1980＝2010） 参加観察法入門　医学書院
[81] 谷富夫・山本努編著（2010） よくわかる質的社会調査：プロセス編　ミネルヴァ書房
[82] 波平恵美子・小田博志（2010） 質的研究の方法：いのちの〈現場〉を読みとく　春秋社
[83] 谷富夫・芦田徹郎編著（2009） よくわかる質的社会調査：技法編　ミネルヴァ書房
[84] 野口裕二編（2009） ナラティヴ・アプローチ　勁草書房
[85] 箕浦康子編著（1999・2009） フィールドワークの技法と実際（Ⅰ：マイクロ・エスノグラフィー入門，Ⅱ：分析・解釈編）　ミネルヴァ書房
[86] 山中速人（2009） ビデオカメラで考えよう：映像フィールドワークの発想　七つ森書館
[87] 北澤毅・古賀正義編（2008） 質的調査法を学ぶ人のために　世界思想社
[88] 佐藤郁哉（2008） 質的データ分析法：原理・方法・実践　新曜社
[89] 谷富夫編（2008） 新版 ライフヒストリーを学ぶ人のために　世界思想社
[90] 佐藤郁哉（2006） フィールドワーク：書を持って街へ出よう［増訂版］　新曜社
[91] N. K. デンジン・Y. S. リンカン編（平山満義監訳）（2000＝2006） 質的研究ハンドブック（第1巻：質的研究のパラダイムと眺望，第2巻：質的研究の設計と戦略，第3巻：質的研究資料の収集と解釈）　北大路書房
[92] N. ロドリゲス・A. ライヴ（川浦康至・田中敦訳）（2001＝2006） 自己観察の技法：質的研究法としてのアプローチ　誠信書房
[93] 鯨岡峻（2005） エピソード記述入門：実践と質的研究のために　東京大学出版会

1 参照してほしい209冊の文献セレクション

- [94] 桜井厚・小林多寿子編著（2005）　ライフストーリー・インタビュー：質的研究入門　せりか書房
- [95] 山田富秋編著（2005）　ライフストーリーの社会学　北樹出版
- [96] S.B. メリアム（堀薫夫・久保真人・成島美弥訳）（1998＝2004）　質的調査法入門：教育における調査法とケース・スタディ　ミネルヴァ書房
- [97] 好井裕明・三浦耕吉郎編（2004）　社会学的フィールドワーク　世界思想社
- [98] 木下康仁（2003）　グラウンデッド・セオリー・アプローチの実践：質的研究への誘い　弘文堂
- [99] 川又俊則（2002）　ライフヒストリー研究の基礎　創風社
- [100] 桜井厚（2002）　インタビューの社会学：ライフヒストリーの聞き方　せりか書房
- [101] 佐藤郁哉（2002）　フィールドワークの技法：問いを育てる，仮説をきたえる　新曜社
- [102] U. フリック（小田博志・山本則子・春日常・宮地尚子訳）（1998＝2002）　質的研究入門：〈人間の科学〉のための方法論　春秋社
- [103] 福岡安則（2000）　聞き取りの技法：「社会学する」ことへの招待　創土社
- [104] 好井裕明・桜井厚編（2000）　フィールドワークの経験　せりか書房
- [105] L. シャッツマン・A.L. ストラウス（川合隆男監訳）（1973＝1999）　フィールド・リサーチ：現地調査の方法と調査者の戦略　慶應義塾大学出版会
- [106] J.V. マーネン（森川渉訳）（1988＝1999）　フィールドワークの物語：エスノグラフィーの文章作法　現代書館
- [107] R.M. エマーソン・R.I. フレッツ・L.L. ショウ（佐藤郁哉・好井裕明・山田富秋訳）（1995＝1998）　方法としてのフィールドノート：現地取材から物語作成まで　新曜社
- [108] J. & L. ロフランド（進藤雄三・宝月誠訳）（1971＝1997）　社会状況の分析：質的観察と分析の方法　恒星社厚生閣
- [109] B.G. グレイザー・A.L. ストラウス（後藤隆・大出春江・水野節夫訳）（1967＝1996）　データ対話型理論の発見：調査からいかに理論をうみだすか　新曜社
- [110] 中野卓・桜井厚編（1995）　ライフヒストリーの社会学　弘文堂
- [111] K. プラマー（原田勝弘・川合隆男・下田平裕身監訳）（1983＝1991）　生活記録（ライフドキュメント）の社会学：方法としての生活史研究案内　光生館

D. 社会調査史・社会調査方法史に関する文献

- [112] 佐藤健二（2011）　社会調査史のリテラシー：方法を読む社会学的想像力　新曜

社
- [113] 吉田貴文（2008）　世論調査と政治：数字はどこまで信用できるのか　講談社
- [114] 岡田直之・佐藤卓己・西平重喜・宮武実知子（2007）　輿論研究と世論調査　新曜社
- [115] 村上文司（2005）　近代ドイツ社会調査史研究：経験的社会学の生成と脈動　ミネルヴァ書房
- [116] 宝月誠・吉原直樹編（2004）　初期シカゴ学派の世界：思想・モノグラフ・社会的背景　恒星社厚生閣
- [117] 川合隆男（2003）　戸田貞三：家族研究・実証社会学の軌跡　東信堂
- [118] 川合隆男（2004）　近代日本における社会調査の軌跡　恒星社厚生閣
- [119] 山本潔（2004）　日本の労働調査1945-2000　東京大学出版会
- [120] 石川淳志・橋本和孝・浜谷正晴編著（1994）　社会調査：歴史と視点　ミネルヴァ書房
- [121] 川合隆男編（1998・91・94）　近代日本社会調査史（Ⅰ・Ⅱ・Ⅲ）　慶應通信
- [122] 江口英一編（1990）　日本社会調査の水脈：そのパイオニアたちを求めて　法律文化社
- [123] R.E.L.フェアリス（奥田道大・広田康生訳）（1967＝1990）　シカゴ・ソシオロジー 1920-1932　ハーベスト社
- [124] 社会福祉調査研究会編（1983）　戦前日本の社会事業調査：貧困・生活問題調査史研究　勁草書房
- [125] G.イーストホープ（川合隆男・霜野寿亮監訳）（1974＝1982）　社会調査方法史　慶應通信
- [126] 福武直編（1977）　戦後日本の農村調査　東京大学出版会
- [127] 労働調査論研究会編（1970）　戦後日本の労働調査　東京大学出版会（復刊：2001）

E．社会調査をもとにした代表的な作品・報告書（モノグラフ）

- [128] 安積純子・岡原正幸・尾中文哉・立岩真也（2013）生の技法：家と施設を出て暮らす障害者の社会学［第3版］　生活書院
- [129] 安藤由美・鈴木規之編著（2012）　沖縄の社会構造と意識：沖縄総合社会調査による分析　九州大学出版会
- [130] 大谷信介編著（2012）　マンションの社会学：住宅地図を活用した社会調査の試み　ミネルヴァ書房
- [131] NHK放送文化研究所編（2011）　日本人の生活時間：NHK国民生活時間調査

2010　NHK 出版

[132]　佐藤嘉倫・尾嶋史章編／石田浩・近藤博之・中尾啓子編／斎藤友里子・三隅一人編（2011）　現代の階層社会（第1巻：格差と多様性，第2巻：階層と移動の構造，第3巻：流動化の中の社会意識）　東京大学出版会

[133]　青木秀男編著（2010）　ホームレス・スタディーズ：排除と包摂のリアリティ　ミネルヴァ書房

[134]　NHK放送文化研究所編（2010）　現代日本人の意識構造［第7版］　日本放送出版協会

[135]　橋本健二編著（2010）　家族と格差の戦後史：一九六〇年代日本のリアリティ　青弓社

[136]　岩井紀子・保田時男編（2009）　データで見る東アジアの家族観：東アジア社会調査による日韓中台の比較　ナカニシヤ出版

[137]　吉川徹（2009）　学歴分断社会　筑摩書房（ちくま新書）

[138]　田中淳・サーベイリサーチセンター編（2009）　社会調査でみる災害復興：帰島後4年間の調査が語る三宅帰島民の現実　弘文堂

[139]　谷岡一郎・仁田道夫・岩井紀子編（2008）　日本人の意識と行動：日本版総合的社会調査 JGSSによる分析　東京大学出版会

[140]　山下祐介・作道信介・杉山祐介編著（2008）　津軽，近代化のダイナミズム：社会学・社会心理学・人類学からの接近　御茶の水書房

[141]　タキエ・スギヤマ・リブラ（竹内洋・海部優子・井上義和訳）（1995＝2008）　近代日本の上流階級：華族のエスノグラフィー　世界思想社

[142]　樋口直人・稲葉奈々子・丹野清人・福田友子・岡井宏文（2007）　国境を越える：滞日ムスリム移民の社会学　青弓社

[143]　金子勇（2006）　社会調査から見た少子高齢社会　ミネルヴァ書房

[144]　好井裕明編著（2005）　繋がりと排除の社会学　明石書店

[145]　古賀正義編著（2004）　学校のエスノグラフィー：事例研究から見た高校教育の内側　嵯峨野書院

[146]　小熊英二・上野陽子（2003）　〈癒し〉のナショナリズム：草の根保守運動の実証研究　慶應義塾大学出版会

[147]　渡辺秀樹・稲葉昭英・嶋崎尚子編（2004）　現代家族の構造と変容：全国家族調査［NFRJ98］による計量分析　東京大学出版会

[148]　谷富夫編（2002）　民族関係における結合と分離：社会的メカニズムを解明する　ミネルヴァ書房

[149]　C. S. フィッシャー（松本康・前田尚子訳）（1982＝2002）　友人のあいだで暮らす：北カリフォルニアのパーソナル・ネットワーク　未來社

APPENDIX

[150] 林知己夫（2001）　日本人の国民性研究　南窓社
[151] 青木秀男（2000）　現代日本の都市下層：寄せ場と野宿者と外国人労働者　明石書店
[152] 原純輔編／海野道郎編／近藤博之著／盛山和夫編／今田高俊編／高坂健次編（2000）　日本の階層システム（全6巻）　東京大学出版会
[153] W. F. ホワイト（奥田道大・有里里三訳）（1993＝2000）　ストリート・コーナー・ソサイエティ　有斐閣
[154] 森岡清志編（2000）　都市社会のパーソナルネットワーク　東京大学出版会
[155] 石原邦雄編（1999）　妻たちの生活ストレスとサポート関係：家族・職業・ネットワーク　東京都立大学都市研究所
[156] M. グラノヴェター（渡辺深訳）（1995＝1999）　転職：ネットワークとキャリアの研究　ミネルヴァ書房
[157] 鈴木広編（1998）　災害都市の研究：島原市と普賢岳　九州大学出版会
[158] F. ハンター（鈴木広監訳）（1963＝1998）　コミュニティの権力構造：政策決定者の研究　恒星社厚生閣
[159] E. ファウラー（川島めぐみ訳）（1996＝1998）　山谷ブルース：〈寄せ場〉の文化人類学　洋泉社（新潮 OH! 文庫版　2002）
[160] 奥田道大・吉原直樹監修（1997〜）　シカゴ都市社会学古典シリーズ（ホテル・ライフ，ゴールド・コーストとスラム，ホーボー：ホームレスの人たちの社会学など）　ハーベスト社
[161] NHK放送文化研究所編（1997）　現代の県民気質：全国県民意識調査［1996年版］　日本放送出版協会，及び，NHK放送世論調査所編（1979）　日本人の県民性：NHK全国県民意識調査［1979年版］　日本放送出版協会（＝1997［復刻版］大空社）
[162] 光吉利之編（1997）　職業と家族生活：夫の職業と夫婦関係　ナカニシヤ出版
[163] 宮本みち子・岩上真珠・山田昌弘（1997）　未婚化社会の親子関係：お金と愛情にみる家族のゆくえ　有斐閣（有斐閣選書）
[164] 大谷信介（1995）　現代都市住民のパーソナルネットワーク：北米大都市理論の日本的解読　ミネルヴァ書房
[165] 奥田道大・田島淳子編（1995）　池袋のアジア系外国人：回路を閉じた日本型都市でなく［新版］　明石書店
[166] 佐藤慶幸・天野正子・那須壽編（1995）　女性たちの生活者運動：生活クラブを支える人びと　マルジュ社
[167] 中野卓編（1995）　口述の生活史：或る女の愛と呪いの日本近代［増補版］　御茶の水書房

[168] 蓮見音彦・似田貝香門編（1993）　都市政策と市民生活：福山市を対象に　東京大学出版会
[169] H. S. ベッカー（村上直之訳）（1963＝1993）　アウトサイダーズ：ラベリング理論とはなにか［新装版］　新泉社
[170] 統計数理研究所国民性調査委員会編（1961・70・75・82・92）日本人の国民性　至誠堂（第3まで），出光出版（第4・5）
[171] 鳥越皓之・嘉田由紀子編（1991）　水と人の環境史：琵琶湖報告書［増補版］　御茶の水書房
[172] 原純輔編／菊池城司編／直井優・盛山和夫編／岡本英雄・直井道子編（1990）　現代日本の階層構造（全4巻）　東京大学出版会
[173] R. S. & H. M. リンド（中村八郎訳）（1929＝1990）　ミドゥルタウン　青木書店
[174] 舩橋晴俊・長谷川公一・畠中宗一・梶田孝道（1988）　高速文明の地域問題：東北新幹線の建設・紛争と社会的影響　有斐閣
[175] 森岡清美・青井和夫編（1987）　現代日本人のライフコース　日本学術振興会
[176] O. ルイス（柴田稔彦・行方昭夫訳）（1961＝1986）サンチェスの子供たち：メキシコの一家族の自伝［新装版］　みすず書房
[177] 佐藤郁哉（1984）　暴走族のエスノグラフィー：モードの叛乱と文化の呪縛　新曜社
[178] 菅野正・田原音和・細谷昂（1984）　東北農民の思想と行動　御茶の水書房
[179] W. I. トーマス・F. ズナニエツキ（桜井厚訳）（1958＝1983）　生活史の社会学：ヨーロッパとアメリカにおけるポーランド農民　御茶の水書房
[180] 布施哲治編（1982）　地域産業変動と階級・階層：炭都夕張／労働者の生産・労働-生活史・誌　御茶の水書房
[181] 富永健一編（1979）　日本の階層構造　東京大学出版会
[182] 見田宗介（1979）　現代社会の社会意識　弘文堂
[183] 鈴木広（1978）　コミュニティ・モラールと社会移動の研究　アカデミア出版
[184] 上子武次・増田光吉編（1976）　三世代家族　垣内出版
[185] 福武直（1949→1976）　日本農村の社会的性格［福武直著作集5］　東京大学出版会
[186] 姫岡勤・上子武次・増田光吉編（1974）　現代のしつけと親子関係：社会階層・生活意識による調査と分析　川島書店
[187] 小山隆編（1973）　現代家族の親子関係　培風館
[188] 鈴木榮太郎（1957→1969）　都市社会学原理［鈴木榮太郎著作集6］　未来社
[189] きだみのる（1967）　にっぽん部落　岩波書店（岩波新書）
[190] 有賀喜左衛門（1943→1966）　日本家族制度と小作制度［有賀喜左衛門著作集1・

2］　未來社
[191]　岩井弘融（1963）　病理集団の構造：親分乾分集団研究　誠信書房
[192]　R.P. ドーア（青井和夫・塚本哲人訳）（1958＝1962）　都市の日本人　岩波書店
[193]　小山隆編（1960）　現代家族の研究　弘文堂

F．調査の発想や視点，その他の関連文献

[194]　林知己夫（2011）　調査の科学　筑摩書房（ちくま学芸文庫）
[195]　佐藤卓己（2008）　輿論と世論：日本的民意の系譜学　新潮社
[196]　田中耕一・荻野昌弘（2007）　社会調査と権力：〈社会的なもの〉の危機と社会学　世界思想社
[197]　大谷信介編（2002）　これでいいのか市民意識調査：大阪府44市町村の実態が語る課題と展望　ミネルヴァ書房
[198]　佐藤博樹・石田浩・池田謙一編（2000）　社会調査の公開データ：2次分析への招待　東京大学出版会
[199]　谷岡一郎（2000）　「社会調査」のウソ：リサーチ・リテラシーのすすめ　文藝春秋（文春新書）
[200]　平松貞実（1998）　世論調査で社会が読めるか：事例による社会調査入門　新曜社
[201]　R.L. カーソン（上遠恵子訳）（1956＝1996）　センス・オブ・ワンダー　新潮社
[202]　C.W. ミルズ（鈴木広訳）（1959＝1995）　社会学的想像力［新装版］　紀伊国屋書店
[203]　広田伊蘇夫・暉峻淑子編（1987）　調査と人権　現代書館
[204]　M. バルマー編（法政大学日本統計研究所訳）（1979＝1982）　統計調査とプライバシー　梓出版社
[205]　高根正昭（1979）　創造の方法学　講談社（現代新書）
[206]　G. ギャラップ（二木宏二訳）（1972＝1976）　ギャラップの世論調査入門　みき書房
[207]　H.L. ゼターバーグ（阿積仰也・金丸由雄訳）（1963＝1973）　社会学的思考法：社会学の理論と証明　ミネルヴァ書房
[208]　梅棹忠夫（1969）　知的生産の技術　岩波書店（岩波新書）
[209]　川喜田二郎（1967・70）　発想法（正：創造性開発のために／続：KJ法の展開と応用）　中央公論社（中公新書）

（後藤範章）

APPENDIX 2
社会調査士・専門社会調査士の資格制度と標準カリキュラム

「社会調査士」と「専門社会調査士」は，一般社団法人社会調査協会（2008年設立。前身は「社会調査士資格認定機構」であり，日本社会学会・日本教育社会学会・日本行動計量学会の3学会によって2003年に創設された）が授与する資格である。社会調査士（社会調査の基礎能力を有する専門家）は大学卒業時に，専門社会調査士（高度な調査能力を身につけたプロの社会調査士）は大学院修士課程修了時に取得することを原則とする。

社会調査協会は，それぞれの資格を取得するための標準カリキュラムを別表の通りに定めており，資格制度に参加する大学・大学院でこのカリキュラムに対応する授業科目を履修して単位を取得することが，資格取得の第一要件となっている（専門社会調査士資格の取得には，社会調査を用いた修士論文等の研究論文を執筆・提出して審査に通ることも必要である）。2012年度には，社会調査士資格制度に191大学242機関（学部・学科等）が，専門社会調査士資格制度に62大学院73機関（研究科・専攻等）が参加しており，2,843名の社会調査士と72名の専門社会調査士が誕生している（社会調査士の資格取得者の累計は，16,359名となっている）。

詳細については，一般社団法人社会調査協会のホームページを参照されたい。

社会調査士資格取得のための標準カリキュラム

社会調査士資格取得のためには，資格制度に参加している大学にて以下のA～Gに対応する授業科目単位を取得する必要があります。
- 【A】 社会調査の基本的事項に関する科目
- 【B】 調査設計と実施方法に関する科目
- 【C】 基本的な資料とデータの分析に関する科目
- 【D】 社会調査に必要な統計学に関する科目

APPENDIX

【E】 量的データ解析の方法に関する科目
【F】 質的な分析の方法に関する科目
【G】 社会調査の実習を中心とする科目
 ＊【E】と【F】は，どちらかを選択

【A】 社会調査の基本的事項に関する科目
社会調査の意義と諸類型に関する基本的事項を解説する科目。社会調査史，社会調査の目的，調査方法論，調査倫理，調査の種類と実例，量的調査と質的調査，統計的調査と事例研究法，国勢調査と官庁統計，学術調査，世論調査，マーケティング・リサーチなどのほか，調査票調査やフィールドワークなど，資料やデータの収集から分析までの諸過程に関する基礎的な事項を含む。（90分×15週）

【B】 調査設計と実施方法に関する科目
社会調査によって資料やデータを収集し，分析しうる形にまで整理していく具体的な方法を解説する科目。調査目的と調査方法，調査方法の決め方，調査企画と設計，仮説構成，全数調査と標本調査，無作為抽出，標本数と誤差，サンプリングの諸方法，質問文・調査票の作り方，調査の実施方法（調査法の配布・回収法，インタビューの仕方など），調査データの整理（エディティング，コーディング，データクリーニング，フィールドノート作成，コードブック作成）など。（90分×15週）

【C】 基本的な資料とデータの分析に関する科目
官庁統計や簡単な調査報告・フィールドワーク論文が読めるための基本的知識に関する授業。単純集計，度数分布，代表値，クロス集計などの記述統計データの読み方や，グラフの読み方，また，それらの計算や作成のしかた。さまざまな質的データの読み方と基本的なまとめ方。相関係数など基礎的統計概念，因果関係と相関関係の区別，疑似相関の概念などを含む。（90分×15週）

【D】 社会調査に必要な統計学に関する科目
統計的データをまとめたり分析したりするために必要な，基礎的な統計学的知識を教える科目。確率論の基礎，基本統計量，検定・推定理論とその応用（平均や比率の差の検定，独立性の検定），抽出法の理論，属性相関係数（クロス表の統計量），相関係数，偏相関係数，変数のコントロール，回帰分析の基礎など。（90分×15週）

【E】 量的データ解析の方法に関する科目
社会学的データ分析で用いる基礎的な多変量解析法について，その基本的な考え方と主要な計量モデルを解説する。重回帰分析を基本としながら，他の計量モデル（たとえば，分散分析，パス解析，共分散分析，ログリニア分析，因子分析，数量化理論など）の中から若干のものをとりあげる。（90分×15週）

【F】 質的な分析の方法に関する科目
さまざまな質的データの収集方法や分析方法について解説する科目聞き取り調査，参与観察法，ドキュメント分析，フィールドワーク，インタビュー，ライフヒストリー分析，会話分析の他，新聞記事などのテキストに関する質的データの分析法（内容分析等）など。（90分×15週）

【G】 社会調査の実習を中心とする科目
調査の企画から報告書の作成までにまたがる社会調査の全過程をひととおり実習を通じて体験的に学習する授業で，量的調査でも質的調査でもいい。演習で行っている実習も含む。調査の企画，仮説構成，調査項目の設定，質問文・調査票の作成，対象者・地域の選定，サンプリング，調査の実施（調査票の配布・回収，面接），インタビューなどのフィールドワーク，フィールドノート作成，エディティング，集計，分析，仮説検証，報告書の作成。また，実際にアプリケーション・ソフトを利用した量的データの統計的分析の実習，もしくは，質的データの分析ないし事例研究を行う実習を含む。(90分×30週)

専門社会調査士資格取得のための標準カリキュラム

専門社会調査士資格取得のためには，社会調査士資格を取得した上で，各大学院（機関）に設置されている以下のH～Jに対応する授業科目単位を取得する必要があります。
【H】 調査企画・設計に関する演習（実習）科目
【I】 多変量解析に関する演習（実習）科目
【J】 質的調査法に関する演習（実習）科目

【H】 調査企画・設計に関する演習（実習）科目
社会調査を実践的に企画・設計し，実施し，分析・集計をおこなうための実践的な知識と能力を習得する科目。調査方法論，調査倫理，を踏まえ，調査方法の決定，調査企画と設計，仮説構成，調査票の作成，サンプリングないし対象者・フィールドの選定，実査，調査データの整理（エディティング，コーディング，データクリーニング，フィールドノート作成，コードブック作成），比較的簡単な量的分析とグラフ作成，質的な分析，以上に基づく報告ペーパーの作成などに関する実践的な授業科目。(90分×15週)

【I】 多変量解析に関する演習（実習）科目
数理統計学の基礎を踏まえながら，多変量解析（重回帰分析，パス解析，分散分析，共分散分析，ログリニア分析，ロジット分析，主成分分析，因子分析，多次元尺度法，クラスター分析，数量化理論，生存時間分析，共分散構造分析など）に共通する計量モデルを用いた分析法を基本的に理解し，それらのうちのいくつかについては，コンピュータを用いて実際に使用することのできる能力を習得する科目。(90分×15週)

【J】 質的調査法に関する演習（実習）科目
新聞・雑誌記事，資料文書，映像，放送，音楽などの質的データの分析法（内容分析等）を習得するとともに，さまざまな質的調査法（聞き取り調査，参与観察法，ドキュメント分析，フィールドワーク，インタビュー，ライフヒストリー分析，会話分析など）に関する基本的理解を踏まえながら，そのあるものについての実践的な能力を習得する科目。(90分×15週)

索　引
＊印は人名

あ　行

RDD（Random Digit Dialing）法　184, 185, 186, 189
IVR（Interactive Voice Response）　189
挨拶状（挨拶文）　177, 178, 191, 192
IP電話　185
あいまいな言葉　101
アウトサイダー　284
『アウトサイダーズ』　271, 273
＊青井和夫　276, 280
アカウンタビリティ（説明責任）　21-23, 61
＊赤瀬川原平　323, 325
Academic Society Home Village（学協会情報発信サービス）　43, 62
アクセス　204
アクチュアル・ステイタス（actual status）　116
＊浅川達人　45
朝日新聞　27, 28, 61, 112, 184, 185, 191, 192
圧着ハガキ　192
@nifty　61
宛名書き　177, 178
アナウンスメント効果（announcement effect）　16
アナログ情報　24, 63
アフターコーディング　202, 203, 206
アフターコード　201, 206
＊アリエス, P.　296
＊有賀喜左衛門　11, 264
＊安渓遊地　13
アンケート　2, 3, 7, 327
『アンケート調査年鑑』　4
アンダードッグ効果（underdog effect）　16
＊安藤英治　351
AND検索　52

＊飯沢耕太郎　319
e-Stat（政府統計の総合窓口）　45, 50-54, 62, 63
＊池田謙一　56
威光暗示効果　107, 132
＊石川淳志　11
意識　210
意識調査　157
意識を問う質問　99
＊石田浩　56
遺書　296
委託（販売）制　31
一般社団法人社会調査協会　→社会調査協会
一般的質問　115
一般的な質問から核心へ　133
一般的な内容の質問　133
芋づる式（連想法）　24, 94, 95, 355
依頼状　192
＊岩井弘融　11
因果関係　363
因子分析　59, 64, 241, 242, 380, 381
インストラクション　178, 192
インターネット　iii, 29, 30, 33, 34, 37, 53, 58
インターネット調査　187-189, 193
インタビュー　24, 183, 251, 259, 268, 271, 277, 279, 281, 282, 284, 320, 327, 329, 364, 365, 380, 381
インタビュアーとインタビュイー　275
インパースナル（一般的）質問　101
インフォーマント　→話者
インプット（input, 入力）　198, 193
＊ウィリス, P. E.　265, 284, 286
＊ウェーバー, M.　351
──の音楽社会学　351, 352
＊上野千鶴子　27, 28
Webcat Plus（図書情報ナビゲータ）　41, 61,

索　引

355
ウェブ調査（Web Surveys）　188, 189
ウェブブラウザ　33
＊鵜飼正樹　283
＊海野道郎　276
映画　295-297, 318, 353, 361
映像　249, 250, 318, 381
映像人類学　318
ACASI（audio-CASI）　189
駅情報　202, 203
エクセル　204, 241
SRDQ（質問紙法にもとづく社会調査データベース）　56, 59, 60, 62, 64
S. A.＝Single Answer　122, 127
S. A. 形式質問　128
SSM 調査　11, 59, 181, 189, 190, 192, 357, 359, 361
SSM 調査委員会　181
SSJ データ・アーカイブ（SSJDA）　56-60, 62
SNS　361
エスノグラフィー（民族誌）　263, 283
『エスノグラフィー・ガイドブック』　283
エスノメソドロジー　252, 270
SPSS　59, 178, 204, 208, 241, 362
閲覧申請書　169
閲覧制度見直し問題　165
エディティング（editing，点検）　176, 178, 193-198, 204, 380, 381
　──の方針　196
エディティング・ガイド　196, 197
エディティング・コーディング・ガイド　245
NHK　192
NHK 放送文化研究所　17, 186
NDL-OPAC（国立国会図書館蔵書検索）　30, 40, 44, 62, 63
＊エマーソン，R.　259
M. A.＝Multiple Answer　122, 127
M. A. 形式質問　127, 129
エラボレーション　178, 180, 208, 218,

225-227
OR 検索　52
往信用封筒　177
横断検索　35, 41, 44, 355
『欧米におけるポーランド農民』　10, 274
大阪商業大学 JGSS 研究センター　58
大阪大学大学院人間科学研究科　59
オーダーメード集計　46
オーバーラポール　265
オープン・エンド質問（open-ended question）　126, 201
オープン型調査　188
オープンコーディング　261
OPAC　32, 33
＊落合恵美子　296
オリジナリティ　349, 362
『オルレアンのうわさ』　270
音楽　361, 381
『音楽社会学』　351
音声　249, 250, 318
音声自動応答装置　189
オンライン検索用目録　→OPAC
オンライン（文献）検索　29, 37, 63
オンラインメーターシステム調査　147, 148

か　行

＊カーソン，R. L.　25
＊カーチス，G. I.　288, 290-294
絵画　8, 249, 250, 295, 296, 318
回帰　235
回帰係数の有意性検定　241
回帰式　238, 241
回帰直線　237, 238, 240
回帰分析　208, 235-237, 239, 380
買い切り制（注文制）　31
会議録　306
カイ二乗（χ^2）検定　59, 145, 180, 208, 218, 225, 228, 231
　──の一般手順　219
　独立性の──　218
カイ二乗値（χ^2）　212, 219, 221, 222, 224

383

カイ二乗分布　222-224
カイ二乗分布表　222, 224
解釈　67, 320, 322, 326, 341, 345
回収分析標本の判断　178
回収率　156, 183, 185, 189, 191, 192, 197, 198,
　　243, 244
　――（の）低下　190, 191
外的基準　241
回答カテゴリー　179, 209
回答拒否　198
回答傾向の把握　208
回答形式　196
　――との整合性　195
回答結果の信頼性　99
回答内容の信頼性　182
回答のし忘れ　195
回答の真実性　183
回答欄　196
概念（concept）　73-75, 85, 90
　――の操作化　76, 80, 84
　――の操作的定義（operational deficnition）
　　76, 80, 90, 177, 178, 336
　――の抽象度　85, 88
　――の変数化　79, 80
会話　259
　――のキャッチボール　276, 277
会話分析　251, 252, 269, 270, 380, 381
ガウス曲線　146
学術研究の土俵　349, 360
確率比例抽出法　155, 159-161
確率分布　231
確率論　370, 380
学歴別　359, 365
KAKEN（科学研究費補助金データベース）
　41, 61, 355
加工統計　45
過去の調査のフォローと検討　98, 176
過剰な前説明　107
仮説（hypothesis）　81, 82, 84, 86, 88, 93, 98,
　177, 178, 209, 210, 243-245, 258, 334, 336,
　338, 340, 345-347

　――の再検討　179
　――の探索　363
仮説検証　78, 85, 94, 178, 180, 210, 218, 244,
　　245, 248, 363, 381
仮説構成　i, 129, 177, 178, 380, 381
画像　318
『家族研究年報』　253
『家族構成』　45
『家族社会学研究』　36, 253
『家族とは何か』　270
カソリックとプロテスタント　352
＊片岡栄美　356-361
片側検定　231-233
語り　254, 258, 269, 270
学会名鑑　35
カテゴリー　261, 335, 340
カテゴリーデータ　153
カテゴリカルデータ　204, 208, 209, 241, 242
＊加藤善子　356
『悲しき熱帯』　283
カメラ　317, 318, 323, 327
カリフォルニア大学バークレー校　283
カルチュラル・スタディーズ　318
＊川合隆男　11
＊川喜田二郎　309, 310
＊川田牧人　283
間隔尺度　130, 208
感覚の主体性　320
関西学院大学21世紀COEプログラム　166
完全な参与者　282
関西ニュータウン比較調査　166
観察（observation）　24, 314, 319
観察可能性　335, 337
観察事象　334, 335, 337, 338, 340
観察ノート　259, 291, 292
観察票　337
観察法　9, 314
関心質問　104
＊ガンズ, H. J.　283
関西学院大学社会学部・大谷研究室　50,
　305

完全な観察者　282
官庁統計　45, 380
関東社会学会　36
感応　326
感応力　320
関連　225
　　——に潜むメカニズム　227
　　——の度合い　359
機械の眼　322
基幹統計　46, 47, 52
聞き取り調査　8, 9, 71, 96, 251-255, 257, 266,
　　268-270, 275-277, 280, 282, 330, 380, 381
棄却域　231, 234
棄却値　219, 222, 224, 228, 230, 231, 233, 234
「閑蔵II」　61
危険率（α, 有意水準）　145, 150, 151, 153,
　　219, 222, 224, 225, 231, 232, 234
記号論　318
疑似相関　178
記述（description）　67-70, 84, 86
記述統計　59, 64, 178, 380
基礎統計量　100, 208, 211, 213, 214, 236, 246
既存資料　176
　　——の発掘調査　178
既存の統計データの加工・分析　98, 176
期待度数　219-222, 225
　　——が小さい場合　225
＊喜多野清一　11
＊きだみのる（山田吉彦）　283
記入上の注意　132
記入ミス　183
記入漏れ　182, 183, 194
記入漏れのチェック　195
記入忘れ　195
基本統計量　211
帰無仮説（H_0）　219-222, 224, 228-231, 233
帰無仮説の棄却　222, 224
疑問文　95
「逆ロート」型　133
客観的友人　91, 92
ギャラップ世論調査社　139-141

キャリーオーバー効果　101, 110, 113, 133,
　　179
嗅覚　249
行　210
『教育アンケート調査年鑑』　4
『教育学研究』　359
『教育社会学研究』　36
共分散　236, 238
共分散構造分析　359, 381
共分散分析　380, 381
業務統計　45, 57
漁業センサス　46, 47, 53
曲線回帰分析　236
ギリシャ文字　145
『近代日本社会調査史』　11
Google Scholar　40, 44, 45, 62, 63, 356
グッドマン＝クラスカルの順位相関係数
　　212
＊グブリアム, J. F.　270
＊熊井啓　275
グラウンデッド・セオリー・アプローチ
　　（GTA）　261, 262
＊倉沢進　45
クラシック音楽　351-366
クラスター分析　59, 64, 381
クラマー（クラメール）のコンティンジェン
　　シー係数　212
クラマーのV係数　59
グループ・インタビュー　363
＊グレイザー, B. G.　261
クローズド・エンド質問（closed-ended
　　question）　126
クローズド型調査　188
クロス集計　59, 64, 124, 125, 129, 156, 178,
　　180, 205, 208, 209, 227, 244, 359, 380
クロス（集計）表　208, 210, 218, 221, 225,
　　226, 342
クロス集計分析　98, 156
計画標本数　197
経験的世界（empirical world）　74
経済センサス　46, 47

『経済と社会』　352
計数　130
継続調査　180, 181
携帯電話　185
系統抽出法　158, 161, 170
KJ法　262, 304, 305, 308
決定係数　237, 238, 240
『ゲットー』　283
欠票　194, 197, 198
欠票分析　191
研究計画書　348, 363, 366
研究テーマ　245
言語化　322, 326, 327, 330, 350
検索エンジン　33, 44, 45
言説生成研究　253
『現代社会学研究』　36
検定　380
　独立性の――　380
　比率の差の――　208, 227, 231, 233, 380
　平均値の差の――　233
考現学　316
口述史　274
『口述の生活史』　274, 276
公職選挙法　166
構成概念妥当性　76, 85
構造化　88, 89
構造化インタビュー　268
構想力　320
構築　85
公的統計　34, 45, 46, 56
『行動計量学』　36
行動計量学会　191
合理化　352
高齢　198
コーディング（符号化）　132, 176, 178, 193, 198-200, 203, 204, 380, 381
　――の原則　204, 206
　――の指針　204
　選択的――　261
コーディング・ガイド　204, 205
コーディングシート　204, 205

コーディング表　178
コード　199, 200, 204-206
　あり得ない――　204
　回答――　199, 204, 205
コード化　126, 201
コードブック　203, 380, 381
『ゴールド・コーストとスラム』　283
誤記入　182
　――のチェック　195, 196
国勢調査　13, 46-51, 53, 62, 63, 116, 137, 163, 174, 182, 209, 305, 307, 380
国勢調査共同住宅世帯比率　174
『国勢調査調査結果の利用の手引』　49
国民生活に関する世論調査　181, 187, 190, 192
国民性調査　162, 181, 190
『国民性の研究』　125, 135
国立国会図書館　29, 30, 32, 44, 63, 305
国立情報学研究所（Nii）　40, 355
誤差（error）　15, 144, 147, 230, 380
誤差の幅　154
50％－50％になる質問文　97
個人視聴率　148
個人情報保護法　165, 189, 190
個人的質問　115
個人面接調査　187
個人面接法　186, 187
誇大理論（grand theory）　66, 261, 315
答え　348-350, 356, 362
答えない・分からない　195
5W1H　340
国会図書館リサーチ・ナビ　44, 62
固定電話　185
誤入力　205
個票（マイクロ）データ　56-60
個別訪問　178
個別訪問面接聴取法　155
個別面接調査法　131
『これでいいのか市民意識調査』　135
根拠　359
今後の課題　245

索　引

コンピュータ・ネットワーク　21, 29
コンピュータ支援個人面接方式（CAPI；Computer-Assisted Personal Interviewing）　189
コンピュータ支援自記式調査方式（CASI；Computer-Assisted Self-Interviewing）　189
コンピュータ支援電話調査方式（CATI；Computer-Assisted Telephone Interviewing）　189
コンピュータ支援による調査　189
コンピュータ入力　178
＊今和次郎　316

さ　行

サーチエンジン　355
最小期待度数　225
最小値　151
最小二乗法　237-239
最大値　151
CiNii Articles　355
CiNii（Nii論文情報ナビゲータ）　41, 43, 44, 61, 355
CiNii Books　351
最頻値（mode）　211, 213, 214
＊坂本和鶴恵　296
作業仮説　85, 265
＊作田啓一　296
雑誌　250, 294, 295, 297
札幌学院大学社会情報学部　57
＊佐藤郁哉　257, 259, 283
＊佐藤健二　11, 263
＊佐藤博樹　56
サブ・クエスチョン　116-118
触覚　249
残差　237
残差平方和　237, 240
算術平均（arithmetic mean, 相加平均）　211, 213, 214, 217, 218, 236
『サンダカン八番娼館　望郷』　275
散布傾向　236

散布図　235, 236
サンプリング　10, 15, 89, 136, 138, 162, 163, 166, 169, 170, 174, 209, 244, 258, 259, 280, 380, 381
――計画　169
――原簿　170
――作業　157, 164, 169-171, 174, 177, 178
――手法　162
――精度　162
――台帳　138, 157, 162, 166, 174, 177
――の原理　143
――の実際　156
――の重要性　138
――の諸技法　156
――の方法　138, 177, 178, 181, 243
――の歴史　138
住宅地図を使った――の可能性　172
サンプル　136, 157, 159, 174, 181, 224
サンプル数　152, 154, 155, 168, 241
サンプル調査　224
参与観察（法）　8, 10, 71, 251-253, 255, 257, 263, 265, 266, 282-284, 290, 291, 293, 294, 314, 327, 380, 381
GIS（地理情報システム）　53, 54
GSS　58
CM　353
シークエンス（連続性）　271
GeNii（Nii学術コンテンツ・ポータル）　40-44, 61-63, 355
GPS　327
J-STAGE　35, 36, 44, 61-63
JEDI　56, 60, 62
JGSS（日本版総合的社会調査）　58
＊シェリフ, M.　10
視覚　249
視覚表象　318
視覚文化論　318
シカゴ学派　283
シカゴ大学　10, 77, 273
シカゴ大学全国世論調査センター（NORC）　58

自記式　122, 131, 180, 186
自記式調査　114, 182
自記式調査票　180, 181, 183
軸足コーディング　261
自計式　180
『自殺論』　45
事実（fact）　74
　——に関する質問　118
　——を問う問題　99
市場調査（マーケティング・リサーチ）　10, 188
事前調査　179
視聴率　147, 150-153
視聴率調査　147, 149, 150
悉皆調査　→全数調査
実験群　333
実験的観察法　332, 333
実現度数　219, 221, 222
実査　88, 94, 244
実査準備作業　178
実査段階　176, 177, 178
実地調査　178
質的研究　253
質的社会調査　13
質的調査　i, 7, 8, 62, 71, 85, 89, 94, 96, 243, 248, 251, 265, 272, 285, 380, 381
質的データ　7, 9, 260, 262, 319, 380, 381
　——の原料　249, 259, 268, 281
　——の材料　250, 259
　——の素材　252, 265, 282, 302
質問形式　115
　——の問題　113
質問項目　94, 156, 177, 178, 197, 204
質問紙（questionnaire）　180
質問の順番　177
質問文　88-94, 98, 99, 131, 132, 179
　——の並べ方　88, 133
　——の読み違い　183
　聞いてわかりやすい——　180
　人情課長の——　111
　見てわかりやすい——　180

　読んで理解できる——　131
自伝　250, 274, 294-297
『支配の社会学』　352
指標　48, 54, 338, 357
自分自身との対話　94
四分点相関係数　212
＊島崎稔　11
市民意識調査　127, 128, 164
JAIRO（学術機関リポジトリポータル）　41, 61, 355
社会階層　13, 356, 357, 359, 361, 364, 365
社会階層と社会移動（Social Stratification and Social Mobility）全国調査　→SSM調査
社会学系学術団体　35
社会学系人間　27
社会学研究　137
社会学すること（Doing Sociology）　314, 319
社会学的インプリケーション　326
社会学的想像力　→ソシオロジカル・イマジネーション
『社会学的想像力』　315
社会学的な人間観　360
『社会学評論』　36
社会学文献情報データベース　40, 43, 62, 356
社会関係研究　96
社会関係資本　356
社会構築主義　252, 270
社会史　365
社会人類学　283
社会性　86, 315
社会生活基本調査　47, 307, 364
社会調査　90, 98, 136, 138, 145, 153, 227, 231, 242
『社会調査』　11
『社会調査演習』　276
社会調査協会　ii, 20, 47, 60, 165, 191, 242, 251, 379
社会調査史　11, 373, 379
社会調査士　47, 379

索　引

社会調査士資格認定機構　ii, 18, 165, 379
『社会調査史のリテラシー』　11
社会調査士標準カリキュラム　ii, 379
『社会調査の公開データ』　56
社会調査方法論　136
社会調査倫理綱領　18
社会的関心 (social concern)　49
社会的現実　3, 5, 7, 8, 14, 15, 271
社会的構成　357, 358
社会的事実　294
社会的世界　322, 326, 329, 330, 350
社会的な問題構成　70
社会的なリアリティ　321
社会踏査 (social survey)　9
『社会と調査』　60, 191, 192
社会認識のための想像力　320
尺度　100, 130, 208
写真　8, 250, 285, 295, 296, 317, 318, 322, 323, 325-330
写真観察（法）　314, 317, 322, 327
写真で語る：「東京」の社会学　319, 329
写真日記　318
写真目録法　318
写真誘出インタビュー法 (photo-elicitation interview)　318
謝礼　191, 192
重回帰分析　64, 239, 241, 248, 359, 380, 381
自由回答（法）　101, 126, 206
自由回答欄　126, 131, 133
『宗教社会学』　352
集計　381
集合調査（法）　131, 180, 181, 183, 362
集合的写真観察法 (collective photographic observation)　318-320, 322
従属変数 (dependent variable)　81-84, 93, 210, 219, 224, 226, 227, 241, 334, 338, 342
住宅地図　170, 172, 177, 178
自由度 (df＝degree of freedom)　219, 222, 224
自由度調整済みの決定係数　241
収入別　365

周辺度数　222
住民意識調査　123
住民基本台帳　50, 157, 159, 162, 164, 165, 177
住民基本台帳等閲覧制度の見直し　165
住民基本台帳ネットワーク　164
住民基本台帳法　165, 166
住民基本台帳閲覧制度等のあり方に関する検討会　165
住民登録法　165
10面体サイコロ　158
重要他者 (significant others)　353, 361
縦列形式質問　134
主観的な意味づけ　266, 269
主観的友人　91
主成分分析　241, 242, 381
出版　361
順位尺度　130
順序尺度　120, 124, 130, 208
順序データ　208
証拠　279
常住人口　50
小説　296
消費生活に関するパネル調査 (JPSC)　181
情報源　4
情報資源の発掘調査　21, 23, 29, 40, 61, 63
昭和女子大学人見記念講堂　351
職業　200
職業威信　359
職業別　359, 365
所在源情報（書誌情報）　29, 34
所在情報　29, 34
女性雑誌　296, 301, 304, 308
事例研究　383
人権　12, 13
人口センサス　46
人口調査　8, 78
『新社会学辞典』　17
新聞　250, 285, 294, 295, 297, 308, 361
「新聞・雑誌記事横断検索」　61
『新編東京圏の社会地図1975-90』　45

389

信頼度　145, 147, 151
『人類の幸福に資する社会調査の研究』　166
推定　137, 216
推定理論　380
数字化　178
数値記入式　206
数理社会学会　36, 358, 361
数量化Ⅰ・Ⅱ・Ⅲ類　242
数量化理論　382, 383
Skype　iv
スケールデータ　208, 211, 227, 235, 241
＊鈴木栄太郎　11
　図像解釈学　318
　スタート番号　158, 170
　ステレオタイプ（stereotype）　14, 15, 101, 354
　ステレオタイプの言葉　106, 107
＊ストラウス, A.L.　261
『ストリート・コーナー・ソサエティ』　289
＊ズナニエツキ, F.W.　10, 274
　スノーボール・サンプリング　363
『スポーツ社会学研究』　36
　生活環境研究会　134, 135
　生活史　269, 270, 272, 274, 276, 279, 363
　生活史研究　252
　正規曲線　146
　正規分布　144, 146, 150, 216, 217, 228-231, 234, 241
　　——の構造　146
　　——の数学的特徴　146
　正規分布表　231, 233
　制限連記法　122, 123
　静止画と動画　318
　生存時間分析　381
　精度　154, 159, 162, 194
　性別　365
＊盛山和夫　262
　積率相関係数　236
　積和　236, 238, 240
　世俗外禁欲と世俗内禁欲　352
　世帯視聴率　147, 148

設計　383
設計段階　94
絶対地図と相対地図　54
Ｚ得点（Ｚスコア）→標準得点
説明（explanation）　67, 69, 70, 84, 86
説明変数　→独立変数
選挙管理委員会　165, 169, 170
選挙情勢調査　184, 185
選挙人名簿　157, 162, 165, 168, 169, 171, 177, 184
選挙人名簿抄本　164
選挙予測　184, 185
線型回帰　59
先行研究　23, 29, 40, 61, 62, 243, 349, 355, 358, 360, 364
　——のフォローと検討　98, 176
「全国世論調査の現況」　4, 60, 62
センサス　46
センス・オブ・ワンダー　21, 24-26, 62, 314, 315, 320, 325, 349, 352
全数調査（悉皆調査）　45, 136, 137, 177, 236, 380
選択個数　122, 123
選択肢　88, 94, 100, 104, 118, 120, 121, 131, 132, 177-179, 195, 196, 199
　——作成の大原則　118
　——数　120, 123
　——リスト　122
　回答——　89, 90, 98
全文検索　42, 44, 355
専門社会調査士　47, 379
　——標準カリキュラム　381
専門図書館　37, 38, 40, 63
層化3段抽出法　163
層化多段抽出法　162, 163
層化抽出法　162
相関　208, 235, 236
相関関係　100, 180, 226, 235, 236, 241
　正の——　235, 237
　負の——　236
相関係数　226, 236, 380

索　引

相関分析　59
相互排他的　118, 122
操作的概念　255
操作的定義　85, 90, 91, 93, 96, 334, 362
相続文化資本　357, 362, 363, 365
相対分布図　64
総務省　165, 364
総務省統計局　45, 49, 50, 53, 306
総和　145, 213
SORD（社会・意識調査データベース）　56, 57, 60, 62
＊ゾーボー, H. W.　283
属性　179
属性項目　134, 209, 210
属性別　359
測定　68, 85, 100, 130, 208, 226, 357
測定装置　89
ソシオロジカル・イマジネーション（社会学的想像力）　27, 73, 314, 315, 320, 326, 363
卒業論文　348-366

た 行

ダービーマッチ　352
第1次抽出単位　160
『代議士の誕生』　288, 293
第三変数　225-227
『大衆演劇への旅』　283
対象者死亡　198
態度　210
大統領選挙　139, 140, 142
　　アメリカ──　138, 139
　　韓国──　142
　　フランス──　142
対図書館サービス　32
代表値　380
対立仮説（H_1）　219, 221, 224, 228, 230, 231, 233
対話　24, 320, 322, 327, 355
他記式　131, 132, 180
　　──の調査票　180

択一式　122, 199
他計式　180
　　──の調査票　180
多元的なリアリティ　319
多項選択法　101
多次元尺度法　381
多重共線性の問題　241
訪ねあたらず　198
多段抽出法　159, 162
妥当性　335, 337
　　──の判断　179
＊谷謙二　54
＊谷富夫　258
WWW　33
ダブルバーレル（質問）　101, 113, 114
多変量解析（法）　11, 178, 180, 241, 242, 370, 380, 381
単一回答　122, 125, 206
単位（の）統一　201, 206
単回帰　239, 240
単純集計（結果）　124, 178, 208-210, 244, 245, 359, 380
単純無作為抽出（法）　156, 157, 159, 162
担当執筆制　ii, iii
談話分析　252
地域特定コード　185
地域メッシュ統計　54
知識を聞く質問　186
知性の源泉としての感性　25
中央値（median, 中位数）　211, 213, 214
中間（的な）選択肢　124, 186
抽出間隔　159, 170
抽出作業　159
抽出方法　177
抽象概念からの具象化　103
抽象化された経験主義（abstracted empiricism）　315
抽象度　93
中心　211
中心極限定理　233, 234
聴覚　249

391

長期不在　198
『超芸術トマソン』　325
調査依頼状　178, 245
調査員　159, 181, 182
　　――の影響　183
　　――の管理　179
　　――の質　182
調査員証明書　192
調査員訪問管理記録　192
調査員マニュアル　192, 245
調査環境の悪化　21, 22, 180
調査企画　22, 88, 380, 381
調査企画・設計　177, 308, 381
調査企画・設計段階　i
調査企画書　169
調査（の）企画段階　21, 176, 178
調査協力お礼状　178
調査拒否　191, 194
調査結果　138, 208
『調査されるという迷惑』　13
調査実習概要報告書　243
調査時不在　198
調査謝礼　188
調査主体　132, 244
調査主体の説明書　169
調査（の）設計　22, 88, 89, 155, 179
調査（の）設計段階　21, 62, 176-178
調査説明書　169
調査対象（者）　178, 179
調査対象者選定の問題　136
調査対象者名簿　177, 178
調査対象地　177
調査データの分析・公表段階　62
調査テーマ　126, 176-179, 197, 205
調査テーマに即した質問　133
調査統計　45
『調査と人権』　13, 18
調査の実施（実査）段階　62
調査の第一段階　62
調査のデータ化段階　62
調査の手引き（作成）　177, 178

調査票　88-90, 93, 94, 96, 99, 132, 133, 136,
　　140, 175, 177-183, 191-193, 204, 205, 245
　　聞いて理解できる――　131
　　分析に使える――　195
　　ミスの起こりにくい――　205
調査票印刷　177, 178
調査票作成　111
調査票設計　98
調査票調査　3, 7, 8, 15, 21, 85, 88-90, 93, 98,
　　136, 176, 193, 226, 249, 253, 255-258, 266,
　　269, 270, 359, 362, 380
　　――の種類　180
　　――の流れ（プロセス）　176
　　――の方法　176
調査票の構成要素　132
調査票のデータ化段階　176, 178
調査票の配布回収方法　244
調査プロ　188
調査プロセス　176
調査報告書　178
調査方式の違いによる回答傾向　186
調査方法　177, 178
　　――の種類　176
調査本部　177
調査モード　181, 192
調査予算　155
調査倫理　381
直接観察（Direct Observation）　327, 365
直線回帰　236
直線回帰分析　236
『沈黙の春』　25
ツイッター　361
＊辻竜平　356
TMD（Total Design Method）　191
T検定　59, 64
t score　→偏差値
TD法（名簿方式）　186
DPDIM　318
t分布　241
定期国民意識調査　190, 192
データ　262

索　引

──の質　205
──の切片化　261
データ・アーカイブ　23, 46, 47, 56, 58, 60, 61, 63
データ・クリーニング　176, 178, 193, 204, 205, 380, 381
『データアーカイブSRDQで学ぶ　社会調査の計量分析』　60, 64
データ化　88, 176, 257, 317, 365
データ形式　208
データ原料　290
データ材料　274, 297, 308, 310
データ整理　208
データ素材　249, 256, 257, 264, 265, 268, 269, 291, 292
『データ対話型理論の発見』　261
データ入力　176
データ捏造メーキング事件　190
データ捏造問題　189
データ分析　231, 365, 365
データ分析・公表段階　176, 178, 180
データベースソフト　204
テープ起こし　282
手紙　294, 295
テキストファイル　204
デジタルカメラ　327, 330
デジタル情報　24
手帳　250
＊デュルケーム, E.　45
＊暉峻淑子　13
テレビ（TV）　295, 353, 361
テレビ番組　295, 318, 361
伝記　250, 274
転記ミスチェック　178
転居　198
電話調査（法）　121, 122, 131, 180, 181, 183, 184
電話番号掲載者　186
電話番号非掲載者　184, 185
電話をめぐる環境　185
問い　258, 260-262, 348-350, 356, 360, 362

等間隔抽出法（系統抽出法）　157, 159, 170
投函日　191
「東京人」観察学会　319, 321, 329
東京大学社会科学研究所付属社会調査・データアーカイブ研究センター　57
『東京の社会地図』　45
『統計基準年報』　305
統計数理研究所　11, 111, 135, 163, 181, 186, 190, 192
統計データ　179
統計的検定　178, 180, 218, 220, 227-229, 231
統計的検定手法　208, 218
統計分析手法　100
統計分析ソフト　204
統計法　46, 137
踏査　327
洞察力　320
同心円モデル　77
統制群　333
＊ドーア, R. P.　283
『遠野物語』　316
ドキュメンタリー写真術　318
ドキュメント　250
ドキュメント分析　8, 10, 251-255, 257, 274, 295-297, 305, 307-309, 311, 380, 381
督促状　177, 178
特定期間の行動　116
匿名データ　46
独立変数（independent variable）　81-84, 93, 210, 219, 224, 226, 227, 239-241, 334, 338, 342, 362
都市社会学　77
都市生態学　77
『都市の日本人』　283
『都市の村人たち』　283
『都市の類型学』　352
図書館間相互貸借サービス　32, 37, 41, 42
図書館ネットワーキング　37, 63
図書館ネットワーク　21, 29
度数　153, 209
度数分布　380

度数分布表　59, 64, 205, 208-210, 245
＊戸田貞三　11, 45
どちらともいえない　124, 186
＊トマス，W. I.　10, 274
トマソン物件　316, 323, 325
留置（配票）調査（法）　177, 181, 182
トライアンギュレーション（三角測量）　255
トランスクリプト　282
問わず語り　274, 276

な　行

内閣支持率　130, 185
内閣支持率調査　181, 184
内閣府　60, 181, 187, 188, 192
内閣府大臣官房政府広報室　135
内発的な好奇心　26
内容分析　251, 318, 380, 381
＊中野卓　11, 274
『泪橋』　73
ナラティブ・インタビュー　274, 275
ナラティブ生成質問　275
NII-DBR（学術研究データベース・リポジトリ）　41, 61, 355
NII-REO（Nii 電子ジャーナルリポジトリ）　43, 61
＊西島央　356, 361
『西太平洋の遠洋航海者』　283
西宮マンション調査　97, 202, 203
二次分析（secondary analysis）　19, 56, 23, 46, 57-61
＊西村清和　319
「2005年ショック」　189, 191
日記　250, 259, 266, 274, 284, 295
日記式アンケート　147, 148
『にっぽん部落』　283
日本学術会議　35
日本家族社会学会　36, 43, 357
日本教育学会　357, 359
日本教育社会学会　36, 43, 357, 379
日本経済新聞　294, 296

日本行動計量学会　36, 379
日本社会学会　35, 36, 43, 165, 356, 379
日本十進分類法　32
『日本人の生き方』　296
日本人の意識調査　190, 192
日本人の国民性調査　11, 111, 125, 163, 190, 192
日本人の国民性2000年度吟味調査　186
日本スポーツ社会学会　36
日本大学文理学部社会学科・後藤ゼミ→「東京人」観察学会
日本都市社会学会　36
『日本都市社会学会年報』　36
『日本の下層社会』　11, 315
日本標準職業分類　200
日本世論調査協会　4, 61
ニュータウン住民　168
入力ミス　205
入力ミスチェック　178
ネオ・シカゴ学派　283
ネットワーキング　29
ネットワーク研究　96
年収　130
『年報社会学論集』　36
年齢別　365
農林業センサス　46, 47, 53, 54
＊ノウルズ, C.　315
『のだめカンタービレ』　353, 354
NOT 検索　52

は　行

＊パーク, R. E.　10
パーソナル（個人的）質問　101
％の基数　209
パーセント（表示）　209
＊パーソンズ, T.　74, 315
＊ハイナー, N. S.　283
配票調査（法）　182, 183
配布回収（の）方法　177, 178, 180, 186
パイロット・サーヴェイ　179
パイロット・スタディ　363

索　引

パス解析　64, 359, 380, 381
はずれ値　214
パネル調査　58, 180, 181
ハビトゥス　358
『ハマータウンの野郎ども』　265, 285, 286
＊浜口恵俊　296
＊原純輔　276
ばらつき　211, 214, 216, 217
ばらつきの幅　214
＊バルト，R.　319
『ハワイの辛抱人』　270
範囲　214
半構造化インタビュー　268, 269, 276, 363
バンドワゴン効果 (bandwagon effect)　16
判別分析　241
ピアソンのコンティンジェンシー係数　212
ピープルメーター (PM) システム調査　147, 148
非該当　195, 196, 199, 204, 206, 210
尾行（追跡）調査　327
非構造化インタビュー　96, 268, 269, 274, 363
非参与観察（法） (non-participant observation)　7, 314, 327, 332, 336, 338, 339
ビジュアル・エスノグラフィー　318
ビジュアル・ナラティブ　318
ビジュアル素材　317, 318
ビジュアル調査　319
ビジュアル調査法 (visual research methods)　315, 317, 318, 320, 330
ビジュアル文化の社会学　318
被説明変数　→従属変数
『被相続者の精神史——或る日系ブラジル人の遍歴』　270
必要サンプル　170
必要標本数の計算式　153
ビデオカメラ　317, 318
ビデオ日記　318
ビデオリサーチ社　147, 150, 152
非標本誤差 (non-sampling error)　15

病気　198
兵庫教育大学教材文化資料館　60
標準化　89, 241
標準正規分布　231, 232
標準得点 (standard score, Zスコア, Z得点)　216-218, 246
標準得点化　216, 241
標準偏回帰係数　241
標準偏差 (standard deviation)　100, 145-147, 150, 211, 213, 214, 216, 217, 228-231, 233-236, 239, 241
表象文化論　318
表側　210, 342
表頭　210, 342
標本 (sample)　137, 138, 143, 147, 149, 153, 157, 161, 162
　——の取り方　138
　偏った——　140
　偏り (bias) の無い——　140
標本誤差 (sampling error)　15, 146, 147, 149-153, 155, 181, 185
　——の計算式　149
標本数　139, 150, 153-156, 159, 243
　——の決め方　138, 153
標本抽出 (sampling)　136, 138, 140, 159, 177
標本調査　46, 136-138, 146, 147, 153, 159, 177, 380
　——の考え方　138
標本標準偏差　234
標本分布　144, 146, 234
標本平均　234
比率　153
比率の差　228-230
比例尺度　130, 208
＊広田伊蘇夫　13
貧困　13, 77, 78, 85, 255
貧困調査　9, 13
　ロンドン——　76
ファクト・ファインディング　326
分厚い記述　263

395

フィールドノート（野帳） 260, 266, 327, 330, 380, 381
フィールドワーカー 13
フィールドワーク 251, 320, 327, 329, 380, 381
『フィールドワークの技法』 257, 259
フィルター質問 116-118
*ブース, C. 9, 11, 76, 77, 85, 91, 96, 255
フェイス・シート (face sheet)（項目） 134, 156, 192
フォトレタッチソフト 328
不可視性の可視化と可知化 320, 322
副次抽出法 159, 160
複数回答 122, 206
*福武直 5, 11
普段の行動 116
*プラース, W. D. 296
プライバシー 12-14, 17, 19, 22, 264, 292
　過度な──保護意識 190
ブラウザ 33, 52, 59, 355
プリテスト 107, 177-180
*ブルデュー, P. 319
プレコード（プリコード） 201
ブログ 294, 361
プロ倫 352
文化威信 357, 358, 361, 364
文化資本 356-358, 360, 364
文化人類学 283
分割表 →クロス集計表
文化的再生産 356-358, 360, 364, 365
文献検索 351
分散 (variance) 146, 211, 213-216, 238
分散分析 59, 64, 380, 381
分析指標 357
分析方針 209
分布 210
　──の特徴 211
分布傾向 236
分類 78, 79
平均 217, 228-231, 233-235, 239, 380
平均値 100, 153, 213, 271

──の差 234
*ベッカー, H. 271, 273, 319
偏回帰係数 239-241, 239
偏差 215-217, 236, 246
偏差値 (adjusted standard deviation) 214, 216-218, 246
偏差平方 215
偏差平方和 215, 216, 238, 240, 241
返信封筒印刷 178
返信用封筒 177
変数 (variable) 78, 79, 81, 82, 177, 178, 210, 333, 357, 359
変数間の関係性 211
変動係数 (coefficient of variation, coefficient of variance, 変異係数) 217, 218, 246
『変貌期のミドゥルタウン』 283
*ベンヤミン, W. 319
報告書 210, 243
　──のまとめ方 208
『暴走族のエスノグラフィー』 283
『方法としてのフィールドノート』 259
訪問票 245
訪問法 175
ホーソン効果 333, 334
ホーソン実験 10, 333
ポータルサイト 33, 40, 63
*ボードリヤール, J. 319, 323
ホームページ 295
母集団 (population) 97, 136-138, 140, 143, 145, 147, 149, 150, 153, 154, 157-159, 162, 163, 165, 168, 177, 178, 185, 216, 219, 224, 227-230, 234, 243, 244
母集団推定 136, 149
母集団の規模 154
ポスター 295, 318
ポスティング法 174, 175
「ポストRDD」（問題） 184, 185
北海道社会学会 36
『ホテル・ライフ』 283
母比率 153, 230
母平均 145

索　引

＊ホルスタイン，J. A.　270
＊ホワイト，W. F.　287, 289
　本調査　179

　　ま　行

　マーケティング・リサーチ　380
＊マートン，R. K.　16
　「毎索」　61, 63
　毎日新聞　61, 316
　マイノリティ　269
＊前山隆　270
　マクドナルド化　352
＊松田素二　283
　マッピング　327
　松山大学社会調査室　117, 135
＊マリノフスキー，B. K.　283
　マルチメソッド・アプローチ　320
　○×クイズ　97
　『マンションの社会学』　207
　MANDARA　54, 55, 62-64
　味覚　249
＊見田宗介　296-300, 304
　『ミドゥルタウン』　78, 283
＊南伸坊　316
＊宮本常一　13
　見る社会調査　317
＊ミルズ，C. W.　73, 315
　民俗学　316
　無回答　187, 195, 196, 199, 204, 206, 209, 210
　無効票　194, 197, 198, 244
　無作為　184
　無作為抽出（法）(random sampling)　136,
　　138, 140, 143, 144, 149, 157, 160, 380
　　――の考え方　143
　　――の原則　160
　無作為標本　234
　難しい言葉　101, 104
　無制限連記法　122, 125, 200
　無相関　236, 238
＊村松友視　73
　名義尺度　122, 130, 208

　名義データ　208
　名簿方式　184-186
　メーキング　194, 198
＊メーヨー，G. E.　10, 333
　メカニズム　362, 365
　面接回収率の低下　191
　面接調査（法）　121, 131, 155-157, 177,
　　181-183, 186-188, 189, 191, 192, 195, 269
　面前記入法　186
　網羅的　118
　黙従傾向（yes-tendency，イエス・テンデン
　　シー）　101, 109, 110
　モニター　188
　モニター管理の困難さ　188
　物語　24, 261-263, 270, 275, 279, 319, 321,
　　326, 329
　物語素　319, 322, 325, 326, 329
　モノグラフ　10, 11, 263, 264, 283, 374
　モバイルモニタ　188
＊モラン，E.　270
＊諸橋泰樹　301, 305
　問題　80-82, 336, 338, 340, 349
　問題意識　6, 7, 14, 22, 23, 26, 65, 70, 71, 73,
　　83, 90, 92, 94, 95, 176, 178, 179, 242, 243,
　　256, 257, 259, 260, 262, 280, 281, 338, 339,
　　349, 355
　問題の発見　363

　　や　行

＊安田三郎　100, 102
＊柳田国男　11, 316
　有意確率　241
　有意水準（level of significance, significance
　　level）　224
　有権者数　170
　有効（回収）票数　198, 209, 243
　有効票　194, 197, 209
　有効票のチェック　195
　ユージュアル・ステイタス（usual status）
　　116
　友人　91

——の操作的定義　91, 92
　郵送回収法　186
　郵送作業　178
　郵送調査　155, 156, 177, 180, 181, 191, 192
　　——の工夫　191
　　——の再評価　191
　郵送（調査）法　131, 175, 182, 186, 195
　　——の併用　182
　郵送併用留置法　244
　誘導的な質問　107, 110
　「よくかき混ぜること」の意味　137
　予言の自己成就（self-fulfilling prophecy）　16
＊横山源之助　11, 316
＊米澤彰純　360
　予備調査　177-179
　読売新聞　2, 61, 142, 143, 297, 298, 300
　「ヨミダス」　61
　『世論』　15
　「ヨロンサーチ」　61, 62
　世論調査　10, 11, 130, 138, 139, 142, 143, 185, 380
　「世論調査インデックス」　4, 61, 62
　『世論調査辞典』　17
　『世論調査年鑑』　4, 60, 103-105, 107, 109, 121, 132, 135

ら　行

　ライフコース　117
　ライフステージ　279
　ライフストーリー　270
　ライフヒストリー　251, 270, 279, 363, 380, 381
＊ラザースフェルド, P. F.　11, 78, 315
　ラディカル社会学　315
　ラベリング　273
　ラポール　15, 134, 265
　乱数　158
　乱数表　157-160, 170
　ランダム・アクセス式　24
　ランダム・サンプリング（調査）　141, 144,

　　156, 158, 164, 216, 224, 227, 234
　ランダムサンプル　234, 236
　ReaD（研究開発支援総合ディレクトリ）　43, 62
　立教大学社会情報教育センター　60
＊リッツァ, G.　352
＊リップマン, W.　15
　リテラリー・ダイジェスト社　139, 140
　リファレンスブック　30
　流行歌　296, 297
　留置調査（法）　131, 180
　両側検定　231-233
　料金受取人払　177
　料金別納　192
　量的研究　253
　量的調査　i, 7, 8, 62, 85, 88, 89, 93, 96, 136, 243, 248, 251, 254, 255, 257, 265, 271, 272, 332, 362, 380, 381
　量的データ　7, 9-11, 153, 204, 260, 380, 381
　　——の素材　258
　理論仮説　85, 265
　理論値　237
　理論的飽和　261
　『理論と方法』　36, 360
＊リンド夫妻（リンド, R. S. & リンド, H. M.）　78, 283
　類型　362, 363, 365, 366
　RUDA　56, 60, 62
　レイチェル・カーソン日本協会　26
＊レヴィ＝ストロース, C.　283
＊レヴィン, K.　10
　歴史社会学的　252, 365
　列　210
　レポート　178
　連子府社会学　351
　連絡体制の整備　177
＊ロウントリー, B. S.　9
　「ロート」型　133
　ログリニア分析　380, 381
　ロジカルチェック　116, 205
　ロジスティック回帰（分析）　59, 64, 241,

　　　　　359, 381
路上観察学　316
論文作成　178
論理矛盾　205

わ　行

＊ワース, L.　283

ワーディング　i, 100, 102, 103, 111, 177, 178, 181
　——の問題　100, 110, 115
ワーディング実験　102
話者　274, 363
割当法（quota sampling）　140, 141, 174
　——の限界　141

〈編著者紹介〉

大谷信介(おおたに・しんすけ)

1955年 神奈川県生まれ
筑波大学大学院社会科学研究科博士課程単位取得退学,社会学博士
現　在:関西学院大学社会学部教授
[専　攻] 都市社会学・社会調査論
[主著または主論文]『〈都市的なるもの〉の社会学』(単著,ミネルヴァ書房,2007),『現代都市住民のパーソナル・ネットワーク』(単著,ミネルヴァ書房,1995),『マンションの社会学』(編著,ミネルヴァ書房,2012),『問題意識と社会学研究』(編著,ミネルヴァ書房,2004)『これでいいのか市民意識調査』(編著,ミネルヴァ書房,2002), *Networks in the Global Village* (共著, Westview Press, 1999) など

木下栄二(きのした・えいじ)

1960年 埼玉県生まれ
東京都立大学大学院社会科学研究科博士課程単位取得退学
現　在:桃山学院大学社会学部教授
[専　攻] 家族社会学・社会調査論
[主著または主論文]「家族意識の構造・要因分析」『家族研究年報』(第14号,1989),「親子関係研究の展開と課題」野々山久也ほか編『いま家族に何が起こっているのか』(共著,ミネルヴァ書房,1996),「結婚満足度を規定するもの」渡辺秀樹ほか編『現代家族の構造と変容』(共著,東京大学出版会,2004)など

後藤範章(ごとう・のりあき)

1956年 長野県生まれ
日本大学大学院文学研究科博士課程満期退学
現　在:日本大学文理学部教授
[専　攻] 都市社会学・ビジュアル社会学・社会調査論
[主著または主論文]『ビジュアル調査法と社会学的想像力』(監訳,ミネルヴァ書房,2012),『よくわかる質的社会調査 プロセス編』(共著,ミネルヴァ書房,2010),『現代社会学のアジェンダ [増補改訂版]』(共著,学文社,2009),『現代都市伝承論』(共著,岩田書院,2005), *Tradition and Change in the Asian Family* (共著, East-West Center, 1994) など

小松　洋(こまつ・ひろし)

1963年 大阪府生まれ
東北大学大学院文学研究科博士課程中途退学
現　在:松山大学人文学部教授
[専　攻] 環境社会学・計量社会学・社会調査論
[主著または主論文]「環境配慮行動規定因の構造――行動阻害要因としてのコスト感に着目して」(『松山大学論集』23巻2号,2011),「環境問題はいかに認知されているか――社会的ジレンマと社会的認知」土場学・篠木幹子編『個人と社会の相克――社会的ジレンマアプローチの可能性』(共著,ミネルヴァ書房,2008)など

新・社会調査へのアプローチ
──論理と方法──

2013年4月20日　初版第1刷発行	〈検印省略〉
2019年1月30日　初版第7刷発行	

定価はカバーに
表示しています

編著者	大谷信介　木下栄二
	後藤範章　小松　洋
発行者	杉　田　啓　三
印刷者	坂　本　喜　杏

発行所　株式会社　ミネルヴァ書房
607-8494　京都市山科区日ノ岡堤谷町1
電話代表（075）581-5191
振替口座01020-0-8076

©大谷・木下・後藤・小松, 2013　冨山房インターナショナル・藤沢製本

ISBN 978-4-623-06654-4

Printed in Japan

大谷信介 編著
マンションの社会学
　　——住宅地図を活用した社会調査の試み——　　　　　　　　　本体3,000円

大谷信介 編著
これでいいのか市民意識調査
　　——大阪府44市町村の実態が語る課題と展望——　　　　　　本体2,600円

キャロライン・ノウルズ，ポール・スウィートマン 編
後藤範章 監訳
渡辺彰規・山北輝裕・松橋達矢・林 浩一郎・後藤拓也 共訳
ビジュアル調査法と社会学的想像力
　　——社会風景をありありと描写する——　　　　　　　　　　本体3,400円

谷　富夫・芦田徹郎 編
よくわかる質的社会調査　技法編
　　　　　　　　　　　　　　　　　　　　　　　　　　　　　　本体2,500円

谷　富夫・山本　努 編
よくわかる質的社会調査　プロセス編
　　　　　　　　　　　　　　　　　　　　　　　　　　　　　　本体2,500円

S.B. メリアム 著
堀　薫夫・久保真人・成島美弥 訳
質的調査法入門
　　——教育における調査法とケース・スタディ——　　　　　　本体4,200円

S.B. メリアム・E.L. シンプソン 著
堀　薫夫 監訳
調査研究法ガイドブック
　　——教育における調査のデザインと実施・報告——　　　　　本体3,500円

————————————————————— ミネルヴァ書房 —————
http://www.minervashobo.co.jp/